Fülleborn/Engel (Hg.)
Das neuzeitliche Ich

Das neuzeitliche Ich in der Literatur des 18. und 20. Jahrhunderts

Zur Dialektik der Moderne
Ein internationales Symposion

Herausgegeben von
Ulrich Fülleborn und Manfred Engel

Wilhelm Fink Verlag · München

Gedruckt mit Unterstützung der Fritz Thyssen Stiftung, Köln
und der Österreichischen Botschaft, Bonn

ISBN 3-7705-2469-1

Gesamtherstellung: Ferdinand Schöningh, Paderborn

Inhalt

Vorwort

Symposien erfreuen sich auch in der Literaturwissenschaft immer größerer Beliebtheit. Man könnte darin eine Mode sehen. Wahrscheinlich aber steht hinter dem Phänomen das Bedürfnis, sich angesichts einer äußerst zersplitterten kulturellen Situation von Zeit zu Zeit unter Gleichgesinnten zusammenzufinden, meist in der gemeinsamen Bemühung um einen fraglos anerkannten, würdigen Gegenstand, sei es nun Kafka oder Celan, Shakespeare oder Schiller.

Mit dem in Nürnberg und Erlangen vom 15. bis 18. August 1985 abgehaltenen Symposion unter dem Thema ‚Das neuzeitliche Ich' wurde indes der Versuch unternommen, in unserm pluralistischen Zeitalter Wissenschaftler sehr unterschiedlicher geistiger Herkunft und Orientierung zusammenzubringen, nicht um einen fest umrissenen Gegenstand genauer zu analysieren und zu deuten, sondern um an literarischen Texten ein Problem von möglichst allgemeinem Interesse zu diskutieren. Gerade über die Distanzen stark differierender wissenschaftstheoretischer und methodologischer Tendenzen und einer entsprechend vielgestaltigen Praxis im Umgang mit der Literatur hinweg sollte ein produktives Gespräch ermöglicht werden. Daß es dann tatsächlich während des Symposions nicht bei punktueller Kritik der einzelnen Referate blieb, daß sich vielmehr der Akzent ganz entschieden auf die kontinuierliche Diskussion am Leitfaden des übergreifenden Themas verlagerte, dafür sei allen Teilnehmern herzlich gedankt.

Je mehr jedoch eine solche Veranstaltung die Qualität eines wirklichen Symposions erreicht, als desto schwieriger stellt sich dessen Publikation dar. Die ursprüngliche Absicht, ein Wort-für-Wort-Protokoll, für das es gute Vorbilder gibt, zu veröffentlichen, ließ sich nicht verwirklichen; die quantitative ‚Ausbeute' an Tonbändern war einfach zu groß. Auch wäre das Verfertigen der Gedanken im Hin und Her des spontanen Gesprächs nicht ins Medium der Schrift hinüberzuretten gewesen. Deshalb wurde ein mittlerer Weg gewählt gemäß der Devise: Raffung und gedankliche Ordnung so weit wie nötig, Wörtlichkeit so weit wie möglich. Mit dieser Lösung ist, so hoffen wir, der Lesbarkeit des Bandes gedient und das Prinzip der Authentizität doch nicht preisgegeben.

Für großzügige Unterstützung des Druckes, wie schon des Symposions selbst, gebührt der Thyssen-Stiftung und der Österreichischen

Botschaft in Bonn aufrichtiger Dank. Danken möchten wir auch allen Helfern bei der Transkription der Tonbänder, der Herstellung der Druckvorlage sowie beim Lesen der Korrekturen und nicht zuletzt dem Fink- und dem Schöningh-Verlag.

Die Herausgeber

Einleitung

Am Ich – ganz gleich ob es uns als Individuum, Subjekt und Genie begegnet –, scheiden sich im 20. Jahrhundert die Geister. Entweder wird es als einer bereits historisch gewordenen Epoche zugehörig verabschiedet, was nach je eigenem Standort mit Bedauern oder Genugtuung geschieht. Oder man sucht es gleichsam aus den Trümmern des Zeitalters zu retten, sei es im Rückgriff auf die Aufklärung, sei es auf dem Wege einer Neubegründung. Konzentriert man seinen Blick auf die deutsche Literatur, dann erkennt man, daß der subjektivistische und individualistische Ich-Entwurf bereits im 18. Jahrhundert seine volle Entfaltung und mit dem Geniekult seinen unüberholbaren Höhepunkt erreicht hat, während die Literatur unseres Jahrhunderts allenthalben Krisensymptome ebendieses neuzeitlichen Ich zeigt, aber auch produktive Kritik leistet und um alternative Entwürfe ringt. Wenn sich die Krise unter negativem Aspekt immer wieder als Identitäts- oder Selbstverlust darstellt, so kann ein Gegenwartsautor die entsprechende Existenzerfahrung doch auch ganz anders ausdrücken, zum Beispiel Rose Ausländer: „Wer mich kennt / weiß / daß ich nicht / Ich bin // nur eine verschwiegene Stimme“.[1]

Hinter derart unterschiedlichen Verwendungen des Wortes ‚ich‘ und gegensätzlichen Bewertungen der Ich-Identität steht nun zweifellos in jedem Fall der Begriff des ‚neuzeitlichen Ich‘. Im Grunde ist diese Bezeichnung eine Tautologie, denn niemand wird in emphatischer Weise von einem ‚antiken‘ oder ‚mittelalterlichen Ich‘ sprechen wollen. Das Ich, an dem die neueren Autoren und fiktiven Figuren leiden oder das sie für verloren halten und wiederzufinden trachten, ist eben eine neuzeitliche Schöpfung. Und genau das kann durch die tautologische Bezeichnung bewußtgemacht werden.

Drei große historische Ereignisse haben dem neuzeitlichen Ich zum Durchbruch verholfen: die Reformation, die Aufklärung und die Französische Revolution. So sahen es Hegel und viele neben und nach ihm. Als Subjekt, als reine, denkende, vorstellende Subjektivität, ist sich dieses Ich bei Descartes bewußt geworden – ein Ereignis, in dessen Folge sich eine reich differenzierte Subjektphilosophie von Descartes über Kant bis Husserl entfalten konnte. Ihr Analogon hat sie in den Dich-

[1] Rose Ausländer, Im Atemhaus wohnen. Gedichte. Frankfurt/M. 1981, S. 127.

tungskonzepten vornehmlich des Sturms und Drangs und der Romantik gefunden. Aber auch die Kritik des neuzeitlichen Ich und die entsprechenden Überwindungsversuche von Hegel und Marx, von Heidegger, Bataille, Derrida und Foucault sind von jenem Subjektivitätsentwurf nicht wirklich frei geworden.[2]

Nun gibt es aber nicht nur das neuzeitliche Konzept des Subjekts, das erkennend und handelnd alle Dinge und Menschen zu Objekten seiner Zweckrationalität machen muß und auch noch sich selber auf dem Wege der Selbsterkenntnis notwendig verdinglicht; nicht weniger geschichtsträchtig wurde der Individualitätsentwurf, den vor allem Rousseau und Herder ausgearbeitet haben und der Goethes Dichtung zugrunde liegt. Man kann ihn bereits als eine Alternative zum vereinseitigten Subjektbegriff sehen, denn das menschliche Individuum erfährt sich hier primär nicht in einem Subjekt-Objekt-Bezug und es entzieht sich selber als ‚ineffabile' jeder rationalen Objektivierungsmöglichkeit.

Wenn die Begriffe des Subjekts und des Individuums als Errungenschaften der Aufklärung zunächst meist affirmativ, ja mit unangefochtenem Stolz rezipiert und tradiert, dann jedoch zunehmend skeptisch betrachtet und zum Teil vehement destruiert wurden, so läßt sich das als ein Aspekt der Dialektik der Moderne, und zwar in dem spezifischen Sinn eines Umschlags aus Positivität in Negativität, verstehen. Ein anderer würde sich auf das richten, was im 20. Jahrhundert in einem durchaus positiven Sinn aus dem neuzeitlichen Ich geworden ist bzw. was man statt dessen wünscht, erhofft und in der Dichtung entwirft. Ob dabei Schritte in eine Postmoderne erkundet oder vollzogen werden, ist eine Frage, die sich vorerst wohl noch nicht beantworten läßt, zumal man gegenwärtig über kaum ein anderes Thema verwirrender redet. Der Grund für die Konfusion liegt darin, daß es ganz verschiedene Modernitätsbegriffe sind, die man jeweils verabschieden und durch ein Konzept der Postmoderne ersetzen will. Demgegenüber wurde für das Symposion die These zur Diskussion gestellt und am Ende bestätigt, daß sich alle diese Veränderungen noch innerhalb des Horizonts der Moderne vollziehen – worauf auch der Untertitel ‚Zur Dialektik der Moderne' hinweisen will.

Damit eine solche Aussage einen deutlichen Sinn ergibt, muß man sich darüber verständigen, welcher Gebrauch hier von dem Begriff der Moderne gemacht wird. Am besten orientieren wir uns in diesem Fall,

[2] Vgl. Jürgen Habermas, Der philosophische Diskurs der Moderne. Zwölf Vorlesungen. Frankfurt/M. 1985.

um nicht ab ovo beginnen zu müssen, an der neueren Begriffsgeschichte, unter Berücksichtigung der fachspezifischen Anwendungsbereiche des Begriffs. Dadurch tritt auch sogleich der historische und systematische Aspekt dessen ins Blickfeld, was sinnvollerweise Dialektik der Moderne genannt werden kann.

Innerhalb der Literatur- und Kunstwissenschaft hat eine ältere Gelehrtengeneration die Phänomene der Dichtung und bildenden Kunst der letzten hundert Jahre, die bis dahin noch verworren, ja chaotisch erschienen, auf den Begriff der Moderne gebracht – womit gesagt sein soll, daß nicht einfach die Inhalte des von der selbsternannten Moderne des späten 19. Jahrhunderts propagierten Begriffs übernommen worden sind.[3] Unter dem Eindruck des Innovationsschubs, der in allen neueren Künsten zu beobachten war, bestand für längere Zeit eine breite Übereinstimmung in der Begriffsverwendung, und es zeichneten sich Grundstrukturen ab, denen man einen epochebildenden Rang zusprach. Mit dem Prädikator ‚modern' sollte ein radikaler Traditionsbruch bezeichnet werden – wie es in der abendländischen Geschichte jedesmal der Fall war, wenn Neues sich gegen Altes entschieden und polemisch absetzen wollte.

Von sekundärer Bedeutung gegenüber dem breiten Konsens war die kontrovers diskutierte Frage, wo der Beginn der Moderne anzusetzen sei, ob z. B. bei Baudelaire oder bei Rimbaud, bei Flaubert oder Joyce. Offensichtlich trat der tiefgreifende Strukturwandel in den einzelnen Künsten und Kunstgattungen zu verschiedenen Zeiten ein. Aber wenn man, was sich als praktikabel erwies, von moderner Lyrik oder vom modernen Roman, von moderner Malerei oder Musik sprach, waren immer sehr präzise Vorstellungen, auch chronologischer Art, damit verbunden. Natürlich ergaben sich mit fortschreitender Forschung Differenzierungen, etwa die zwischen der Klassischen Moderne – der Generation Rilkes und Hofmannsthals – und den avantgardistischen Bewegungen des Dadaismus und Surrealismus als den bis heute vielleicht radikalsten Positionen moderner Literatur und Kunst.

Die Veränderungen in Theorie und Praxis der Künste wurden als derart revolutionär empfunden – man sprach beispielsweise von der Literaturrevolution im zweiten Jahrzehnt unseres Jahrhunderts[4] –, daß

[3] Vgl. Gotthart Wunberg (Hg.), Die literarische Moderne. Dokumente zum Selbstverständnis der Literatur um die Jahrhundertwende. Frankfurt/M. 1971.

[4] Vgl. Paul Pörtner (Hg.), Literaturrevolution 1910–1925. Dokumente, Manifeste, Programme. 2 Bde. Neuwied 1960 und 1961.

man vorübergehend ein schroff antithetisches Verhältnis zu allem, was vorausgegangen war, annahm. Diese unvermittelte Antithetik brachte Walter Jens auf die einprägsame Formel: Literatur des ‚Ist' versus Literatur des ‚Ich'.[5] Mit ihr war inhaltlich etwas Entscheidendes über das Selbstverständnis und mehr noch über die nachfolgende Deutung der modernen Dichtung gesagt: Literatur des ‚Ich' verweist auf jene ältere Dichtung, deren Inhalte und Formen vom neuzeitlichen Subjektivitätsentwurf geprägt sind. Sie galt als abgetan, als ersetzt durch die Literatur des ‚Ist', die beanspruchte, unter bewußter Preisgabe des egologischen Denkens moderne Wirklichkeitserfahrungen als Existenzerfahrungen mit ganz neuen sprachlichen Mitteln zur Darstellung zu bringen.

In dem Maße, wie sich dann in der jüngeren Generation während der 50er und 60er Jahre gegen die existenzphilosophischen Tendenzen und gegen Heideggers Fundamentalontologie neoaufklärerische Denkstile durchsetzten, verstanden diese sich im Anschluß an den Vernunft- und Fortschrittsglauben des 18. Jahrhunderts und gerade wegen der Rehabilitierung des in der alten Aufklärung zur Herrschaft gelangten Subjekts als Sachwalter der eigentlichen Moderne. Aufklärung und Moderne konnten so – wie schon einmal im 18. Jahrhundert – zu Synonymen werden.

Seine Rechtfertigung erfährt dieser neuerliche Paradigmenwechsel als Aufstand der modernen Individuen gegen die Übermacht der Verhältnisse und die daraus folgende Selbstentfremdung. Daß er im Zeichen von Rationalität und Subjektivität geschah – worin sich auch die Erneuerung marxistischen Denkens manifestierte –, hatte eine wichtige Folge für die Begriffsbildung innerhalb der Literatur- und Kunstwissenschaften. Denn damit wurde zwangsläufig die starre Antithetik zwischen der Moderne, wie man sie zuvor verstand, und dem 18. und 19. Jahrhundert aufgelöst; man begann von zwei Seiten her Einsicht in einen größeren, am ehesten dialektisch zu begreifenden geschichtlichen Prozeß zu gewinnen. In der Literaturgeschichte schärfte sich einerseits der Sinn für die enormen Innovationen gerade in der Literatur des 18. Jahrhunderts, die sich dem Durchbruch der Individualität und Subjektivität verdanken und die in ihrer Kühnheit den Vergleich mit der Moderne des 20. Jahrhunderts nicht zu scheuen brauchen – man denke an Sterne und Jean Paul. Auf der andern Seite entdeckte man die bis

---

[5] Vgl. Walter Jens, Statt einer Literaturgeschichte. Pfullingen 1957, S. 20–22.

dahin übersehene Funktion des Ich auch noch innerhalb der neueren, der ästhetischen Moderne.

Ästhetische Moderne – diese einschränkende und präzisierende Bezeichnung wurde nun zum Zwecke der Unterscheidung von dem größeren Zusammenhang der Aufklärung benötigt. Und es erwies sich als sinnvoll, die Moderne qua philosophische und literarische Aufklärung mit der ästhetischen Moderne der letzten hundert Jahre in Beziehung zu setzen. Nur so konnte man hoffen, zur Erkenntnis der substantiellen Veränderungen zu gelangen, die sich im Denken und Dichten seit dem 18. Jahrhundert vollzogen haben.

Dieses Substantielle ist natürlich nicht abzulösen von dem, was sich parallel zur ästhetischen Moderne als moderne Naturwissenschaft etablierte und was als moderne Technik und Zivilisation unsere Lebenswirklichkeit ausmacht. In dieser werden wir bestimmt durch das ganz und gar praktisch gewordene neuzeitliche Ich – das Ich, das auf Verstand und Willen reduziert ist und, ohne sich von den Vernunftpostulaten der Philosophie und den kritischen Einreden der Künste irritieren zu lassen, seinen Weg geht. Freilich gab es auch Konformität zwischen diesem Ich der Praxis und der Philosophie und Literatur: im Positivismus und Naturalismus des 19. Jahrhunderts. Daß sich beide dank ihrer Wissenschaftsauffassung als ‚ich-los', ja antisubjektivistisch verstanden, erkennen wir im nachhinein mit Adorno und Horkheimer als ein Symptom der ‚Dialektik der Aufklärung'.

Aus dem hier skizzierten Zusammenhang der neuzeitlichen Ich-Problematik und der Geschichte der Moderne schien das Programm des Symposions auch im einzelnen mit Notwendigkeit hervorzugehen. Vor allem ergaben sich die beiden Akzente auf dem 18. Jahrhundert mit Aufklärung und Goethezeit und auf dem 20. Jahrhundert, das auf alle Fälle die stärkste Problematisierung der Ich-Konzepte des 18. Jahrhunderts und die weitestreichenden Alternativentwürfe hervorgebracht hat. Und das Ziel des Unternehmens bestand primär darin, das Subjektivitätsdenken, wo es in der älteren Dichtung begegnet, einer expliziten Kritik zu unterziehen und in der ästhetischen Moderne, also bei Hofmannsthal, Rilke, Musil usw., auf neue Denkanstöße zu achten.

So in etwa stellte sich die Ausgangslage für das Symposion dar. Die Ergebnisse der dreitägigen Bemühungen um das Thema, die hiermit der Öffentlichkeit vorgelegt werden, mögen überraschen, da sie sich von dem vorausentworfenen Ziel scheinbar weit entfernen, indem sie unser Bild von den historischen Verhältnissen nicht nur im einzelnen differenzieren, sondern in einigen Grundzügen verändern. Die Ursache liegt offenbar darin, daß sich das Erkenntnisinteresse auf bislang wenig beachtete Aspekte der geschichtlichen Erscheinungen richtete. Zwar kam es nirgends zur Affirmation des neuzeitlichen Ich in Übereinstimmung mit einem vermeintlich erreichten fortgeschrittenen Bewußtsein. Aber auch die radikalen Denkpositionen, die mit dem Ich zugleich die neuzeitliche Aufklärung zu verabschieden bereit sind, blieben ohne Chance. Genau besehen, erweist sich das Ich-Konzept, das in den meisten Beiträgen und Diskussionen dieses Bandes erkennbar wird, als wesentlich differenzierter und komplexer als das neuzeitliche Ich im Sinne Descartes' oder Fichtes. Man könnte auch sagen, daß sich ganz neue Denkansätze auf die alte Frage nach dem Ich richteten und daß das meiste von dem, was auf diese Weise an den Texten erkannt wurde, vor kurzem noch kaum so zu formulieren gewesen wäre.

Deshalb lassen sich die Ergebnisse des Symposions auch nicht auf eine knappe, abstrakte Formel bringen. Statt dessen soll versucht werden, am Leitfaden der Vorträge den Konvergenzpunkt anzudeuten, auf den sich die gemeinsame Arbeit von den verschiedensten Seiten zubewegte. Es war ein Glücksfall, daß schon der als interdisziplinärer Auftakt gedachte Eröffnungsvortrag des Philosophen Manfred Riedel diese Richtung einschlug. Denn der Vortrag handelte nicht in erster Linie von Descartes als dem Inaugurator der sogenannten ‚cartesianischen', subjektivistischen Bewußtseinsphilosophie, der Heideggers und Wittgensteins fundamentale Kritik gegolten hat. Vielmehr wird ein Gespräch mit einem anderen, bislang recht unbekannten, einem nicht-cartesianischen Descartes geführt. So gelingt es, gerade an Descartes und mit seiner Hilfe das ‚großgeschriebene Ich' der neuzeitlichen Philosophie in Frage zu stellen und gegen dieses nicht etwa ein Nicht-Ich oder das Sein auszuspielen, sondern das Ich grundsätzlich anders zu denken. An die Stelle des einen, weltlosen, auf dem Wege eines experimentellen Zweifels gefundenen ‚cartesianischen' Subjekts, das sich auf dem Rückweg zur Welt als res extensa wieder in einen Dogmatismus verfängt (so Kants Kritik), tritt der Entwurf einer Pluralität des Ich. Riedel unterscheidet hörendes (akroamatisches) Ich und ein über dem Gehörten meditierendes Ich sowie das transzendentale Ich, das nur mehr eine begleitende Funktion besitzt. Denken vollzieht sich im hörenden Bezug auf die Stimme der Vernunft – der Vernunft, die, obgleich sie das eigentlich produktive Vermögen ist, ausdrücklich nicht in der Tradition der neuzeitlichen Bewußtseinsphilosophie als allgemeines Subjekt vorgestellt wird.

Gemessen an der philosophie-, geistes- und wissenschaftsgeschichtlichen Bedeutung Descartes' für die Geburt des neuzeitlichen Ich – wie auch für die Möglichkeiten, es heute umzudeuten –, nehmen sich die Anfänge der größten literarischen Symbolfigur neuzeitlicher Subjektivität und Genialität, nämlich die ‚Historia von D. Johann Fausten, dem weitbeschreyten Zauberer vnnd Schwartzkünstler' von 1587 relativ bescheiden aus. Hans Joachim Kreutzer bezeichnet diesen Faust in seinem Vortrag als „gar nicht renaissancehaft gemeint" (s. u. S. 67). Aber indirekt läßt sich der Schock, der durch die sich verselbständigende, religiös nicht mehr gebundene ‚curiositas', die neuzeitliche ‚Wißbegierde', ausgelöst wurde, sehr wohl erschließen. Daß der Ausbruch aus dem mittelalterlich-christlichen ordo vom protestantischen Erzähler mit dem Teufelspakt erklärt wird, erwies sich nach Kreutzer als das literarhistorisch entscheidende, die Faust-Tradition begründende Faktum. Denn dadurch wurde die Erzählung einer Lebensgeschichte mit Anfang und Ende möglich, was der genuin literarischen Geburt eines exemplarischen neuzeitlichen Ich gleichkommt – einer Geburt, deren Bedeutung weit über die Literatur hinausweist. Mit der Faust-Figur und dem zugehörigen Handlungsschema ist nämlich ein Modell geschaffen, welches die moderne Ich-Geschichte mit ihren subjektivistischen Implikationen abzulesen und zu kritisieren erlaubt. Als besonders wichtig erscheint dabei die konkrete Situierung Fausts in Zeit und Raum: Nur so läßt sich individuelles Leben in seinen Wandlungen und doch mit sich selbst identisch beschreiben und darstellen, nur so ist es der Reflexion zugänglich.

Um die Bedingungen der Konstituierung des Ich im Sinne seiner Darstellbarkeit in Zeit und Raum ging es auch dem Experimentalphysiker und Schriftsteller Lichtenberg. Der an poststrukturalistischen Fragen orientierte Beitrag Gerhard Neumanns zeigt ihn als Vertreter einer Form von Aufklärung, die in ihrer Modernität bis heute nicht überholt, nicht einmal eingeholt zu sein scheint: Mit seiner Beschreibung des berühmten Hogarthschen Kupferstichs ‚A Midnight Modern Conversation (Die Punsch-Gesellschaft)' liefert Lichtenberg den Entwurf einer sozialen Physiognomik als „Pathognomik", da ihr Gegenstand – der vergesellschaftete Mensch des Aufklärungszeitalters – bereits in einem korrumpierten Zustand erscheint. Der verkappt autobiographische Text ‚Amintors Morgen-Andacht' dagegen bietet die literarisch vermittelte Selbsterfahrung einer individuellen Ich-Geburt. Neumann vermag deutlich zu machen, daß Lichtenbergs sozial-physiognomischer

Blick zwar kulturelle Repertoires und Körperzeichen in gesellschaftskritischer Absicht zu lesen erlaubt, aber nicht zur „Erkenntnis der Eigentümlichkeit des Individuums“ (s. u. S. 78) vordringen kann. Und er zeigt an der ‚Morgen-Andacht‘ die Schwierigkeit, ja Unmöglichkeit, das Neue einer radikalen Selbsterfahrung in der Wahrnehmung des eigenen Körpers anderen Subjekten zu vermitteln. Als Ausweg aus diesem Dilemma fordert Lichtenberg eine physiognomische Lesekunst der sprachlichen Äußerungen, ebenfalls als Körperzeichen verstanden, deren Deutung jedoch den Zugang zu fremder Individualität ermöglicht. Nicht nur hierdurch hat Lichtenberg, wie Neumann feststellt, eine Diskussion über das Problem der Entstehung und Identität des neuzeitlichen Ich eröffnet, die während des 19. und 20. Jahrhunderts fortgeführt wurde, sondern auch seine Sicht auf die Stellung des Menschen zwischen Tier und Gottheit besaß eine Zukunftsperspektive: Ihr folgend skizziert Neumann eine Entwicklungsgeschichte neuzeitlicher Identitätsbildung am Paradigma von Tiergeschichten bis hin zu Kafka, bei dem die Ichgeburts-Phantasien Züge einer Selbstdressur annehmen können.

Das verwandte Konzept einer Ichwerdung, das Wolfgang Wittkowski unter dem Stichwort der ‚Selbstinszenierung des Ich‘ an Schillers Dramen nachwies, ist dagegen noch durchaus positiv gedacht, zeigt sich jedoch bereits als in sich problematisch. Denn was Schiller „Menschheit“ nennt, gilt nicht mehr als Mittelzustand zwischen Tierheit und Göttlichkeit, sondern bedeutet selbst schon Vergöttlichung. Für die Beschreibung dieser Befreiung des Menschen aus den Niederungen der Tierheit, d.h. der sinnlichen Natur, erweist sich das Selbstinszenierungs-Modell in der Tat als überraschend hilfreich, vermag es doch die häufig befremdlich wirkende Rede- und Handlungsweise der Dramenfiguren Schillers zu erklären.

Von Karl und Franz Moor über Ferdinand von Walter und Maria Stuart bis hin zu Demetrius inszenieren sich die Schillerschen Helden aus ihrer Subjektivität heraus und gemäß ihrem Willen zur Größe zu dem, was sie zu sein begehren – und zwar unabhängig davon, ob sie ihre sinnliche Natur zum absolut Bösen treibt oder ob sie – worauf es Schiller natürlich ankommt – die Stufe der dem Menschen aufgegebenen sittlichen Autonomie erreichen wollen. In den auf Moralität zielenden Selbstinszenierungen werden die Ich-Kräfte, zuvörderst der Wille, dazu eingesetzt, das Ich zu überwinden und auf die Höhe der „Gattung“, der „Menschheit“, zu gelangen.

Welche wirkungsästhetische Funktion Schiller dem Modell der Selbstinszenierung zugedacht hat, das er in seinen Dramen einsetzt, blieb in der Diskussion offen. Ohne Frage soll der Zuschauer dem Helden insofern nachfolgen, als er das Ziel einer sittlichen Selbstverwirklichung ergreift, also die Selbstentwürfe aus einer nur dem empirischen Ich entstammenden Willenskraft durchschaut und sich zum höheren „Selbst der Menschheit" zu steigern sucht. Dagegen scheint es fraglich zu sein, ob Schiller an seinen dramatischen Figuren überhaupt zeigen will, daß sie das Ziel aus eigener Kraft im Leben erreichen können, oder ob es ihm nicht vielmehr auf die ausschließlich ästhetische Vermittlung der Idee der Freiheit ankommt, die der physische Mensch nie wirklich in sein Dasein hineinzuziehen vermag. Die Selbstinszenierungen würden dann, wenn sie sich als vernunftbestimmt erweisen, immer nur eine Richtung angeben, die freilich als Richtung auch für ein mündiges Publikum Verbindlichkeit besäße. Die Frage der Steigerungsmöglichkeiten des Ich und der Annäherung der dramatischen Figuren Schillers an das „Reich der Freiheit" läßt sich vielleicht noch von einer andern Seite bedenken, wenn man die Resultate der ‚Faust'-Interpretation zum Vergleich heranzieht.

Der literarische Faust-Mythos ist zweifellos die umfassendste und wirkungsmächtigste Manifestation des neuzeitlichen Ich außerhalb der realgeschichtlichen Sphäre, in welcher man als freilich einseitige Entsprechungen die großen Entdecker, Eroberer und Revolutionäre antrifft. Die Behandlung des Faust-Themas in den drei Vorträgen von Kreuzer, Naumann und Schulz war insofern besonders fruchtbar, als die alten, gängigen Auffassungen nicht wiederholt, sondern entschieden revoziert wurden. Man grub sozusagen unter den Deutungsklischees der letzten 150 Jahre einen ganz neuen Faust hervor – in genauer Analogie zur Entdeckung des anderen Descartes durch Manfred Riedel. Der Goethesche Faust sah nun nicht mehr so autonom und rastlos vorwärts- und aufwärtsstrebend aus, wie es der lange geltenden communis opinio entsprochen hatte. Selbst die Faust-Figuren der Genieperiode, der auch Goethes ‚Urfaust' entstammt, zeigten ein durchaus zwiespältiges Gesicht.

Diese Ambivalenz ins rechte Licht gerückt zu haben ist das Verdienst des Vortrags von Helmut Kreuzer. Kreuzer stellt den Sturm-und-Drang-Faust als frustriertes Genie, als den Intellektuellen des „unglücklichen Bewußtseins" dar, akzentuiert die Widersprüche zwischen übersteigertem Ich und sozialem Umfeld, zwischen „Selbstsein und Selbstbild"

(s. u. S. 137) und zeigt, wie besonders Maler Müller und Maximilian Klinger mit dem Faust-Konzept regelrecht experimentieren, um herauszufinden, was vom verabsolutierten neuzeitlichen Ich bleibt, wenn alle Schranken fallen. Das große Experiment von Klingers ‚Faust'-Roman (in drei Fassungen 1791–1799 erschienen) läßt, ungeachtet aller Mehrdeutigkeiten des Werkes, die Verschiebung des Interesses vom Problem der Selbstentfaltung des großen Ausnahmemenschen auf das Gesellschaftsproblem erkennen. Mit Kreuzer darf man urteilen, daß der Autor zwar mit seiner Faust-Figur die „Empörung über das Bestehende" (s. u. S. 149) teilt, daß er aber im Konzept des genialen Einzelnen keine Lösungsansätze für die brennenden gesellschaftlichen Fragen sieht.

Die stärksten Impulse für eine Neuinterpretation der Faust-Figur gingen von den beiden Vorträgen aus, die Goethes ‚Faust'-Dichtung in ihrer endgültigen Gestalt und in ihrer problematischen Wirkung bis in die Gegenwart hinein gewidmet waren. Am Leitfaden des Begriffs- und Motivpaars ‚Auflösung und Neugeburt' gewann der Komparatist Walter Naumann dem Goetheschen Text ein Bild der Hauptfigur und ihres Lebensganges ab, das sich weit von der Vorstellung eines autonomen Subjekts, einer jederzeit mit sich identischen Individualität und eines titanischen Genies entfernt. Dieser Faust erscheint nicht erst am Ende seines Weges als der Gnade im höchsten Maße bedürftig, sondern schon während seines gesamten Lebens. Nur die wiederholte Annihilierung seines Ich, vor allem das bewußtlose Einswerden mit der elementaren Natur, und das jeweils nachfolgende Geschenk einer Erneuerung, die immer wieder als wirkliche Neugeburt dargestellt wird, lassen Faust überhaupt erst sein Dasein fortsetzen und vollenden. Ohne die Mitwirkung der bergenden und heilenden Kräfte der Natur – am sichtbarsten wirkend im Heilschlaf zu Beginn von ‚Faust II' – und ohne die schließlich „von oben" eingreifende Erlösung, die eine letzte, schon das endliche Dasein übersteigende Neugeburt ist, mit einem Wort: ohne das Goethesche „Stirb und werde" wäre die Lebensgeschichte, die Faust seit der ‚Historia' von 1587 literarisch zu seiner Identität als modernem Ich verhilft, jederzeit in Gefahr, vor ihrem Ende abzubrechen, zum Fragment zu werden.

Es muß dem Leser, dem sich diese Seite der Goetheschen ‚Faust'-Dichtung erschließt, unbegreiflich scheinen, daß spätere Leser aus ihr den Mythos des ‚Faustischen Menschen' gewinnen konnten. Der Beitrag von Gerhard Schulz über ‚Faust und den Fortschritt' geht dieser Unbegreiflichkeit nach. Hätte er im thematischen Zusammenhang des

Symposions gefehlt, so wäre der Bezug zwischen den Ich-Entwürfen in der Dichtung und dem außerliterarischen wirtschaftlichen, technischen und allgemein gesellschaftlichen Fortschritt, in welchem sich das moderne Ich am sichtbarsten und folgenreichsten manifestiert, nur ungenügend berücksichtigt worden. Nun liegt hier zweifellos ein vielfach vermitteltes Verhältnis vor, das aufzuklären die Möglichkeiten eines einzelnen Faches übersteigt. Immerhin scheint es von literaturwissenschaftlicher Seite ein gutes Stück zugänglich zu sein, wenn man den Weg über die Rezeptionsgeschichte eines hierfür besonders aufschlußreichen Werkes wählt. Ebendies hat Schulz unternommen. Seine Ausführungen machen deutlich, in welchem Umfang der Goethesche ‚Faust' selbst noch bis in die unmittelbare Vergangenheit von ideologisch und politisch rechten wie linken Positionen in den Dienst eines blinden Fortschrittsglaubens genommen wurde. Und wenn man zuletzt, dem Zeitgeist gehorsam, im ‚Faust' die ‚Widersprüche der bürgerlichen Gesellschaft' entdeckte, so war das offensichtlich nur die Kehrseite jener Medaille, deren Schauseite zuvor Bewunderung gezollt wurde. Daß in diesem Falle die Rezeptionsgeschichte den Gegenstand mehr verstellt als erhellt hat, liegt auf der Hand. Zwar zeichnet Goethe die Signatur des neuzeitlichen Ich aus seiner Sturm-und-Drang-Erfahrung heraus nirgends so scharf und differenziert wie in der Faust-Figur, aber er problematisiert dieses Ich von Anfang an und verleiht ihm zunehmend jene Züge seines organologischen Natur- und Lebensglaubens, die Naumann beschrieben hat.

Freilich, für die Frage der Funktion und Bewertung moderner Subjektivität in Goethes ‚Faust', auch unter dem Gesichtspunkt des Fortschritts, ist Mephisto nicht weniger wichtig als der Titelheld. Er wurde vor allem in den Diskussionen berücksichtigt. Und der umfassendere Blick auf das Werk ermöglicht es nunmehr auch, Nähe und Distanz zwischen den literarischen Ich-Entwürfen Goethes und Schillers deutlich hervortreten zu lassen, auf die Wittkowski selber hingewiesen hat (s. u. S. 168 f.). Erkennt man nämlich Mephistos Rolle als die eines Regisseurs von Fausts Leben (s. u. S. 190 F.), so ergibt sich eine Relation zwischen den beiden Autoren, für deren Beschreibung sich nun ebenfalls der Begriff der ‚Ich-Inszenierung' anbietet. Und zwar gelingt Goethes Faust die Inszenierung seines Ich gemäß seinem kühnen Streben nur mit Hilfe des amoralischen Mephisto, so daß ihn die Verwirklichungsversuche schuldig werden lassen. Bei Schiller dagegen führen die dramatischen Figuren ihre Selbstinszenierungen allein, aus eigener

Kraft, durch: Die ‚bösen' Helden haben Mephisto gleichsam in sich aufgenommen; in den übrigen wirkt bei ihren Selbstentwürfen über sich hinaus sozusagen das unbedingt geltende Sittengesetz der Kantschen Philosophie – der amoralische Mephisto ist durch eine moralische Instanz ersetzt. Die offengebliebene Frage war nun, ob sie auch ihr Ziel aus eigener Kraft zu erreichen vermögen.

Es scheint jedoch, als könnte das, was Faust widerfährt – die aus jeder psychologischen Kausalität herausfallenden, dem Ich nicht verfügbaren Erneuerungen –, bei Schiller auf etwas Entscheidendes, aber weniger Sinnfälliges aufmerksam machen. Sicher gibt es bei ihm Unterschiede in der Selbstverwirklichung, je nachdem wie hoch das Ziel im einzelnen angesetzt ist. Aber bei den idealistisch konzipierten Protagonisten, denen nach Schillers Intention exemplarischer Rang zukommt, führt die Selbstinszenierung niemals geradlinig im Sinne einer einsichtigen Kausalität zur Authentizität der Person. Denn hier geht es immer um Entwürfe, die auf ein Sein zielen, das der Mensch von Natur gerade nicht ist. Sie im Leben dauerhaft zu realisieren, hindert ihn sein sinnliches Wesen. Um diesem zu entkommen, bedarf es eines a-psychologischen Sprunges, denn sittliche Freiheit entzieht sich empirischer Kausalität – auch das ein „Stirb und werde". Der Dramatiker Schiller bindet solche Verwandlung gemäß seinem dualistischen, tragischen Weltbild meist an den wirklichen, den physischen Tod, so in ‚Maria Stuart' und der ‚Jungfrau von Orleans'. Und was dann am Schluß der Schillerschen Tragödie aufleuchtet, ist nicht eine neugeborene Individualität, sondern das an einer Dramenfigur poetisch dargestellte Ideal verwirklichter Freiheit.

Bei Goethe wie bei Schiller erscheint also das neuzeitliche Ich nicht etwa als selbstherrliches empirisches Subjekt oder mit nichts als sich selbst identisches, nach außen abgeschlossenes Individuum. Im Goetheschen ‚Faust' verhalten sich bewußtes subjektives Streben und unbewußtes Leben wie Zettel und Einschlag, und das sich ergebende Gewebe des Daseins ist nicht vom Ich ‚gemacht'. In Schillers Dramen bringt die dramaturgisch sehr betonte Selbstinszenierung des Ich den empirisch-subjektiven Pol als die Willens- und Geisteskraft der Selbstgestaltung zwar stärker zum Bewußtsein. Dafür macht sich aber um so mehr der transempirische Gegenpol, die Idee der sittlichen Bestimmung des Menschen, geltend. Und das utopische Fernziel, auf das die tragischen Dramenschlüsse verweisen, wäre die Neugeburt der Menschheit aus dem Geist des in Freiheit befolgten Sittengesetzes.

Auch Kleist und Hölderlin zielen mit ihrem Denken und ihren dichterischen Entwürfen in die Richtung einer nicht nur individuellen Erneuerung. Die Unterschiede zwischen beiden ergeben sich, so möchte man urteilen, aus den differierenden Mischungsgraden, in denen sich persönliche Neugeburtssehnsucht und Hoffnung auf gesellschaftlich-geschichtlichen Wandel verbinden. Wenn Kleist, wie der Beitrag von ANTHONY STEPHENS zeigt, das Individuum immer wieder punktuell in solchen Geburtsphantasien aus dem Geist des späten Rousseau entstehen läßt, so wird aus den näheren Umständen ganz deutlich, daß er sich damit gegen den herrschenden, auch in seiner vordichterischen Zeit in ihm herrschenden, Rationalismus der Spätaufklärung und ihren Fortschrittsoptimismus wendet. Einerseits bedeutet die individuelle Neugeburt jedesmal den Ausbruch aus allen einengenden, erstarrten Konventionen, also Rückkehr ins ‚Paradies', anderseits bleibt sie merkwürdig folgenlos, weil der gesellschaftlich-politische Kontext sich nicht ändert, weil die Gesellschaft und die Sprache, denen niemand endgültig entfliehen kann, keine Verjüngung erfahren. Die ‚Gesetze' im Lacanschen Sinn, die das Leben und die Sprache des vergesellschafteten Menschen bestimmen, holen das neugeborene Individuum sogleich wieder ein. Das jedenfalls gilt für die meisten von Kleists Tragödien und Novellen. Zur Vermeidung der letzten tragischen Konsequenz sind bestimmte Bedingungen erforderlich, die etwa im ‚Käthchen von Heilbronn' und im ‚Prinzen von Homburg' durch das Spiel mit kühnsten Hoffnungen experimentell hergestellt werden.

Bei Hölderlin erfährt das „Stirb und werde" als persönliche Erfahrung und als Hoffnung für die Menschheit, zuletzt konkret für das deutsche Volk, eine außerordentliche Intensivierung und Ausweitung. Wir wissen, in welchem Maße daran der vom Dichter erlittene Wechsel zwischen tiefsten Depressionen und höchsten geistigen Aufschwüngen, sodann das pietistische Erbe sowie das Erlebnis der Französischen Revolution und der Napoleonischen Kriege beteiligt waren. Das Referat von BERNHARD BÖSCHENSTEIN greift das für die Entwicklung Hölderlins und die Geschichte des neuzeitlichen Ich zentrale Thema des ‚Empedokles' heraus – zentral deshalb, weil durch die verschiedenen Fassungen des Dramas hindurch zu verfolgen ist, wie sich der Schwerpunkt vom großen Einzelnen, dem selbstherrlichen Genie, immer mehr verlagert zugunsten einer entindividualisierten Mittlergestalt, von deren Opfertod die Erneuerung des Volkes erhofft wird. Das autonome und gesetzgeberische Ich wird hier bewußt dem Untergang geweiht, an seine Stelle tritt die Utopie einer Gemeinschaft freier, mündiger Menschen.

Während bei Kleist und Hölderlin ein neuralgischer Punkt in der neueren Bewußtseins- und Dichtungsgeschichte in den Blick rückt mit ernsthaften Versuchen, das subjektivistische und individualistische Selbstverständnis des neuzeitlichen Menschen zu überwinden, ist Friedrich Nietzsche der große Dreh- und Wendepunkt am Anfang der ästhetischen Moderne.[6] Daß dies freilich nur in einem extrem ambivalenten Sinn gilt, machen der Vortrag UWE JAPPS und die zugehörigen Diskussionsergebnisse deutlich: Einerseits tritt Nietzsche als schärfster Kritiker der kulturellen Modernität, insbesondere der Dekadenz, auf, anderseits wird er zum Begründer dessen, was wir die literarische Moderne des 20. Jahrhunderts zu nennen pflegen. Einerseits löst er das Ich als pure Fiktion, d.h. Selbsttäuschung, des modernen Menschen auf, anderseits erscheint sein erkenntnistheoretischer und ästhetischer Perspektivismus als Ausdruck einer eher noch gesteigerten Subjektivität. Doch möchte ich hinzufügen, daß all die Widersprüche Nietzsches, die von einer unabschließbaren Denk- und Lebensbewegung zeugen, und speziell der Perspektivismus, der immer neue Umwertungen der traditionell fixierten Wertwelt mit sich bringt, genau auf jene Mitte weisen, auf die sich auch die von ganz anderen Seiten unternommenen Auseinandersetzungen mit dem neuzeitlichen Ich zubewegen. Es ist eben der Konvergenzpunkt, in welchem eine radikale Öffnung zum ‚Leben' und die Nicht-Preisgabe der Bindung an Vernunft und Verstand durch das Ich unter dem Zeichen der Pluralität und Komplementarität zusammenkommen.

Dieser imaginären oder utopischen Mitte näherte sich INGRID STROHSCHNEIDER-KOHRS explizit am weitesten: Sie zeigte am Beispiel des jungen Hofmannsthal, welche Möglichkeiten speziell die letzte Jahrhundertwende entdeckt hat, um über die Öffnung zum elementaren Leben bis hin zur Preisgabe des Ich zu einem neuartigen, nur in Gesten sich bekundenden Selbstbezug zurückzufinden. Es geht hier nicht mehr um Verlust oder Bewahrung der Ich-Identität; das Ich erfährt vielmehr absichtslos, aber dank erweiterter Sinneswahrnehmung und gesteigerter Erfahrung des Zeitlichseins eine Verwandlung, die zu neuer Offenheit, Lebensteilhabe und Selbsterfahrung führt.

Der Vortrag ALBERTO DESTROS und die sich anschließende, kontrovers

[6] Habermas, a.a.O., S. 104 ff.

geführte Diskussion ergeben zusammen ein aufschlußreiches Zeugnis für den Wandel des Ich-Sagens in der Dichtung der neueren Zeit und für die unterschiedlichen Bewertungen dieses Prozesses. Hierin kam etwas von dem dialektischen Verhältnis zwischen einer ‚Literatur des Ich' und einer ‚Literatur des Ist' zum Vorschein. Destro vertrat die Auffassung, daß der Gegenstand des Rilkeschen Dichtens immer wieder nur das Ich sei und der Bezug zur ‚Wirklichkeit' im Laufe seines Schaffens eher abnehme; daß somit ein extremer Fall von Subjektivismus vorliege. In der Diskussion dagegen wurde unter Berücksichtigung anderer Forschungspositionen die These verfochten, daß es sich vom ‚Stunden-Buch' bis zur späten Lyrik um eine durchgängige Polarität von Subjekt und Objekt bei unterschiedlicher Akzentuierung der beiden Pole handelt. Dieses Ganze, wie auch immer es im einzelnen gestaltet sein mag, wäre somit nicht mehr eine Lyrik des Ich in der neuzeitlichen Tradition, sondern müßte als ‚welthaft' begriffen werden. Man kann auch sagen, Rilke gehe es in einem entschiedenen Sinne stets um das ‚Sein' des Ich, genauer: um die Welt der ‚Bezüge', in denen das Ich immer schon steht und in denen es sich verwirklicht.

In die größeren Zusammenhänge, die mit dem Thema des Symposions gemeint waren, führte der komparatistische Versuch Walter Sokels zurück. Mit ihm wurde ein in zweifacher Hinsicht dialektisch zu nennendes Modell entworfen, das die Poetik von Robert Musils ‚Mann ohne Eigenschaften' in Beziehung setzt zur herrschenden Roman- und Dramenpoetik in der europäischen Literatur des 18. Jahrhunderts, wodurch natürlich auch die Opposition Musils zum Realismus des soziologischen und psychologischen Romans des 19. Jahrhunderts erfaßt wurde. Interessant daran ist die Wechselwirkung zwischen den Veränderungen des Charakterbegriffs und der Romanform. Das Konzept eines geschlossenen, mit sich selbst identischen und die Identifikation des Zuschauers und Lesers ermöglichenden Charakters, für das Lessing exemplarisch einzutreten hatte, führt poetologisch zur Mimesis einer entsprechend geschlossenen Handlung in Drama und Roman – letzteres besonders im 19. Jahrhundert. Die kritisch gemeinte Ablösung des Charakterbegriffs durch den der Eigenschaftslosigkeit entzieht daher zugleich der realistischen Romanform den Boden. So ist der Roman bei Musil nur noch möglich als Selbstparodie und Selbstironie ebendieser obsolet gewordenen Form. Das wiederum macht ihn für Sokel vergleichbar mit ‚Don Quijote' und den parodistischen und ironisierenden Romanentwürfen des 18. Jahrhunderts. Da hier das hervorstechende Vergleichsmoment in der kritischen, erkenntnisfördernden Intention der Autoren liegt, wird erneut sichtbar, wie aufklärerisches Denken, das immer ein kritisch reflektierendes Subjekt erfordert, und die Auflösung des als Einheit gedachten, eigenmächtig sein Schicksal bestimmenden Ich zusammengehen können.

Es war kein Zufall, daß gegen Ende der Tagung mit Hofmannsthal, Rilke und Musil drei österreichische Dichter als Vertreter der Klassischen Moderne ins Zentrum des Interesses rückten und daß, ausgelöst durch den Beitrag von Walter Weiss, die neuere österreichische Literatur insgesamt diskutiert wurde. Während die bedeutenden Autoren des 20. Jahrhunderts aus dem deutsch-protestantischen Kulturraum, z.B. Thomas Mann und Bert Brecht, sehr viel stärker in teils aufklärerischer, teils idealistischer Tradition schrieben und die Grundlagen einer ‚Literatur des Ich' nicht aufgaben, hat sich auf dem katholischen Boden der Habsburger Monarchie eine Eigenform geistiger und literarischer Kultur entwickelt, die man heute häufig mit dem Schlagwort ‚Mitteleuropa' kennzeichnet.[7] Auf jeden Fall aber hat dieses Österreich die meisten – und besonders wirkungsmächtige – Autoren hervorgebracht, die uns heute die Epoche der Klassischen Moderne zu Beginn dieses Jahrhunderts repräsentieren.[8] Das mag daran liegen, daß es in der älteren österreichischen Geistes- und Literaturgeschichte ein großgeschriebenes Ich, ein Ich im emphatischen Sinne, kaum je gegeben hat, daß demzufolge auch die Demontage des Ich-Begriffs durch die modernen Naturwissenschaften und die Entdeckung der Dimension des Es durch Freud hier besonders günstige Voraussetzungen fanden.

Um einer einseitigen Reklamierung der neueren Dichtung Österreichs für eine ‚Literatur des Ist' zu begegnen, ordnete Weiss in seinem Thesenreferat Autoren wie Hermann Broch und Musil der Tradition des Idealismus und der Aufklärung zu. Auch hier blieb die Diskussion, die sich vor allem um die weitere Klärung von Musils Charakter- und Geniebegriff bemühte, nicht bei der bloßen Antithetik von ‚Ich' und ‚Ist' stehen, sondern lieferte Argumente für beide Deutungsschemata, ohne daß letztlich die Dominanz des ‚Seinspols' zumindest für die Klassische Moderne ernsthaft angezweifelt wurde. Grillparzers und Musils

---

[7] Vgl. etwa die Akten des 1. Convegno Internazionale, Parma 1985, zum Thema ‚Mitteleuropa' (erschienen 1987).

[8] U. Fülleborn, Zur Frage der Identität von österreichischer und moderner Literatur. In: Literatur aus Österreich. Österreichische Literatur. Hg. von Karl Konrad Polheim. Bonn 1981, S. 47–72.

Werke ließen sich als beispielhafte Vermittlungsversuche zwischen den Ich-Konzepten der Aufklärung und den sich in neue Dimensionen ausweitenden Wirlichkeitserfahrungen anführen.

Mit Frank Trommlers Vortrag über die ‚Authentizität des verlorenen Ich' im 20. Jahrhundert bekam die Diskussion erneut eine Wendung, und zwar dank der Einbeziehung soziologischer und politischer Gesichtspunkte und der Ausweitung des Gegenstandsbereichs bis in die jüngste Zeit hinein. Es wurde bezweifelt, daß die Ich-Konzepte aus der Epoche nach dem Ersten Weltkrieg angesichts der vielfältigen Erfahrungen von Ich-Bedrohung und Individualitätsvernichtung überhaupt noch in einer Kontinuität mit dem Ich-Modell von Aufklärung und Goethezeit zu sehen seien. Und es wurde gefragt, ob die Konjunktur des Ich in der Gegenwartsliteratur nur die Renaissance des neuzeitlichen Subjekts oder nicht vielmehr einen radikalen Neuansatz bedeute.

In der Schlussdiskussion meldete sich das Bedürfnis nach stärkerer Einbeziehung des 19. Jahrhunderts, aber auch nach einer Abgrenzung der Ich-Entwürfe der Neuzeit von denen früherer Zeitalter. Das war insofern verständlich, als sich in den Vorträgen und Diskussionen das Bild des neuzeitlichen Ich so stark verändert hatte, daß die hypothetisch vorausgesetzte Dialektik zwischen 18. und 20. Jahrhundert als dichtungs- und bewußtseinsgeschichtliches Deutungsschema nicht mehr auszureichen schien. Gleichzeitig aber wurde erneut klargemacht, wie viele der diskutierten Ich-Konzeptionen bis in die Gegenwart der Postmoderne hinein auf einem dezidierten Dualismus von Geist und Körper, von Kultur und Natur beruhen. Da es, aufs Ganze der geistiggeschichtlichen Prozesse gesehen, jedoch nicht mit diesen Dualismen sein Bewenden hatte, sondern noch andere, zum Teil auf Synthese abzielende Konzepte relevant wurden, bot sich die Kategorie der Pluralität für den Versuch einer Zusammenfassung der Ergebnisse an. Die Öffnung der weltlosen Monade des 18. Jahrhunderts zum Pluralen (I. Strohschneider-Kohrs, s. u. S. 340) schien die Tendenz zu sein, die sich in den verschiedenen neueren Erscheinungsformen des Ich auswirkt.

Bei solch verändertem Blick auf die neuzeitliche Ich-Problematik erwies sich schließlich der Vergleich der dichtungsgeschichtlichen Situation von 1800 und 1900 – unter Ausklammerung des empiristischen 19. Jahrhunderts – doch als sinnvoll, da in der Romantik und um die letzte Jahrhundertwende die Ich-Erfahrung in besonderer Weise den elementaren und kreatürlichen Bereich einbezog, und zwar aufgrund der Idee von der Einheit aller Wesen.

Nach der ausführlichen Schlußdiskussion brauchte im Schlußwort nur noch einmal an die wichtigsten Begriffe, die in den drei Tagen erarbeitet wurden, erinnert zu werden: ‚Perspektivismus' und ‚Pluralität', das ‚Elementare' im weitesten Sinne – unter Einschluß der Natur, des Unbewußten, des Kreatürlichen – und nicht zuletzt ‚Selbstinszenierung'. Als systematisch und historisch bedeutsam war hinzuzufügen, daß in Perspektivismus und Selbstinszenierung sich der subjektivistische Pol im neuzeitlichen Ich-Konzept erheblich stärker auswirkte als im Pluralitätskonzept und in den Ichentstehungs-Phantasien, die so elementare Erfahrungen wie Auflösung und Neugeburt verarbeiten. Hier geht es nicht um bewußte Ich-Schöpfung und Ich-Steigerung bei gleichzeitiger Relativierung aller Dinge zu Objekten des eigenen Sehens und Tuns, sondern um Teilhabe an den Wirklichkeiten der Welt, in der das Ich immer schon ist.

Wenn man als Herausgeber der Akten des Symposions ‚Das neuzeitliche Ich in der Literatur des 18. und 20. Jahrhunderts' jetzt aus zeitlicher Distanz sagen soll, welches der Wert, der nicht nur fachinterne Wert, der Tagung gewesen sein mag, gerät man in Verlegenheit. Nicht daß sich die Bedeutung des Themas und die Resultate der gemeinsamen Bemühungen in einem veränderten Licht zeigten. Vielmehr hat sich wohl wirklich erwiesen, daß man mit einer Frage, die über den engen Horizont eines einzelnen Faches hinausreicht und die jedermann interessieren muß, auch die konkrete wissenschaftliche Arbeit stimulieren kann. Wenn sich trotzdem Bedenklichkeiten einstellen, so hat das wohl den Grund, daß gerade das gewählte Thema die Ohnmacht der Literatur und ihrer Interpreten angesichts der realen Geschichte der Neuzeit, die unser Leben bestimmt, schmerzlich bewußt werden läßt. Die Literatur hat sich aus den Zwängen der Fortschrittsideologie und subjektivistischer Selbstüberhebung immer aufs neue losgerungen; sie vermochte sich weitgehend kritisch zu verhalten und oft auch Alternativen sichtbar zu machen. Daneben aber wuchs das neuzeitliche Ich handelnd ins Riesenhafte. Was sich in der Relation der dichterischen Entwürfe zu den tatsächlichen Verhältnissen offenbart, ist die Machtlosigkeit der Vernunft und der produktiven Phantasie gegenüber den sich verselbständigenden, blinden Verstandes- und Willenskräften, die in der Technik ihre Triumphe feiern und in den Vernichtungskriegen unseres Jahrhunderts die Völker ins tiefste Dunkel stürzen.

Einen Grund zur Freude über das in der Literatur des 18. und 20. Jahrhunderts Erreichte gibt es also nicht, sondern es stellt sich die

Trauer über Versäumtes ein. Aber wenn das neuzeitliche Ich, das inzwischen seine Herrschaft über unsern Globus ausgedehnt hat und im real existierenden Sozialismus ebenso zur Macht gelangt ist wie in der technischen Revolution Japans – wenn dieses Ich in seinem Wahn die Selbstzerstörung der Menschheit riskiert (ohne sie bewußt zu wollen), so kann wenigstens niemand sagen, das alles sei nicht vorherzusehen gewesen; man sei besten Wissens, vom Verstande geleitet, der faszinierenden Bahn eines geradlinigen und sich immer beschleunigenden Fortschritts gefolgt. Denn die Dichtung, die Künste, auch die Philosophie, haben es besser gewußt. Vielleicht ist es der bescheidene Wert solcher Bemühungen, wie sie im vorliegenden Band dokumentiert werden, wenigstens dies ins Gedächtnis zu rufen.

Manfred Riedel

Grund und Abgrund der Subjektivität
Nachcartesianische Meditationen

Cartesianisch meditieren, das heißt nach Descartes, mit dem Denken von vorn oder bei sich anzufangen, um den Weg zu einem begründeten Wissen zu finden. An diesen Anfang wollen wir aus heutiger Sicht erinnern, nachcartesianisch, und das meint: indem wir den neuzeitlichen Weg der Wissensbegründung zurück gehen und die Grundentscheidungen des Anfangs hermeneutisch zu verstehen suchen. Nicht am Leitfaden der alten, zu Beginn der Neuzeit erneuerten Grundfragen menschlichen Nachdenkens: „Was weiß ich? Was tue ich? Was geht in mir vor?“, der intimen Bekenntnisform des Humanismus, die von Petrarca über Cardano und Montaigne in die neue autobiographische Gattung der Studiengeschichte einmünden, sondern im Blick auf den Wandel dieser Besinnung zu einer eigenständigen Form philosophischer Aussprache, der so zuerst von Descartes gestellten Frage: „Wie kann ich mich des Wissens von mir vergewissern? Worin gründet die Gewißheit, daß ich überhaupt bin? Und was bedeutet dieses Wissen von mir für die Möglichkeit von Wissenschaft?“.

Es sind die Grundfragen einer philosophischen Besinnung auf die Zusammengehörigkeit des Denkens mit dem Sein, dem Wesen und der Existenz des *Ego,* die Descartes in seiner ersten Schrift, dem ‚Discours de la Méthode‘ (1637), der Literaturgattung der humanistischen Studiengeschichte einschreibt. Der ‚Discours‘ ist keine Abhandlung, sondern ein Gespräch über die Methode, jene Fragen zu beantworten, das die Bekenntnisform der Autobiographie mit der philosophischen Aussprache verbindet[1] und darum das Neue nicht rein hervortreten läßt. Die Aussprache fängt mit einer Verstellung an. Sie beginnt mit der von Descartes teils frei gewählten, teils aber auch erzwungenen und erlittenen Notwendigkeit, seine Person zurückzunehmen und hinter der Maske zu verbergen, nach dem Cartesischen Leitsatz: *Larvatus prodeo,* „ich trete maskiert auf“.[2] Das ist ein Thema für sich, unerschöpflich für

[1] Das ist von G. Misch im Detail untersucht worden. Vgl. die treffende Charakteristik in: G.M., Geschichte der Autobiographie. Bd. 4, 2. Frankfurt/M. 1969, S. 578.

[2] Er findet sich in den frühen Aufzeichnungen unter dem Titel ‚Cogitationes privatae‘ in: Descartes, Oeuvres. Hg. von Ch. Adam und P. Tannery [im folgenden abgekürzt: AT]. Bd. X. Paris 1908, S. 213.

den Psychologen und Historiker, für Descartes-Biographen und Geschichtsschreiber der frühneuzeitlichen Philosophie. Uns interessiert weniger die literarische Form des Bekenntnisses, diese Mischung aus Wahrheit und Lüge, in der sich das menschliche Selbst lebensgeschichtlich zu verfangen pflegt. Unser Interesse gilt nicht dem vereinzelten, dem leibhaft-physischen, anthropologischen ‚Ich', sondern dem meditierenden Ich, dem Wesen und der Existenz des *Ego,* das im Vollzug der Besinnung auf sich selbst die Maske der empirischen Person ablegt, um der Unverborgenheit des Seins nachzudenken, der alten, ja, ältesten Sache der abendländischen Metaphysik. Es gilt den Cartesischen ‚Meditationen über die erste Philosophie' (1641), einer literarisch herkömmlichen Gattung, der mittelalterlichen hochentwickelten Form der Zwiesprache des Menschen mit sich, der Besinnung auf sich selbst, die das ‚Selbst' von sich zu lösen berufen ist. Wir nennen sie ‚spekulativ', weil sie sich im Rahmen der „ersten", der spekulativen Philosophie entfaltet.

I

Der Ausdruck ‚spekulativ', das sei vorweg angemerkt, weil uns die Sache zum Problem werden wird, kann vielerlei bedeuten, entweder die *Anhöhe,* den Spähort, oder den *Spiegel,* das Verhältnis der Spiegelung: daß die Philosophie einmal von oben her ausspähend und forschend und dann wieder gleichsam von unten, in Bildern und Gleichnissen erkennt.[3] Das Wort ist dunkel, und dies um so mehr, als es sich, nach einer nicht ganz aufgeklärten Etymologie, auch auf das Versteckte, die *Höhle* (specus) beziehen kann. Und dunkel ist auch die Sache des Spekulativen. Klar erscheint lediglich, was ihr vorausliegt, der Vollzug der Selbstbesinnung, worin sich das Selbst als meditierendes Ich bezeugt, um sich über dieses Zeugnis zur spekulativen Anschauung des Göttlichen zu erheben. Es überschreitet sich; und auf diesen Überschritt ist das Meditieren angelegt.

In der christlichen Urstiftung bei Augustin und ihrer Nachstiftung durch die mittelalterliche Schulphilosophie bildet es in zweifachem Sinne die Mitte. Es spielt inmitten der Sprache, beginnend mit der *lectio,* der Lesung eines Textes, dem Hören auf die Stimme des Gottes der christlichen Überlieferung, womit der Prozeß der Bezeugung des Ich

[3] Die Entscheidung für die zweite Bedeutung fällt unter Berufung auf 1 Kor. 13, 12, Augustin, De Trinitate XV, 8, ohne daß die erste je gänzlich verschwindet.

einsetzt, und endend mit der *oratio,* der Anrede im Gebet, dem Hörenlassen der eigenen Stimme. Die *meditatio,* das besagt der Name, ist das Mittelglied, nämlich zwischen dem sprachlichen Verlautbaren auf der einen und dem lautlosen Anschauen der *contemplatio Dei* auf der anderen Seite.[4] Sie vollzieht sich in der Mitte, und in diesem Vollzug bewegt sich das meditierende Ich aus der Sprache heraus. Was ich bin, zeigt sich dann, wenn ich mich hörend und sprechend auf das Sein hin transzendiere. Die Zugehörigkeit des Denkens zum Sein konnte so als Bewegung des Sich-Selbst-Findens ausgelegt werden, die ihr Ziel einzig spekulativ, in der sprachfreien Anschauung des unverborgenen-offenbaren Gottes erreicht.

Das macht das Zweideutige der Sache des Spekulativen aus. Die Zweideutigkeit liegt in der Bestimmung des Denkens als einem nichtsprachlichen Anschauen, die uns bis hin zu Descartes und seinen Nachfolgern in der Neuzeit begegnet, ja, sich dort, trotz gewisser Differenzierungen, sogar noch verschärft. Denken heißt Zusammenschau (inspectio) des Vielen in Eines, in eine einfach-anschauliche Wahrheit, und dieses in vielfältiger Weise, von der Sinneswahrnehmung, die mir das Weiß-Sein der Wand vorstellt, über die Einbildungskraft, mit der ich die in sich zurücklaufende Linie des Kreises erfasse, bis hin zur intellektuellen Anschauung, die jene sinnlich-bildlich bezeugten Wahrheiten (daß die Wand weiß, daß der Kreis rund ist usf.) begrifflich erschließt. Gewiß: so wenig sich das Denken im Wahrnehmen und Einbilden erschöpft, so wenig fällt es mit dem Meditieren zusammen. Es ist nur eine Stufe zu ihm, zur Bewegung in der Mitte, die von den „ersten“ Begriffen und Sätzen ausgeht und von dort her die Wahrheit des Einen aufschließt. Aber das Anschauen durchherrscht die Schrittfolge des Meditierens und sein Ziel. Es setzt sie der Zweideutigkeit des Spekulativen aus, dem Grundverhältnis des Spiegelns und der Spiegelung. Denn Anschauen, das heißt: das Angeschaute gegenwärtig haben und sich vergegenwärtigen, in vollständiger Präsenz, die Gegenwart des Angeschauten und des Anschauenden, der sich darin präsentiert.

Diese Zweideutigkeit am Grund der spekulativen Philosophie bleibt in der Urstiftung des Meditierens bei Augustin und seinen mittelalterlichen Nachfolgern verdeckt. Sie verdeckt sich hinter der Sprache des Glaubens, der Bindung des Spekulativen an die sprachliche Form des Gleichnisses. Etwas durch einen Spiegel sehen, so erläutert das Thomas

4 Vgl. Thomas von Aquin, S. th. II/II, quaest. 180, Art. III ad. 1, mit Isidor, 3 Sent. 46 u. 1 sq.; Hugo von St. Viktor, Alleg. in Nov. Testam. 1, 3 c. 4.

von Aquin, „heißt die Ursache durch die Wirkung sehen, worin sie wie im Gleichnis widerstrahlt. Daher scheint die Spekulation auf eine Meditation zurückgeführt zu werden".[5] Meditierend stellt sich das Ich gleichsam vor, es repräsentiert sich; aber nicht sich selbst, sondern Gott, der von sich zuerst das „Ich bin" gesagt hat, dessen Sein sich mit dem Namen verknüpft, mit eben jenem einzig-einen *Ego,* das sich zweifach mitteilt: *Ego sum, qui sum,* „ich bin, der ich bin".[6]

An diese rätselhafte Mitteilung bleibt das augustinische Meditieren als spekulative Zwiesprache des Menschen mit dem Gott der christlichen Überlieferung gehalten. Die *meditatio* erscheint als jene Bewegung des Denkens, wodurch das meditierende Ich dem Anderen seiner selbst vergegenwärtigt wird und in dessen Gegenwart aus sich heraustritt, sich auf den Weg der Seele zu Gott begibt. Diesem sprachlichen Kontext, der hochmittelalterlichen Form des ‚Itinerarium mentis ad Deum', entwächst die radikalisierte Selbstbesinnung, die so zuerst von Descartes gestellte Frage nach dem Sein des meditierenden *Ego.*.

Das ist von den Zeitgenossen gesehen worden, die auf die Gemeinsamkeit mit dem vorcartesischen, dem augustinischen Meditationstyp, hingewiesen haben.[7] Erst die Anhänger des Cartesianismus in der Philosophie des 17. Jahrhunderts[8] und die Späteren, die den Cartesianischen Weg, von Kant und Fichte über Hegel bis hin zu Husserl, weiter ausschreiten oder zu Ende gehen wollen, urteilen hier anders. Sie alle orientieren sich an einem Satz, der zuerst im ‚Discours de la Méthode' formuliert wird und dann in das systematische Hauptwerk, die ‚Prinzipien der Philosophie', Eingang gefunden hat, dem bekannten, allbekannten Grundsatz: *Cogito, ergo sum,* „ich denke, also bin ich".[9] Im ‚Discours' wird er als Ergebnis einer zurückliegenden Besinnung, in den ‚Prinzipien', unter Berufung auf ein einverständliches „Wir", als eine jedermann einleuchtende Sache mitgeteilt. Und in beiden Schriften wird versichert, er sei der allererste und gewisseste aller Sätze, das

---

[5] S. th. II/II, quaest. 180, art. 3 ad. 2, unter Berufung auf Augustin, De Trinitate XV, 8 (42/1067 D).

[6] Augustinus, En. in Psalm. CI, serm. 2; 10,11–68; 12,1–15; 14,25–49.

[7] Das bezeugen die Briefe an Mersenne, Dezember 1640, und Pater Mesland, 2. Mai 1644. Vgl. dazu E. Gilson, Études sur le rôle de la pensée médiévale dans la formation du système cartésien. Paris 1930, S. 259 ff.

[8] Vgl. die einschlägigen Nachweise bei J. Bohatec, Die Cartesische Scholastik in der Philosophie und reformierten Dogmatik des 17. Jahrhunderts. Hildesheim ²1966, S. 108ff.

[9] Vgl. ‚Discours de la Méthode', IV, 1 (AT VI, 32, 558); ‚Principia Philosophiae', I, 7 (AT VIII, 1, 6f.).

Begründungsprinzip der ersten Philosophie. In den ‚Meditationen' hingegen, wo Descartes die Besinnung wirklich durchführt, kommt dieser Satz nicht vor, jedenfalls nicht in jener Formulierung, auf die sich die Späteren übereinstimmend beziehen. Die Selbstbesinnung hält sich an das Sein des Ich: *Ego sum, ego existo,* „ich bin, ich existiere", in einem Satz, von dem Descartes lediglich behauptet, er sei notwendig wahr, so oft er ausgesprochen oder im Geist erfaßt werde. Und sie mündet in der spekulativen Betrachtung, der Einsicht des meditierenden Ich, daß Gott ist, weil es das Sein nicht aus sich selbst zu begründen vermag.[10]

Der Unterschied mag geringfügig sein; übersehen läßt er sich nicht. Und er verdient unsere Aufmerksamkeit um so mehr, als der Cartesische Gedankenzug in den genannten drei Schriften durchaus derselbe ist. Warum also dann die abweichende Formulierung? Was besagt die eine für das Verständnis der anderen? Oder haben sie nichts miteinander zu tun?

Um diese Fragen zu klären, müssen wir zunächst an die Auszeichnung erinnern, die dem Satz: *Cogito, ergo sum* zuteil wird. Das systematische Hauptwerk verleiht ihm den Status eines *axiomatisch gesicherten Satzes.* Und *Axiome,* das sind die Voraussetzungen, die Vordersätze apodiktisch strenger Wissenschaft, die notwendig wahr sind, ohne daß sie jedes Mal des Ausspruches bedürfen. Ihre Wahrheit gründet sich darauf, was seit Aristoteles als das Sicherste gilt, auf die *Anschauung,* die vorsprachliche Sicherheit im Erfassen desjenigen, was Axiomen zugrunde liegt, des Seienden, so wie es sich dem anschaulichen Erfassen gibt. Es gibt sich zuunterst, am Grunde von allem und jedem, als das mit sich selbst Gleiche, eine Anschauung, die sich im ersten aller Axiome, dem logischen Satz der Identität (A = A) ausprägt.[11] Genauer gesagt: sie beherrscht ihn, indem sie ein für alle Mal ausschließt, was unserem sprachlichen Erfahren doch ganz vertraut bleibt, – daß etwas so und auch anders zu sein vermag, daß es sich verändert, ja, sogar dann, wenn es ist, nicht nur als ‚seiend', sondern ebenso als nicht-seiend gedacht werden kann. Die Herrschaft der Anschauung wird von Descartes nicht gebrochen. Im Gegenteil, sie kommt erst jetzt, mit der Auszeichnung des Satzes: *Cogito, ergo sum,* voll zur Entfaltung. Für Descartes wird er zum obersten aller Axiome, das die „erste" Philosophie begründet. Er verschafft ihr einen Grund, die Begründung in der Klarheit und Deutlichkeit einer sich im *Ego cogito* gebenden Anschauung, nach der jedes

[10] ‚Meditationes' II 3 (im folgenden: Med.).

[11] Vgl. Aristoteles, Met. IV 3, 1005 b 19–22; Anal. post. I 10, 76 b 23 f.

Axiom einer Wissenschaft, der Logik wie der Mathematik, als notwendig wahr gedacht werden muß.

Nun hat sich Descartes hieran keineswegs gehalten. Er hat vielmehr in der axiomatisierenden Fassung die Geltung der Logik bereits in Anspruch genommen, indem er die Einführung des obersten Axioms mit dem Argument rechtfertigt, es sei ein Widerspruch, daß dasjenige, was denkt, zu dem Zeitpunkt, da es denkt, nicht existiert.[12] Daraus mag sich erklären, daß die Frage, was es denn mit dieser Axiomatisierung für eine Bewandtnis habe, gar nicht erst aufkommen konnte. Sie wird auch von den Späteren kaum aufgeworfen. Über die Ausbildung des Cartesianismus erlangt der erste der beiden Sätze das Ansehen eines *Grundsatzes,* der sich wirkungsgeschichtlich mit dem Namen des Descartes verbindet. Von Spinoza und Leibniz abwärts ist er dann immer wieder erörtert, ausgelegt, interpretiert worden, so daß sich die Geschichte der neuzeitlichen Philosophie bis in die erste Hälfte unseres Jahrhunderts hinein fast wie ein Kommentar zu dem seit Kant so genannten *Satz des Bewußtseins,* dem Cartesianischen „Ego cogito, ergo sum" ausnimmt. Auf diesem Hintergrund wird das „Ich" zum transzendentalen Subjekt im Sinne des Grundes der ersten Philosophie. Und indem das geschieht, verdeckt sich, was bei Descartes gerade sichtbar wird, das Abgründige des Ausgangs vom *Ego cogito,* der Abgrund der Subjektivität. Er bricht daran auf, was das Denken, wie man sagt, ‚begründet', an dem Satz: *Ego sum, ego existo.*

Damit haben wir unser Thema umrissen. Die Aufgabe wird sein, in der mitdenkenden Besinnung auf den eigentümlichen Gedankenzug der Cartesischen Meditation die ganze Problematik einer egologischen Grundlegung der ersten Philosophie aufzuweisen, ihre Zweideutigkeit und ihre Grenze, an die sie unvermeidlich anstößt. Wir bewegen uns dabei nicht mehr auf dem Boden der Subjektivität, den die neuzeitliche Philosophie bis hin zu Husserl wie selbstverständlich voraussetzt, wenn sie den Cartesischen Ansatz cartesianisch zu überholen und das Ich in die Position des Anfangs im transzendentalen Subjekt der egologisch immanenten Reflexion des *Ego-cogito-cogitatum*[13], zu rücken sucht. Wir versuchen vielmehr, ihn in das Geschehen der Transzendenz zurückzufügen. Und indem wir dem Ursprung dieses Geschehens

[12] Vgl. ‚Principia philosophiae', I, 7 (AT VIII, 7).

[13] E. Husserl, ‚Cartesianische Meditationen', I, §§ 8–14; Husserliana Bd. I, S. 58ff. Vgl. ‚Die Krisis der europäischen Wissenschaften und die transzendentale Phänomenologie', II, §§ 17–20, Husserliana, Bd. VI, S. 76ff.

nachfragen, wird sich uns der Problemhorizont einer nachcartesianischen Meditation eröffnen, der Besinnung darauf, was uns, nach der Kritik von Heidegger und Wittgenstein an den metaphysischen Vorurteilen des neuzeitlichen Subjektbegriffs, das sich abzeichnende Ende der Geschichte jenes „Ich" unter diesem Titel zu denken aufgibt.

II

Meditieren heißt, sich auf sich selbst besinnen oder nachdenken, was methodisch zu geschehen hat. Aber ehe man methodisch denkt, sagt Kant, muß man jederzeit auch tumultuarisch denken; man muß umherschweifen, um alles aufzusuchen, was da einschlägt.[14] Das ist eine gute Beschreibung des hermeneutischen Verfahrens, nach dem ich bisher vorgegangen bin und weiter vorgehe, so daß es erlaubt sei, hier einige Zwischenüberlegungen einzuschalten.

Heidegger und Wittgenstein kommt das unschätzbare Verdienst zu, im Ausgang von philosophisch sehr unterschiedlichen Voraussetzungen erkannt zu haben, daß sich der Cartesianische Ansatz der neuzeitlichen Bewußtseinsphilosophie nicht halten, daß sich auf dem Grunde des transzendentalen *Ego* weder unser Wissen von uns selbst noch von der Welt verständlich machen läßt. Nach Wittgenstein verbirgt sich dahinter die Transformation der Grammatik in Metaphysik. Es ist die zufällige Form von Sätzen des Typs: „Ich meine, daß p", die uns glauben läßt, es müsse dem Satzsubjekt etwas *in* der Welt korrespondieren, ein denknotwendiges Subjekt, das unserem Wissen von ihr so zugrundeliegt wie das Auge dem Gesichtsfeld. Nichts spricht dafür, daß wir zur Annahme eines solchen Auges im Großen, das alles übersieht und sich dabei gleichsam selbst zusieht, berechtigt sind. Kein Bestandteil unseres Wissens von der Welt ist a priori notwendig. Denn was wir sehen und innerhalb des uns zugänglichen Sehfeldes beschreiben, das könnte auch anders sein. Das Subjekt, folgert Wittgenstein, ist kein Teil, sondern die Grenze der Welt.[15]

---

[14] Die philosophischen Hauptvorlesungen Immanuel Kants. Hg. von A. Kowalewski. München/Leipzig 1924, S. 501. Vgl. (etwas modifiziert) ‚Logik', § 120.

[15] ‚Tractatus logico-philosophicus' (1921), 5.631–5.634, Schriften, Bd. 1. Frankfurt/M. 1980, S. 65f.; Tagebücher, Eintrag vom 4.8.–2.9.1916, a.a.O., S. 172–175. Wittgenstein beruft sich hier auf Schopenhauer (Die Welt als Wille und Vorstellung, Buch 1, Abschnitt 2), später auf Lichtenberg („Es denkt", sollte man sagen, so wie man sagt: „Es blitzt"). Vgl. G.E. Moore, Wittgenstein's Lectures in 1930–33, III. In: Mind 64 (1955), S. 13f.

Für Heidegger ist es beides, *in der Welt* und *ihre Grenze.* Er fragt, was Wittgenstein nur am Rande berührt, wie das Subjekt faktisch erfahren und in seiner Faktizität sprachlich ausgelegt wird. Die Auslegung der Erfahrung des In-der-Welt-Seins weist über den Bereich der Grammatik hinaus. Sie führt auf die Hermeneutik des Selbstverständnisses zurück, auf die metaphysische Auslegung des sich vereinzelt erfahrenden „Ich" am Beginn der Neuzeit. Es rückt in die Position des Grundes, weil im Zuge der Cartesianischen Axiomatisierung des Wissens der erste Gedanke des „Ich denke" das sich gleichbleibende Sein ist, womit es sich selbst anschaulich zu erfassen meint. Daß ich da „bin", wenn ich denke, dieses Da-sein versteht Descartes als die Selbstanschauung der *res cogitans,* eines Seienden, das dem Denken zugrunde liegt.

Der Zugang zum Sein erfolgt über die sich wissende Subjektivität, die sich im obersten aller Axiome, im Grundsatz: „Ich denke, also bin ich", legitimiert. Wie Heidegger nachweist, ist das „Ich" in jenem Doppelsatz nicht nur „Subjekt" im grammatisch-logischen Sinne, das nach der Form: „Ich meine, daß p", etwas von etwas aussagt oder prädiziert; im Prädikat sagt es vielmehr sich selbst aus. Es ist Subjekt aller Prädikate, die es hat, und so vermag es, um dieses Haben zu wissen, nach dem Cartesischen Folgesatz: „Ich weiß, daß ich weiß" (cogito me cogitare), der die Beziehung des Subjekts auf sich selbst, d. h. die Subjektivität als Grund festschreibt. Aufgrund des ausgezeichneten Modus seiner Prädikate ist es ontologisch ausgezeichnet, *das* Subjekt für alles Seiende, das von ihm aus die Stelle des Gegenüber einnimmt, des Objekts für ein Subjekt. Dieses Subjekt gehört nach Heidegger nicht zur Welt, sondern zur *Geschichte des Seins in der Welt,* zur Erfahrung des eigentümlichen Seinscharakters des „Ich bin", die sich neuzeitlich in den Kategorien von Subjekt und Objekt auslegt. Die Auslegung des *Ego* als Egoität beruht auf einem Wandel im Seinsverständnis, der ermöglicht wird durch die Übertragung der Aristotelischen Kategorie des zugrundeliegenden Seienden (ὑποκείμενον), die noch gar nichts von ‚Ichheit' in sich enthält, auf das Verständnis des Seins im Sinne des *subjectum,* so wie es denkend vorliegt, des Grundes der Subjektivität.[16]

Damit ist versammelt, was in unser Thema einschlägt, und es kommt nun darauf an, dem Versammelten methodisch nachzudenken. Dazu hilft es nicht, daß wir uns besinnen, was ein jeder von sich weiß. Ich

[16] Vgl. ‚Sein und Zeit' (1927), I. Kap. 3, B, § 19ff., mit der Marburger Vorlesung: ‚Die Grundprobleme der Phänomenologie' (1927), I. Kap. 3; § 13.

weiß mich, und dieses ganz gewiß, aber darum habe ich noch kein Wissen, weder von mir noch von der Welt. Ja, was ich bin, das wird vielleicht gar nicht durch das Sichwissen, die Beziehung auf mich selbst, verständlich. Und es läßt sich auch nicht dadurch verstehen, daß wir von uns selbst absehen und auf die Grammatik zurückgehen. Das ist der Weg von Wittgenstein. Er beginnt noch cartesianisch, weil Wittgenstein von einer Welt ausgeht, „wie ich sie vorfinde“[17], von „meiner“ Welt, deren Grenzen mit denen „meiner“ Sprache zusammenfallen, in der sich das „Ich“ wie selbstverständlich an der Spitze der Personalpronomen vorfindet. Aber er verläuft in nachcartesianischer Richtung, am Leitfaden der Erfahrung: Nicht ‚ich‘ denke, sondern sie, die Sprache, denkt für mich, wenn ich mich mit diesem Wort so bezeichne. Und die Sprache ist nicht das Gehäuse des Ich. Sie ist, um es mit Heidegger auszudrücken, das Haus des Seins.[18] Aus ihm allein kann verständlich werden, warum das Ich am Beginn der Neuzeit zum Subjekt des Denkens wird und das Philosophieren bis zu Husserl in Bann hält.

Unser Thema ist vielschichtig. Das „Ich“ ist ein *sprachliches* Phänomen, und dieses in mehrfacher Hinsicht, *grammatisch wie logisch, ontologisch wie hermeneutisch.* Auf der Ebene der Grammatik läßt es sich, wie der späte Wittgenstein zeigt, im Sprachspiel zum Verschwinden bringen, und dann verschwindet es auch aus der Logik. Wenn die Sprache funktioniert, bedarf es nicht der Vergewisserung, ob ich es bin, der das Spiel sprechend in Gang hält. *Sie* ist es, die spricht, ein philosophischer Grundsatz, den nicht zufällig auch der späte Heidegger vertritt.[19] Für Heidegger ist das „Ich“ ein *ontologisches* und *hermeneutisches Phänomen.* Es bringt sich zur Auslegung, und das Auslegen ist immer anders, ein Ereignis des Seins in der Zeit.

So haben wir das Cartesische „Ich“ geschichtlich zu verstehen. In seiner Interpretation als Subjekt wirkt sich aus, daß die Subjektivität seinsgeschichtlich eine Transformation der Substantialität, das letzte ontologische Derivat des Aristotelischen Seinsbegriffs, darstellt.[20] Von hier aus hat Heidegger der Frage nach der Geschichtlichkeit des *Ego* unbe-

---

[17] ‚Tractatus logico-philosophicus‘, 5.631, a.a.O., S. 65.

[18] ‚Brief über den Humanismus‘ (1946). Frankfurt/M. 1949, S. 5.

[19] Vgl. Unterwegs zur Sprache. Pfullingen ^{7}1982, S. 241ff., mit: ‚Philosophische Untersuchungen‘ (1951), Schriften, Bd. 1, a.a.O., S. 338ff.; G.E. Moore, Wittgenstein's Lectures in 1930–33, a.a.O., S. 13f.

[20] Die Grundprobleme der Phänomenologie, a.a.O., S. 178. Vgl. dazu H.-G. Gadamer, Heideggers Wege. Tübingen 1983, S. 105.

kannte, noch kaum erforschte Horizonte eröffnet. Er hat sie selbst nicht ausgemessen, weil sich im Zuge der „Kehre“ die Fragestellung vom Dasein auf das Sein verlagerte, so daß ihm der Leitfaden des Ich-sagens entgleitet. Darin konvergiert er noch einmal mit Wittgenstein. Die Konvergenz besteht in dem großen, aber, wie ich glaube, vergeblichen Versuch, mit dem transzendentalen *Ego* auch das meditierende preiszugeben, jedenfalls so zu denken, als ob kein „Ich“, sondern ‚Es‘, das Sein denkt. Das lasse ich hier auf sich beruhen. Ich übergehe auch die analytische Reduktion des Ich-sagens auf ein bloßes Sprachproblem, das sich in der Setzung eines Sprechers auflöst, der sich als ‚Ich‘ identifiziert.[21] Mich interessiert, was sich nicht nur dem sprachanalytischen, sondern ebenso dem hermeneutischen Ansatz entzieht, wenn er vom meditierenden Ich absieht. Und das ist die Voraussetzung eines Hörers, – daß das *Ego,* wie Husserl erkannte, bevor er cartesianisch zu meditieren begann, gar nicht der letzte Bezugspunkt aller Identifizierung ist, daß der Sprechende, wenn er von sich „Ich“ sagt, einem Hörenden gleichsam zuruft: dein Gegenüber meint sich selbst.[22] Sonst bliebe das Wort sinnleer; es käme gar nicht zur Bedeutungsfüllung.

An diese Erfahrung knüpfen unsere Überlegungen an. Alle Ich-Rede ist Anrede; aber sie richtet sich nicht nur an ein „Ich“, sondern an den Anderen, dem es sich als seinesgleichen und zugleich von ihm unterschieden kundgibt. Das hebt sie von der bloßen Aussage ab, der Mitteilung eines beliebigen Sachverhalts p, etwa daß die Katze auf dem Bett liegt. Welche Phänomene die Worte „Katze“ und „Bett“ meinen, dessen bin ich anschaulich gewiß; sie haben die Kraft, die Anschauung sofort zu wecken. Dies vermag das Wort „Ich“ nicht, jedenfalls nicht so, daß es die je besondere Ich-Vorstellung erweckt, die seine Bedeutung in der jeweiligen Rede bestimmt.[23] Die Ich-Rede, die dasjenige, was sie kundgibt, nicht anschaulich ‚geben‘ kann, läßt es hören. Sie verweist uns darauf, daß das Ich am Grunde ein *akroamatisches Phänomen* ist.

Es erscheint in der Wechselseitigkeit des Sprechen-Hörens, dem spekulativen Urverhältnis der Sprache, worin sich ein jeder von uns als

---

[21] Vgl. dazu E. Tugendhat, Selbstbewußtsein und Selbstbestimmung. Sprachanalytische Interpretation. Frankfurt/M. 1979, S. 91ff., der die Reduktion durch eine differenzierte Analyse der Position des praktischen Ich überwindet.

[22] Logische Untersuchungen (im folgenden: LU), Bd. II, 1. Teil. Halle ^{4}1928, S. 78ff.; dazu die wichtigen Ergänzungen Bd. II. 2. Teil, Halle ^{3}1922, vor allem den Zusatz über die Funktion des Hörenden in der Ich-Rede (S. 22f.).

[23] Vgl. die phänomenologische Analyse der kundgebenden Akte, LU Bd. II, 1, a.a.O., S. 82f.

geeinzelte Person identifiziert. Aber diese Identifikation vollzieht sich nicht ursprünglich und ausschließlich durch ein Selbst, das sich sprechend zu sich selbst verhält, im Sprechakt eines *Ego;* sie erfolgt gleichursprünglich über *alter ego,* den Bezug zum Anderen, worin sich die an sich leere Ich-Beziehung transzendiert. Das Urverhältnis ist, in der Tat, *transzendental,* die Bedingung möglicher Ich-Identität, die ohne Differenz, sei es zu einem „Du", sei es zu einem „Er" oder „Ihr" oder „Sie", nicht erfahren, ja nicht einmal gedacht werden kann.

Das akroamatische Phänomen ist ein Faktum der Sprache, das wir kaum beachten. Es fällt nicht weiter auf, weil das *Sprechen,* nach alter grammatischer und logischer Gewohnheit, mit dem Sprechakt, der Aussage in einem Satz, zusammenfällt; und das *Hören* gilt gewöhnlich als akustisches Phänomen. Daß es sich darauf nicht reduziert, daß das satzmäßige Aussagen nur einen Grenzfall darstellt, weil das Sagen stets in ein Sich-sagenlassen übergeht, daran hat im Anschluß an Heidegger die philosophische Hermeneutik von H.-G. Gadamer wieder erinnert.[24] In ihr tut sich die eigentliche spekulative Dimension der Sprache auf, das Verhältnis der Spiegelung des Gesprochenen im Gehörten, die Zweiheit des gesprochen-gehörten Wortes, die sich im Ich-sagen paradigmatisch anzeigt. Sie öffnet sich dem hermeneutischen Verstehen, nicht von oben, auch nicht von unten, sondern von der Bewegung in der Mitte her. Und die Mitte, das ist der akroamatische Bewegungsvollzug des Verstehens, in dem das „Ich" seine vermeintliche Beziehung auf sich, die Abgeschlossenheit eines ‚Selbst', übersteigt. Auf diesen Überstieg, das Verhältnis der (wechselseitigen!) Transzendenz des Sprechen-Hörens, ist das Verstehen angelegt. Es drängt gleichsam in die Selbstlosigkeit des Einverständnisses in der Sache hinaus. Ohne sein „Ich" zu transzendieren, vermöchte jedenfalls keiner zu sagen: „Ich verstehe".

Daß dieses Ziel kaum jemand für sich erreicht, läuft dem Weg nicht zuwider, auf dem es immer wieder gesucht wird. Nun ist der Satz: „Ich verstehe", nicht weniger unvollständig als die Feststellung: „Ich weiß" oder „Ich denke", und es läßt sich nicht recht einsehen, wie darüber unser Problem geklärt oder gar gelöst werden könnte. In hermeneutischer Sicht (und das widerspricht in diesem Punkt nicht dem, was der Analytiker annimmt) handelt es sich gar nicht um einen Satz, sondern

[24] Vgl. Wahrheit und Methode, Grundzüge der philosophischen Hermeneutik. Tübingen ^{4}1975, S. 432ff.

um ein Satzbruchstück, das als solches ergänzungsbedürftig ist. Es verweist gewissermaßen von sich her auf einen Text, nämlich darauf, was solche Sätze voraussetzen, den *sprachlichen Kontext,* in dem sie geäußert werden. Die hermeneutische Problematik, mit der wir es zu tun haben, ist nachcartesianisch. Sie gibt uns auf, die Position des transzendental begründenden Ich zurückzunehmen, ohne die Sache des Spekulativen aus der Hand zu legen. Unser Leitfaden ist nicht mehr das ins Große geschriebene *Ego cogito,* das Hauptwort im Text der neuzeitlichen Bewußtseinsphilosophie: *Cogito, ergo sum,* dieses scheinbar einfachen, einzigen Textes, den sie auszubuchstabieren sucht. Wir orientieren uns am Nachwort zum Text, dem *sum,* der hermeneutisch zur Sprache gebrachten Erfahrung, daß dem „Ich denke" das „Ich bin" vorhergeht. Im Verhältnis zu ihm wird sich das Ich, wie das Kant zuerst gesehen hat[25], als bloßes *Vorwort* zu einem Erfahrungskontext erweisen, der nicht von dem her zur Auslegung kommt, was es von sich weiß.

III

Nachcartesianisch meditieren, das besagt uns zum einen, dem akroamatischen Phänomen des Ich nachzudenken; den Cartesianischen Weg der neuzeitlichen Philosophie in umgekehrter Richtung zurückzugehen, um den fest gewordenen Ausgangspunkt des *Ego cogito* in Bewegung zu bringen, indem wir seinen Ort in der Geschichte des Seinsverständnisses der Metaphysik neu vermessen. Und es heißt zum anderen, mit Descartes gegen ihn zu denken: die metaphysische Verdeckung seines Ausgangs vom „Ich" in Frage zu stellen. Sie beginnt damit, daß Descartes in der Fixierung dieses Punktes dem Ich-Satz den begründungslogischen Status eines auf der Anschauung beruhenden Axioms zuerkennt. Beides greift ineinander und hängt in der zentralen Problematik der neuzeitlichen Philosophie, der Verwandlung des meditierenden in das transzendentale „Ich", zusammen.

Diesem Zusammenhang ist Heidegger nicht weiter nachgegangen, weil er das meditierende Ich anthropologisch, von der empirischen Person des Descartes her versteht. Während Kant unter dem Titel des

[25] Metaphysische Anfangsgründe der Naturwissenschaft, 3. Hauptstück, Lehrsatz 2, Anmerkung. Zur Kantischen Verwendung des Textmodells vgl. Kritik der reinen Vernunft, B 401.

transzendentalen „Ich" ein „Bewußtsein überhaupt" ins Auge faßt, das die Vorstellung von uns selbst und der Welt wie ein Zeuge, gleichsam hörend, begleitet, denkt Descartes an das Ich seiner selbst als der geeinzelten Person, und dies auch dann, wenn er sein eigenes Ich bereits im Lichte der (freilich noch nicht eigens gewußten) ‚Ichheit' denkt, in der Gestalt des *certum,* der ersten Grundgewißheit des *Ego,* Subjekt zu sein und von sich her alles Seiende als Objekt vorzustellen. Der Bezug zur Subjektivität als der Gewißheit seiner selbst und des Vorgestellten ist schon gestiftet, und nur aus ihm wird das einzelne Ich als dieses erfahrbar. Nach Heidegger erfährt es sich *wollend,* und darin, im Sichselberwollen, findet es die letzte Gewißheit eines Grundes. Es kann sich nur wollen „im Lichte des *Bezugs* des noch ungekannten Willens zum Willen *auf* dieses Ich. Kein Ich ist ‚an sich' vorhanden, sondern es ist ‚an sich' stets nur als ‚in sich' erscheinendes und d.h. als Ichheit".[26] Ist die Ichheit die Subjektivität, von der Heidegger im Einklang mit der nachkantischen Transzendentalphilosophie ausgeht, wirklich erster und letzter Grund der Gewißheit des Wissens von sich und der Welt? Bringt sich das Ich in die Vormacht gegenüber der Unverborgenheit des Seins, sofern es sich im Willen zur Begründung des Wissens auf sich selbst richtet?

Um darauf zu antworten, fragen wir, *wo* bei Descartes das Ich erscheint. Und wir fragen uns, *wie* es erscheint, ob anschauend oder wollend oder in einer Weise, die weder dieser noch jener Hinsicht genügt, die über Anfang und Ende des Cartesianischen Weges der neuzeitlichen Philosophie gleichermaßen hinausweist. Dazu brauchen wir Descartes nicht von außen, nach Maßgabe eines geschichtlichen Vergleichs oder der Nachrechnung argumentativer Versäumnisse, zu interpretieren. Wir haben vielmehr den Grundsatz über das Ich in seinem Kontext zu prüfen und uns dabei auf die Sache einzulassen, die Bewegung in der Mitte. Und die Mitte, das ist und bleibt für uns das meditierende *Ego,* das die Selbstbesinnung auf dem Boden der Sprache durchführt.

Descartes hat nun freilich sein ganzes methodisches Bemühen um eine Grundlegung der ersten Philosophie darauf gerichtet, diesem Boden auszuweichen, ja, ihn gar nicht erst zu betreten. Kommt doch das Meditieren, im schärfsten Gegensatz zur augustinischen Urstiftung, nicht über die *lectio,* sondern durch die entschiedene Abkehr von allen

---

[26] Vorträge und Aufsätze. Pfullingen [4]1978, S. 82; Holzwege. Frankfurt/M. [3]1957, S. 91f.

Textwissenschaften, der Theologie, der Philologie und Geschichte, in Gang. Ja, darin besteht geradezu der Anstoß zur Neustiftung. Sie motiviert sich in Descartes' Erfahrung, über den Umgang mit Texten nichts Sicheres zu wissen, weder von sich selbst noch von der Welt: daß er das „Ich", statt es zu bezeugen und die Besinnung auf sich zu initiieren, zerstreut und der ihm möglichen Identität beraubt. Es ist sich different, solange es sich mit dem Wissen vom Wahrscheinlichen begnügt, wo alles im Gespräch bleibt, weil es nichts Wahres enthält, und das Wahre gründet sich nach Descartes auf *Demonstration,* den *apodiktischen Beweis.*[27]

So bewegt sich der Grundlegungsversuch von Anbeginn aus der Sprache heraus. Da der erwogene Plan ihrer Ersetzung durch das Gedankenalphabet einer *lingua universalis* nicht realisierbar scheint[28], wird sie übersprungen. Nach dem Vorbild apodiktisch strenger Wissenschaft, der Mathematik, liegt der Grund des Wissens von allem (der *mathesis universalis*) in der vorsprachlichen Anschauung; und dort lokalisiert Descartes auch das *Ego.* Es erscheint *more geometrico,* auf der Ebene *zeitloser Raumanschauung,* die das Programm der Letztbegründung für sich übernimmt: „Jeder kann in seiner eigenen Seele anschauen", heißt es in den ‚Regulae', „daß er existiert, daß er denkt, daß ein Dreieck von nur drei Linien, daß die Kugel von einer einzigen Oberfläche begrenzt ist".[29] Descartes nennt das „Intuition", worunter nicht das traditionelle, auf die Sinneswahrnehmung und Einbildungskraft bezogene ‚Anschauen', sondern allein die rein begriffliche Anschauung gemeint ist, die an der Sache keinen Zweifel läßt. Wie immer das zu verstehen sein mag, fest steht, daß Descartes auf dieser Ebene das „Ich" wie ein „Er" oder „Es" beschreibt. Seine Beschreibung gleicht der von Dreiecken und Kugeln. Die Seele soll sich intuitiv so anschauen, als würde sie eine Figur anschauen, formale Verhältnisse des Existierens und Denkens, aber keine denkende Existenz; und wo Descartes die Existenz erwähnt, wird sie sogleich wieder intuitiv aufgefaßt und auf das Dasein des göttlichen Wesens bezogen: „Sum, ergo Deus est", „ich bin, also ist Gott", lautet der Grundsatz der Jugendschrift[30], die all diese Sätze aneinanderreiht, ohne sie einander über- oder unterzuordnen. Seine Folgerung ist: ich kann zwar daraus, daß ich

[27] ‚Regulae', III, 5 (AT X, 368).
[28] Vgl. den Brief an Mersenne vom 20. November 1629 (AT I, 76–82).
[29] ‚Regulae', III, 5 (AT X, 368).
[30] ‚Regulae' XII, 17 (AT X, 421).

bin, zuverlässig auf das Dasein Gottes schließen, aber nicht aus dessen Dasein auch meine Existenz gewiß machen.

Auf der Ebene der Anschauung von Formen des Raumes ist das „Ich bin" kein Problem. Dazu wird es, wenn es sich auf das „Ich denke" zu begründen sucht, mit dem Grundsatz des ‚Discours': „Ich denke, also bin ich". Die Problematik bricht auf, weil der ‚Discours' ein *Gespräch* über die Methode ist, wie Grundsätze intuitiv zu fundieren und daraus auf deduktivem Wege Folgerungen abzuleiten sind. Seine Ebene ist die *historische Zeit,* in der das „Ich" in der empirischen Person des Descartes erscheint. Sie meditiert nicht, sondern erinnert sich, daß sie meditiert hat. Descartes erzählt die Geschichte der Entdeckung des Grundsatzes, von der ersten Intuition einer neuen Wissenschaft zu Beginn des großen Glaubenskrieges in Europa und deren schrittweiser, durch die Zeitereignisse (wie den Prozeß gegen Galilei) gehemmten Entfaltung. Er tut jedoch alles, um die Ebene der Zeit von der anschaulich klaren Präsenz der Grundgewißheit fernzuhalten, bis hin zur Verschweigung des Hintergrunds, der Krise des Glaubens an den unverborgenen, offenbaren Gott der christlichen Überlieferung, des Zweifels, ja, der Verzweiflung darüber, ob sich dieser Gott nicht gänzlich entzogen hat. Die Erinnerung kann täuschen. Was wir in gegenwärtiger Anschauung klar und deutlich erfassen, ist unterschieden von dem, woran wir uns erinnern, es so erfaßt zu haben, biographisch wie sachlich. In der rückblickenden Beziehung auf den entdeckten Grundsatz zeigt sich, daß er noch etwas anderes als wahr voraussetzt. „Nun hatte ich beobachtet", lesen wir im ‚Discours', „daß in dem Satz: ‚Ich denke, also bin ich', überhaupt nur dies mir die Gewißheit gibt, die Wahrheit zu sagen, daß ich klar einsehe, daß man, um zu denken, sein muß, und meinte daher, ich könne als allgemeine Regel annehmen, daß die Dinge, die wir ganz klar und deutlich begreifen, alle wahr sind".[31] Wenn das so ist, wird der Anschauungscharakter des Grundsatzes fraglich; nicht nur, weil er eine logische Folgerung enthält, sondern weil ihm etwas voraus- und zugrunde liegt, das Wissen darum, daß „man" sein muß, um zu denken.

Das ist ein allgemeingültiger Satz, den Descartes denn auch in den ‚Prinzipien' einen *Gemeinbegriff* oder ein *Axiom* nennt, das als ewige Wahrheit in unserem Geist seinen Ort hat: „Um zu denken, muß man sein". Er findet sich neben Sätzen des Typs: *Aus Nichts wird nichts;* –

---

[31] ‚Discours de la Méthode', IV, 3 (AT VI, 33). Vgl. dazu die erhellende Deutung dieser Argumentation bei F. Alquié, Descartes (1950). Dt. Übers. Stuttgart/Bad Cannstatt 1962, S. 61ff.

Geschehenes kann nicht ungeschehen werden.[32] Es sind metaphysische Grundsätze, die in der Tradition der ersten Philosophie ‚Maximen' heißen, *maximae sententiae,* d.h. höchste Aussprüche des Denkens, die jeder als wahr mitdenkt, sobald er sie gesprochen hört.[33] Sie lassen das Gemeinte hören. Anschaulich gewiß sind sie ja nicht, da ihnen auf der Anschauungsebene nichts entspricht. Darauf kommen wir noch zurück. An dieser Stelle mag es genügen, wenn wir festhalten: In seinem Hauptwerk, den ‚Prinzipien der Philosophie', erkennt Descartes an, daß der Grundsatz: „Ich denke, also bin ich", Voraussetzungen hat. Er setzt etwas voraus, was sich nicht der Anschauung verdankt, und das ist die *Ebene der Begriffe,* der Gemeinbegriff des „Denkens", des „Daseins", der „Gewißheit".[34] Die Erscheinung des *Ego* im Sichdenken, die der grammatische und logische Sinn des Satzes anzeigt, hängt an Bedingungen, die weder zur Ebene des Raumes noch der Zeit gehören; sie hängt ab vom ontologischen und hermeneutischen Verstehen jener einfachen, verständlichen, allgemeinen Begriffe. Merkwürdigerweise zählt dazu der Ich-Begriff nicht. Ist er nicht allverständlich? Oder besitzt er nicht denselben Grad von Einfachheit und Allverständlichkeit, der jenen Begriffen eignet, die für sich allein kein Wissen von etwas ermöglichen?

Das *Ego,* darüber klärt uns die Hinführung zum Grundsatz der ‚Meditationen' auf, ist kein durch Abstraktion von allem Seienden gewonnener Gemeinbegriff (notio communis), sondern eine dem Denken eingeborene *Idee,* die wir „besitzen", noch bevor wir uns sprechend zu identifizieren vermögen. Aber in der Sprache wird die Identifikation vollzogen. Ideen sind Begriffe von etwas (aliquid), sie stellen Seiendes in der Zugehörigkeit zum Denken vor. Ja, das *Ego* ist sogar erste Idee, nämlich diejenige, worin sich die Zusammengehörigkeit des Denkens mit dem Sein *auf dem Boden der Sprache* enthüllt.

---

32 ‚Principia' I, 49. Vgl. auch die Erwiderung auf die „zweiten Einwände" (von Mersenne und seinem Kreis) gegen die ‚Meditationen' (AT VII, 146).

33 Vgl. Boethius, Quomodo substantiae [. . .] bonae sunt; J.P. Migne (Hg.), Patrologiae cursus completus, Series II. Paris 1841ff., T. 64, S. 1311.

34 ‚Principia' I, 10 (AT VIII, 8).

IV

Das wird am Gang der *ersten* Meditation nicht sogleich deutlich, da Descartes noch einmal alle Anstrengungen unternimmt, um den Zugang zu diesem Boden zu verbauen. Sie beginnt mit dem *Entschluß zu zweifeln,* und der Cartesische Zweifel distanziert nicht nur skeptisch von der Sinneswahrnehmung, den altbekannten Täuschungen über nahe und ferne Dinge, die bald so, bald anders erscheinen. Er richtet sich darauf, was uns das Nächste ist, auf die Sprache, in der uns hörend und lesend das Entfernteste nahe rückt.[35] Descartes sieht darin nicht die Macht und Würde der Sprache, die das Seiende im Ganzen offenbar macht, sondern ihre Ohnmacht – daß sie durch begrifflich ungeklärte Ideen beständig über das Verhältnis des Nahen zum Entfernten, über die Wahrheit desjenigen, was im eigentlichen Sinne ‚seiend' ist, täuscht. Bezweifelt wird im Grunde alles Wissen des *Ego* von sich selbst und der Welt, was sich dem Hören auf Gesprochenes und dem Lesen von Geschriebenem verdankt, eingeschlossen das Wissen um die Transzendenz des Seins. Und die Zweifelsübung beschränkt sich nicht auf eine Enthaltung des Urteils, das skeptisch-menschliche „Was weiß ich" des Montaigne. Sie greift den Menschen in seinem Zentrum an – daß er das Wesen mit Vernunft und Sprache, ein *zôon lógon échon* oder *animal rationale* sei.[36] Gleichwohl wird Descartes durch den Zwang der Phänomene genötigt, in der Sprache Fuß zu fassen. Denn sie ist es, über die sich der Zweifelnde aus dem Zustand der Verzweiflung, einer vollständigen Verborgenheit des Seins und des damit einhergehenden Verlustes seiner selbst, herausarbeitet.

Die meditierende Selbstbesinnung hält fest, was Descartes sonst nur dem Eintrag in das Tagebuch anvertraut – daß die Neubegründung der ersten Philosophie nicht im Denken allein, sondern über den *Willen* erfolgt. Ihr geht eine Wahl voraus, die Entscheidung zwischen zwei Wegen, deren einer zum *Sein* und der andere zum *Nichtsein* führt. Worum es sich handelt, erhellt ein nach dem Durchbruch der Fundamente einer neuen Wissenschaft aufgezeichneter Traum, der in unserem Zusammenhang von besonderem Interesse ist: Descartes träumt sich als denjenigen, der er (auf der Jesuitenschule von La Flèche) gewe-

[35] Vgl. Med. I 3 (AT VII, 18) mit ‚Discours de la Méthode', I 6 (AT VI, 4f.).

[36] Vgl. die Beschreibung des leib- und sprachlosen *Ego* der 1. Meditation (I 12), mit der Abkehr von dieser traditionellen Bestimmung des Menschen in der 2. Meditation (II 5; AT VII, 22f. u. 25f.).

sen ist, als Leser, ein Wörterbuch öffnend und dann eine Sammlung von Gedichten, die er schon kennt. Er liest den Satz: *Quod vitae sectabor iter?,* „Welchem Weg soll ich folgen?", und erblickt einen Unbekannten, der ihm einen Vers mit den Worten *Est et non,* „Ja und Nein" empfiehlt. Als Descartes die Stelle aufschlagen will, wird er gefragt, woher er die Gedichtsammlung habe. Er antwortet, das wisse er nicht, aber eben habe er ein Wörterbuch benutzt, das jetzt auf unbekannte Weise verschwunden sei. Kaum hatte er geendet, fährt der Bericht fort, sah er das Buch am anderen Ende des Tisches wieder zum Vorschein kommen. Er fand jedoch, dieses Dictionnaire sei nicht mehr so vollständig, wie er es beim ersten Mal gesehen hätte.[37]

Der Traum verrät einiges vom Cartesischen *Ego,* so wie es am Anfang der *ersten* Meditation erscheint, im Wintermantel am Kamin sitzend und ein Blatt Papier betastend, also entweder zum Schreiben entschlossen oder etwas Geschriebenes in der Hand haltend. Darüber gerät es in den ersten Zweifel: ob es dergleichen nicht träumt. Das geträumte Gedicht hingegen ist wirklich, ein Zeugnis spätantiker Skepsis gegenüber der Sprache, nach einer alten pythagoreischen Vorlage in Verse gebracht. Es entschlüsselt nicht nur den Traum, sondern die radikalisierte Zweifelsübung der *ersten* und *zweiten* Meditation, die Stoßrichtung und den Drehpunkt des Cartesischen Zweifels.

Das Gedicht handelt vom *Nai kai Ou Pythagorikon,* dem Pythagoreischen „Ja" oder „Nein", dem „Est" und „Non est", worunter Descartes, der metaphysischen Grundstellung der Bejahung als der Wahrheit des Seins gemäß, die Wahrheit und Falschheit im Denken versteht. Dem Wahren wird mit dem „Est" zugestimmt, während dem Falschen, Strittigen die Stimme durch das „Non est" entzogen wird. Sie wird, im buchstäblichen Sinne, zurückgerufen, und das heißt für Descartes: bezweifeln, *in dubium revocare.*[38] Der Zweifel bedarf der *Revokation.* Aber seine Betätigung gleicht nicht mehr jenem dialogischen Vorgang, wie ihn die Zeile des Gedichts umschreibt: „Wenn Übereinstimmung herrscht, kommt ohne Zögern der Zwischenruf: ‚Ja, ja'/ Herrscht aber Uneinigkeit, dann wirft der Streit ein ‚Nein' dazwischen".[39] Der Carte-

---

37 Vgl. den Bericht von A. Baillet, La vie de M. Descartes (1691). Nachdruck Hildesheim/ New York 1972, T. I, p. 80–84, sowie die Notiz von Leibniz, in: Foucher de Careil, Oeuvres inédites, T. I. Paris 1859, p. XI–XIII; Introd. XI–XV.

38 Darauf spielt der programmatische Titel der 1. Meditation: De iis quae in dubium revocari possunt, an. Vgl. auch Med. III 1–3 (AT VII, 34f.).

39 Der Verfasser des Gedichts ist Ausonius (4. Jh. n. Chr.). Vgl. D. Magni Ausonii Opuscula. Hg. von S. Prete. Leipzig 1978, S. 97.

sische Zweifel ist monologisch. Und auf den Monolog des Zustimmens, den Aufbau des gesicherten Wissen aus dem Sein des *Ego,* dem das erste „Ist“ gelten wird, läuft die ganze Zweifelsübung hinaus. Darin besteht die Entscheidung, die sie in der Suche nach einem archimedischen Punkt des Denkens fällt. Sie ist von so großer Tragweite für die neuzeitliche Metaphysik der Subjektivität, daß sie mit der Vorgeschichte der Metaphysik in der Frühzeit des Griechentums verglichen werden darf. Denn hinter dem halbmythischen, uns nicht näher faßbaren Pythagoras erhebt sich die geschichtliche Gestalt des Parmenides, der dem metaphysischen Denken die Weichen stellt, indem er das *Ego* in die Weite des Seins, in dessen Offenbarkeit durch den *Logos,* hinausstellt.

Die Einweisung des Denkens erfolgt bei Parmenides durch die Göttin, die von sich „Ich“ sagt, ohne daß ihr Name genau bekannt wird. Er verweist auf *Dike,* das „Rechte“, und auf *Aletheia,* die „Wahrheit“ der Entscheidung für das Sein. Sie wird dialogisch getroffen, in dem zu hörenden Wort der Göttin, die den sterblichen Menschen mit „Du“ anredet. Sie spricht zu ihm wie zu ihresgleichen, wenn er im *Logos* der gewiesenen Bahn des „Ist“ folgt, „daß es ist und nicht ist, daß es nicht ist“.[40] Im Gleichfinden des Denkens mit dem Sein vermag der Sterbliche sich als gleich zu finden und dann selbst von sich „Ich“ zu sagen.[41] Aber das *Ego,* darauf kommt es in diesem Vergleich an, bleibt von Parmenides abwärts über Plato und Aristoteles bis hin zu Augustin an den Bereich der Wahrheit im Sinne der Unverborgenheit des Seins gehalten. Es wird nicht zum Schnittpunkt eines davon abgetrennten Denkens, das sich des Seins zuvor versichern und das Wahre begründen muß, wie dies den Anfang der neuzeitlichen Metaphysik kennzeichnet. Hier rückt das Ego in die Mitte, weil es, cartesisch gedacht, das Medium ist[42], ein Mittleres, das gleichermaßen am Nichts wie am Sein teilhat und die Entscheidung zwischem dem „Ist“ und „Ist nicht“ für sich treffen muß.

Die Stellung des *Ego* macht verständlich, warum Descartes das Denken mit dem Wollen zusammenspannt, warum er im Willen die Auszeichnung des Menschen sieht. Und sie läßt uns das Eigentümliche der Bewegung in der Mitte verstehen, den Wechsel von Verneinung und Bejahung, der sie durchzieht. Das *Ego* ist Grund; aber nicht bloß der

---

40 Parmenides, Fr. B 2; B 7–8.
41 Vgl. Heraklit, Fr. B 101. Vgl. B 1; 50.
42 Med. IV 4 (AT VII, 54).

Gewißheit, mit der es sich im *Cogito* nach einem Satz vorstellt, der allen anderen Sätzen an Klarheit und Deutlichkeit so überlegen wäre, daß sich das Sein rein folgernd und begründend ergibt. Es erscheint vielmehr als Grund der Ungewißheit, des willentlichen Entschlusses, an allem zu zweifeln. Und der erste Zweifel gilt dem, was es in der Hand hält. Das Blatt Papier, bedruckt oder beschrieben, „ist nicht", es könnte, wie alles, ein Traum sein. Selbst wenn sich das Cartesische *Ego* versichert, daß es jetzt nicht schläft, sondern mit wachem Auge darauf sieht, so erinnert es doch, daß es sich schon einmal als Lesenden geträumt hat.[43] Diese Erinnerung ist es, die den Willen zum Zweifel radikalisiert.

Ich deute das Traumbeispiel aus, um zu belegen, was ich behaupte, – daß der Weg zum Nicht-Sein, den das Cartesische *Ego* einschlägt, von der Sprache wegführt. Er schneidet das Denken von allem welthaft Seienden ab, vom Blatt Papier und der Hand des Schreibenden, seinem Kopf, seinem Körper angefangen bis hin zur umgebenden Körperwelt, unter Einschluß seiner Form, der mathematischen Formverhältnisse der Körper, der Ideen von Ausdehnung, Figur und Zahl. Und zuletzt trennt er es von der Transzendenz des Seins, von der, um Descartes zu zitieren, „in meinem Denken tief befestigten, alten Überzeugung, daß es einen Gott gebe, der alles vermag, und von dem ich so, wie ich bin, geschaffen wurde" (Deum esse qui potest omnia, et a quo talis, qualis existo, sum creatus).[44] Ich selbst, so erwägt Descartes, könnte ja der Urheber dieser Idee sein.

So steigert sich am Faktum des Glaubens an den Gott der christlichen Überlieferung, von dem wir nicht anders als hörend wissen, der Zweifel noch einmal. Er radikalisiert sich zur Differenz in der Idee, der Abtrennung des allmächtigen Willens von der Wahrheit und Güte, jenen Seinsbestimmungen der Transzendenz des *Ego sum, qui sum,* worin sich das menschliche *Ego* über den augustinischen Meditationstyp von sich selbst löst. Diesen Zweifel nennt Descartes „hyperbolisch": die angenommene Verdoppelung in Gott, eines auf sich gestellten Willens zur absoluten, mit der Unwahrheit und dem Bösen gepaarten Verneinung, wovon er in der Zeit des Durchbruchs der Fundamente der neuen Wissenschaft geträumt hatte, diese Annahme übertreibt. Das eigentlich Übertriebene aber ist nicht die fiktive Gestalt eines *genius*

---

[43] Med. I 5 (AT VII, 19).
[44] Med. I 9 (AT VII, 21).

malignus, des Urhebers aller Täuschungsmöglichkeiten über uns selbst und die Welt, sondern die monologische Fiktion des meditierenden *Ego.* Am Ende des Weges zum Nicht-Sein, im Gegenüber zum Geist der Verneinung, erscheint es in *egologischer Einsamkeit,* ohne *alter ego,* ohne Welt und Geschichte, ohne einen Körper aus Fleisch und Blut, also auch ohne Sprachorgane, ohne Lippen, Zungen, Ohren – und fährt dennoch zu widerrufen fort.

Was es widerruft, das ist in der *zweiten* Meditation die Zurückrufung von allem und jedem in das „nihil", dem das Seiende im Ganzen zu verfallen scheint. Das scheint nur so, denn an diesem Punkt schlägt die Bewegung in die entgegengesetzte Richtung um. Der Umschlag erfolgt plötzlich, und er vollzieht sich in der unscheinbaren Form der Besinnung auf die sprachliche Grundlage des Zweifels. Sie bekennt, daß die Revokation eines niemals revozieren kann, und das ist die *vox humana,* die Stimme des Zweifelnden. Ich habe mich dazu überredet, gesteht Descartes unmittelbar vor der großen Peripetie ein, daß es schlechterdings nichts in der Welt gibt: keinen Himmel, keine Erde, keine denkenden Wesen, keine Körper, also doch auch wohl mich selbst nicht? Keineswegs; sicherlich war ich, wenn ich mir etwas eingeredet habe (immo certe ego eram si quid mihi persuasi). Von diesem Geständnis ist es nur noch ein Schritt zu jenem Argument, das der Einrede des „est" durch den mächtigen Dämon der Täuschung und des Scheins widersteht. Mag er, darauf spitzt sich die Überlegung zu, mich immer nur täuschen, so ist es doch unzweifelhaft, daß ich, wenn er mich täuscht, bin. „Er täusche mich, so viel er kann", ruft Descartes aus, „niemals wird er doch fertigbringen, daß ich nichts bin, solange ich denke, daß ich etwas sei. Und so komme ich, nachdem ich nun alles mehr als genug hin und her erwogen habe, schließlich zu der Feststellung, daß dieser Satz: *Ich bin, ich existiere,* sooft ich ihn ausspreche oder in Gedanken fasse, notwendig wahr ist".[45]

Der Satz enthält die Grundgewißheit des Wissens, die erste, die Descartes gewinnt. Sie ist keine des begründenden Denkens, sondern eine *Seinsgewißheit* – daß ich, der an allem Zweifelnde, nicht nichts (nihil), sondern etwas (aliquid) bin. Dieser Satz beruft sich nicht auf einen vorhergehenden Gedanken, den er selbst nicht mit ausdrückt, auf die axiomatisch verstandene Wahrheit, daß man sein muß, um zu denken. Er stellt fest, daß sich Sein und Denken aufeinander beziehen, ohne zu

[45] Med. II 3 (AT VII, 25).

behaupten, daß diese Beziehung im *Cogito* gründet, daß es für sich Grund sei. Seine Behauptung lautet, das Sein sei für denjenigen gewiß, der das „Sum“ und „Existo“ *ausspricht.* Der Satz müßte darum vollständiger lauten: *Ich spreche aus, daß ich bin, und so bin ich.*

Descartes hat den meditativ gewonnenen Grundsatz so nicht formuliert, weil er sich den Zugang zum Boden der Sprache verbaut hat. Aber der Zwang der Phänomene, des akroamatischen Phänomens des Ichsagens, ist so stark, daß er ihn gleichsam wider Willen nötigt, diesen Boden zu betreten. Anders wäre die Entscheidung des Denkens für den Weg des Seins auch nicht zu begründen. Das bestätigt sich in der *dritten* Meditation, wo Descartes den Grundsatz noch einmal wiederholt. Das Erfassen des Gedankens meiner selbst, der Zweifelsfreiheit des *Ego sum, Ego existo,* liegt nicht auf gleicher Ebene wie das anschauende Denken gleichbleibender Formverhältnisse von Figuren und Zeichen. Ja, die Frage stellt sich, ob dieses Anschauen überhaupt ein Denken, ob es zur Begründung der Wahrheit des Gedachten hinreichend sei. Denn darüber, das war das Ergebnis des radikalisierten Zweifels der *ersten* Meditation, könnte mich der alles vermögende Gott täuschen; er könnte diese Verhältnisse anders geschaffen oder mir eine solche Natur verliehen haben, daß ich mich gerade in dem irre, was ich ganz klar mit meinem geistigen Auge zu durchschauen glaube. Die Anschauung wird erst dann klar, wenn sie *Sprache erhält,* wenn sie mich im Kampf mit dem „non est“ wie von selbst (sponte) in die Worte ausbrechen läßt: „Täusche mich, wer es vermag, niemals wird er doch bewirken, daß ich nichts bin, solange ich denken werde, daß ich etwas sei, oder daß es zu irgendeiner Zeit wahr wird, daß ich nie existiert habe, wo es doch jetzt wahr ist, daß ich existiere“.[46] Daß ich „etwas“ bin, das meint, daß ich, wenn ich dieses ausspreche, „jetzt“, d.h. *in der Zeit* bin. Der Satz ist, so verstanden, gar kein Axiom, da Axiome nach der klassischen, von Descartes geteilten Auffassung unabhängig von Zeitbedingungen und der Bedingtheit durch ihre Aussprache sind. Das ist der Grundsatz der zweiten Meditation nicht. Ja, seine Wiederholung am Beginn der *drit-*

[46] Med. III 4 (AT VII, 36). Wie schwer Descartes die Abgrenzung vom intuitionistischen Ausgangspunkt fällt, lehrt die anschließende Begründung der Sachgehalte des Denkens auf eine vornominalistische Lehre von den Ideen als Bildern (imagines) und Darstellungen (repraesentationes) der Dinge. Vgl. dazu L. Oeing-Hanhoff, R. Descartes: Die Neubegründung der Metaphysik. In: J. Speck (Hg.), Grundprobleme der großen Philosophen: Philosophie der Neuzeit I. Göttingen 1979, S. 59ff.

ten Meditation unterstreicht geradezu, daß beide Bedingungen zusammen einen Bestandteil seines Sachgehalts ausmachen.

Damit scheint er den Status der Unbedingtheit zu verlieren. Er scheint auf das Erfassen einer bloßen Tatsache hinauszulaufen, die für den, der sie ausspricht, notwendig wahr sein mag, aber sonst ganz und gar zufällig bleibt. Sie beruht auf der uns sprachlich wohlvertrauten Erfahrung, wie sich jeder im Ich-sagen als *dieser* und kein anderer identifiziert, eine *Tatsachenwahrheit,* wie sie Leibniz genannt und von der Klasse axiomatischer Wahrheiten, die immer, überall und von allem gelten, unterschieden hatte.[47] Dagegen ist, und dies mit einigem Recht, in Frage gestellt worden, ob er überhaupt Tatsachen beschreibt, ob durch die Feststellung „Ich bin" eine Identifikation meiner selbst durch eine Beschreibung gegeben wird.[48] *Deskriptiv* ist der Satz sicherlich nicht; er müßte dann *synthetisch* sein, ein Erfahrungssatz, der im Prädikat über dasjenige hinausgeht, was das Subjekt enthält, was für diesen Satz offensichtlich nicht der Fall ist. Er wäre, so genommen, *analytisch* und damit keine bloße Deskription einer Tatsache. Er kann auch nicht als *performativ* verstanden werden, als ein Satz, der sich im Akt des Ausspruchs bewahrheitet, weil kein Sprecher einer Sprache äußern kann, daß er, der Sprechende, nicht sei.[49] Seine Wahrheit wäre dann wieder bloß analytisch.

Das ist vom Ansatz des Cartesischen Verständnisses am weitesten entfernt. Seinen Charakter der Unbezweifelbarkeit erhält der Satz durch keinen Sprechakt, der die Wahrheit gleichsam spontan hervorbringt. Behauptet doch Descartes, jeder könne sie an sich selbst erfahren, sie dränge sich von sich her als einleuchtend auf.[50] Das deutet auf eine Erfahrung, die hinter der Metaphysik des natürlichen Lichts an die andere Seite der Sprache, an die des rezeptiven Hörens rührt. So wäre man versucht, den Cartesischen Grundsatz *auditiv* zu verstehen. Was er sagt, bewahrheitet sich hörend, in der Zusammenstimmung des Ausge-

---

[47] Vgl. Noveaux Essais, IV, VII, § 7.

[48] Vgl. A. Ayer, I think, therefore I am. In: W. Doney (Hg.), Descartes. A Collection of Critical Essays. London 1968, S. 84.

[49] Ich beziehe mich auf den interessanten Aufsatz von J. Hintikka, Cogito, Ergo sum. Inference or Performance? In: The Philosophical Review 71 (1962), wiederabgedruckt in oben (Anm. 48) erwähntem Sammelband, a.a.O., S. 108ff.

[50] Vgl. Descartes' Antwort auf die zweiten Einwände gegen die ‚Meditationen', die über die sonst vorherrschende Orientierung an einem sprachfreien Anschauen hinauszuweisen scheinen (AT VII, 140).

sprochenen mit dem Gehörten, die jeder in der Tat an sich selbst erfährt.

Der Kontext des Satzes würde sich dann noch einmal erweitern. Es würde begreiflich, warum ihn Descartes ein *pronunciatum* genannt hat, einen Ausspruch, der sich nicht nur klar und deutlich, sondern entschieden äußert. Er erteilt für jetzt einen Bescheid, aber dieses nicht vorläufig, sondern für immer. Und bei dieser Gelegenheit dürfen wir uns wohl erinnern, daß die Aussprüche an der Spitze der ersten Philosophie *maximae sententiae* heißen, die höchsten, obersten Maximen des Denkens, deren Wahrheit sogleich, im hörenden Verstehen des Gesprochenen, einleuchtet. Beides spiegelt sich ineinander oder stimmt so zusammen, daß sie der allgemeinen Zustimmung sicher sind. Descartes hat das für dialektisch gehalten und alles getan, um den Grundsätzen der ersten Philosophie diesen spekulativen Charakter zu nehmen.[51] Ja, zuletzt, wenn das seiner selbst gewisse *Ego* meditierend aus sich heraustritt, wenn es, in der Reflexion auf die ihm eingewurzelte Idee eines Gottes, der alles vermag und geschaffen hat, die ursprünglichste von *alter Ego,* sich seiner egologischen Einsamkeit begibt, beseitigt Descartes sogar die Metapher des *Spekulativen,* die uns mögliche Erkenntnis im Spiegel des Wortes, durch Bilder und Gleichnisse, – freilich nur, um sie sogleich durch eine andere Metapher zu ersetzen. Das ist die Metaphorik des Siegels (sigillum), die Erkenntnis durch Schriftzüge und Zeichen. Gott hat, als er uns schuf, die Idee seiner selbst eingepflanzt, als ob sie gleichsam das Zeichen sei, mit dem der Hersteller sein Werk signiert.[52] Und dieses Zeichen, so folgert Descartes, braucht gar nicht etwas vom Werk Verschiedenes zu sein – ein kühner Gedanke, weil danach Gott sein Dasein in unserem Geiste hätte, die Idee gleichsam in der Seele eines jeden wäre. Oder meint Descartes, daß unser Geist nichts anderes als die Gottesidee ist? Meint er: Die Idee ist nicht in mir, dem meditierenden *Ego,* sondern ich bin die Idee Gottes, sein Zeichen auf Erden?

Wie immer es sich mit der Interpretation der Siegelmetapher verhalten mag, ihre Übertragung auf das Verhältnis des Menschen zu einem

[51] Vgl. dazu die Einschränkung des Begriffs der ‚Maxime' auf die nur subjektiv wahren Regeln einer vorläufigen Moral im ‚Discours de la Méthode', III, 1–6, sowie die Abgrenzung des *cogito sum* vom Kompetenzbereich der Dialektiker in der Antwort auf die zweiten Einwände der ‚Meditationen' (AT VII, 139).

[52] Med. III 38. Vgl. dazu G. Schmidt, Aufklärung durch Descartes. Tübingen 1965, S. 131f., sowie die tiefsinnige Deutung bei F. Alquié, Descartes, a.a.O., S. 75.

als Hersteller verstandenen Gott mußte die Abkehr des neuzeitlichen Denkens vom akroamatischen Grundzug der Sprache begünstigen. Die neue Metaphysik verstärkt den Nachdruck des Cartesischen Appells an die Anschauung. Und da er sich nicht durchhalten läßt, hat Descartes wenigstens versucht, das Phänomen des gehörten Wortes zugunsten einer allgemeinen Zeichenlehre der Vernunft auszuschalten. Mit Erfolg, wie man wird zugeben müssen, wenn man daran denkt, daß der Zusammenhang von vernehmender Vernunft und Sprache trotz der Einrede von Vico, Herder und Hamann kein Thema der neuzeitlichen Philosophie gewesen ist. Wir haben dann allerdings auch zu bedenken, welchen Preis der Cartesianismus dafür gezahlt hat, warum sein Grundsatz, obwohl er in der erweiterten Fassung die unhintergehbaren Bedingungen des dem *Ego* transzendenten Seins festhält, für dessen Wesen und Existenz fiktiv bleibt. Das Subjekt, das sich im *Cogito me cogitare* nicht mehr spekulativ, sondern reflexiv versteht, ist Grund der Gewißheit des Wissens. Aber über die Reflexion auf sich öffnet sich zugleich das Abgründige der Subjektivität. Es ist der Abgrund, der sich in der monologischen Fiktion eines Ich auftut, mit dem niemand redet als es selbst, das mit der lautlosen Präsenz des Denkens den Anderen und darin die Sprache, das Geschehen der Wahrheit des Seins, überhört.

Diskussion

Descartes und die Postmoderne

In Anknüpfung an die Heidegger-Wittgenstein-Wendung des Vortrags bringt G. Neumann unter Hinweis auf Lyotards Buch ‚La condition postmoderne'[1] das Problem der Postmodernität ins Gespräch. Lyotard vertritt die These, Descartes habe den neuzeitlichen Bildungsroman begründet, und zwar im Hinblick auf die doppelte Legitimation von Wissen und Handeln. Speziell das Verhältnis von biographischer Situation des Träumenden und Handelnden und der Denksituation sei als Vormodell des Bildungsromans zu verstehen.

M. Riedel findet dies im Blick auf Descartes' ‚Discours de la Méthode' einleuchtend. Der autobiographische Kontext der Rede vom Ich und seinen Entdeckungsreisen (in Ländern, an Höfen, in Diskussionskreisen) steht in der Tradition der humanistischen Studien- und Lehrgeschichte: „Das kennt das Mittelalter nicht, daß man Wissen aus der Ego-Perspektive mitteilt; hier liegt der spezifisch geschichtliche Anfang der Neuzeit. Der Anstoß geht von Petrarca aus

[1] Paris 1979.

und wirkt über Cardanus bis hin zu Descartes fort." M. Riedel verweist auf die andere Linie des Vortrags, die Querverbindungen der Ego-Perspektive der ,Meditationes de prima Philosophia' zu der von Augustin gestifteten Form meditierender Zwiesprache in der mittelalterlichen Gebetstradition und ihrer Verwandlung in philosophische Spekulation. Die Differenz zum ,Discours' zeige sich vornehmlich darin, daß Descartes als singuläre Person erinnert, wie er auf Reisen zu seiner wichtigsten Entdeckung, zur Intuition des ,Ego-cogito'-Satzes, gekommen sei: „Die Erinnerung an eine Intuition ist jedoch nicht mehr die Intuition, die einer gehabt hat, sie kann es nicht sein. Der ,Discours' unternimmt den paradoxen Versuch, jene Intuition in Sprache zu transformieren. Es ist die Paradoxie einer jeden Lebensgeschichte, daß sie nicht das Leben selbst, sondern seine sprachliche Brechung ist, die Bezeugung seines ,Vorbei' durch Literatur. So kann ich mir gut vorstellen, wie dieses in der Tradition der Studiengeschichte stehende Werk mit dem Literatur-Werden des Ego im neuzeitlichen Bildungsroman paradigmatisch geworden ist. Meine Unkenntnis auf diesem Gebiet bringt mich auf die Gegenfrage: Was ist am Bildungsroman ,postmodern'?"

In seiner Antwort verdeutlicht G. Neumann den Gedankengang von Lyotard. Dieser unterscheidet „zwischen zwei Formen von ,Legitimationsgeschichten', dem ,grand récit', etwa der Geschichte des Christentums oder der Antikerezeption, und dem ,petit récit', der Geschichte eines individuellen Lebens. Dabei geht es ihm in Auseinandersetzung mit Luhmann und Habermas um eine neue Lösung der Legitimationsproblematik, in der er das zentrale Problem der Postmoderne sieht. Nachdem die Konsenstheorien als Legitimationstheorie nicht mehr tragen, geht man auf die großen und kleinen Mythen als Legitimationsmodelle zurück, was für das Literaturverständnis gar nicht so absurd ist. So kann man etwa auch die ,Kassandra' von Christa Wolf als einen solchen ,kleinen Mythos' lesen, aus dem eine Legitimation entwickelt wird."

Nach U. Japp bedarf der Gedanke von Descartes' ,Taubheit' gegenüber der Sprache der weiteren Einbettung in den postmodernen Kontext. Er berühre sich mit dem Argument des anticartesianischen ,Neostrukturalismus', daß es die Sprache sei, die das Subjekt entmächtigt: „Die Lacansche Formel von der ,Subversion des Subjekts durch den Signifikanten' ist viel deutlicher am Sprachproblem orientiert als die These Lyotards. Diese besondere Form der Sprachkritik meldet sich in der Tat schon bei Lichtenberg, und zwar in dem Wort ,Es denkt', auf das der Vortrag angespielt hat [s. o. S. 35] und das dann auch bei Nietzsche wiederkehrt. Dort hat es noch deutlicher die Funktion, das ,Ich denke' zu depotenzieren oder zu annihilieren und es durch das ,Es denkt' zu ersetzen. Dabei bleibt unklar, was dieses ,Es' ist; erst die Poststrukturalisten bestimmen es dann eindeutig als die Sprache. Jedenfalls geht die Entwicklung bis zur ,Ausradierung' des Subjekts und zur Negierung des Menschen als eines Faktums durch Foucault."

G. Neumann führt als weiteres Beispiel für den Endpunkt dieser Entwicklung die Arbeit von Emile Benveniste ,Die Natur des Pronomens / Über die Subjektivität in der Sprache'[2] an, worin dem ,ich' und ,du' der übliche Zeichencharak-

[2] In: E.B., Probleme der allgemeinen Sprachwissenschaft. München 1974, S. 279–297.

ter abgesprochen wird. Diese Wörter sind Diskursinstanzen, die von einem Körper usurpiert werden und im Gespräch von einem Sprecher zum anderen übergehen. „‚Ich' ist also ein ‚flottierender Signifikant', den jeder in Anpruch nehmen kann. Damit wäre die extremste Gegenposition zu Descartes oder eine äußerste Schwundstufe seines Subjektivismus erreicht."

Im Anschluß an diesen Charakter der Ich-Rede verdeutlicht M. Riedel die Absicht des Vortrags, „das großgeschriebene ‚Ich' der neuzeitlichen Bewußtseinsphilosophie in Frage zu stellen. Ich tat dies einerseits im Rückgang auf Descartes, indem ich den Vollzug der meditativen Zwiesprache dem Literaturbericht des ‚Discours' und der Lehrform der ‚Prinzipien' entgegenstellte, und andererseits in Anknüpfung an die Heidegger-Wittgenstein-Perspektive. Heideggers Postmodernität bin ich nicht bis zum Ende gefolgt, weil er die Meditation ganz in die Selbstauslegung des Seins verlegt, sie jedenfalls nicht mehr strikt am Leitfaden der gesprochenen und gehörten Sprache orientiert. Das Hören bei Heidegger ist ein Hören auf die Stimme des Seins, von welchem vorausgesetzt wird, daß es von sich aus spricht. Das ist eine Position, die sich am Sprachphänomen stößt und die spekulative Mitte des Denkens preisgibt. Für Heidegger ist das epochale Ereignis des Seins ein Diktat, das in den Grundworten der großen Denker gesprochen wird. Nun sind aber die Denker niemals, wenn sie groß sind, solche gewesen, die einem Diktat gefolgt sind. Sie folgen einem Diskurs, dem hier und jetzt gesprochenen Wort, der Sprache des menschlich-endlichen Gesprächs. Das hat Gadamer in ‚Wahrheit und Methode'[3], mit Recht, wie mir scheint, gegenüber Heidegger zur Geltung gebracht. Hier knüpft der Vortrag an. Er hat versucht, am Leitfaden des ‚Ich-Sagens' die Dimension des ‚Sich-Sagen-Lassens' als die Offenheit der Sprache zu bestimmen, als jene ‚spekulative Mitte' (Gadamer), in der sich das Sprechen im Hören ‚spiegelt'. Das Sprachphänomen des Hörens, das ich (mit einem Kantischen Terminus) ‚akroamatisch' genannt habe, erschließt uns die Tiefendimension der Ich-Rede, eine Vielfalt von Phänomenen, die phänomenologisch zu beschreiben (und von der großen neuzeitlichen Dichtung immer wieder beschrieben worden) sind. Man denke etwa an die Eigentümlichkeit, daß wir uns auf dem Boden des Sprechen-Hörens wie von selbst verdoppeln; daß das Wort ‚ich' nicht einfach ‚frei flottiert', sondern zweifach ins Flottieren kommt. Denn wir können nur dann sinnvollerweise ‚ich' sagen, wenn wir einen Hörenden zum Gegenüber haben. Uns selbst sprechen wir ja nicht zufällig in der einsamen Ich-Rede mit ‚Du' an, aber auch diese Anrede bestätigt noch das akroamatische Sprachphänomen."

Descartes' selbstgewisses Ich vs. Kants transzendentales Ich

U. Fülleborn lenkt die Diskussion auf den Punkt zurück, wo Descartes nach der These des Vortrags cartesianisch, d.h. dogmatisch wird: „Was Sie, Herr Riedel, am Leitfaden des akroamatischen Phänomens aus Descartes gewannen, das meditierende, sprachabhängige Ich, ist ja in den ‚Principia Philosophiae' nicht mehr anzutreffen. Wodurch gelangt die ursprüngliche Denkbewegung an ihr

[3] Tübingen 1960.

Ende, und was tritt an ihre Stelle? Dazu vielleicht noch diese konkretisierende Frage: Wie kommt es, daß jemand mit solcher Emphase sagt, man müsse einmal alles für wahr Gehaltene bezweifeln, und das auch tut, und daß er danach anscheinend nichts mehr in Frage stellt, während z.B. ein Aufklärer wie Lichtenberg jede neu gewonnene Denkposition wieder bezweifelt. Wie konnte Descartes die Skepsis so entschieden und bewußt experimentell einführen, um sie sogleich wieder endgültig aufzugeben?"

Nach M. Riedel müßte man dazu den Cartesischen Grundsatz mit dem systematischen Neuansatz der Kantischen Philosophie vergleichen: „Indem Descartes aus dem einmal gewagten Zweifel an allem den Ich-Satz, also das Unbezweifelbare als festen Ausgangspunkt gewinnt, gewinnt er zugleich das Wahrheitskriterium der Klarheit und der Deutlichkeit, das er dann auf den Grundsatz der Logik, der Mathematik und Metaphysik sowie auf alle anderen Wissenschaften überträgt. Kants Kritik hat dagegen erwiesen, daß unser Wissen vom ‚Ich' einer solchen (Cartesianischen) Evidenz nicht fähig ist. Genausowenig läßt sich nach Kant das Wissen von der Welt und von Gott im Sinn eines einheitlichen Begründungszusammenhangs konstituieren. Das alles nennt Kant Dogmatismus. Die Cartesianische Evidenz des Ego darf also nicht mit dem Evidenzkriterium der Kantschen Philosophie verwechselt werden; und sie ist auch nicht mit der Deduktion des obersten Grundsatzes von Fichtes ‚Wissenschaftslehre' oder der des Hegelschen Subjekt-Objekts identisch.

Kant hält am Zweifel fest; er nimmt das meditierende in das transzendentale Ego auf, ohne es spekulativ zum Verschwinden zu bringen. Der Zweifel kippt nicht in Dogmatismus um, sondern transformiert sich ins kritische Suchen und Untersuchen, weil alles satzmäßig Gesagte auf die Probe der Vernunft zu stellen ist. Und die Vernunftprobe ist jener Versuch, der als Experiment der Vernunft alleine im Denken des meditierenden Ich gewagt werden kann. Das führt auf den Beschluß der transzendentalen Logik in der transzendentalen Dialektik, die für Kant eine Art von Probefunktion für die obersten Grundsätze der Philosophie wahrnimmt. Und das verweist auf den Schluß der Kantischen ‚Logik', die Bemerkung über das ‚Meditieren', welches alles Lesen und Lernen begleiten muß. Das meditierende Ego bleibt so bei Kant die unhintergehbare Grundlage der szientifischen Selbsterkenntnis der Vernunft. Deshalb ist es nicht möglich, die Philosophie auf die Position des ‚Es denkt' umzustellen. Die Einheit des transzendentalen und des meditierenden Ich wird bei Kant dadurch gewahrt, daß das transzendentale Ich gleichsam in der Position des ‚Zeugen der Handlungen der Vernunft' bleibt – der Vernunft, die in der Tat hervorbringend ist, sich jedoch in ihren Entwürfen ständig übersteigt. Das von ihr Behauptete, so möchte ich den Experimentcharakter der kritischen Philosophie verstehen, wird bei Kant gleichsam als Gesprochenes gehört und hat über das hörende Verstehen der Probe der Vernunft standzuhalten. In dieser inneren Verdoppelung sind wir Menschen; wir sind es als sprachliche Wesen."

G. Krämling [aus dem Kreis der Zuhörer] schließt dem Vergleich zwischen Descartes und Kant die These an, Kant habe zwar den Satz des ‚cogito' unter theoretischem Gesichtspunkt als eine leere Existenzaussage kritisiert, ihm aber in der Ethik eine inhaltliche Füllung gegeben: „Der kategorische Imperativ verschafft dem Subjekt den Zugang zum intelligiblen Grund seines Seins. Das heißt: die Selbstgewißheit, die Descartes noch theoretisch und anschaulich zu denken beansprucht hat, wird von Kant in die Sphäre der praktischen Vernunft transponiert. Und die Frage ist nun: Erhält der Satz des ‚cogito' dadurch nicht einen akroamatischen Sinn? Ist mit der Achtung vor der Person des anderen nicht auf Cartesianischer Grundlage das Modell des Hörens und Verstehens angedeutet?"

M. Riedel bestätigt die Wichtigkeit der Frage, widerspricht aber der Meinung, daß der Satz ‚cogito ergo sum' für Kant Begründungsfunktion gehabt habe. Der Versuch, unter dem Gedanken des einfachen Ich die Identität zu denken, habe er vielmehr für einen Fehlschluß der Vernunft gehalten. Nur ein Teil des Cartesianischen Grundsatzes sei von ihm in der Annahme des transzendentalen Bewußtseins hinübergenommen: „Für Kant folgt aus dem Faktum, daß ich Urteilsakte vollziehe, lediglich, *daß* ich bin. Aber damit weiß ich überhaupt noch nicht im geringsten, *was* ich bin. Eine Grundsatzfunktion hat das Cartesianische Ich weder in der theoretischen noch in der praktischen Philosophie Kants; eine solche Funktion hat in der praktischen Philosophie eher das ‚Du'. Wohl basiert die praktische Philosophie auf dem Überstieg des ‚ich denke' als des obersten Punktes der transzendentalen Logik zum ‚ich handle'. Aber das ‚ich handle' erhält seine Grundlegung erst durch einen Satz, der die Stimme der Vernunft hören läßt, den Grundsatz des kategorischen Imperativs. Damit ist die Dimension der anschauenden Erfahrungserkenntnis überschritten und die Transzendentalphilosophie an ihre Grenze gelangt, die sie dann mit diesem Grundsatz überschreitet. Und hier darf man mit Recht sagen, daß dieser (praktisch notwendige) Überschritt dem Prinzipcharakter des Cartesischen ‚Cogito sum' einen neuen Sinngehalt durch das ‚Auditus sum' verleiht. Denn dies ist mit der akroamatischen Form des Sittengesetzes (eines Ausspruchs praktischer Vernunft) sein Gehalt: daß sich in der Dimension praktischer Erkenntnis das Ich als Du erfährt und diesem Anspruch handelnd Genüge tut."

Hans Joachim Kreutzer

„Der edelste der Triebe“ Über die Wißbegierde in der Literatur am Beginn der Neuzeit[1]

Über Lessings Plan zu einem Faust-Drama haben Friedrich von Blanckenburg und Johann Jakob Engel Berichte veröffentlicht, die in ihren Grundzügen übereinstimmen. Bei beiden muß Faust von den Teufeln geradezu verführt werden. Das aber bereitet diesen Mühe, denn Faust bietet keine Fehler, keine Schwächen, bei denen er zu fassen wäre. „Er hat nur einen Trieb, nur eine Neigung; einen unauslöschlichen Durst nach Wissenschaften und Kenntnis“, läßt Blanckenburg einen der Teufel berichten. Bei Engel jedoch fällt im gleichen Zusammenhang das Stichwort, mit dem aller wissenschaftliche Fortschritt im Abendlande umrissen werden kann: Wißbegierde. Satan kanzelt seinen Unterteufel ab: „Tor! hat er nicht Wißbegierde?“ Antwort: „Mehr, als irgend ein Sterblicher.“ Satan: „So laß ihn nur mir über! Das ist genug zum Verderben. – –“

Nun ist diese Formel für den Fortschritt, die Wißbegierde, ganz verschieden übersetzbar. Lessing scheint in seinem Faust-Plan die Absicht gehabt zu haben, den Begriff „Wißbegierde“ in seiner Ambivalenz dramatisch zu nutzen und ihn gegen diejenige Kritik abzusichern, die schon Augustinus gegen zweckfreie curiositas vorbrachte. Andeutungsweise erfahren wir, daß dem Teufel lediglich die Verführung eines Phantoms jenes Jünglings gelingt. Den höllischen Heerscharen wird die Seele Fausts am Ende – um den verärgerten Ausdruck des Goetheschen Mephisto zu verwenden – „weggepascht“. Ein Engel erscheint in der Höhe und ruft den Teufeln zu (so bei Blanckenburg):

> Triumphiert nicht [. . .] ihr habt nicht über Menschheit und Wissenschaft gesiegt; die Gottheit hat dem Menschen nicht den edelsten der Triebe gegeben, um ihn ewig unglücklich zu machen; was ihr sahet, und jetzt zu besitzen glaubt, war nichts als ein Phantom. –

Nur für kurze Frist finden wir in der deutschen Literatur ein so positives Bild von der menschlichen Erkenntnis. Die Fernwirkung dieser Auffassung ins 19. Jahrhundert hinein ist in der Aufklärung schon

[1] Der Beitrag skizziert in Umrissen die Thematik eines größeren Arbeitsvorhabens.

angelegt. Klinger nutzt in seinem Faust bereits die Identifizierung Fausts mit Gutenbergs Finanzier Fust und eröffnet damit die für die liberale Geschichtskonzeption des 19. Jahrhunderts so bedeutsame Reihe von Befreiergestalten, die von Deutschland aus die Neuzeit herbeiführten: Gutenberg oder eben Fust, Luther, Faust, andere ließen sich hinzufügen. Doch dieses Geschichtsbild gehört dem 19. Jahrhundert an. Am Beginn der Neuzeit finden wir über den Erkenntnisfortschritt in der deutschen Literatur ganz andere Antworten, kurz gesagt: am Anfang der Neuzeit steht eine literarische Warntafel. Das jedenfalls dürfte der Sinn jenes im Grunde überaus rätselhaften Buches sein – vornehmlich in seiner gedruckten Version, der letzten von mindestens dreien, die der Philologe unterscheiden kann –, das 1587 unter dem Titel ‚Historia von D. Johann Fausten' erschienen ist. Die Symbolfigur für den neuzeitlichen Erkenntnisfortschritt hat hier ihre erste literarische Gestaltung erfahren, und, um es vorwegzunehmen, es hat den Anschein, daß ihre Existenzform überhaupt die literarische Gestaltung und nur sie ist.

Blickt man von der Fülle der Variationen des Faust-Themas aus zurück auf jenes äußerlich unscheinbare Buch von 1587, dann ergibt sich von selbst die Frage, welche Ursachen denn solch außerordentliche Wirkungen ausgelöst haben. Dabei scheint die Ursprungsform des Faust-Mythos denkbar einfach. Faust: das ist für unsere Überlegungen ein Gelehrter, der die Grenzen seines Wissens und Könnens überschreitet. Er erreicht dies mit der Hilfe des Teufels, verstanden als veritabler Widerpart Gottes. Unter dieser Rahmenbedingung wird eine Folge von Begebenheiten erzählt, eine förmliche Geschichte, die in Anlehnung an einen Lebenslauf gestaltet ist. Am Beginn steht eine Art von Vertragsschluß, die Reihe endet mit der vollständigen Erfüllung des Vertrages. – In dieser Form ist das Faust-Thema erstmalig in Deutschland etwa Mitte der achtziger Jahre des 16. Jahrhunderts formuliert worden, von einem Unbekannten.

Wenn ich also im folgenden die Geschichten von Teufelsbündlern aus dem Neuen Testament und aus der legendenhaften Erzählliteratur des frühen Christentums übergehe, wenn ich auf Augustinus und seine Unterscheidung zwischen wahrer und falscher Neugierde nur eben hinweise, und wenn ich mittelalterliche Vorstufen dieses ausgemacht christlichen Stoffes nicht anführe, so deshalb, weil sich diese Teufelsbündler-Geschichten in ihrem literarischen Charakter von dem Faust-Thema grundlegend unterscheiden. Sie erzählen durchweg ein einzelnes Ereignis, das sich mit einer Gestalt ohne wiederkehrende Charakteristika zusammenfügt. Der neuzeitliche Faust aber hat eine Geschichte. Seine Existenz hat eine temporale Struktur.

Die fernere literarische Vergangenheit rückt für unsere Augen sehr leicht in die Perspektive von Aufklärung und Goethezeit. Deshalb müssen wir kurz bedenken, auf welchem Wege dieses Erbe beispielsweise an Goethe gelangt ist. An einer berühmten, viel zitierten Stelle in ‚Dichtung und Wahrheit' hat Goethe die Lektüre- und die Buchverbrauchserlebnisse seiner Kindheit in bezug auf die ältere deutsche Erzählliteratur geschildert. „Mit stehenden Lettern auf Löschpapier" seien die Büchlein gedruckt worden, heißt es da, die später „unter dem Titel Volksschriften, Volksbücher, bekannt und sogar berühmt geworden" seien. Aber dabei fällt der Name Faust nicht. Das kann seinen Grund darin haben, daß Goethe den Stoff gar nicht unbedingt auf schriftlichem Wege kennengelernt hat. Er ist ihm zumindest *auch* durch das Puppenspiel zugekommen. Dieses beruht wesentlich auf der Spieltradition der Wandertruppen des 17. Jahrhunderts. Der Anfang dieser Faust-Spieltradition besteht in dem Drama Christopher Marlowes, entstanden unmittelbar im Anschluß an eine englische Übersetzung der deutschen Faust-Historia. Auf welchem Wege auch immer – Goethes Kenntnis des Themas reichte nahe an dessen eigentliche Erfindung heran.

„Historia" ist für die gesamte Frühdruckzeit eine typische Bezeichnung für erzählende Literatur in einem sehr weitgefaßten Sinne. Das Faust-Buch scheint sich mit seinem Titel in eine Art von Gattungsrahmen einfügen zu wollen. In einem entscheidenden Punkt aber sprengt es ihn. Der Autor des Faust-Buches gibt nämlich vor, geschichtliche Wirklichkeit, aus seinem eigenen Zeitalter, wiederzugeben. Das vermag keine der sogenannten Historien, im Gegenteil. Sie alle bieten uralte Geschichten, aus der Antike, wie der Alexanderroman oder der des Heliodor, oder aus dem Orient, wie die ‚Sieben weisen Meister', aus dem frühen Mittelalter, wie ‚Tristan' oder ‚Herzog Ernst', oder auch aus seinen Ausläufern, wie die herzrührenden französischen Liebesgeschichten von der Schönen Magelone oder der Melusine. Zwei besonders berühmte unter diesen Büchern, die aber eindeutig in viel jüngeren Verhältnissen spielen, ‚Eulenspiegel' und ‚Fortunatus', nennen sich übrigens nicht „Historia".

Die geschichtliche Handlungszeit der Faust-Historia ist durch keine Indizien zu erschließen. Die Ortsangaben weisen auf das Stammgebiet der Reformation: Wittenberg und Thüringen. Der Erzähler belegt mit allen möglichen Beweismitteln seine Behauptung – die ja nach all unserer Kenntnis eigentlich eher in einem historischen Roman des 19. Jahrhunderts ihren Ort hätte –, daß er die reale Geschichte eines Menschen erzähle, der tatsächlich gelebt habe. Eine solche Behauptung ist geschichtlich, literaturgeschichtlich schlechterdings einmalig.

Was die geschichtliche Existenz eines Doktor Faust anlangt, so ist im Grunde nur der Kern der Aussage unstrittig: irgendeinen Faust, mindestens einen, hat es gegeben. Er könnte ungefähr gleichaltrig mit Luther gewesen sein. Alles Weitere ist Gegenstand gelehrter Streitigkeiten. Der Familienname ist unklar, Faust oder Faustus, ebenso der Vorname, Johannes oder Georg, Geburtsorte werden mehrere genannt, ein akademisches Studium ist nicht erweisbar, falls Faust ein solches absolviert hat, dann stehen mehrere Universitäten zur Auswahl. Ob Faust einen akademischen Grad erworben hat, bleibt im Dunkel. Aus seinem Leben werden so viele Aufenthaltsorte genannt, daß alleine schon die Quellenlage Faust zu einem unsteten Wanderer macht, ja wollte man sämtliche Zeugnisse über ihn gleichsam zu ihrem Nennwert nehmen, dann ergäbe sich daraus zwangsläufig die Hypothese, daß mehrere Fauste gelebt haben müssen, denn nicht wenige dieser Aussagen sind miteinander unvereinbar. Beschränkt man sich auf das, was historische Kritik als gesichert erweist, so bleiben nur drei Dokumente übrig: das sind urkundliche Belege aus Bamberg, Ingolstadt und Nürnberg aus den Jahren 1520 bis 1532.

1520 läßt Bischof Georg III. von Bamberg Faust eine relativ hohe Summe für ein Horoskop zahlen, 1528 und 1532 weisen die Räte von Ingolstadt und Nürnberg Faust aus der Stadt bzw. lassen ihn nicht herein; wir sehen Faust gleichsam mit der Polizei in Konflikt. Das Bamberger Dokument deutet an, wovon Faust lebte. Das Stellen sogenannter Nativitäten oder Prognostikationen war eine vollkommen normale, ernsthafte Tätigkeit, die zumindest in einem weiten Sinne unter den Begriff von Wissenschaft fiel. Faust muß also eine Universitätsausbildung entweder wirklich gehabt oder zumindest vorgetäuscht haben. Ein Beruf, eine Profession war das allerdings nicht. Gleichwohl besaß Faust auf seinem Gebiet einen überdurchschnittlichen Ruf – es ist immer schon aufgefallen, daß der Bischof sich die Sache einiges kosten ließ. Die beiden städtischen Protokollnotizen hingegen enthalten auffällig harte Worte über Faust, sie lassen darauf schließen, daß ihm ein ausgebreiteter, aber schlechter Ruf vorausging, daß er einen einigermaßen anstößigen Lebenswandel führte.

Die beiden historisch überlieferten Sachverhalte, Horoskopestellen und schlechter Ruf, kehren als zentrale Motive in der Historia wieder: insoweit dort Faust – nach dem Paktschluß – eine Tätigkeit ausübt, ist es die eines Kalendermachers. Seine Vorhersagen werden gerühmt. Mit dem „Säuwisch vnnd Epicurisch leben“ seines Helden aber, den „seine Aphrodisia Tag vnd Nacht“ stach, leitet der Erzähler zuerst seine Geschichte ein und führt sie schließlich gegen Ende zu ihrem Kulminationspunkt. Nur – aus diesen zwei Motiven ergibt sich noch keine Geschichte.

Das gilt auch für alle anderen Einzelheiten, die die Überlieferung des 16. Jahrhunderts zum Beleg für die tatsächliche Existenz eines Doktor Faust bietet. Alle diese scheinbar so sprechenden Angaben schmücken jeweils einzeln nur das Grundraster weiter aus, das die drei Urkunden auch schon andeuten. Ihr Wahrheitsgehalt ist oft erwägenswert. Faust kann durchaus ein Aufschneider gewesen sein, wie Mutianus Rufus schreibt. Er mag sich auch entsprechende Titel zugelegt haben, hatte vielleicht Gründe, ernsthaften Gelehrten aus dem Wege zu gehen, vielleicht war er homosexuell – all dies sagt ihm Johannes Trithemius nach. Manche soll er um ihr Geld gebracht haben, andere mag er bei fehlgeschlagenen Zauberkunststücken physisch ruiniert haben, mehrfach soll er die Flucht ergriffen haben – es paßt alles zueinander und sagt doch nichts Neues. Das Ceterum censeo lautet: eine Erzählung wird daraus nicht.

Erzählt aber hat man von Faust schon, bevor die Historia entstanden ist, freilich auf eine andere Weise. Erzählt hat man sogenannte „Stücke“, die er ausgeführt haben sollte, einzelne Zaubergeschichten. Daß man solche einzelnen Faust-Geschichten erzählte, genauer gesagt: niederschrieb, läßt sich zuerst in der zweiten Hälfte der 1560er Jahre beobachten, zuerst wahrscheinlich in der Chronik der Grafen von Zimmern, um 1565. Wenig später, gegen 1570, schreibt dann der Nürnberger Christoph Roßhirt seine Faust-Geschichten nieder.

Ziehen wir eine Zwischenbilanz. – Irgendein Faust hat wirklich gelebt im Anfang des 16. Jahrhunderts. Die geschichtliche Überlieferung hat von ihm einige wenige Angaben solcher Art aufbewahrt, wie sie vielleicht ein Steckbrief enthalten mag, mehr nicht. Die Geschichten, die dann später mit seinem Namen verknüpft wurden, tragen ein entscheidend neues Element an sich: irgendwann hat jemand den Teufel ins Spiel gebracht. Damit ist, thematisch und zeitlich, zugleich auch der Kristallisationspunkt für die Entstehung der Historia von Doktor

Faust benannt. Der Teufel ist jedenfalls eine notwendige Voraussetzung für das Faust-Thema, wie wir es kennen.

In dieser seiner konkreten geschichtlichen Ausformung hätte das Faust-Thema nicht ohne Luther entstehen können. 1566 druckte Luthers Schüler Johann Aurifaber zum ersten Mal seine Ausgabe der ‚Tischgespräche'. In den ‚Tischgesprächen' findet sich zuerst für Juni oder Juli 1537 eine Notiz, daß man über Faust als Bündnispartner des Teufels gesprochen habe. Luther fährt dann fort: „wann ich, Martin Lutter, ihm [d.h. dem Teufel] nur die Hand gereicht hätte, wolt er mich vorterbet haben; aber ich wolte in nicht geschawt haben." Die gleiche logische Struktur haben auch alle anderen Äußerungen Luthers über Faust: Irgend jemand erwähnt Faust, dann aber läuft die Argumentation in der Weise weiter, daß man sinngemäß feststellt: „ja, der Teufel ist wirklich ein gefährlicher Gegner." Im Grunde hat Luther nie eine Aussage über Faust gemacht, ihn interessierte nur dessen Tätigkeit, das Zauberwesen. Faust ist für ihn ein Exempel, ein abschreckendes Beispiel, zur Warnung erzählt.

Luthers Theologie hat aus ihren augustinischen Wurzeln einen an manichäisches Denken grenzenden Zug bewahrt. Luthers Teufelsglaube rechnet mit einem nahezu gleichgewichtig-antagonistischen Kräftespiel zwischen Gott und Satan. – Am Rande sei an die Teufelsmesse erinnert, die Goethe für die erste Walpurgisnacht seines ‚Faust' erwogen hat; umfängliche Entwürfe sind erhalten. Ob eine Integration dieser Szenen in das Gefüge des Faust-Dramas überhaupt möglich gewesen wäre, steht zumindest dahin; Goethes Weltauffassung wäre ein solcher Manichäismus wohl letztlich fremd gewesen.

Die Entstehung der literarischen Faust-Gestalt des 16. Jahrhunderts wurde erst dadurch möglich, daß jemand die beiden an sich voneinander ganz unabhängigen Themen miteinander verband: zum einen die zumindest farbige, vermutlich zweifelhafte Gestalt Fausts und zum andern Luthers Glauben an den Teufel als echten Widersacher Gottes. Unmittelbar bevor jemand diese spezifische Verbindung (in einer Erzählung) herstellte, hat ein Zeitgenosse, selbst einer der begabtesten Erzähler dieser Zeit, mit frappierender Klarsicht festgehalten, was da noch zu tun war. Im Jahre 1565 notiert Graf Froben Christian von Zimmern in seiner Chronik, mit Bezug ungefähr auf 1539/40, daß Faust in Staufen im Breisgau vom bösen Geist umgebracht worden sei, „nach vielen wunderbarlichen sachen, die er bei seinem leben geübt, darvon auch ein besonder Tractat wär zu machen". Das heißt, wenn man es verdeutlichend übersetzt, ‚das sollte wirklich einmal jemand im Zusammenhang erzählen'. Ungefähr zwanzig Jahre später hat dann ein anonym gebliebener Autor tatsächlich eine solche Geschichte nach ihrem eigenen Zusammenhang erzählt.

Die Faust-Historia ist unter solchen Gesichtspunkten, wie sie den Literarhistorikern am Ende des vorigen Jahrhunderts wichtig und selbstverständlich erschienen, gründlich untersucht worden. Die Resultate dieser an sich erfolgreichen Arbeit haben dem Ansehen des Werks und seines Autors jedoch nachhaltig geschadet. Die Philologen haben als Hintergrund zu diesem Buch eine ganze Bibliothek zutagegefördert, die der Autor geplündert zu haben schien. Da kaum ein Zug an der Historia übrigblieb, der nicht irgendwoher entlehnt war, erschien das Werk am Ende als bloßes Sammelsurium, als ungeschickte Kompilation eines rührend naiven Dilettanten.

Wenn wir heutzutage versuchen, historisch angemessenere Beschreibungskategorien zu finden, dann drängt sich u.a. die Frage auf, ob nicht die Art der vom Autor benutzten Bücher Rückschlüsse zumindest auf einen Autortypus erlaubt. Und die von dem Anonymus ausgewerteten Quellen haben eindeutig ein Zentrum. Es besteht in einer ganz bestimmten Art von Nachschlagewerken, Hilfsbüchern für die Abfassung von Predigten, also vornehmlich Exempelsammlungen, wie sie für die Verlebendigung der christlichen Unterweisung dienen konnten. Unter diesem Vorzeichen ist die Handbibliothek des Autors durchaus à jour: Wolfgang Bütner, ‚Epitome historiarum' 1576 – Andreas Hondorff, ‚Promptuarium exemplorum' 1568 – Johannes Manlius, ‚Locorum communium collectanea' 1562. Dazu paßt in einem weiteren Sinne, obschon durchaus nicht zeitlich, Sebastian Brants ‚Narrenschiff', aber auch einige Sprichwörtersammlungen. In anderer Beziehung scheint der Autor nun aber nicht nur auffällig hinter seiner Zeit zurück, sondern sogar eindeutig unter seinem Niveau zu bleiben. Er benutzt nämlich für geographische Angaben in ausgedehntem Maße Hartmann Schedels Weltchronik von 1493 und in kosmologischen Fragen den ‚Elucidarius', der in seiner Substanz immerhin schon aus dem 12. Jahrhundert stammt. Der ‚Elucidarius' ist zwar während der gesamten Frühdruckzeit in kurzen Abständen immer wieder neu herausgegeben, aber deswegen nicht im mindesten modernisiert worden. Diese Rückständigkeit des Autors wird allerdings besser verständlich, wenn man prüft, welche Quellen er für welche Partien seines Buches verwendet hat. ‚Elucidarius' und Schedelsche Weltchronik hat er offenkundig deshalb herangezogen, weil er die Lebensgeschichte Fausts während der 24 Jahre, für die der Teufelspakt gilt, auf irgendeine Weise mit Inhalt füllen mußte. Woher hätte aber ein deutscher Autor im 16. Jahrhundert Weltkenntnis im eigentlichen Sinne beziehen sollen? Auf seine Bücher blieb er nun einmal angewiesen.

Die Eigenart der Lebensgeschichte Fausts, die wie ein Ring die bunten, in sich selbst nicht durchweg folgerichtig erzählten Ereignisse einschließt, setzt zugleich die Vorzeichen, unter denen wir die Historia als ein Ganzes lesen und verstehen sollen. Der Autor erzählt die Lebensgeschichte eines Gelehrten von außergewöhnlicher Begabung. Erzählwerke, deren strukturelle Grundlage in einer Lebensgeschichte von zumindest prätendierter Authentizität besteht, gibt es in Deutschland noch auf lange Zeit hin nicht, ausgenommen die Autobiographie, die aber ganz eigene Probleme aufwirft. Nun wird Fausts Leben nicht um seiner selbst willen, sondern letztlich sub specie fidei erzählt. Das Motiv, daß Faust, der zunächst Theologe ist, zur Medizin überwechselt, damit aber letztlich zu den Naturwissenschaften, macht seinen Abfall vom Glauben anschaulich. Die Naturwissenschaften erfordern einen autonomen menschlichen Erkenntniswillen. Das hat der Anonymus gewußt, nur gebilligt hat er es nicht. Unter den Bedingungen der ihm geschichtlich vorgegebenen Denkformen hat der Autor das Problem des menschlichen Erkenntniswillens theologisch formuliert, nämlich als ein unerlaubtes Bündnis des Menschen mit Gottes Gegenspieler. Für ihn war somit die Frage der Erkenntnis*freiheit* nicht eigentlich eine Frage. Auf der Grundlage eines theologischen Argumentationsschemas, das von Augustinus bis zu Luther in seiner Substanz unangefochten gilt und das im 16. Jahrhundert durch die Einführung des Teufelsmotivs lediglich bildkräftig modernisiert wird, motiviert der Autor der Historia vollkommen konsequent, wenn er in den Verhandlungen, die dem Paktschluß vorausgehen, nur einen einzigen Beweggrund für Faust nennt: die curiositas, das Wissenwollen um seiner selbst willen. Die curiositas, im älteren Deutsch Fürwitz, das ist hier die kardinale Sünde. Dadurch, daß jemand dieses Thema mit einem ganzen Menschenleben in seiner Zeitlichkeit in Zusammenhang brachte, ist etwas qualitativ vollkommen Neuartiges entstanden.

Die curiositas aber ist auch in der Frühen Neuzeit ambivalent. Heinz Blumenberg hat in seinem Werk über die „Legitimität der Neuzeit“ mit seinen Erwägungen zur prozeßhaften Entfaltung der theoretischen Neugierde diese Epoche in ein möglicherweise zu modernistisches

Licht gerückt. Doch welche Faszination von dieser Neugierde bereits ausging, beweist gerade diese Warnschrift.

Für ihren Autor ist Erkenntnisautonomie Sünde. Um das erzählerisch darzustellen, läßt er den Helden nach seiner Verschreibung erst einmal in die schlimmste Unzucht verfallen, mit dem zeitgemäßen formelhaften Apparat des Hexenwesens. In dem ersten Teil der Historia treibt Faust aber weiterhin beharrlich Theologie, wenn es ihm auch sozusagen um Ansichten von ihrer Nachtseite geht. Er fragt nach der Beschaffenheit von Himmel und Hölle, Teufeln und Engeln. Die Methode seines Erkenntnisgewinns ist die disputatio. Das ist nicht die von der Scholastik entwickelte argumentative Form, die disputatio als Forschungsmethode, sondern das einfache Lehrer-Schüler-Gespräch. Der Erkenntnisprozeß vollzieht sich in Frage und Antwort, und die Antwort besteht in dem Nennen einer Bezeichnung. Faust fragt im 16. Kapitel Mephostophiles ausdrücklich nach der Beschaffenheit der Hölle. Er findet es aber vollkommen natürlich, daß er als Antwort eine Nomenklatur erhält.

Hätte der anonyme Autor ein menschliches Leben mit in sich konsequenter Motivierung erzählen wollen, dann hätte er dem Gang des Menschen durch die Welt und damit dem menschlichen Leben überhaupt einen ihm zumindest hypothetisch immanenten Sinn, mit einem innerweltlichen Telos, zuschreiben müssen. Das aber ist im Grunde das Erzählproblem erst von ‚Wilhelm Meisters Lehrjahren'; es ist, wohlgemerkt, ihr *Problem.* Eine romanhafte Gestaltung von verfehlter curiositas existierte – auch auf Deutsch – schon mit dem ‚Goldenen Esel' des Apuleius. Davon scheint die Faust-Historia aber fernab zu liegen.

Eine Historia enthält grundsätzlich nicht faktische Wahrheit, sondern präskriptive. Der Sinn der Erzählung von Faust liegt, allgemein gesprochen, in der Mahnung, in der Warnung. Ein frommes Buch also, seiner ursprünglichen Intention nach. Es formuliert ein Thema der Frömmigkeitsgeschichte in der Gestalt einer Biographie. Ein altmodisches Buch überdies, gar nicht renaissancehaft gemeint. Sein Leben hat dieses Thema, die Geschichte von Faust, unter der Hand gewonnen, gegen die Meinung des Autors, dadurch, daß die Wünsche und Erfahrungen Fausts in anderer Umgebung und Deutung einen anderen Sinn gewonnen haben. Der Literarhistoriker mag das als ‚inverse Rezeption' deuten. Die im 16. Jahrhundert noch verteufelte Wißbegierde aber, der Fürwitz, ist zum allgemeinsten Prinzip neuzeitlicher Wissenschaft geworden.

Für seine Entstehungszeit bildet das Buch ein literarisches Paradox. Der Autor, der vorgibt, von einem Menschen seines eigenen Zeitalters, der wirklich gelebt habe, zu erzählen, hat in Wahrheit mit seiner Historia eine der ersten großen fiktiven Lebensgeschichten der Neuzeit geschaffen. Die elementare Bedingung dafür besteht darin, daß individuelles Leben nach seiner temporalen Struktur erzählt worden ist. Auf einfachere Weise hat man von Faust auch vorher schon erzählt. Eine unbestimmte Anzahl einander ähnlicher einzelner Geschichten, mit wiederkehrender pointenhafter Struktur, das gibt es schon etwa zwei Jahrzehnte vor der Faust-Historia. Die Zahl solcher Faust-Anekdoten ist prinzipiell beliebig, es gibt keinerlei Regel, die ihre Abfolge bestimmt. Deshalb wollen wir dieses Erzählen *seriell* nennen: die Einzelgeschichten werden aneinandergereiht.

Die epochale Erfindung des Autors der Faust-Historia besteht darin, diese Geschichten nach einem inneren Gesetz geordnet zu haben, das entscheidend durch den Teufelspakt bestimmt war. Die Vorstellung, daß ein menschliches Leben von einem Telos bestimmt ist, trug er besonders bildhaft in sich. Eine in sich gegliederte temporale Struktur freilich mußte dazu erst erfunden werden. Daß dem Leben des Menschen ein Ziel gesetzt ist, hätte im rein säkularen Sinne schwerlich ausgereicht, dieser Lebensgeschichte ihre außerordentliche Wirkung zu verschaffen. Mindestens einen doppelten Sinn mußte sie haben, um Wirkung zu erzielen. Deshalb war auch ein Fortleben dieser Erzählung nicht möglich ohne die altertümlichen, wenn man so will mittelalterlichen Züge der neuerfundenen Geschichte. Der entscheidende qualitative Sprung, der der Gestalt des Doktor Faust ihre Geschichte gibt, ist der vom seriellen zum *sequentiellen* Erzählen. Es ist die innere Folgerichtigkeit der Lebensgeschichte, die der Gestalt eines Doktor Faust eine temporale Struktur verleiht. Erst diese erzählerische Fortentwicklung ermöglicht Faust ein Fortleben in der Neuzeit.

Diskussion

Fausts Lebensgeschichte als Wissensgeschichte und Liebesgeschichte?

Die Lebensgeschichte Fausts (die ‚Historia') möchte G. Neumann nicht nur als „Wissensgeschichte", unter Rückbindung an die Augustinische curiositas, verstehen, sondern ebenso als „Liebesgeschichte", was ja dann im 19. Jahrhundert entscheidend geworden sei. „Liebestrieb" und „Wissenstrieb" seien auch schon bei Augustin gegeben, beide entweder auf Gott bezogen und zum „Gotteswissen" führend oder in einer durch die Menschen pervertierten Form. Wenn man also ein „Grundmodell der Faustgeschichte" schaffen wolle, müsse man wohl beide Triebe ansetzen, was im übrigen seine Begründung im Rückbezug auf den Sündenfall habe. Auf ihn, der schon das Wissensproblem mit dem Sexualitätsproblem verbinde, seien bereits Paulus und Augustinus zurückgegangen. Auch in Goethes ‚Faust' werde eine Wissensgeschichte, und zwar als Universitätsgeschichte, und eine Liebesgeschichte erzählt, um unter diesem doppelten Aspekt die Identität des neuzeitlichen Ich zu bestimmen. G. Neumann fragt deshalb, ob im Referat der zweite Aspekt der alten Augustinischen Triebtheorie, der Liebestrieb, bewußt unberücksichtigt geblieben sei oder ob er sich in dieser ‚Historia' noch nicht abzeichne, wenngleich die Helena-Figur schon vorhanden sei.

H.J. Kreutzer entgegnet, er habe in der Tat „nach bestem Wissen und Gewissen" diesem thematischen Zusammenhang keine Aufmerksamkeit geschenkt. Denn wie in der Augustinischen Begrifflichkeit die Liebe im Sinne der frühneuzeitlichen Faust-Tradition keine Rolle spiele, so gebe es auch keine Liebe im Augustinischen Sinne in der Faust-Historia, sondern nur die „Befriedigung sexueller Notwendigkeiten und Wünsche". Curiositas *und* Geschlechtlichkeit seien bei Augustin und in der ‚Historia' etwas in sich sehr Zweifelhaftes. Hinsichtlich der curiositas stelle sich der Sachverhalt begriffsgeschichtlich wie folgt dar: Schon nach ihren griechischen Wurzeln war curiositas das „Wissenwollen von etwas Überflüssigem, Unnützem". In diesem Sinn erfuhr der Begriff seine literarisch tragfähige Prägung durch Apuleius, wobei seine negative Bewertung unter religiösem Aspekt verstärkt wurde. Bei Augustin spaltete sich seine Bedeutung auf: „Die Grenze innerhalb der Augustinischen Auffassung verläuft zwischen einer positiven curiositas, die reflektorisch auf das eigene Ich in seiner Begegnung mit Gott bezogen ist, und der ‚vana curiositas', die sich auf alles, was sich der Mensch sonst noch wünschen kann, richtet. Es ist die ‚concupiscentia oculorum', das neugierige Sehen- und Wissenwollen, ohne daß sonst irgendein Zweck dabei mitschwingt."[1] Angesichts dieses zentralen Problemzusammenhangs falle dann in der Faust-Historia die Sexualität „theologisch unter den Tisch". Kreutzer schließt mit der These: „Die Liebe taucht in dem Faust-Thema in wirklich manifester Weise erst bei Goethe auf und ist so, im europäischen

[1] Vgl. insbes. das X. Buch der ‚Confessiones', das Petrarca so wirkungsvoll bei seiner Schilderung der Besteigung des Mont Ventoux im Jahre 1336 zitiert.

Wortsinn gesprochen, eine romantische Erfindung. Seither freilich lebt das Faust-Thema nicht mehr ohne sie. Erstaunlicherweise kommt Thomas Mann auf die Vorstellungen des 16. Jahrhunderts wieder zurück."

H. KREUZER stimmt zu: „Der sexuelle Strang gehört zwar von Anfang bis Ende in die Faust-Literatur hinein, aber nicht die Liebe im emphatischen Sinne. Auch ich habe sie in meinem Faust-Referat absichtlich ausgeklammert, denn sie trägt nichts zur Konstitution der Faust-Geschichte bei. Den Übergang vom Seriellen zum Sequentiellen bewirkt nur der theologische Problemzusammenhang, während das Sexuelle nach seiner Definition in dieser Zeit episodisch bleibt. In den Zusammenhang der Faust-Problematik kann es überhaupt erst mit Goethe führen, und auch nach Goethe nur noch ganz selten: Es geht wieder ins Episodische über, oder es kommt zum Liebesverbot wie bei Thomas Mann. Es gibt ganz wenige Texte, wie zum Beispiel Bulgakows Roman ‚Der Meister und Margarita' [1940], worin es eine seriöse Rolle spielt und einen eigenen Problemzusammenhang darstellt."

Zur Motivierung der Lebensgeschichte Fausts: zu wenig oder zu viel Begabung?

Eine Variante der Deutung des curiositas-Motivs bringt W. SOKEL ins Gespräch, indem er fragt, ob Faust nicht deshalb dem Teufel in die Arme getrieben werde, weil Gott ihm gewisse natürlich-übernatürliche Gaben, die höhere Erkenntnis ermöglichen würden, nicht verliehen hat. Das wäre durchaus Augustinisch und fast Calvinistisch zu verstehen: „daß nämlich Faust von Anfang an dazu verdammt ist, nicht zu wissen; daß er sich nur auf teuflische Weise Wissen, und das ist falsches Wissen, erwerben kann". Natürlich wäre auch die andere Deutung möglich, nämlich daß eine allgemeine menschliche Grenze markiert werde, die Faust überschreitet.

H. J. KREUTZER: „Der Faust dieser Lebensgeschichte ist so weit gekommen, wie, modern ausgedrückt, eine wissenschaftliche Spitzenbegabung kommen kann. Innerhalb derjenigen Grenzen, die in der Faust-Geschichte existieren, hat er alles erreicht, ist also nur in einem relativen Sinne in seinem Wissen beschränkt. Darüber hinaus führt allein eine ‚zweckfreie' Wißbegierde, eine Wißbegierde um ihrer selbst willen, die nicht mehr anderweitig begründet werden kann, also das sogenannte ‚faustische' Streben. Der dramatische Knoten liegt somit darin, daß jemand, der es partout nicht nötig hätte, noch weiter zu gelangen versucht. Er ist nicht einmal verdrossen, wie etwa der Goethesche Faust, der mißvergnügt in seinem Studierzimmer sitzt und in dieser Verfassung das gleiche Motiv aufnimmt." – Nach SOKEL würde demzufolge die persönliche Beschränktheit Fausts zugleich die Grenze der allgemein menschlichen Endlichkeit bedeuten. – KREUTZER stimmt dem ausdrücklich zu und unterstreicht diesen Aspekt noch mit dem Hinweis, daß Faust das dem Menschen überhaupt Mögliche in einem Aufstieg aus den allerärmsten Verhältnissen erreicht habe. Deshalb sollte er sich im Sinne der ‚Historia' jetzt eigentlich bescheiden.

Gerhard Neumann

„Rede, damit ich dich sehe“ Das neuzeitliche Ich und der physiognomische Blick

O, learn to read what silent love hath writ!
To hear with eyes belongs to love's fine wit.
Shakespeare

Was für ein unermeßlicher Sprung von der Oberfläche des Leibes zum Innern der Seele!
Lichtenberg

I

Richard Wagners Siegfried, mit dem Blut des Drachen seine Lippen netzend, versteht mit einem Male die Sprache der Natur: Im gleichen Augenblick vermag er auch die Körperzeichen Mimes zu lesen, dessen wahre Gesinnung hinter den Zügen des Gesichts und den Gebärden des Körpers zu entziffern; er entkleidet die Seele seines Widersachers gewissermaßen durch einen physiognomischen Blick. Wagners Adaptation des Mythos bezeugt einen uralten Wunschtraum des Menschen. Es ist der Traum von der Fertigkeit, das Ich des andern zu lesen, die Zeichen seines Körpers zu verstehen, mit untrüglicher Sicherheit vom Sichtbaren auf das Unsichtbare zu schließen. Von dieser Frage nach der ‚Lesbarkeit des Ich‘ aus der Körpersprache handeln die hier angestellten Überlegungen.

Lichtenbergs Texte scheinen mir vor allen andern Dokumenten physiognomischen Denkens zu bezeugen, daß gerade er an einer Schlüsselstelle in der europäischen Geschichte dieses Problems steht. Seine Position ist immer dort am deutlichsten, wo er zum Angriff übergeht – so auch hier. Ich meine seinen Streit mit Lavater um die Möglichkeit einer ‚Wissenschaft der Physiognomik‘. Während Lavater, aus einer langen Tradition schöpfend, auf der eindeutigen Lesbarkeit der Körperzeichen besteht, erhebt Lichtenberg Einspruch und vertritt temperamentvoll die Unmöglichkeit einer solchen Lesekunst.[1]

---

[1] Hier ist vor allem Lichtenbergs Streitschrift ‚Über Physiognomik; wider die Physiognomen‘ zu nennen. Georg Christoph Lichtenberg, Schriften und Briefe. Hg. von Wolf-

Der Praxis von Lichtenbergs physiognomischem Blick wird man vielleicht am besten in seinen Erläuterungen zu Hogarths Kupferstichen auf die Spur kommen. Ich möchte für diesen ersten Leseversuch ein einzelnes Blatt Hogarths und dessen Deutung durch Lichtenberg zugrunde legen, nämlich die sogenannte ‚Punschgesellschaft' (siehe Abb. 1, nach S. 80).

Die ‚Punschgesellschaft' ist einer der berühmtesten Stiche Hogarths und wurde bereits von den Zeitgenossen als Paradigma einer sozialen Physiognomik begriffen und gewürdigt. Auch Lichtenberg war dies sehr genau bewußt, als er es für seine ‚Erklärungen' auswählte (III, 689–702). Er schreibt:

> Diese geistvolle Darstellung einer Gesellschaft, die sich zu einem beträchtlichen Grad von Geistlosigkeit herabgetrunken hat, ist so wohl in England als Deutschland eines der bekanntesten Werke unseres Künstlers (III, 689).

Was Lichtenberg faszinierte, war wohl die in einem einzigen Bildzusammenhang zusammengedrängte aufgeklärte Sozietät auf dem Prüfstand des Gegen-Geistigen: der Mensch als Vernunftwesen, das dem Widervernünftigen der Triebhaftigkeit und des Rausches, der in ihm schlummernden, jederzeit weckbaren Irrationalität ausgeliefert erscheint:

> Es ist nämlich allgemeine Natur des Menschen, in dem Zeitpunkt gezeichnet, da es dem Meisterstück der Schöpfung gefällt, seinen Rang etwas zu vergessen, und durch Trunkenheit ein Paar Staffeln gegen die Bestien herab zu steigen, oder gar den Bestien zu verstatten ein Paar über es hinauf zu treten (III, 689).

Das Ziel von Lichtenbergs physiognomischer Diagnose ist deutlich: Es ist der Versuch, aus der ‚Momentaufnahme' des Hogarthschen Blattes den Menschen in einer bestimmten historischen Situation als Grenzwesen herauszupräparieren, das konfligierenden Erfahrungen ausgelie-

---

gang Promies. Dritter Band. Aufsätze. Entwürfe, Gedichte. Erklärungen der Hogarthischen Kupferstiche. Darmstadt 1972, S. 256–295. Zitate mit Band- und Seitenzahl nach dieser Ausgabe künftig im Text. Der Stich Hogarths aus: William Hogarth's Zeichnungen. Nach den Originalen in Kupfer gestochen von E. Riepenhausen. Berlin o.J. Ergänzungsband zu den ‚Gesammelten Werken' Lichtenbergs, hg. von Wilhelm Grenzmann, Holle Verlag (ohne Seitenzählung; achtes Blatt).

Zu Lichtenbergs Physiognomik vgl. Albrecht Schöne, Aufklärung aus dem Geist der Experimentalphysik. Lichtenbergsche Konjunktive. München 1963, S. 7–14.

Zitate aus den ‚Sudelbüchern' – Schriften und Briefe, a.a.O., Erster und Zweiter Band – werden nur durch den Buchstaben des jeweiligen Hefts und die laufende Nummer nach Promies' Zählung bezeichnet.

fert ist: „Auf der Grenze liegen immer die seltsamsten Geschöpfe" (D 161), sagt Lichtenberg einmal; der Mensch erscheint – nach einem uralten moralistischen Paradigma: „l'homme n'est ni ange ni bête"[2] – eingespannt zwischen Trieb und Vernunft, Körper und Geist, Tierheit und Menschheit, „Affe" und „Apostel" (E 215). Freilich muß man zugeben, daß das Interesse, das Lichtenbergs Texte (wie schon Hogarths Kupferstiche und Lavaters Illustrationen seiner Physiognomik) bei den Mitlebenden weckten, kein reines und abgehobenes war, nicht nur auf die Deutung des ‚Typus' hinauslief, sondern auch ganz konkrete ‚Subjekte' und aktuelle Anspielungen in diesem Typus suchte – die zeitgenössischen Kommentare zu Hogarth bezeugen diese Lust am ‚Wiedererkennen' ebenso wie die Gesellschaftsspiele, die von Lavaters ‚Physiognomik' allenthalben, in Bürgerstuben wie in den Salons des Adels, in Gang gesetzt wurden. Aber die Stoßrichtung der Neugier Lichtenbergs selbst geht ganz unzweifelhaft auf den sozialen Typus: den Theologen, den Juristen, den Mediziner, den Offizier, den Politiker und den Stutzer – „Flügelmänner" (Goethe) einer sozialen Wirklichkeitsordnung, Exponenten jener Diskurse also, die die Aufklärungsgesellschaft prägen und ihr Selbstverständnis bestimmen. Dabei ist Lichtenbergs Deutungsversuch seinerseits keineswegs unvoreingenommen; er geht vielmehr von einem heilsgeschichtlichen Rahmenmodell aus, nämlich der parodistischen Umkehrung des Abendmahl-Paradigmas: Während sich dort elf Gerechte und ein Judas zusammenfinden, erscheinen hier elf Verworfene und ein (abwesender) Gerechter – vielleicht ironisch in die Position des Betrachters und ‚Lesers' dieser Szene hinein projiziert?

Der Palimpsest-Charakter des Bild-Textes ist auch in den Einzelheiten deutlich genug: An die Stelle des Abendmahls-Weines tritt der Punschnapf, an die Stelle des Abendmahls-Brots der Rauchtabak; statt des Blutes Christi erscheint ein ‚geistiges Getränk', statt dessen Leib eine ‚verbrannte' und im Verbrennen entmaterialisierte Substanz. Das parodistische Modell der Transsubstantiation ist nicht zu verkennen; in ihm wird die Umkehrung jenes aufklärerischen Deutungsmusters sichtbar, das den Fortschritt als von der Vorsehung gestifteten Prozeß begreift[3], also jene eucharistische Struktur der Wirklichkeit sichtbar

---

[2] Blaise Pascal, Pensées. Notes de Léon Brunschvicg. Paris 1950, Nr. 358; vgl. Nr. 140 samt den zugehörigen Anmerkungen.

[3] Vgl. hierzu Immanuel Kant, Werke in sechs Bänden. Hg. von Wilhelm Weischedel. Bd. 6. Frankfurt/M. 1964, S. 85–102; ferner Georg Wilhelm Friedrich Hegel, Wer-

macht, die von der Verwandlung des Eßaktes in einen geistigen (geistlichen) Akt, von der Verwandlung tierischer in menschliche Funktionen bestimmt ist.

Damit aber wird für Lichtenberg die Hogarthsche Tafel – als säkularisiertes Abendmahl satirisch beleuchtet – zu einer Allegorie der Aufklärungs-Gesellschaft schlechthin, und zwar, indem Lichtenberg das vorgegebene ‚Bild' der Gesellschaft, so, wie es Hogarth überliefert – das ja seinerseits schon ein codiertes System darstellt –, mit einem Meta-System von Sprachzeichen überzieht, das durch zwei Grundvorstellungen geregelt wird, die gewissermaßen emblematisch miteinander verknüpft erscheinen: durch den *Begriff* der Aufklärung einerseits, der Vernunft als ‚Geist' bestimmt, durch das *Bild* der Aufklärung andererseits, das Vernunft als ‚Licht' der Sonne, als die Wirklichkeit erhellende Fackel in Anspruch nimmt. Beide Schlüsselvorstellungen, heilige Güter des ‚siècle des lumières', erscheinen im Text ‚pervertiert', und zwar durch das ihnen zugeordnete Doppelmotiv des Rausches und der Drogen, die Zeichen menschlicher Triebhaftigkeit und Irrationalität sind. Der ‚Geist' erscheint hier bedroht durch ein „geistiges Getränk", den Punsch; das ‚Licht' erstickt im „vernebelnden Rauch" des glimmenden Tabaks.

Dieser Zusammenhang zwischen epochalem Leitbegriff und situativer Perversion wird von Lichtenberg aus der bildlichen Darstellung Hogarths herausgegrübelt und als Sprachspiel inszeniert: als concetto, als ‚Schwellmetapher', die der satirischen Entfaltung zweier Bildfelder dient. Diese *Bild*felder entfalten und deuten das Spiel sozialer Handlungen im Hinblick auf jene beiden *Vorstellungs*felder, welche die Signatur der Aufklärung bilden: des ‚Geistes' auf der einen, des ‚Lichtes' auf der andern Seite. Entwickelt wird dieses Sprachspiel zunächst aus zwei Figuren der Aufklärungsgesellschaft, dem Offizier und dem Arzt, als den Exponenten politischer wie organischer Sanierung:

---

ke 17. Vorlesungen über die Philosophie der Religion II. Vorlesungen über die Beweise vom Dasein Gottes. Frankfurt/M. 1969, S. 258. Zum weiteren Zusammenhang: Zur Deutung des Sündenfalls in der Geschichte der Philosophie vgl. Jürgen Strutz, Der Mythos vom Paradies. Anmerkungen zu seiner Rezeption bei Kant und Hegel. In: Aufmerksamkeit. Klaus Heinrich zum 50. Geburtstag. Hg. von Olav Münzberg und Lorenz Wilkens. Frankfurt/M. 1979, S. 575–588; vor allem aber Odo Marquard, Felix culpa? – Bemerkungen zu einem Applikationsschicksal von Genesis 3. In: Text und Applikation. Theologie, Jurisprudenz und Literaturwissenschaft im hermeneutischen Gespräch. Hg. von Manfred Fuhrmann u.a. München 1981, S. 53–71; dort wichtige Literaturhinweise auf die Bücher von M. Metzger, E. Lämmerzahl, H. Wimmershoff, W. Schmidt-Biggemann.

> So wenig auch beide, der Arzt und der Offizier, jetzt von Beruf wissen mögen, so ist doch in dem letzten was sie hier tun oder leiden, etwas von Beruf. Der Offizier stürzt und der Chirurgus salbt, jener mit dem unrechten Gewehr, dieser mit der unrechten Flasche in der Faust. Sie haben sich bloß vergriffen (III, 695).

Aus dieser Figurenkonstellation entwickelt Lichtenberg sein concetto. Es nimmt dort seinen Ausgang, wo an die Stelle von Gewehr und Salbentiegel als Berufszeichen Glas und Flasche treten, das „geistige Getränk", das die ‚Vernunft' als Inbegriff der Aufklärung in ihr Gegenteil verkehrt und eine Kette weiterer Vorstellungen aus sich entläßt: den Strom, die Bouteillen, den Punschnapf, die Flußgöttin Cloacina[4] und schließlich die Urne, aus der die zweifelhafte Flüssigkeit strömt:

> Ehe der Offizier sich retirierte, hat er sich noch in der Eile mit seiner Stuhllehne eine Brücke über einen nicht unbeträchtlichen Strom geschlagen, den hier die reiche Erbin der Bouteillen und des Punschnapfs, die Flußgöttin Cloacina, aus ihrer Urne gegossen hat (III, 695).

Parallel zu dieser metaphorischen Pervertierung des ‚Geistes' der Aufklärung in die ‚Geistlosigkeit' der Trunkenheit (hervorgerufen durch „geistiges Getränk") entwickelt Lichtenberg – im Hinblick auf den „Politiker" in diesem Kreise – eine zweite Bildkette, die Metamorphose der ‚Fackel der Aufklärung', der ‚Sonne der Vernunft', in ein „Räucherkerzchen" der Verstandestrübung:

> Alles ist in der Miene dieses Staatsmannes so ruhig, alles so zuverlässig; er ist seiner Sache so gewiß – allein was er *tut,* taugt nicht den Henker. Er hat in seinem Kopf das Projekt formiert seine Pfeife anzustecken, und steckt sich die Manschette an, die sogleich das Halstuch, und diese dann das in der Nähe befindliche große Haarmagazin anstecken wird. Ja er scheint in seinen Meditationen sogar die Manschette der rechten Hand für das Licht selbst zu halten, das die Pfeife anzünden soll (III, 696).

Das helle Licht der Aufklärung verkommt in einer Assoziationenreihe – die von der Kerze über das Pfeifeanstecken und die glimmende Manschette zum Halstuch und zum Haarmagazin verläuft – schließlich zu einem Schwelbrand.

Beide Bildfelder, der Geist, der in die Niederungen des Punsches gerät, und das Licht, das sich zur Glimmkerze verdüstert, konvergieren; sie werden von Lichtenberg aus der Konfiguration von Arzt, Offi-

---

[4] Vgl. hierzu ‚Der kleine Pauly': Nach Plinius nat. 15, 119 „Venus Cloacina". Die Deutung des Namens ist offen: Beiname der Venus, „Schreibtischerfindung" (Wissowa), topographische Bezeichnung.

zier und Politiker herausgereizt und in die Figur des Stutzers hinübergeleitet: in jenen Anfall von Übelkeit, der, durch Punsch und Rauchen hervorgerufen, die aufklärerischen Leitvorstellungen von Geist und Licht vollends desavouiert:

> Sogar die vom Wein gelähmte Hand neben ihm auf dem Tische spricht, wozu der Mund noch erst die Worte sucht, aber vermutlich bald finden wird. Lange kann es unmöglich so bleiben. Ein solcher *Krater* schließt sich nicht ohne irgend eine Revolution. Ich fürchte die *Politik* kömmt zwischen zwei Feuer. So eben hat die Sonne da, ein Talglicht, ausgeschienen; die Rauchsäule des Morgenopfers steigt gegen den Heiligen auf; es scheint aber doch als wenn das Feinste, und daher Unsichtbare desselben, sich etwas mehr rechts gezogen und die Gärung in dem Vulkan beschleunigt habe (III, 696).

Geist und Sonne, zu Alkohol und glimmender Kerze geschrumpft, vollenden das metaphorische Spiel, das durch die Sätze des Textes geistert, damit aber auch im Reflex über die Konfiguration des Bildes hinweg seine Lichter streut; die beschädigte Doppelvorstellung von Geist und Sonne wird zum Zeichen eines Widerrufs des säkularisierten Abendmahls, das Tierheit in Menschheit, Trieb in Vernunft, Amoral in ‚Heiligkeit', Dunkel in Helle transsubstantiieren könnte, und offenbart, was das Blatt inszeniert: die Verwandlung humaner Werte in eine Welt niedrigster organischer Vollzüge und tierischer Verrichtungen, der Übelkeiten und Körperausscheidungen.

Aber dieses Bildfeld des Lichtes entbindet aus sich noch einen weiteren Bedeutungszusammenhang: die Frage nach der Zeit als einem Strukturprinzip menschlichen Lebens, das dem Rhythmus des Sonnenlichts entspringt; der Zeit, die im Kontext der Aufklärung unter zweierlei Gestalt erscheint. Sie gibt, als geschichtlicher Fortschritt der Erkenntnis, das Raster für die Ordnung der Welt, und sie vermittelt, als organischer Rhythmus, Natur und Kultur; sie ist das Prinzip der Gliederung von Welt und ihrer Strukturierung schlechthin, durch das Licht und den wandelnden Schatten bemessen, im unabänderlichen Gang der Sonne aufgehoben.

So wird die Naturzeit, geregelt durch den Aufgang und Untergang der Sonne, gleichzeitig zu jener Grundkraft, die der Kultur ihren Rhythmus verleiht, der Wechsel von Helligkeit und Dunkel erscheint als formende Kraft der Erkenntnis schlechthin, als Wesenskern des zu sich selbst kommenden Subjekts, wobei Kosmos und Seele einander im Spiegel des Körpers begegnen. Eben diese Ordnung aber ist durch das hier vorgestellte pervertierte Abendmahl der Punschgesellschaft als bedrohte gezeigt: Der „helle Fleck", der auf dem Ziffernblatt der Uhr erscheint, wird zum Symptom dieser Ordnungstrübung; Lichtenbergs Deutung macht dies unmittelbar einleuchtend. In seiner Lesart des Bildes erscheint die Sonne, als ‚natürliches' Prinzip der Zeitmessung, im doppelten Konflikt mit den schwelenden Leuchtern und ihren Spiegelreflexen einerseits, mit der mechanischen Uhr andererseits, auf der sie nur gespiegelt erscheint, ‚aus zweiter Hand' von der Flüssigkeit in „Cloacinens Urne" dorthin geworfen – die Tageszeit, das Prinzip der Weltordnung, als Spiegelreflex eines Nachtgeschirrs.

Natur- und Kulturzeit treten in Differenz und werden unversöhnbar; das ‚Licht der Aufklärung' zeigt sich nur noch als ein Abglanz trübster Körperfunktionen, der Ausscheidung des „geistigen Getränks" aus dem Körper. Die Ordnung der Welt wird nur noch als Unzeitigkeit beschreibbar. Und so gipfelt denn auch Lichtenbergs satirische Zeitkritik in dem Satz:

> Und wie ist es möglich, daß eine Uhr in einem Zimmer richtig gehen kann, wo so viele Leute zusammen kommen, deren Wege so unrichtig sind (III, 702).

Es läßt sich ein erstes Fazit ziehen. Lichtenberg versucht in seinem Text, die Zeichen einer historisch sehr genau bestimmten Gesellschaft zu lesen und aus einer Konfiguration menschlicher Typen eine kritische Einschätzung der geschichtlichen Lage zu entbinden. Dies geschieht durch Lektüre eines breiten kulturell vorcodierten Bildzusammenhangs, eines Hogarthschen Kupferstichs. In diesem werden einerseits soziale Zeichen entziffert, Perückenformen, die Bedeutung von Knoten, die sich in einem Haarmagazin finden, die Signalfunktion von Kokarden, das Zeichenfeld von Schminke, Mode, Schmuck, Bibelots, Möbeln und Hausgeräten; auf der andern Seite aber werden auch Körperzeichen in diesen Deutungszusammenhang integriert, Pflaster, die die Körperschäden decken, Schmarren und Finnen im Gesicht als Spuren venerischer Krankheiten, Symptome der Übelkeit, ritualisierte und konventionalisierte Handbewegungen. Beides aber, konventionelle wie organische Zeichen, das kulturelle Repertoire wie der Körpercode, werden ihrerseits auf ein Bildfeld bezogen, das die ideologische Grundstruktur einer Epoche bezeichnet – das ‚Licht der Vernunft' und seine Bedrohtheit durch den tierischen Trieb („ein Paar Staffeln gegen die Bestien herab ...") – und im Sprachspiel der Vereigentlichungen und Metaphorisierungen, wie es der Text bietet, problematisiert. Der Mensch erscheint eingespannt zwischen Trieb und Vernunft, ins Tierische zurückgeworfen und in seinem Selbstwert beschädigt im Feld eben jener sozialen Verwirklichungsordnungen, die seine Bildung und Höherentwicklung prägen: Theologie, Jurisprudenz, Medizin, Militär und Politik.

Damit wird aber gezeigt, was eine soziale Physiognomik – Lichtenberg nennt sie „Pathognomik" – zu gewähren vermag und wo sie ihre Grenzen hat: Nicht die Erkenntnis der Eigentümlichkeit des Individuums durch Rückschluß vom Äußeren auf das Innere kann ihr gelingen, sondern bloß eine durch Konvention gepägte „Semiotik der Affekten" (III, 264), die aus künstlerischen Darstellungen vielleicht besser zu rekonstruieren und leichter abzuleiten ist als aus unmittelbaren Beobachtungen der Lebenswelt. Werke großer Dichter, wie die Dramen Shakespeares, oder bedeutender Zeichner, wie die Stiche Hogarths, scheinen Lichtenbergs Zwecken zuverlässiger zu dienen als die realen Phänomene, die sich der Entschlüsselung eher verweigern; künstlerisch vorgeformte Konstellationen eröffnen ihm dagegen die Möglichkeit einer Art „psychologischen Schachspiels" (III, 269), in dem die „Anlagen" des Menschen wie in einer Experiment-Anordnung „ausgerechnet" und sichtbar gemacht werden können. Intuition des großen Künstlers ist die Quelle, aus der die Erkenntnis des Physiognomen gespeist wird.

Und noch ein zweites vermag eine solche soziale Physiognomik nicht zu leisten: Es wird dem Menschen immer verwehrt bleiben, aus ihr eine durchweg gültige Leseanleitung von Gesichts- und Körperbildungen abzuleiten, es ist allenfalls möglich, durch sie den Kontext einer bestimmten sozialen Situation wahrnehmbar zu machen. Denn:

> Es gibt keine Physiognomik von einem Volk zum andern, von einem Stamm zum andern und von einem Jahrhundert zum andern (III, 279).

Was entzifferbar ist, sind soziale Zeichen, als Rhetorik einer bestimmten historischen Welt gelesen. Informationen, die die Regeln dieser Lesekunst leiten können, werden aus zeitgenössischen Diskursen entnommen; Lichtenbergs genaues Studium der englischen Hogarth-Kommentare, die eine Vielzahl von kulturellem Wissen enthalten, ist bezeugt. Sie waren ihm wichtigstes Organon sozialen Verstehens.

II

Der ‚Punschgesellschaft', wie Lichtenberg sie in seinem Text beschreibt, soll nun ein ganz anders gearteter Text gegenübergestellt werden. Er hat nicht mehr ein Bild zum Gegenstand, sondern die Bildlosigkeit der Seele, welche diejenige des Schreibenden selbst ist. Sein Thema ist das Glück eines Augenblicks und der Versuch, diesen zu beschreiben. Es handelt sich um den verkappt autobiographischen Text ‚Amintors Morgen-Andacht' (III, 76–79).

Dieser gibt nicht, wie die ‚Punschgesellschaft', eine Sozialdiagnose; er stellt vielmehr den Versuch Lichtenbergs dar, einer strengen Selbstanalyse eine sozial akzeptable Sprachform zu verleihen. Es ist das eigentliche schriftstellerische Problem Lichtenbergs, das hier in Frage steht und an dem er mit seinen Schreibversuchen in den ‚Sudelbüchern' letztlich auch gescheitert ist: das Neue seiner Selbsterfahrung, das ihn von vielleicht allen seinen Zeitgenossen unterscheidet, kulturell akzeptabel zu machen.

Auch in ‚Amintors Morgen-Andacht' macht Lichtenberg die Erkenntnissituation des Aufklärers zum Ausgangspunkt: Genau wie in der ‚Punschgesellschaft' geht er von der Konfrontation des Menschen – in seiner Doppelbestimmung als Geist und als Körper, als ‚vernünftige' und als ‚tierische Natur' – mit der Sonne aus, die als höchstes Kennbild der Aufklärung Vernunft und Licht, Kulturzeichen und Naturzeichen in sich vereinigt. Mit dem Titel des Aufsatzes sucht Lichtenberg die hier vorgenommene Selbstanalyse in einen kulturhistorischen Rahmen zu stellen, und zwar, indem er diesen durch die zwei Quellbereiche abendländischer Kultur bestimmt. Athen und Jerusalem, die beiden Bildungswelten europäischer Geschichte, als das Ineinanderspiel von heidnischer Antike und Christentum; der griechische Name ‚Amintor' wird mit dem pietistischen Selbsterforschungsritual, der ‚Morgen-Andacht', zu einem einzigen Vorstellungszusammenhang verschmolzen.[5] Der Schlüsselsatz des Textes, aus dem die ganze assoziative Kraft des kleinen Aufsatzes dann entbunden wird, ist ohne Zweifel die

---

[5] Vgl. hierzu Franz H. Mautner, Lichtenberg. Geschichte seines Geistes. Berlin 1968, S. 386–398. Zum Topos ‚Athen und Jerusalem' (aber auch ‚Rom und Griechenland') – der bei Lichtenberg mehrfach erscheint – vgl. Joachim Dyck, Athen und Jerusalem. Die Tradition der argumentativen Verknüpfung von Bibel und Poesie im 17. und 18. Jahrhundert. München 1977.

Anspielung auf den Sonnenaufgang, jene Vorstellung, die auch der ‚Punschgesellschaft' in satirischer Absicht unterlegt ist:

> Wie würde dir der morgende Tag anbrechen wenn ihn diese reine Spiegelhelle deines Wesens nicht mehr in dein Inneres zurück würfe? Es wäre besser er erschiene nie wieder, oder wenigstens für dich Unglücklichen nicht mehr (III, 76).

Was Lichtenberg mit diesen Vorstellungen anzudeuten sucht, ist die Konstruktion einer magischen Physiognomik: des Kosmos mit der aufgehenden Sonne auf der einen Seite, des Inneren der Seele, des nur dem Ich vertrauten Seelenkerns, auf der andern Seite – und zwischen beiden, Kosmos und Seele, als einander zugeordneten Analoga, vermittelnd, die „Spiegelhelle des Wesens", die deren Wechselstruktur und ursprüngliche Einheit offenbart. Die Archäologie der Seele, die Entzifferung ihrer innersten Schrift, wird zur Erfahrung des Kosmos, als dem Buch Gottes und der Natur, in Bezug gesetzt: Welt und Ich, gleichsam einer Doppellektüre unterworfen, die im Medium des eigenen Körpers, der als Spiegel fungiert, erfahren wird. Lichtenberg verknüpft damit die alte Idee einer ‚analogia universalis', wie sie Gian Battista della Porta entworfen hatte, mit der neuen Idee der Selbsterforschung der Seele, wie sie in pietistischen Kreisen entwickelt worden war.[6]

Entscheidend für den hier gegebenen Zusammenhang ist, daß Lichtenberg diese Vorstellungen einer doppelten Lektüre der Natur, der unbewußten des Kosmos und der bewußten der Seele, durch den mit sich selbst affizierten Körper des Subjekts vermittelt, also letztlich an die Eigentümlichkeit und Unveräußerlichkeit der Ich-Erfahrung zurückbindet. Dieses Verfahren hat Lichtenberg selbst auch wiederholt zu beschreiben gesucht, so etwa in seinem Aufsatz ‚Über Physiognomik', wo es heißt:

> So steht unser Körper zwischen Seele und der übrigen Welt in der Mitte, Spiegel der Wirkungen von beiden [. . .] ist er nicht ein gemeinschaftliches Glied sich in ihm durchkreuzender Reihen, deren jeder Gesetz er befolgen, und deren jeder er Gnüge leisten muß? (III, 266).

Der so verstandene Körper kann aber nur *sich selbst* erfahren, nur *sich selbst* allein authentisch ‚lesen': Eben daraus resultiert das Dilemma einer jeden Physiognomik als Wissenschaft. Sie wird aus den sie bestim-

[6] Lichtenberg steht hier im Spannungsfeld zwischen Lavaters noch auf della Porta zurückgreifender starrer Physiognomik und der auf pietistischem Hintergrund neu sich abzeichnenden Seelenkunde eines Carl Philipp Moritz und Goethe.

Abb. 1: WILLIAM HOGARTH, ‚A MIDNIGHT MODERN CONVERSATION‘

Abb. 2: DANIEL CHODOWIECKI, MONATSKUPFER ZUM GÖTTINGER TASCHEN-CALENDER: ‚NATÜRLICHE UND AFFECTIRTE HANDLUNGEN DES LEBENS‘ (2. Folge, Nr. 3 u. 4)

menden Widersprüchen nie zu lösen sein. Auf der einen Seite nämlich gilt:

> Niemand wird leugnen, daß in einer Welt, in welcher sich alles durch Ursache und Wirkung verwandt ist, und wo nichts durch Wunderwerke geschieht, jeder Teil ein Spiegel des Ganzen ist. [. . .] An dieser absoluten Lesbarkeit von allem in allem zweifelt niemand (III, 264 f.).

Dieser unbezweifelten Einsicht muß aber eine andere, ebenso unbezweifelte, entgegengesetzt werden. Denn die Spuren, die gelesen werden können, sind zu komplex, als daß sie eindeutig entzifferbar wären:

> Auf dem Gesicht, von dem wir hier hauptsächlich reden wollen, werden Zeichen und Spuren unserer Gedanken, Neigungen und Fähigkeiten anzutreffen sein. [. . .] Wenn das Innere auf dem Äußern abgedruckt ist, steht es deswegen für unsere Augen da? und können nicht Spuren von Wirkungen, die wir nicht suchen, die bedecken und verwirren die wir suchen? So wird nichtverstandene Ordnung endlich Unordnung, Wirkung nicht zu erkennender Ursachen Zufall, und wo zu viel zu sehen ist, sehen wir nichts (III, 264).

Aus diesen einander widersprechenden und doch zusammengehörigen Einsichten ergibt sich, daß nur das eigene Ich ganz allein zum authentischen Erkenntnisobjekt der Physiognomik werden kann. Nur eine solche Physiognomik eröffnet die Möglichkeit, aus der Wahrnehmung der eigenen Körperlichkeit auf die Seele einerseits, auf die kosmische Natur andererseits zu schließen und in ihrer Analogie das Weltgesetz zu erfahren, das seinerseits nun in doppelter Weise wahrnehmbar wird: als Offenbarung, wie sie die Bibel überliefert, als durch Vernunft hervorgebrachte Gesetzlichkeit, wie sie die Naturwissenschaft sich zu erarbeiten sucht. So vermögen Bibel und Naturwissenschaft in der Erfahrung des Selbst zu konvergieren. Sie erscheinen als zwei Aggregatzustände ein und desselben Weltzusammenhangs. Zentral bleibt dabei freilich die Einschränkung, daß solche Erfahrung ausschließlich aus dem Medium der eigenen Körperlichkeit zu gewinnen ist, daß sie dem Körper eines andern erkennenden Ich nicht abgelesen werden kann. So zielt denn ‚Amintors Morgen-Andacht' auf das eigentliche Paradox von Lichtenbergs Physiognomik: die Unbezweifeltheit der Analogie alles Seienden auf der einen Seite, die gleichzeitige Unbezweifeltheit der Unveräußerlichkeit des eigentümlichen Subjekts auf der andern Seite. Die Lesbarkeit des eigenen Körpers allein vermittelt dem Erkennenden die Erfahrung der Situation des Menschen in der Natur, als Physiognomik des Kosmos und der Seele zugleich.

Dieser Vorgang selbst hat mehrere Komponenten; sie beleuchten das Problem von verschiedenen Seiten. Sein wichtigstes Merkmal ist wohl der Zusammenhang mit der Urszene der Aufklärung, wie sie auch Lichtenberg selbst und sein Zeichner Chodowiecki in den gemeinsam gestalteten ‚Handlungen des Lebens' emblematisch vergegenwärtigt haben[7]: als Sonnenaufgang in der Natur und als Reaktion des Menschen auf diesen (siehe Abb. 2, vor S. 81).

Diese Szene hat Lichtenberg immer wieder beschäftigt, sie erscheint in seinem Werk unter den verschiedensten Beleuchtungen. So wird zunächt aus ihr ableitbar, was man Naturempfindung nennen könnte, das Wohlgefühl des Körpers, aus dem auch der Text ‚Amintors Morgen-Andacht' geboren ist, die unvermittelte Erfahrung ursprünglichen Glücks, wie sie das zur Entstehungszeit des Aufsatzes im Tagebuch vermerkte Gefühl der Gesundheit vermittelt.[8] Ein zweiter Aspekt dieser Urszene ist freilich ein ganz anderer: In ihr bildet sich die Dialektik jener Erfahrung ab, die seit der ‚kopernikanischen Wende' das Daseinsgefühl des Menschen prägt, der Einsicht nämlich, daß gerade das Unsichtbare als das ‚Wirkliche' zu bestimmen ist, daß es nicht die Sonne ist, die aufgeht, sondern die Erde, die sich um den Fixpunkt Sonne bewegt und damit dieses Schauspiel bewirkt: „Bei den Sonnen-

[7] Georg Christoph Lichtenberg, Handlungen des Lebens. Erklärungen zu 72 Monatskupfern von Daniel Chodowiecki. Vorwort von Carl Brinitzer. Stuttgart 1971, S. 50.
Die Vorstellung des Sonnenaufgangs als eines auratischen Augenblicks der Welt- und Selbsterkenntnis findet sich wiederholt bei Rousseau, so exemplarisch in seinem ‚Émile': „Une belle soirée on va se promener dans un lieu favorable où l'horizon bien découvert laisse voir à plain le soleil couchant, et l'on observe les objets qui rendent reconnoissable le lieu de son coucher. Le lendemain pour respirer le frais on retourne au même lieu avant que le soleil se léve. On le voit s'annoncer de loin par les traits de feu qu'il lance au devant de lui. L'incendie augmente, l'orient paroit tout en flames: à leur éclat on attend l'astre longtems avant qu'il se montre; à chaque instant on croit le voir paroitre, on le voit enfin. Un point brillant part comme un éclair et remplit aussi-tôt tout l'espace: le voile des ténebres s'efface et tombe. L'homme reconnoit son séjour et le trouve embelli. La verdure a pris durant la nuit une vigueur nouvelle; le jour naissant qui l'éclaire, les prémiers rayons qui la dorent la montrent couverte d'un brillant rézeau de rosée, qui réfléchit à l'œil la lumiére et les couleurs. Les oiseaux en chœur se réunissent et saluent de concert le pére de la vie; en ce moment pas un seul ne se tait. Leur gazouillement foible encore est plus lent et plus doux que dans le reste de la journée, il se sent de la langueur d'un paisible réveil. Le concours de tous ces objets porte aux sens une impression de fraicheur qui semble pénétrer jusqu'à l'ame. Il y a là une demie heure d'enchantement auquel nul homme ne resiste: un spectacle si grand, si beau, si délicieux n'en laisse aucun de sang-froid" (Oeuvres Complètes, Bd. IV. Hg. von John S. Spink. Paris 1969 (Bibliothèque de la Pléiade), S. 430 f. Für diesen Hinweis danke ich Manfred Engel).

[8] Vgl. Mautner, a.a.O., S. 386 f.

uhren steht der Schatten still und die Uhren drehen sich“ (II, 1572).[9] Ein dritter Aspekt dieser Urszene der Geburt des Lichts für den Menschen ist die naturwissenschaftliche Bestimmung dieses Phänomens; Lichtenberg nimmt in seinem Text auf die konkurrierenden physikalischen Erklärungen der zeitgenössischen Wissenschaft Bezug, indem er auf die Wellentheorie von Huyghens-Euler einerseits, auf die Korpusculartheorie Newtons und Kants andererseits verweist.[10] Ein vierter Gesichtspunkt sodann ist derjenige, der auch in der ‚Punschgesellschaft‘ eine wesentliche Rolle spielt: die Auffassung des Lichts der Sonne nämlich als Zeit-Messer, als jenes natürliche Medium, von dem aus die Organisierung und Segmentierung der beleuchteten Welt erfolgt. Und eine fünfte Ansicht des Zusammenhangs schließlich ist gewissermaßen emblematischer Natur: Die Sonne erscheint als Erkenntnissymbol, als jenes Zeichen, in dessen Namen die Aufklärung ihren historischen Weg begonnen hat, die Gleichsetzung des Lichts mit der fortschreitenden Erkenntnis des Menschen.

Nimmt man alle diese Aspekte zusammen, so erscheint der Mensch im Licht der Sonne der Aufklärung als Grenzwesen in einer bestimmten Erkenntnissituation: als Körper in der Mitte zwischen Dunkel und Helle, im Bild und in der Existenzerfahrung des zu sich selbst und zur Welt Erwachenden. Die ‚Sonne‘ evoziert das Vorstellungsfeld von Aufklärung, von Rationalität und Wachsein; die ihr entgegengesetzte ‚Nacht‘ den Bereich des Aberglaubens, aber auch der Phantasie und des Traums.

Aus dieser Urszene, die in sich den Konflikt zwischen Gefühl und Wissen enthält und keineswegs eindeutig oder einseitig im Wertgefüge des Lichtenbergschen Denkens steht, werden nun im Text selbst drei Kernthemen entwickelt. Als erstes erscheint die Bestimmung des Selbstverstehens, als einer Selbstlektüre des Körpers, vom Tode her, der Wahrnehmung der Zeitlichkeit, wie sie jedem menschlichen Wesen eigen ist; Lichtenberg spricht von der „unzerstörbaren Beruhigung über die Zukunft“ und dem „überwältigenden Trost in Todesgefahr“ (III, 77), die aus dieser Erfahrung der Selbstgeburt des Menschen im Licht der aufgehenden Sonne abgeleitet werden können.[11]

---

[9] Vgl. hierzu Hans Blumenberg, Die kopernikanische Wende. Frankfurt/M. 1965 (edition suhrkamp 138); ders., Die Genesis der kopernikanischen Welt. Frankfurt/M. 1975.

[10] Mautner, a.a.O., S. 394.

[11] Zu dem Paradigmenwechsel, der sich als Übergang von der Selbstbestimmung des Menschen vom Tod her zur Frage nach dem Ich, die an die Sexualität gestellt wird, im

Ein zweites tritt dann hinzu: die aus dem gliedernden Licht der Sonne entbundene Lesbarkeit von Zeichen nämlich, die in einer doppelten Weise sich ermöglicht; als Lektüre des eigenen Körpers auf der einen, als Lektüre der Natur auf der andern Seite. Der Körper findet sich mitten zwischen beidem, als „gemeinschaftliches Glied sich in ihm überkreuzender Reihen". Es ist ein Modell, das Lichtenberg aus d'Alemberts ‚Discours préliminaire' der französischen Enzyklopädie bezogen hat. Ein Schlüsselzitat aus den ‚Sudelbüchern' hält diese Erfahrung, das Modell des französischen Enzyklopädisten und dessen Weiterentwicklung im Denken Lichtenbergs, beispielhaft fest:

> So bald wir mit unsern mikroskopischen so wohl als andern Beobachtungen überhaupt, auf besondere Regelmäßigkeiten kommen, so können wir sicherer glauben, daß wir uns einem gewissen Ende nähern, als so lange uns noch Dinge verwirrt erscheinen. So bald vermöge der Einrichtung eines Werks kein Grund mehr da ist, warum dieser Teil anders soll beschaffen sein, als der andre so müssen sie einerlei aussehen, die sechseckigte Gestalt der Bienen-Zellen ist wohl das letzte was wir bei ihnen als Bienen-Häuser wahrzunehmen haben, sollten wir noch weiter im Wachs eine Regelmäßigkeit entdecken, so wäre sie vermutlich den Bienen selbst gleichgültig (II, 26; A 224).

Dieser Text zielt ins Zentrum von Lichtenbergs physiognomischer Welterfahrung; sie gestaltet sich als Ordnungserfahrung, die eben dort entsteht, wo Natur und Kultur ineinander übertreten, als Struktur-Wahrnehmung, in der sich Selbsterfahrung des Menschen in ihrer doppelten Bestimmung durch Kosmos und Seele vollzieht, der Mensch als jenes lebendige Wesen verstanden, das zugleich Ordnungen wahrnimmt und Ordnungen produziert. ‚Wirklichkeit' erscheint als eine unendliche vertikale ‚Reihe', auf der jener Punkt zu finden ist, wo Zeichenerfahrung des Menschen und Zeichenerzeugung durch den Menschen zusammenstoßen, sich als homolog erweisen; Erkenntnis oberhalb wie unterhalb dieses Punktes erscheint sinnlos und gegenstandslos zugleich. Das Faszinierende an diesem Modell bleibt, daß es für Tiere wie für Menschen, für die natürliche wie für die kulturelle Erfahrung Gültigkeit behält. Lichtenberg drückt dies so aus:

---

18. Jahrhundert vollzieht, vgl. Michel Foucault, Histoire de la sexualité 1. La volonté de savoir. Paris 1976. Lichtenberg partizipiert an dem neuen Paradigma nicht; eine Untersuchung des Stellenwerts des Erotischen im Argumentationszusammenhang seines Werks steht freilich – sieht man von den anregenden Beobachtungen Herbert Schöfflers in seinem Buch: Lichtenberg. Studien zu seinem Wesen und Geist. Hg. von Götz von Selle. Göttingen 1956 (Kleine Vandenhoeck-Reihe 26), S. 3–43, ab – noch aus.

Für den Geist des Menschen ist nicht minder gesorgt, als für den Leib der Tiere; was hier Trieb und Kunsttrieb heißt, ist dort gesunder Menschenverstand (II, 197; H 142).

Dies besagt aber nichts anderes, als daß Vernunft und Instinkt, als Ordnungserfahrungen, auf demselben Stamm der Natur wachsen; daß das Zeichensystem des Menschen und das Signalsystem der Tiere auf der gleichen Grundtatsache eines ‚natürlichen Codes' beruhen, der in der ‚Physiognomik' des eigenen Körpers lesbar werden kann, seiner Situierung zwischen Seele und Kosmos, zwischen Instinkt und Umwelt.

Die Ordnungserfahrung, die der Mensch durch seine Naturforschung macht, ist zugleich der Garant seiner Identität, seiner Aufgehobenheit in der Natur, mithin aber auch seiner eigenen ‚Lesbarkeit'; und zwar deshalb, weil er selbst zugleich Natur *ist* und Natur *erkennt.* Solche ‚Lesbarkeit' kann freilich nur als Lesbarkeit seiner selbst verstanden werden, wie jene Formel aus Lichtenbergs ‚Sudelbüchern' besagt: „Ich verstehe mich" – manchmal bloß mit dem griechischen Index $\pi\mu$ bezeichnet.[12]

Eben diesen Grundgedanken menschlicher Erkenntnis und ihrer physiognomischen Situierung im Spannungsfeld von Seele und Natur entwickelt ‚Amintors Morgen-Andacht', und zwar geschieht dies so, daß Lichtenberg die Homologie dreier Diskurse postuliert, die allererst die Erkenntnis des Menschen (als Erkenntnis der Natur *im* Erkennen seiner selbst) ermöglichen: die Bibel auf der einen Seite, die durch Offenbarung bestimmt ist, die Naturgeschichte auf der andern Seite, die den Gesetzen der Vernunft folgt, und jenes Dritte – in diese beiden eingebettet –: die Geschichte des Ich, das sich selbst liest, in einem fortgesetzten und nie abschließbaren Prozeß einer Auto-Physiognomik.

Aber noch ein drittes Thema wird in Lichtenbergs Aufsatz aus dem aufklärerischen Emblem des Sonnenaufgangs entwickelt: Es ist die Frage, ob es eine ‚Sprache der Individualität' geben kann, die diese Selbstlektüre eines Ich, seine Auto-Physiognomik, an die andern Subjekte, die mit ihm leben, vermittelt, das Eigentümliche des Individuums der Sprache der Allgemeinheit zugänglich macht. Es ist bemerkenswert, daß ‚Amintors Morgen-Andacht' der einzige Versuch im zu Lebzeiten veröffentlichten Werk Lichtenbergs ist, intimste Erfahrungen

---

[12] Chiffre für „Pellucidus (oder perlucidus) Mons", die lateinische Übersetzung von Lichten-Berg. Vgl. Franz H. Mautner, Lichtenbergs „PM". In: DuV 37 (1936) S. 515–516.

seiner selbst ‚soziabel' zu machen; freilich beinahe dadurch wieder unkenntlich gemacht, daß dies im Zeichen der ‚Pseudonymierung' geschieht, im Versteck- und Offenbarungsspiel mit der ‚Autorschaft', wie es sich in der Anmerkung Lichtenbergs zu seinem Aufsatz dokumentiert:

> Gegenwärtiger Aufsatz, der dem Herausgeber von einem Ungenannten zugekommen ist, kann vielleicht als eine Einleitung zum folgenden und einigen andern physikalischen Artikeln in diesem Kalender angesehen werden. Man kann ihn auch allein gebrauchen, oder gar keinen Gebrauch davon machen, oder auch mit ihm machen was man will, nur deute man ihn nicht wider den Verfasser oder den Herausgeber, weil man alsdann gewiß etwas sehr Unbilliges tun würde (III, 76).

Alle andern Versuche Lichtenbergs, Subjektivität sprachlich zu verzeichnen, sind unveröffentlicht geblieben; sie liegen in den ‚Sudelbüchern' verborgen, für die er keine ihn selbst überzeugende Form der sozialen Vermittlung gefunden hatte. Zwar schien sich in seinem weiteren Umfeld, namentlich bei dem jungen Goethe und den ihm nahestehenden Stürmern und Drängern, ein analoges Bedürfnis abzuzeichnen, Intimität an soziale Instanzen zu vermitteln, aber Lichtenberg selbst mochte jene Formen, die sich in der ‚modernen' zeitgenössischen Literatur abzeichneten, nicht für sich in Anspruch nehmen: Eine vehemente Ablehnung der Empfindsamkeit wie des Sturm und Drang, frömmelnder wie kraftgenialischer Formen der Intimitätsvermittlung, ist zeitlebens seine Reaktion auf diese neu sich abzeichnenden Formen der Selbstdarstellung gewesen.

So wird denn deutlich, daß ‚Amintors Morgen-Andacht' ein Rahmenmodell für seine Auto-Physiognomik abgibt, wie Lichtenberg sie verstand, für die Begründung der Identität des Menschen in der Lektüre seines eigenen Körpers als des eigentlichen Organons von Naturerfahrung. Als Instrument einer Erkenntnis des *anderen* Subjekts allerdings, jener Fertigkeit, „aus der Form und Beschaffenheit der äußeren Teile des menschlichen Körpers [. . .] die Beschaffenheit des Geistes und Herzens zu finden" (III, 264), war dieses Organon nicht zu gebrauchen. Das hat kein anderer so klar erkannt wie Lichtenberg selbst.

III

Was hilft aller Sonnenaufgang,
wenn wir nicht aufstehen.
Lichtenberg

Wollte man versuchen, aus dem Vergleich der beiden Texte, der ‚Punschgesellschaft' und des ‚Amintor', einige Schlüsse zu ziehen, so ließe sich folgendes sagen:
1. Lichtenberg entwirft zwei entgegengesetzte Modelle physiognomischer Analyse des Menschen als der Frage nach der Lesbarkeit von Körperzeichen und Körpererfahrungen im Hinblick auf die Wahrheit der Seele. Beide Versuche gehen von der Urszene der Aufklärung aus, dem ‚Sonnenaufgang' und seiner Erfahrung durch den Menschen; sie sind also sozialgeschichtlich situiert.[13]
2. Es sind zwei verschiedene Möglichkeiten der Deutung von Körperzeichen, die in den beiden betrachteten Texten sichtbar werden. Zunächst in der ‚Punschgesellschaft': In ihr zeigt sich der Versuch einer Rekonstruktion von sozialen ‚Typen' durch Lesbarmachen gesellschaftlicher Zeichen; hilfreich ist dabei vor allem das Argumentenrepertoire der europäischen Moralistik, jenes kulturelle Wissen über den Menschen also, das in Dichtung und bildender Kunst, bei Shakespeare oder Hogarth etwa, niedergelegt ist und das bei der Entzifferung solcher sozialen Zeichen eine wesentliche Rolle spielt. Lichtenberg hat sich dieses Reservoirs gerade im Hinblick auf seine Hogarth-Erklärungen immer wieder und mit großem hermeneutischen Geschick bedient.

Auf der andern Seite ‚Amintors Morgen-Andacht': Hier ist es Lichtenbergs Bestreben, die Kenntnis des *einen, unverwechselbaren* Ich durch Lektüre des eigenen Körpers und seiner Einbettung in den Kosmos zu erlangen; ein Verfahren, das sich als Organon der Selbstbeobachtung und Selbsterfahrung versteht und zu einem Wissen führt, das schwer oder gar nicht vermittelbar ist, weil sich jene Sprachformen noch nicht ausgebildet haben, mit deren Hilfe Lichtenberg eine Lektüre der Seele an die Öffentlichkeit zu bringen wünschte. Dieses ganz und ausschließlich auf den eigenen Körper gerichtete Verfahren ist nicht zur physiognomischen Entzifferung anderer Subjekte geeignet.[14]

---

[13] Eine analoge Selbstgeburtsphantasie im Hinblick auf Rousseau und Kleist entwickelt Anthony Stephens in seinem Beitrag zum vorliegenden Band, S. 195–214.

[14] Lichtenberg setzt sich hier in Gegensatz zu der pietistischen Idee von der sozialen Vermittelbarkeit der Selbsterfahrung, wie sie Goethe in den ‚Bekenntnissen einer schönen

3. Blickt man von hier aus auf das ganze Werk Lichtenbergs, auf seine lebenslange Auseinandersetzung mit der Physiognomik[15], so ergibt sich eine differenzierte, in manchem gebrochene und in sich kontroverse Sachlage. Zunächst eröffnet sich ein weites Feld, das durch zwei extreme Pole der Argumentation begrenzt wird: Auf der einen Seite der Grundsatz ‚individuum est ineffabile', der besagt, daß es zwar allenfalls die Möglichkeit der Selbstbeobachtung gibt, daß der Blick in das Herz der anderen aber verwehrt bleibt; auf der andern Seite aber die Grunderfahrung des Menschen als Sozialwesen, das, als ein ‚animal significans', lesbar bleibt, da der Prozeß seiner Zeichenproduktion und Zeichenrezeption beobachtbar ist, ein ‚Typus', der sich im Kontext einer bestimmten Kultur auch beschreiben läßt.

Diese beiden einander ausschließenden Extreme in der Argumentation Lichtenbergs kann man als ein Symptom für eine in der Geschichte des bürgerlichen Subjekts bedeutsame Krise auffassen, für das geschärfte Bewußtsein von der Differenz zwischen Intimität und Öffentlichkeit und das damit verbundene Gefühl ihrer Unvermittelbarkeit[16], wie es in der Goethezeit sich ausprägte und in das 20. Jahrhundert hineinwirkte.[17] Innerhalb dieses Spannungsfeldes lassen sich ver-

Seele', aber auch in seinen Erwägungen zur Figur des Harfners (‚Lehrjahre' II, 13) entwickelt: „Wer eine Versammlung frommer Menschen, die sich, abgesondert von der Kirche, reiner, herzlicher und geistreicher zu erbauen glauben, beigewohnt hat, wird sich auch einen Begriff von der gegenwärtigen Szene machen können; er wird sich erinnern, wie der Liturg seinen Worten den Vers eines Gesanges anzupassen weiß, der die Seele dahin erhebt, wohin der Redner wünscht, daß sie ihren Flug nehmen möge, wie bald darauf ein anderer aus der Gemeinde in einer andern Melodie den Vers eines andern Liedes hinzufügt und an diesen wieder ein dritter einen dritten anknüpft, wodurch die verwandten Ideen der Lieder, aus denen sie entlehnt sind, zwar erregt werden, jede Stelle aber durch die neue Verbindung neu und individuell wird, als wenn sie in dem Augenblicke erfunden worden wäre; wodurch denn aus einem bekannten Kreise von Ideen, aus bekannten Liedern und Sprüchen für diese besondere Gesellschaft, für diesen Augenblick ein eigenes Ganzes entsteht, durch dessen Genuß sie belebt, gestärkt und erquickt wird". Goethes poetische Werke. Vollständige Ausgabe. Siebenter Band. Erzählende Dichtungen. Zweiter Teil. Stuttgart o.J. (Cotta), S. 159. Zum weiteren Umkreis: Adam Bernd, Eigene Lebens-Beschreibung. Mit einem Nachwort hg. von Volker Hoffmann. München 1973.

15 Zu Beginn von Lichtenbergs Aufsatz ‚Über Physiognomik' heißt es: „Von meiner ersten Jugend an waren Gesichter und ihre Deutung eine meiner Lieblings-Beschäftigungen" (III, 260).

16 „Das übrige, was ich noch zu sagen habe, betrifft einen Gegenstand, von welchem ich mich, so angenehm er mir auch zwischen meinen vier Wänden sein mag, nicht gern öffentlich unterhalte: *Mich selbst*" (III, 260).

17 Jürgen Habermas, Strukturwandel der Öffenlichkeit. Untersuchungen zu einer Kategorie der bürgerlichen Gesellschaft. Neuwied/Berlin 1974 (Sammlung Luchterhand Bd. 25).

schiedene Positionen der Einschätzung von Physiognomik ausmachen, zwischen denen Lichtenberg zu schwanken schien.

Zum einen wird Physiognomik als Selbst-Analyse denkbar, als Lektüre des eigenen Körpers, aus der sich objektive Erkenntnisse über die Lebenssituation des Menschen, als eines Natur- und Kulturwesens zugleich, ableiten lassen; hier sind die Einflüsse namentlich der romanischen Moralistik, aber auch des Pietismus, der auf Lichtenberg einwirkte, nicht zu unterschätzen.

Ferner wird aber zunehmend deutlich, daß Physiognomik als *Wissenschaft* nicht legitimierbar erscheint; in diesem Argumentationszusammenhang ist der Streit Lichtenbergs mit Lavater wichtig, der Einspruch Lichtenbergs gegen Lavaters Vereinfachungen, die den Komplikationen moderner Beobachtungsstrenge nicht standhalten: jenen Überlagerungen allzu komplizierter Zeichenfelder, die sich gerade durch ihre Komplexität der definitiven Entzifferung verweigern (III, 365).

Sodann aber ein Drittes: Wenn auch Physiognomik als Wissenschaft im strengen Sinne nicht denkbar ist, so muß sie doch als Verhalten des Menschen in der Lebenswelt zugestanden werden, als Alltagspraxis, der sich kein Lebender entzieht. Das heißt aber, daß sie zwar nicht im eigentlichen Sinne lehrbar, aber doch praktizierbar und sogar notwendig erscheint, auch wenn sie fortgesetzten Irrtümern unterworfen ist: „Wir urteilen stündlich aus dem Gesicht, und irren stündlich" (III, 283).

Des weiteren, und auch hierüber ist sich Lichtenberg im klaren, gibt es Ansätze zu einer Pathognomik, die er selbst als eine „Semiotik der Affekten" definiert, als die „Kenntnis der natürlichen Zeichen der Gemütsbewegungen", wie sie im Feld der Gesellschaft sich aufdrängen (III, 264). Eine so verstandene Pathognomik ist die Deutung von „Zeichen vorübergehender Handlungen" (III, 278), sie stellt sich auf die Erfahrung von Gebärden und Mienenspiel ein, vor allem aber wendet sie sich der im eigentlichen und differenziertesten Sinne verstandenen fortgesetzten Zeichenproduktion des Menschen zu, wie sie sich namentlich in seinem Sprachverhalten niederschlägt. So erwägt denn auch Lichtenberg eine physiognomische Lesekunst aus der *Sprache* des Menschen: *Diese* könnte als eigentliches Körperzeichen verstanden werden und eine genuine Erkenntnis nicht nur des eigenen Selbst, sondern auch des anderen Menschen sichern. Der Vorteil eines solchen Verfahrens wäre, daß Organ und Objekt der Analyse aus demselben

Zeichenfeld und demselben Zeichenrepertoire, nämlich der menschlichen Sprache, schöpfen, daß Sprache sich durch Sprache begreift und damit der Widerstand, den der Körper mit seinen stummen Zeichen der Sprache entgegensetzt, nicht mehr ins Gewicht fällt. So heißt es denn auch einmal bei Lichtenberg:

> Wörter aus der Sprache eines Volks sind mir mehr wert als 100 ihrer Sprachorganen in Weingeist (III, 288).

Als *System* zu entwickeln ist freilich auch diese Entzifferungskunst der „Pathognomik" vorerst noch nicht. Dennoch scheint es, als habe Lichtenberg auf sie die größten Hoffnungen gesetzt.[18]

Und ein letztes schließlich: Es gibt – und dem galt Lichtenbergs Hauptinteresse in den letzten Jahren seines Lebens – eine mögliche ‚Lektüre' der Gesellschaft und ihrer Typen im Hinblick auf schon gestellte Experimentanordnungen, wie sie die bildende Kunst, etwa die Stiche Hogarths, darstellen. Dieser Lesekunst von Körpern und ihrer Bewegungen im Raum der Gesellschaft hat sich Lichtenberg schließlich zugewandt, der Einübung in deren Praxis diente sein eigentliches veröffentlichtes Oeuvre, sein Lebens- und Hauptwerk, das riesige Konvolut von Erklärungen zu den Stichen Hogarths und Chodowieckis, viele Hunderte von Seiten umfassend.

IV

Nimmt man die hier angestellten Überlegungen ernst, so besteht wohl kein Zweifel, daß Lichtenberg in der Geschichte der Selbsterkenntnis des neuzeitlichen Subjekts eine Schlüsselposition besetzt. Er *steht* in einer Tradition und *begründet* in gewissem Sinne auch eine neue. Diese Zusammenhänge möchte ich noch etwas genauer skizzieren.

Es scheint, als sei die Frage nach der Lesbarkeit des Ich Ende des 16. Jahrhunderts in besonderer Weise virulent geworden; im Feld dieser Erörterungen stehen einander zwei Autoren gegenüber, die nie zusammentrafen, in denen sich aber das Kontroverse der Situation

[18] Erst Freud und Breuer werden, über hundert Jahre später, diese Pathognomik der Sprache – als eigentliche Physiognomik des 20. Jahrhunderts – begründen. Deren Studien über: Hysterie. Leipzig und Wien 1895, zitieren das Wort der ersten Patientin Anna O. von der „talking cure", mit deren Hilfe der Wesenskern des Subjekts entziffert und zur Sprache gebracht wird (S. 23).

geradezu dialogisch ausdrückt[19]: Gian Battista della Porta auf der einen Seite, Michel de Montaigne auf der anderen.

Gian Battista della Porta ist der Begründer einer magischen Physiognomik; sie beruht auf einem Gedanken, den della Porta in verschiedenen Werken entwickelt und dessen Grundstruktur in der Annahme einer universellen Spiegelung, einer den Kosmos durchwaltenden allbezüglichen Korrespondenz besteht; die Möglichkeit von Erkenntnis erwächst dann aus eben dieser Einsicht in das Prinzip einer allumfassenden Analogie. Bezeichnend scheint mir, daß della Porta einerseits verschiedene Werke vorgelegt hat, in denen er eine ‚Lesekunst' der Natur entwickelt, so etwa die ‚Phytognomica' (1563), wo eine Strukturanalogie zwischen Mineralien, Pflanzen, Tieren, Menschen und Planeten aufgesucht wird, so ‚De Humana Physiognomonia' (von 1586), ein Werk, in dem es um die Grundform der menschlichen Gestalt und ihre Korrespondenz mit dem Kosmos geht, so schließlich eine ‚Coelestis physiognomoniae libri sex' (von 1601), wo eine menschliche Typenlehre im Konnex siderischer Kräfte entwickelt wird und der Bezug zwischen Sternsystem und menschlichem Organismus zur Sprache kommt; ebenso bezeichnend aber ist es, daß della Porta auf der anderen Seite Werke verfaßt hat, in denen es genau um das Gegenteil solcher Entzifferungskünste geht, nämlich um eine „Verheimlichungskunst".[20] Gerade dieses Gegeneinander von Offenbarungskunst und Verheimlichungskunst als Doppelprinzip physiognomischer Lektüre ist für die Tradition entscheidend; als das Verfahren einer souveränen Beherrschung der Entzifferung jener Zeichen, die, einem universellen Prinzip folgend, zwischen Mensch und Kosmos zirkulieren, und über die der Mensch, entschlüsselnd und verschlüsselnd, Zeichen lesend und Zeichen erzeugend, souverän verfügt.

Das eigentliche Organ der Erkenntnis in dem physiognomischen System della Portas ist das Auge, er sieht in ihm den edelsten Teil des menschlichen Erkenntnisapparats, vertraut sich also bei seinen Leseak-

---

[19] Ich folge hier Anregungen eines demnächst erscheinenden Aufsatzes von Peter van Meeuwen: Moralistik und Physiognomik. In: Tijdschrift voor de studie van de verlichting en van het vrije denken 13 (1985) 2/3, S. 131–157. Van Meeuwen verweist auf J. Baltrušaitis, Imaginäre Realitäten – Fiktion und Illusion als produktive Kraft. Köln 1984; dort Literaturangaben zur antiken und arabischen Physiognomik.

[20] De Occultis literarum notis, seu Artis animi sensa occulte aliis significandi aut ab aliis significata expiscandi enodandique libri IV, Jo. Baptista Porta, [. . .] auctore. Animadversiones viri cujusdam [. . .] ad libros Portae de occultis seu furtivis literarum notis, obiter inter perlegendum annotatae. – *Montisbeligardi, expensis L. Zetz neri,* 1593.

ten ausdrücklich der Führung dieses Organs an. Damit ist es denn auch das *‚Bild'* des Menschen, das dessen Lesbarkeit garantiert, die Wahrnehmung seiner Körpermerkmale und die Bezüglichkeit dieser physiognomischen Momente auf tierische Analoga. Konsequenterweise hat della Porta in seinem Werk eine Typologie solcher Tier-Mensch-Analogien entwickelt, die im Argumentationszusammenhang *seines* Werkes zwar peripher bleiben, für die Zukunft allerdings wichtige Beweiskraft erlangen, so namentlich in ihrem Einfluß auf Engel (1741 – 1802), Lavater (1741 – 1801) und Carus (1789 – 1869).[21]

Gian Battista della Porta trägt seine physiognomische Lehre mit großer Selbstgewißheit vor. Er spricht von der „erhabenen Wissenschaft der Physiognomik, die von den besten Männern überall mit höchstem Eifer und größter Genauigkeit studiert wurde und aufgrund äußerer Körpermerkmale Art, Charakter und Absichten der Menschen bis in den tiefsten Seelenwinkel und letzte Herzfaser aufdeckt", und beruft sich hierbei auf das Argument, daß dies eben dadurch ermöglicht würde, daß „die Natur der Seele den Körper baue [. . .] und im Körper uns das Bild der Seele zeige, durch das ihre Anlage erkannt werden könne".[22] Dieses Vertrauen in den physiognomischen Blick hat für die Wirkungsgeschichte dieser menschenkundlichen Disziplin große Bedeutung erlangt; es hat, auf dem Hintergrund der Idee von der magischen Einheit des Naturkörpers, immer wieder zu Versuchen geführt,

---

[21] Johann Jakob Engel's Schriften. Siebenter Band. Mimik. Erster Theil. Achter Band. Zweiter Theil. Berlin 1804; ‚Ideen zu einer Mimik' (Athenäum Reprints Frankfurt/M. 1971); in diesem Zusammenhang von Interesse sind noch: Engels ‚Briefe über die Thiere und den Menschen' (1775), Carl Gustav Carus, Symbolik der menschlichen Gestalt. Ein Handbuch zur Menschenkenntnis. Darmstadt 1962 (Nachdruck von: Leipzig ^{2}1858).

[22] Gian Battista della Porta, Die Physiognomie des Menschen. Hg. und übers. von W. Rink. Dresden 1930, S. 22 f. Vgl. Lichtenbergs Einspruch gegen diese These: „Die Seele baut aber doch ihren Körper und kann man nicht aus dem Gebäude auf den Baumeister schließen? Dieses unnütze Lieblings-Sätzgen der Physiognomen kann man ohne Anstand zugeben, wenn man sich vorläufig über den Begriff von *bauen* vereinigt, und die kleine Einschränkung macht, daß man, um dieses Urteil richtig zu fällen, auch die ganze Absicht des Gebäudes kennen müsse. Offenbar bauen wir unsere Körper nicht so, wie wir Backöfen bauen, und ohne die Einschränkung könnte ein Grönländer, der etwa ein Gradier-Haus sähe, auch schließen: der diese Wohnung baute, war sicherlich ein Thor, erst läßt er den Wind durch die Wände streichen, und dann sorgt er obendrein dafür, daß es auch bei heiterem Himmel nicht an Regenwetter fehlt. Diesem guten Tropf würde ich antworten: Lerne erst das Land kennen, in welchem dieses Gebäude steht, so wirst du, wenn du je so weit kommst, die Weisheit bewundern müssen womit es aufgeführt ist" (III, 274).

zwischen tierischem und menschlichem Organismus Analogien zu setzen und hieraus eine Idee der Lesekunst der Seele zu entwickeln.

In diesem Argumentationszusammenhang mag dann auch die Tiergeschichte eine – wenn auch apokryphe Bedeutung – gewonnen haben: von Cervantes' ‚Gespräch der Hunde' über die Tiererzählungen E.T.A. Hoffmanns und Gottfried Kellers bis hin zu den Tiergeschichten Kafkas und Günther Eichs, den ‚Charakteren' Elias Canettis.[23]

Als Gegenfigur Gian Battista della Portas kann Montaigne gedacht werden. Der vorletzte seiner Essays (1587) trägt den Titel ‚De la phisionomie' und vertritt eine moralistisch-skeptische Physiognomik, die gerade durch das Mißtrauen in den physiognomischen Blick, der ja im Zentrum der Erörterungen della Portas steht, geprägt ist:

> C'est une foible garantie que la mine; toutesfois elle a quelque consideration [. . .] D'en prognostiquer les avantures futures, ce sont matieres que je laisse indecises.[24]

In der gelegentlich etwas sprunghaften und krausen Argumentation, wie sie sich in diesem Essay Montaignes entwickelt, zeichnet sich eine doppelte, für die Zukunft der Physiognomik folgenreiche Problematik ab.

Auf der einen Seite steht die Lust an der *Selbst*beobachtung, jenes moralistische Vergnügen, das ja dann auch noch das zentrale Anliegen Lichtenbergs sein sollte. So schreibt Montaigne:

> Je m'estudie plus qu'autre subject. C'est ma metaphisique, c'est ma phisique (III, 321).

Und er fügt hinzu:

> Il n'est description pareille en difficulté à la description de soy-mesmes (II, 51).

Auf der andern Seite aber zeigt sich Montaigne auf eigenartige Weise berührt und fasziniert gerade durch die Schönheit *anderer* Wesen, der Tiere einerseits, die ihm viel bedeuten, aber auch der Menschen, die ihn bezaubern. Aus diesem widersprüchlichen Feld scheint es für ihn keinen vernünftig begründbaren Ausweg zu geben: der Lust an der Selbst-

---

[23] Vgl. Günter Eich, ‚Die Maulwürfe'. In: G. E., Gesammelte Werke. Bd. I. Die Gedichte. Die Maulwürfe. Frankfurt/M. 1973, S. 289–396, und das in Theophrasts Tradition stehende Buch von Elias Canetti, Der Ohrenzeuge. Fünfzig Charaktere. München 1974.

[24] Montaigne, Essais. Nouvelle édition conforme au texte de l'exemplaire de Bordeaux, par Maurice Rat. Band I – III. Paris 1958; künftig im Text nach Band und Seitenzahl zitiert.

beobachtung einerseits, dem Mißtrauen in die Lesbarkeit von Körperzeichen andererseits, und der Faszination duch die Schönheit fremder Körper schließlich, die zur Deutung herausfordert und sich doch jedem wirklichen Verstehen verschließt. Denn um dieses Allerfraglichste scheint es denn auch Montaigne im innersten zu gehen: Ob die Schönheit des Körpers, wie er sie so faszinierend erfährt, auch von der Schönheit der Seele zeugt, die in diesem Körper wohnt. (Ein Gedanke, der für della Porta selbstverständliches Postulat ist.)

Zur Beleuchtung dieser ihn beunruhigenden Frage greift Montaigne auf Sokrates zurück, jenen antiken Liebhaber der Schönheit – „luy si amoureux et si affolé de la beauté“ (III, 304) –, der aus dem Selbstwiderspruch von häßlichem Körper und schöner Seele seine Philosophie entwickelte. Montaigne sieht in ihm die Schlüsselfigur für den ihn selbst beschäftigenden Problemzusammenhang, die Frage nach der Naturhaftigkeit von Schönheit und der Lesbarkeit ihrer Zeichen einerseits, der Zerstörung solcher Lesekunst durch die Kultur andererseits; denn einerseits sieht er in Sokrates den „interprète de la simplicité naturelle“, andererseits aber scheint im Laufe kultureller Entwicklungen die Natur ihr schönes und eindeutig lesbares Gesicht verloren zu haben: „nature [. . .] a perdu son propre visage“ (III, 295). Eben dadurch, daß sich eine Vielzahl kultureller Zeichen entwickelt hat, wird das eigentliche Ausdrucksfeld der Natur zerstört, die körperliche Schönheit als Zeichen der Schönheit der Seele nicht mehr lesbar.

Es ist gewiß kein Zufall, daß Montaigne gerade auf Sokrates als Schlüsselfigur in der physiognomischen Argumentation zurückgreift. Denn neben dem Argument des Tiers ist es gerade die Figur des Sokrates, die von Anfang an mit der Frage nach der Lesbarkeit von Körperzeichen verknüpft ist, dem Problem der Kalokagathia – ob denn das Schöne auch das Gute genannt werden könne.

In der Geschichte der Sokrates-Rezeption innerhalb des Zusammenhangs der Physiognomik haben sich denn auch zwei Deutungen dieser Problemfrage überliefert. Auf der einen Seite ist es die Anekdote des Zopyros, der Sokrates – aufgrund von dessen Häßlichkeit – vorgeworfen hatte, er sei „dumm, viehisch, wollüstig und der Trunkenheit ergeben“[25], worauf Sokrates geantwortet haben soll, er habe zwar diese Laster in sich, hätte sie aber durch Übung und Anstrengung unterdrückt.

---

25 Promies, Kommentar zu Band III, verweist auf Lavater, Bd. I, S. 180, und dessen achtes Fragment im Zweiten Band, das ‚Sokrates nach einem alten Marmor von Rubens‘ zeigt (K III, 117).

Eine ganz andere Perspektive auf dieses Problem eröffnet sich durch eine weitere Überlieferung: nämlich diejenige Geschichte, die im platonischen Dialog ‚Charmides' erzählt wird. Dort begegnet Sokrates dem schönen Knaben Charmides, worauf ihm einer seiner Gesprächspartner, Chairephon, bedeutet, wenn dieser „sich erst entkleiden wollte, würdest du sein Gesicht gar nicht bemerken, so durchaus schön ist er von Gestalt".[26] Sokrates aber richtet sein Interesse auf anderes: Er bittet Charmides zum Gespräch und erläutert dies: „entkleiden wir ihn nicht in dieser Beziehung und beschauen lieber seine Seele als seine Gestalt".[27] Diese doppelte Argumentation im Hinblick auf die Figur des Sokrates hat die Geschichte der Physiognomik immer wieder zu Deutungen herausgefordert: Ob das eigentliche Wesen des Menschen aus der Analogie von Körper und Seele zu entwickeln sei, oder ob umgekehrt erst die Lektüre der Seelenzeichen, die im Gegensatz zu allen Körperzeichen stehen, seine wahre Natur zum Vorschein bringt. Man könnte es auch anders ausdrücken: Ob die Entkleidung des Körpers und das Vordringen zu seiner wahren Natur, der Seele, im *Blick* erfolgt, wie della Porta ihn auf die Physiognomie des Menschen richtet, oder ob sie sich erst im Erklingen der *Sprache* zeigt, wie es Lichtenberg dann entschieden fordert, wie es sich aber auch schon in Montaignes schwankender Einstellung anzudeuten scheint.

Lichtenberg jedenfalls bedient sich dieses Arguments dann in seiner Polemik gegen Lavater: „Rede", sagt Sokrates zu Charmides, „damit ich dich sehe" (III, 275).

Man kann also sagen, daß die Figur des Sokrates im Zentrum einer kontroversen Argumentationssituation in der Geschichte der Physiognomik steht, die von Montaigne noch unsicher bezeichnet, von Lichtenberg aber erkannt und in seiner Auseinandersetzung mit della Porta und Lavater auch formuliert worden ist: und zwar als der Übergang vom physiognomischen *Blick* zur Deutung der *Sprache,* die ihrerseits als Körperzeichen, das den Weg zur Seele öffnet, verstanden wird.

Diese Lichtenbergsche Einsicht hat dann die Diskussion um die Entstehung des neuzeitlichen Ich, um das Problem der Identität im 19. und

[26] Platon, Charmides 154 d – 155 a. Vgl. Theaitetos 143 d – 146 c.

[27] Schöne, a.a.O., S. 167, Anm. 16, verweist ferner auf die Apophthegmata des Erasmus (III, 70) und eine Stelle bei dem Rhetor Apuleius: „At non itidem maior meus Socrates, qui cum decorum adolescentem et diutule tacentem conspicatus foret, ‚ut te uideam', inquit, ‚aliquid et loquere.' scilicet Socrates tacentem hominem non uidebat; etenim arbitrabatur homines non oculorum, sed mentis acie et animi obtutu considerandos" (Florida 2, 1).

20. Jahrhundert maßgeblich bestimmt. Als Ersetzung von Blick und Auge als physiognomischen Organen, die den Weg zum Selbst des Menschen suchen, durch Sprache und Stimme. Als Musterbeispiel für diese Argumentation kann die Deutung des Amphitryon-Stoffes von Plautus über Molière bis Kleist einerseits, dann aber von Kleist bis zu Giraudoux und Peter Hacks andererseits gelten. Der ‚Amphitryon' ist ja einer der Modellmythen des Identitätsproblems im europäischen Zusammenhang.[28] Man könnte ihn auch als den ‚physiognomischen Mythos' schlechthin bezeichnen: die Organisierung jener Aporie, die durch den Anspruch auf Erkennbarkeit der Identität des Ich aus den Körperzeichen sich herausgebildet hatte, die Probe aufs Exempel der Untrüglichkeit des physiognomischen Blicks.

Was Kleists Amphitryon zum ersten Mal zur Diskussion stellt, ist das definitive Versagen des identifikatorischen Blicks auf den Körper des Andern, eines Blickes, der die Einheit des Selbst nicht mehr zu garantieren, die Erkennbarkeit der Seele des Gegenübers nicht mehr zu beglaubigen vermag.

Alkmene, in ihrem berühmten Dialog mit Charis, setzt allein auf die Sicherheit des sprachlosen Gefühls, die ihr den Zugang zum Wesenskern Amphitryons verspricht:

Oh Charis! – Eh will ich irren in mir selbst!
Eh will ich dieses innerste Gefühl,
Das ich am Mutterbusen eingesogen,
Und das mir sagt, daß ich Alkmene bin,
Für einen Parther oder Perser halten.
Ist diese Hand mein? Diese Brust hier mein?
Gehört das Bild mir, das der Spiegel strahlt?
Es wäre fremder mir, als ich! Nimm mir
Das Aug, so hör ich ihn; das Ohr, ich fühl ihn;
Mir das Gefühl hinweg, ich atm' ihn noch;
Nimm Aug und Ohr, Gefühl mir und Geruch,
Mir alle Sinn und gönne mir das Herz:
So läßt du mir die Glocke, die ich brauche,
Aus einer Welt noch find ich ihn heraus.[29]

---

[28] Vgl. hierzu den wegweisenden Aufsatz von Hans Robert Jauß, Von Plautus bis Kleist: ‚Amphitryon' im dialogischen Prozeß der Arbeit am Mythos. In: Kleists Dramen. Neue Interpretationen. Hg. von Walter Hinderer. Stuttgart 1981, S. 114–143. In erweiterter Fassung schon in: Identität. Hg. von Odo Marquard und Karlheinz Stierle. München 1979 (Poetik und Hermeneutik VIII), S. 213–253.

[29] Zitiert nach: Heinrich von Kleist, Sämtliche Werke und Briefe. Erster Band und Zweiter Band. Hg. von Helmut Sembdner. Darmstadt 1962. Band I, S. 282.

Amphitryon dagegen klammert sich in letzter Verzweiflung an die Lesbarkeit von Körpermalen:

Daß man ein Kleinod aus versiegeltem
Behältnis wegstiehlt ohne Siegellösung,
Seis; Taschenspieler können uns von fern
Hinweg, was wir in Händen halten, gaunern.
Doch daß man einem Mann Gestalt und Art
Entwendet, und bei seiner Frau für voll bezahlt,
Das ist ein leidges Höllenstück des Satans.
In Zimmern, die vom Kerzenlicht erhellt,
Hat man bis heut mit fünf gesunden Sinnen
In seinen Freunden nicht geirret; Augen,
Aus ihren Höhlen auf den Tisch gelegt,
Von Leib getrennte Glieder, Ohren, Finger,
Gepackt in Schachteln, hätten hingereicht,
Um einen Gatten zu erkennen. Jetzo wird man
Die Ehemänner brennen, Glocken ihnen,
Gleich Hämmeln um die Hälse hängen müssen.[30]

Aber Gefühlssicherheit wie Körperzeichen versagen. Der ausweglose Konflikt, in den physiognomisches Erkennen geraten ist, wird im Drama Kleists durch das Gegeneinander der Stimmen von Mann und Frau sichtbar: Alkmenes, die auf ihr physiognomisches Gefühl vertraut und daran zerbricht, Amphitryons, der in tödlicher Ironie das Brandmal als Körperzeichen fordert, um noch vom Gegenüber lesbar zu sein, und der am Schluß seine Identität aus dem fleischgewordenen Wort Jupiters – in Gestalt des Sohnes Herakles – empfängt als genealogischer Machtspruch.

Giraudoux, in *seiner* Version des Amphitryon-Stoffes, sucht eine therapeutische Lösung des Konflikts; auch in *seinem* ‚Amphitryon' sind die Körperzeichen nicht lesbar, die Sprachzeichen nicht mehr physiognomisch entzifferbar. Der Ausweg, den Jupiter selbst dann dem tragisch zerrissenen Paar anbietet, ist eben jener, den Breuer und Freud – vor der Entdeckung der ‚talking cure' der Psychoanalyse – ihren ersten Patienten gewährten: die Heilung durch Hypnose. Jupiter legt Alkmene die Hand auf die Stirn und läßt sie den bösen Alptraum der Unerkennbarkeit des Du einfach vergessen.

Peter Hacks schließlich lenkt in die Lesbarkeit der Sprache als Zeichen der Seele zurück, einer Seele, die durch die utopische Vermitt-

30 Kleist, Sämtliche Werke, a.a.O., I, 298.

lung von Liebe und Arbeit der sozialen Rede zurückgewonnen erscheint.

Angesichts der dilemmatischen Situation, die Kleists Drama entwirft, ist es daher sicher kein Zufall, daß sich im 19. Jahrhundert dem Amphitryon-Stoff, der das Problem der Lesbarkeit der Identität des Gegenüber aus den Körperzeichen nicht mehr zu beglaubigen vermag, ein anderer – man könnte beinahe sagen: eigens erfundener – Mythos gegenüberstellt: der in Edmond Rostands Drama ‚Cyrano de Bergerac' entwickelte Modellfall von der Sprache, die schließlich als einzige die Einheit des Ich im Gegenüber ausdrückt – jene männliche Stimme, welche die Sprachzeichen hervorbringt, aus denen allein das Erkennen der Ganzheit von Körper und Rede entspringt, auch und gerade dort, wo der Blick immer versagt hat. Es ist das Wort allein, in dem schöne Seele und häßlicher Körper zur Ganzheit des erkannten Geliebten zusammenwachsen.[31]

Diese Tendenz, daß an die Stelle des physiognomischen Blicks, der die Wahrheit der Seele nicht mehr aufschließt, die Analyse der Sprachzeichen tritt, die aus der Seele dringen und deren Wahrheit verraten, findet dann ihren theoretischen wie praktischen Ausdruck in der Lehre Freuds. Die Psychoanalyse wird zur Physiognomik des 20. Jahrhunderts, als jene ‚talking cure', von der hellsichtig schon die erste Patientin gesprochen hatte.[32] In den ‚Vorlesungen zur Einführung in die Psychoanalyse' wird jene Geschichte von der Angst des Kindes im Dunkeln erzählt, das die Wahrnehmung der geliebten Person aus der Stimme erfährt: „Tante, sprich doch zu mir, ich fürchte mich", sagt das Kind zu seinem unsichtbaren Gegenüber. „Aber was hast du davon, du siehst mich ja nicht", antwortet diese. Und das Kind: „Wenn jemand spricht, wird es heller".[33]

Am Anfang des Weges, der zum Paradigma neuzeitlicher Subjekt-Werdung führt, der Frage also, ob es der Blick auf den Körper und seine Zeichen ist, der die Erkennbarkeit des anderen Ich garantiert, oder ob es nicht vielmehr die sich erhebende Stimme ist, die als Ensemble von Sprachzeichen diese Erkennbarkeit ermöglicht – am Anfang dieses Weges steht Lichtenberg. In seinen Erwägungen zu dieser Frage

31 Edmond Rostand: Cyrano de Bergerac. Edition présentée et annotée par Patrick Besnier. Paris 1983 (collection folio): V, 5.

32 Vgl. Anm. 18.

33 Sigmund Freud, Vorlesungen zur Einführung in die Psychoanalyse. In: S.F., Gesammelte Werke chronologisch geordnet. Elfter Band. London 1940, S. 422 f.

sind beide Modelle – Blick oder Stimme als Schlüssel zum Ich – noch gegenwärtig, und zwar in kontroverser Auseinandersetzung, wie sie sich aus der gedachten historischen Konfiguration Gian Battista della Portas und Michel Montaignes in die Geschichte der Physiognomik eingeschrieben haben.

Auf der einen Seite findet man bei Lichtenberg durchaus noch das aus der moralistischen Tradition geborene Vertrauen in den beobachtenden Blick, wie es sich etwa in seinen auf Hogarths Stiche bezogenen Erklärungen findet; dem entgegengestellt ist aber das Mißtrauen gegenüber einer Deutung der Körperzeichen, aus dem es nur *einen* Ausweg zu geben scheint, den einer sozial nicht vermittelbaren Auto-Physiognomik. Man könnte es auch anders sagen: Es ist auf der einen Seite das Vertrauen in die Einheit des Naturkörpers, wie ihn auf magische Weise della Porta noch beschworen hatte, auf der anderen Seite aber das Mißtrauen gegenüber dem von allzuviel kulturellen Zeichen verdeckten und entstellten Naturzusammenhang, der, im Sinne Montaignes, durch Überschichtung und Überfrachtung unlesbar geworden ist: „nature a perdu son propre visage".

Einerseits findet man also in Lichtenbergs Argumentation das Naturkörper-Argument, jene Analogisierung von Tier und Mensch, von Instinkt und Vernunft, in der sich ein kosmisches Spiegelprinzip abzeichnet, wenn dieses auch nicht mehr im Sinne della Portas als Prinzip magischer Korrespondenzen, sondern im Verstande der Aufklärung als Gesetz der Kausalität gedeutet wird – ein physiognomisches Verfahren also, das immerhin der Erkennbarkeit des sozialen Typus zu dienen vermag. Andererseits aber erscheint auch das für das 19. Jahrhundert so entscheidende Gegenargument: der Blick auf den Ausnahme-Menschen, seine unverwechselbare Eigentümlichkeit, die sich durch kein physiognomisches Verfahren aufschließen und sozial nutzbar machen läßt, jene Diskussion um die Genie-Problematik also, die auf die Argumente Montaignes – die Bezauberung durch die Schönheit und das Versagen aller Erklärungsmuster angesichts dieses Zaubers – zurückgreift, dann aber gewiß auch in die lange Tradition der beiden sokratischen Anekdoten verknüpft bleibt, der letztlichen Unerkennbarkeit des Subjekts aus seinem organischen Erscheinungsbild.

Aus dieser doppelten Bestimmung des Physiognomischen, wie sie Lichtenbergs Denken vornimmt und kontrovers entfaltet, haben sich dann Schlüsselvorstellungen für die Zukunft entwickelt. Sie sind durch zwei Grundgedanken geprägt.

Der erste nimmt Bezug auf die immer stärker sich durchsetzende Frage nach einer Physiognomik der Sprache, den Versuch also, aus den vom Menschen selbst produzierten Zeichen, die auf dem Übergang von der Natur der Stimme zur Kultur der Medien stehen, seine Identität zu rekonstruieren.

Diese Diskussion ist bis heute nicht abgeschlossen, sie ist durch Freud in ihrer ganzen Tragweite sichtbar geworden und durch Lacan im Zusammenhang der ‚Postmoderne' paradigmatisch vertreten.[34]

Der zweite Aspekt bezieht sich auf das Problem dessen, was im Lauf des 19. und dann in seinen ganzen Konsequenzen im 20. Jahrhundert sichtbar geworden ist: auf die Frage nach der Erkennbarkeit, der Deutung und Wertung des ‚Außenseiters' im sozialen Feld. Es ist die Frage nach der ‚Ortung' des Außenseiters im Spiel physiognomischen Erkennens, des unerklärlichen Außenseiters, als des bewunderten Ausnahmemenschen, der zum Inbegriff menschlicher Subjektivität verklärt wird – das Paradigma ‚Mozart' –, aber auch des bedrohlichen Außenseiters, wie er in Zusammenhängen politischer Diskriminierung eine Rolle zu spielen begann – das Paradigma des ‚Untermenschen', wie es der Antisemitismus des 20. Jahrhunderts artikulierte. Zu beidem hat Lichtenberg sich geäußert. So weist er unmißverständlich auf die Unerkennbarkeit des Genies hin:

> Talent und überhaupt die Gaben des Geistes haben keine Zeichen in den festen Teilen des Kopfs (III, 292).

Aber auch das Problem des Außenseiters und seiner negativen sozialen Bewertung hat Lichtenberg aus naheliegenden Gründen immer wieder beschäftigt[35]:

---

[34] Die Frage nach dem „Verschwinden des Subjekts" im Signifikantenspiel der Diskurse, die Frage nach einer Neulegitimation des Subjekts aus dem „paralogisch" entfalteten Beglaubigungszusammenhang von Wissen und Handeln stellt zunächst Michel Foucault in seinem Aufsatz: Was ist ein Autor? (M. F., Schriften zur Literatur. München 1974, S. 7–31), sie wird dann entfaltet in dem Buch von Jean-François Lyotard, La condition postmoderne. Rapport sur le savoir. Paris (Les éditions de minuit) 1979, wieder aufgegriffen in den Büchern von Albrecht Wellmer, Zur Dialektik von Moderne und Postmoderne. Vernunftkritik nach Adorno. Frankfurt/M. 1985 (suhrkamp taschenbuch wissenschaft 532) und Jürgen Habermas, Der philosophische Diskurs der Moderne. Zwölf Vorlesungen. Frankfurt/M. 1985.

[35] Vgl. hierzu den Aufsatz von Jörg Zimmermann, Wer ist dieses Ich? Georg Christoph Lichtenberg – Psychologiekritik und Existenzreflexion. In: Freiburger Universitätsblätter 84 (Juli 1984), S. 11–22.

Hüte dich vor den Gezeichneten ist ein Schimpfwort, denen die Gezeichneten, von einer gewissen Klasse der Nicht-Gezeichneten in der Welt seit jeher ausgesetzt gewesen sind. Mit größerem Recht könnten also die Gezeichneten sagen: hüte dich vor den Nicht-Gezeichneten. In einem schönen Leib wohnt eine schöne Seele gehört auch hierher. Auch Fronti nulla fides (III, 278 f.).

V

Von Lichtenbergs Argumentation über die Physiognomik, über die Erkennbarkeit der Seele aus dem Körper, führen Wege ins 19. und 20. Jahrhundert.

Das 18. Jahrhundert hatte, nicht nur in der Gestalt Lavaters, Versuche unternommen, Physiognomik als Wissenschaft zu denken; Grundlage dieser Annahme war die Idee von einem System der starren Zeichen, der Erklärung der Seele aus den festen Teilen des Körpers, eines lesbaren Bildes, das letztlich auch die Vorstellung einer Suche nach dem ‚Tier' im ‚Menschen' nahelegte, weil das Prinzip der Analogie, im magischen wie im wissenschaftlichen Sinne, als Erkenntnismittel wirksam zu werden versprach.

Das 19. Jahrhundert bringt – im Gefolge Lichtenbergs – an die Stelle des starren Bildes das Prinzip der mobilen Zeichen und setzt seine Hoffnung auf die Erklärung psychischer Zusammenhänge aus den beweglichen Teilen des Körpers, der Analyse von Klang und Bewegung und deren Zusammenführung in der Stimme, die Sprachzeichen produziert. Kompliziert wird dieses System freilich durch das Auseinanderbrechen von intimer und öffentlicher Selbsterfahrung, wie es die Problematik bürgerlicher Identität prägt. Diese Dichotomie von Insistenz der Körperlichkeit und allgemeiner Zirkulation von Zeichen – also gewissermaßen von ‚animalischem Körper' und Abstraktion des Sozialen – hat dann zu einer neuen Konstellation geführt. Dem Problem scheint der Versuch eines Rückgangs in die Inständigkeit des Körpers zugrunde zu liegen, der auf eine apokryphe Weise das ganze 19. Jahrhundert, seit den Selbstvergewisserungsversuchen der Stürmer und Dränger vor der Jahrhundertschwelle, prägt. Es ist dokumentiert in den Tiergeschichten, die als Begründungs- und als Beziehungsmythen menschlicher Existenz gelesen und entworfen werden. Diese Tradition beginnt mit Cervantes' ‚Gespräch der Hunde', jenem Text, in dem die Geburt der menschlichen Sprache aus dem tierischen Körper mit all ihren Legitimations- und Kommunikationsaporien auf unvergleichliche Weise – anmutig und scharfsinnig zugleich – modellhaft vergegenwärtigt wird. Diese Geschichte hat dann auf die deutsche Romantik, namentlich aber auf E.T.A. Hoffmann gewirkt, der den Problemzusammenhang in zwei Vorstellungskomplexe auseinanderlegt: die Figur des ‚Hundes' einerseits[36], der seine Sprachlegitimation und die Authentizität der von ihm entwickelten Zeichen aus einem göttlichen Wunder zugesprochen bekommt; die Figur des ‚Affen' andererseits[37], der seine Sprachkompetenz und damit die Lesbarkeit seines ‚Ich' aus dem (gleichsam darwinistischen) Konzept eines Entwicklungssprungs zu entbinden sucht – eine Problemkonstellation, die dann von Kafka wieder aufgenommen wird: in den ‚Forschungen eines Hundes' zum einen, die sich auf den Gewinn der Identität aus dem Zirkulieren sozialer Zeichen richten, in dem ‚Bericht für eine Akademie' zum andern, in dem die Geburt der Zeichen aus dem tierischen Körper gezeigt wird. Eine Station auf diesem Weg mag Kellers ‚Spiegel, das Kätzchen' bezeichnen, jene märchenhafte Phantasie über die Rettung des tierischen Körpers durch die menschliche Sprache, die nicht aus dem Grundsatz der Erkennbarkeit und Lesbarkeit von Körperzeichen, sondern aus dem souveränen Prinzip der Maske, der Sprachphantasie und ihrer strategischen Kraft erfolgt.

Aus diesem Argumentationskern der Tiergeschichte als Identitätsgeschichte des bürgerlichen Subjekts werden dann die beiden herrschenden Problemzusammenhänge des 19. Jahrhunderts entbunden: die Frage nach der Unerkennbarkeit des Kerns des schöpferischen Subjekts zunächst, wie sie sich vor allem in der ‚Künstlernovelle' niederschlägt: die zweite Frage nach der Ermöglichung der Lesbarkeit des Subjekts durch Erziehung sodann, wie sie der deutsche Bildungsroman entwickelt. Musterbeispiele dieser beiden entgegengesetzten Entwicklungszusammenhänge sind Mörikes ‚Mozart auf der Reise nach Prag' einerseits, Goethes ‚Wilhelm Meister'-Romane andererseits. Dem ersten Problemkomplex könnte man Lichtenbergs ‚Amintor'-Modell zugrunde legen, die Einsicht nämlich, daß die Eigentümlichkeit des Sub-

---

[36] Vgl. hierzu Cervantes' einzigartiges ‚Kolloquium der beiden Hunde' in: Exemplarische Novellen. Frankfurt/M. 1961, S. 447–512. Zur Tradition des Motivs der sprechenden Hunde vgl. Theodore Ziolkowski: Talking dogs. In: T. Z., Varieties of literary thematics. Princeton 1983, S. 86–122 und 240–245.

[37] Zur Tradition und Argumentationsstruktur, die von E.T.A. Hoffmann über Flaubert bis zu Kafka reicht, vgl. meinen Aufsatz: ‚Ein Bericht für eine Akademie'. Erwägungen zum „Mimesis"-Charakter Kafkascher Texte. In: DVjs 49 (1975), S. 166–183.

jekts durch Entzifferung physiognomischer Zeichen nicht zu rekonstruieren ist. Den anderen Zusammenhang könnte man auf Lichtenbergs ‚Punschgesellschaft'-Modell zurückführen, das die generelle Lesbarkeit und Produzierbarkeit sozialer Zeichen behauptet – genau so, wie sie die Erziehungspraktiken der ‚pädagogischen Provinz' in wünschenswerter Deutlichkeit vermitteln.

Während Mörikes Künstlernovelle nämlich von der letztlichen Unerklärbarkeit und Unlesbarkeit des schöpferischen Subjekts ausgeht und von dem ‚Wunder' des Schöpfungsaktes (in seiner durchaus anerkannten Ambivalenz) zeugt – dies wird in den Versuchen, die Mozart-Figur zu deuten, bis zu Puschkins ‚Salieri und Mozart' und zu Peter Shaffers Drama ‚Amadeus' fortgesetzt[38] –, zeichnet sich in Goethes ‚Wilhelm Meister' ein ganz anderes Modell ab, beinahe dasjenige einer umgekehrten Physiognomik. Die pädagogische Provinz erweist sich als jene soziale Institution, in der die Erziehung der Zöglinge zu bestimmten Körperzeichen, zu bestimmten Gebärden und Kleidungsentscheidungen zugleich deren präzise Lesbarkeit gewährleistet, also ein Funktionszusammenhang zwischen Erlernung von Zeichen, deren Produktion (durch die Zöglinge) und deren eindeutiger Rezeption (durch die Erzieher) hergestellt wird.[39]

---

[38] Alexander Puschkin, Mozart und Salieri. Russisch/Deutsch. Übersetzung und Nachwort von Kay Borowsky. Stuttgart 1985; Peter Shaffer, Amadeus (Amadeus). Deutsch von Nina Adler. Frankfurt/M. 1985 (Fischer Taschenbuch 7063).

[39] Denn die Pädagogische Provinz in ‚Wilhelm Meisters Wanderjahren' ist eben jener Ort, wo das Hervorbringen und das Lesen von Zeichen gelernt, wo das Verhältnis von Körper und Zeichen in seiner eminentesten Bedeutung zum Thema wird – der Körper als Bedeutungsträger verstanden, die Erziehung als jene Praxis, in der der Umgang mit Zeichen, denen des Selbst und denen des Andern, gelernt wird. Dabei sind es eigentlich zwei Formen pädagogischer Bemühung, die einander entsprechen. Auf der einen Seite gilt es für den Lernenden, den Körpergesten einen Sinn abzulauschen, eine ‚Hermeneutik' zu erwerben; andererseits besteht die pädagogische Praxis des Erziehers darin, eben jene Gesten dem Zögling einzuüben, sie ihm durch Disziplin geläufig zu machen. So geht es denn auch primär nicht um den Inhalt von Zeichen, die erlernt werden, sondern um deren Hierarchie, paradigmatisch vergegenwärtigt in den Grußgesten, die am Anfang der Beschreibung der Pädagogischen Provinz stehen, und die jene dreifache Ehrfurcht bezeugen, im Hinblick auf das, was über, was unter, und was dem Menschen gegenüber ist. Mittel solcher Erziehung ist die Suspendierung, die stufenweise Hinauszögerung von Sinn, die Erfahrung von Formen des Körperverhaltens, deren letztes inhaltlich bestimmtes Ziel ein Geheimnis bleibt: jenes „Heiligtum des Schmerzes" (a.a.O. VII, 892), das den Zöglingen bis zu ihrem Ausscheiden aus der Pädagogischen Provinz verborgen bleibt.

Erklärtes Ziel der Praktiken der Erzieher ist denn auch die Herstellung von Körperordnungen, die Erlernung der Verständigung durch Körpergesten. Im Grunde handelt

Es scheint, als würde die Tierproblematik beiden Argumentationszusammenhängen gewissermaßen als apokrypher Strang der Rede über Physiognomik zugrundeliegen: als Gedanke von der Rückkehr in den Naturkörper, wie er sich als (unentschlüsselbarer) Quell irrationaler schöpferischer Phantasien in der Kreatürlichkeit des Menschen zeigt, einerseits, als Transsubstantiation des Naturkörpers in das Kulturprinzip des in freier Vernunft zu sich selbst kommenden Subjekts in einer aufgeklärten Gesellschaft andererseits.

Zu Tage tritt dieser unterirdische Strom dann wohl wieder im 20. Jahrhundert, und zwar mit dem Bewußtsein von der Ablösung des sozialen Zeichensystems von der Stummheit des Körpers. Briefe schreiben, sagt Kafka, heißt

> sich vor den Gespenstern entblößen, worauf sie gierig warten. Geschriebene Küsse kommen nicht an ihren Ort, sondern werden von den Gespenstern auf dem Wege ausgetrunken. Durch diese reichliche Nahrung vermehren sie sich ja so unerhört. Die Menschheit fühlt das und kämpft dagegen, sie hat, um möglichst das Gespenstische zwischen den Menschen auszuschalten, und den natürlichen Verkehr, den Frieden der Seelen zu erreichen, die Eisenbahn, das Auto, den Aeroplan erfunden, aber es hilft nichts mehr, es sind offenbar Erfindungen, die schon im Absturz gemacht werden, die Gegenseite ist soviel ruhiger und stärker, sie hat nach der Post den Telegraphen erfunden, das Telephon, die Funkentelegraphie. Die Geister werden nicht verhungern, aber wir werden zugrundegehn.[40]

Hier geht es nicht mehr, wie in der Zeit vom 16. bis zum 18. Jahrhundert, um die Erkennung des Ich, wie sie der von della Porta und dann sogar noch von Lavater vertretene Satz bezeugt, daß „die Natur der Seele den Körper baue – [...] und im Körper uns das Bild der Seele zeige, durch das ihre Anlage erkannt werden könne“; es geht auch nicht mehr um das für das 19. Jahrhundert bedeutsam gewordene Prinzip des „Rede, damit ich dich sehe“, sondern es geht nur noch um die Les-

---

es sich um Leseakte, in denen der Lehrer am Körper des Zöglings dessen Bildungsstufe wahrzunehmen vermag, umgekehrt aber auch der Zögling wiederum, etwa durch Wahl seiner Kleidung, seinem Charakter Ausdruckswert verleiht, also selbst die Lesbarkeit seines eigenen Körpers produziert. Die Erzieher sind somit Entzifferer und Produzenten von Individualität zugleich, in ihren Praktiken manifestiert sich jene Dialektik von Individualität und Norm, die dann für das ganze 19. Jahrhundert und seine pädagogische Erzeugung von Subjekten entscheidend bleiben muß.

40 Franz Kafka, Briefe an Milena. Erweiterte und neugeordnete Ausgabe. Hg. von Jürgen Born und Michael Müller. Frankfurt/M. 1983, S. 302.

barkeit oder Unlesbarkeit des Mediums, der unwiderruflich vom Körper abgelösten Schrift.[41] So ist das 20. Jahrhundert bestimmt durch die

---

[41] Neben dieser auf den ersten Blick sichtbaren Konstellation von Körper und Sprache und der aus ihnen abgeleiteten, zwischen ihnen oszillierenden Subjektinstanz in der Schrift, die zur Grundlage physiognomischer Operationen werden, läßt sich freilich noch eine dritte Möglichkeit physiognomischer Identifikation nennen: die des Duftes als Identitätszeichen und seiner Entzifferung durch die Nase. Neben den Gesichts- und den Gehörsinn träte dann der Geruch als drittes physiognomisches Vermögen des Menschen. Erste Versuche der Errichtung eines solchen physiognomischen Systems zeichnen sich bei Baudelaire, dann bei Flaubert, bei Émile Zola und schließlich bei Huysmans ab, der wohl als erster das System einer Grammatik der Düfte zu entwickeln suchte: das Parfum eines Individuums als eigentümlichstes, die Seele und ihre Unverwechselbarkeit ausdrückendes Medium. Vgl. hierzu Alain Corbin, Pesthauch und Blütenduft. Eine Geschichte des Geruchs. Berlin 1984, S. 263 ff., weitere Literaturangaben zum Thema auf den Seiten 351 ff. und 354 ff. Einige Ansätze zu einer Semiologie des Geruchs bietet Dan Sperber, Über Symbolik. Frankfurt/M. 1975, namentlich S. 162 ff.

Als ausgearbeitetes System einer solchen Physiognomik, die die olfaktorische Lücke der Körperlesekunst füllt, könnte Patrick Süskinds Buch: Das Parfum. Die Geschichte eines Mörders. Zürich 1985, gelten. Einziges Ziel des Helden Grenouille ist es, ein Verfahren zu entwickeln, um den Dingen, letztlich und vor allem aber den Menschen, „ihre duftende Seele zu entreißen“ (125). Er stellt sich die Aufgabe, jenes Duft-Zeichen zu lesen, mit dem die Identifikation des andern zu gelingen vermag. Lavater hatte in einem anderen Medium, dem des Bildes und der Silhouette, das gleiche versucht. Bezeichnenderweise heißt es im Roman Süskinds bei der Begegnung des Parfumeurs Baldini mit dem Duftgenie Grenouille in Anspielung auf die Stirnlesekunst Lavaters: „Es interessierte ihn jetzt [. . .] das Talent dieses unheimlichen Jungen zu erforschen, der ihm einen Duft von der Stirn abgelesen hatte“ (95). Ein Weg zur Gewinnung dieser „essence absolue“ (224) des Individuums ist nicht Destillation (als eine bloße Form der Zerlegung), sondern „enfleurage“ (137), das Verfahren der Berührung und Duft sättigung, mit dem man dem anderen „seine Seele [. . .] abschmeichelt“ (228). Durch „enfleurage“ erst gelingt es, sich der Seele des anderen zu bemächtigen, nicht mehr durch Entzifferung der Gesichtszüge, nicht mehr durch Abhören seiner Sprache, sondern durch Gewinnung jenes Körperextrakts, der das Parfum der Subjektivität bildet (129).

Von besonderer Bedeutung scheint mir, daß für dieses Verfahren einer olfaktorischen Physiognomik im Roman auch ein legitimierender Mythos berufen wird: die Prüfungsgeschichte von „Amor und Psyche“ (63). Denn auch diese mythische Geschichte gehört, wie der Amphitryon-Stoff, in die Vorgeschichte physiognomischen Denkens, als jener Sonderfall weiblicher Neugierde, die darauf ausgeht, den dunklen, unsichtbaren Körper des Geliebten zu entziffern. Seltsam ist es, daß im ‚Goldenen Esel‘ des Apuleius Psyche, der ja der Blick auf Amor bei angedrohtem Verlust des Geliebten verboten ist, ausdrücklich das Gefühl und das Gehör zugestanden wird, nicht aber der Geruch: „namque praeter oculos et manibus et auribus sentiebatur“ (Apuleius, Metamorphosen oder Der goldene Esel. Lateinisch und deutsch von Rudolf Helm. Berlin 1959, S. 138). Insofern macht der Roman Süskinds tatsächlich auf ein wesentliches, bisher ausgespartes Moment der Physiognomik als ‚Seelenerkennungskunst‘ aus Körperzeichen aufmerksam: daß nämlich auch der Geruch als entzifferbares, vielleicht sogar untrügliches Zeichenfeld der ‚Lektüre‘ einer Seele genutzt werden könnte – „es gibt eine Überzeugungskraft des Duftes, die stärker ist als Worte, Augenschein, Gefühl und Wille“ (107 f.); weder Amphitryon noch Alkmene kommen auf den Gedanken, diese olfaktorische Lücke in der Identifikationsstrategie Jupiters zu nutzen;

Entzifferung der *Schreibakte* als Formen der Selbstdeutung: „Schreiben heißt sich selber lesen" (Max Frisch).[42] In diesem Kontext der Unentzifferbarkeit des Subjekts, der Unlesbarkeit physiognomischer Körper- oder Sprachzeichen, auch des Versagens der Familienpädagogik, die noch eine Brücke zwischen Körper und Zeichen hätte schlagen können – Kafka hat deren Scheitern in seinem ‚Brief an den Vater' mit unerbittlicher Schärfe diagnostiziert – bleibt nur noch eine einzige Physiognomik denkbar: jene, die sich auf die Beobachtung des Prinzips des Zeichentausches selbst richtet, als Auslieferung der Subjektinstanz an das Spiel der zirkulierenden Zeichen. Dieser hoffnungslosen Entzifferung des autonom flottierenden „Mediums", das „selbst die Botschaft" ist[43], wird dann freilich das Gegenprinzip emphatisch zugesellt: nämlich die Befragung des tierischen Körpers, wie er zeichenlos und in bewußtloser Insistenz, als „letztes Rätsel"[44], in der Natur und ihrer

---

auch Giraudoux, in dessen Drama – in einer Art Wahlverwandtschaften-Konstellation – nicht nur Amphitryon durch Jupiter, sondern auch Alkmene durch Leda ersetzt wird, hat versäumt, auf dieses Argument identifikatorischer Untrüglichkeit zurückzugreifen, und schon Wilhelm Meister hätte sich seiner – in der nächtlichen Begegnung mit der unerkannten Frau in den ‚Lehrjahren' (V, 12/13) – erinnern können.

Der hier angeschnittene Zusammenhang läßt sich übrigens noch aus einer andern Perspektive aufrollen, von der ‚Gegenseite' gewissermaßen: nämlich vom Geruchssinn des Tieres her. Denn das Tier kann ja nicht nur – durch seine als Ausdrucksfeld verstandene Physiognomie, wie bei della Porta – dem menschlichen Deuter zu Hilfe kommen, es vermag auch selbst, durch seinen Geruchssinn, als Physiognom zu agieren. (Hätte Alkmene ein Hund zur Seite gestanden, selbst ein Gott hätte sie nicht zu täuschen vermocht – der Hund in Kleists ‚Bettelweib' steht dafür ein, jener späte Abkömmling der edlen Hunde aus Platons ‚Republik', die als Vorbilder des guten „Wehrmanns" berufen werden: scharf, im Wahrnehmen schnell, stark und tapfer (Politeia 375 a), gegen Befreundete sanft, gegen Feinde hart (375 c), schließlich und am wichtigsten aber: untrüglich unterscheidungsfähig, das heißt philosophisch (376 a – c). Manfred Schneider hat jüngst in einem Freiburger Vortrag – ‚Die Weisheit der Hunde. Kleine Kasuistik eines Vergessens' – auf diesen Aspekt des Problems aufmerksam gemacht. Argos, der Hund des Odysseus, ist der einzige, der den Verlorengeglaubten nach Jahrzehnten wiedererkennt. Seither gelten Hunde als untäuschbare Physiognomen des Tierreichs, deren Nase – nicht der Blick – sich an der Gegenwelt der Menschen bewährt. Kleist im ‚Bettelweib von Locarno' wie im ‚Michael Kohlhaas' (Werke, a.a.O. II, 197 f. und 97) hat sich dieses Mythos erinnert. Hier berührt sich wieder, was Lichtenberg schon einmal berufen hatte: die Nähe von Tier und Mensch im Zeichen der gemeinsamen Natur, die allein die „olfaktorische Resistenz gegenüber dem Trug" zu gewähren vermöchte (Schneider). Es ist das Tier, das am unbestechlichsten die Zeichen der menschlichen Seele zu lesen vermag, als deren Duft*bild* und Duft*klang* zugleich.

[42] Max Frisch, Tagebuch 1946–1949. Frankfurt/M. 1950, S. 22.

[43] Marshal McLuhan, Die magischen Kanäle. „Understanding Media". Düsseldorf/Wien 1968, S. 13–28.

[44] Vgl. Guido Ceronetti, Das Schweigen des Körpers. Materialien und Gedanken zu einem Studium der Medizin. Frankfurt/M. 1983 (Bibliothek Suhrkamp Bd. 810).

Anonymität wieder versinkt. Dies hat auf unvergleichliche Weise Franz Kafka in seiner letzten Geschichte von Josefine der Sängerin beschrieben:

> Vielleicht werden wir also gar nicht sehr viel entbehren, Josefine aber, erlöst von der irdischen Plage, die aber ihrer Meinung nach Auserwählten bereitet ist, wird fröhlich sich verlieren in der zahllosen Menge der Helden eines Volkes, und bald, da wir keine Geschichte treiben, in gesteigerter Erlösung vergessen sein wie alle ihre Brüder.[45]

Auf dem langen Weg von della Portas und Montaignes gegensätzlichen Konzepten der Lesbarkeit des ,neuzeitlichen Ich' bis zu Lichtenberg und der Gegenwart sind Bild, Sprache und Schrift als jene drei Orte sichtbar geworden, an denen der Versuch unternommen wird, den Menschen, der Körper und Seele zugleich ist, in seinem Wesen zu entziffern. In Lichtenbergs skeptischem Blick auf sich selbst, seinem Schmerz und seinem Lächeln, ist die Gespaltenheit dieses Subjekts wohl zum ersten Mal zu physiognomischem Bewußtsein gelangt.

[45] Franz Kafka, Gesammelte Werke. Hg. von Max Brod. Taschenbuchausgabe in sieben Bänden. Erzählungen. Frankfurt/M. 1983, S. 216.

Diskussion[1]

Lichtenberg und die Tradition der Essayistik

K. Weissenberger fragt nach der Gattungszugehörigkeit der interpretierten Lichtenbergschen Texte und sieht zumindest in der ,Punschgesellschaft' einen Essay in der Tradition Montaignes.

G. Neumann betont dagegen zwei wesentliche Unterschiede zwischen Lichtenberg und dem französischen Moralisten: „Zum einen sind die Essays Montaignes äußerst sprunghaft in ihrer rein assoziativen Gedankenführung; Lichtenberg dagegen baut seine Texte nicht nur argumentativ stringenter auf, sondern strukturiert sie auch durch ein dichtes Netz concetto-haft ausgeweiteter Metaphern – hier etwa die Lichtmetaphorik und das Bild- und Begriffsfeld der Zeitbestimmungen [vgl. S. 74 ff.]. Zum anderen dominieren bei Montaigne die

[1] Die gegenüber dem Vortragstext stark erweiterte Druckfassung bezieht nunmehr einen erheblichen Teil der Fragen und Antworten der Diskussion ein, so daß diese hier nicht mehr zu dokumentieren sind. Das betrifft vor allem die drei Problemkomplexe: unkommunizierbare Individualität vs. kulturelle/sprachliche und physiognomische Lesbarkeit des Menschen; anthropologische vs. soziale Perspektive; Lichtenberg und Lavaters Physiognomik.

Ideenassoziationen, während Lichtenberg von Sprachzeichen aus assoziiert: Er entwickelt aus einem einzelnen Wort ein sprachliches Netz, das sich relativ festigt, so daß schon allein der Sprachduktus den Text zusammenhält."

K. Weissenberger sieht darin eine Vereinigung der beiden wesentlichen Traditionslinien essayistischen Schreibens: der stärker begrifflichen und stringenteren Essayistik Bacons – die im deutschen Sprachraum besonders prägend gewesen sei – und der größeren Offenheit Montaignes, die dann im 20. Jahrhundert dank der Wirkung Nietzsches wieder an Einfluß gewinne.

Lichtenberg und Kant – zwei Varianten der Aufklärung

M. Riedel erinnert an die engen Beziehungen zwischen Lichtenberg und Kant, der dessen Schriften zugeschickt erhielt und dem Lichtenbergschen Glaubensbekenntnis wohl in den Hauptpunkten gefolgt sei.[2] Trotzdem blieben wichtige Unterschiede, die sich daraus erklären dürften, daß Lichtenberg die „kopernikanische Wende" Kants zum Subjekt nicht vollzogen, daß er dem „Ich denke" von Kant, dem obersten Punkt der Transzendentalphilosophie, das „Es denkt" entgegengesetzt habe (nach der Analogie „Es blitzt", was ein Naturereignis sei):
„1. Das Inszenarium der Aufklärung, das Lichtenberg ganz im traditionellen Sinne als Naturspektakel des Sonnenaufgangs übernimmt, hat Kant preisgegeben. An seine Stelle tritt ein ‚Kulturspektakel': der ‚Ausgang des Menschen aus seiner selbst verschuldeten Unmündigkeit'.[3]
2. Während Lichtenberg – wiederum ganz in der Tradition der klassischen Aufklärung – die menschliche Zeiterfahrung an die Naturzeit bindet und sie der für ihn primären Raumerfahrung nachordnet, geht Kant vom Primat der Zeiterfahrung aus, und zwar eben nicht als Naturzeit, sondern als Basis des inneren Sinnes des Ich. Da für Kant dieser innere Sinn – gemäß der allen Menschen gemeinsamen Anschauungsform der Zeit als Erfahrung des Zustandswechsels – intersubjektiv ist, stellt sich für ihn das Lichtenbergsche Problem des ‚individuum est ineffabile' nicht."

G. Neumann sieht einen wesentlichen Grund für diesen Unterschied in der Faszination, die die Erfahrung der Körperlichkeit in Empfindsamkeit und Sturm und Drang auf Lichtenberg ausübe: „Die Grundkonstellation von Gerstenbergs ‚Ugolino' [1769] etwa, in der der Held aus sich selbst die ganze Fülle seines Lebens produziert, hat Lichtenberg – trotz all seiner heftigen Angriffe auf den Sturm und Drang – doch auch zur Auseinandersetzung mit der Abstraktheit des Kantschen Denkens gereizt." Der Primat der Raumerfahrung bei Lichtenberg lasse sich vielleicht aus einer empirisch-experimentellen Grundhaltung erklären, die zu der für ihn so charakteristischen Dialektik von Beobachtung und Phantasie führe. Neumann erinnert hier an die bekannte Aufzeichnung aus den ‚Sudelbüchern', in der Lichtenberg beschreibt, wie er von einem Fenster aus Passanten beim Überqueren eines Platzes beobachtet und aus dem gewählten Weg Erkenntnisse über menschliche Verhaltensweisen gewinnt [J 528].

---

2 Vgl. Brief an Lichtenberg vom 1.7.1798; Akad. Ausg. Bd. 12. Berlin 1902, S. 224 f.
3 ‚Beantwortung der Frage. Was ist Aufklärung?' (1783).

Wolfgang Wittkowski

Selbstinszenierung und Authentizität des Ich in Schillers Drama

Das Thema benennt einen Ansatz, mit dem ich hoffe, an Schillers Ich-Konzeption heranzukommen. Aus der Stellung des Ich in der Welt sollte sich dann auch die anstößig zentrale Rolle, die Schiller der Subjektivität zuweist, ableiten lassen.

Das Kantische an Schillers Anthropologie und Ethik wird dabei natürlich zu Wort kommen. Mehr aber werde ich zurückgehen müssen auf das Welt- und Menschenbild in der Leibniz-Tradition der späten Aufklärung. In Schillers Sicht ist dieses Bild in seiner Gegenwart verdorben und entstellt. Im Drama aber macht er das Wirkliche durchsichtig für das ideale Urbild, das wiederhergestellt werden kann und soll, und zwar dadurch, daß das Ich *auf* und *vor* der Bühne sich annäherungsweise inszeniert zu dem, was es als Glied der Gattung Mensch idealiter sein soll und kann. Damit würde es erst ganz es selbst, das unverwechselbare, weil selbstbestimmte, autonome Individuum, und hörte zugleich auf, nichts als Individuum, als Ich zu sein, bloß individuelles, fremdbestimmtes, zufälliges Produkt der Natur und der Gesellschaft.

Als ein derartiges Produkt präsentiert das Regietheater der letzten 15 bis 20 Jahre das Ich in Schillers Dramen. Diese kleinen Tyrannen und infantilen Egoisten, schreibt Günther Rühle[1], die um jeden Preis genießen und sich selbst durchsetzen wollen, sind „ununterscheidbare Abbilder von uns", den Mitgliedern der Wohlstandsgesellschaft. In der Germanistik aktualisiert man öfters ähnlich. Wo hingegen das Wohlfahrtsdenken höheren philosophischen (und Wohlstands-) Ansprüchen genügen will, projiziert man Schillers Ich der Anmut, der sittlichen Grazie, der aufgelösten Seelenwidersprüche in die sozialutopische Idylle der aufgelösten Klassen- und Lebenswidersprüche überhaupt.[2]

Tatsächlich: im Anschluß an die zeitgenössische Geschichtsphilosophie des Dreischritts träumt Schiller zuweilen in seinen theoretischen Schriften und in einem vielzitierten Brief an Humboldt (29. November

1 Frankfurter Allgemeine Zeitung vom 14.12.1979.

2 Vgl. Annemarie Gethmann-Siefert, Idylle und Utopie. Zur gesellschaftlichen Funktion der Kunst in Schillers Ästhetik. In: JDSG 24 (1980), S. 32–67.

1795) von einem derartigen Idealzustand. Häufiger indessen und weit intensiver – und hier mag zur Abwechslung einmal die bei ihm vorherrschende Tendenz Beachtung finden –, weit öfters also *geißeln* diese Schriften ein solches Glückseligkeitsverlangen nach einer „grenzenlosen Dauer des Daseins und Wohlseins, bloß um des Daseins und Wohlseins willen", als Forderung einer „ins Absolute strebenden Tierheit" (‚Über die ästhetische Erziehung', 24. Brief). Rousseaus Zivilisationskritik in kantischer Potenz.

Noch tiefer muß uns treffen, wie Schiller das Phänomen erklärt. Er sieht darin das Produkt derselben ästhetischen Erziehung, die man gern als Paradebeispiel seines Utopismus anführt – nämlich als Produkt einer ästhetischen Erziehung, die aus den Kinderschuhen nicht heraus ist; aber wo ist sie das nach Schillers Kriterien? Die Vereinigung von Pflicht und Neigung, das Hauptziel jener Erziehung, bedeute ja nur allzuhäufig, daß die Neigung das Kommando übernimmt, um mit allerlei Sophismen ihre eigene Forderung, die Forderung des sinnlich-egoistischen Prinzips, als Forderung der Pflicht, des Allgemeininteresses auszugeben. Als Exempel nennt Schiller ohne Zögern die revolutionären Utopisten, die ein

> *Ideal politischer Glückseligkeit durch alle Greuel der Anarchie verfolgen, Gesetze in den Staub treten, um für bessere Platz zu machen, und kein Bedenken tragen, die gegenwärtige Generation dem Elende preiszugeben, um das Glück der nächstfolgenden dadurch zu befestigen.*

Dies ist die einzige längere Passage, die der Aufsatz ‚Über die notwendigen Grenzen beim Gebrauch schöner Formen' durch den Druck hervorhebt – ein Aufsatz, den man zu übergehen pflegt, den jedoch der vorletzte der Briefe ‚Über die ästhetische Erziehung' ankündigt als deren unentbehrliche Ergänzung! Hier interessieren die moralpsychologischen Überlegungen unmittelbar vor und nach dem Zitat:

> Wie viele gibt es nicht, die selbst vor einem Verbrechen nicht erschrecken, wenn ein löblicher Zweck dadurch zu erreichen steht [. . .] Die scheinbare Uneigennützigkeit gewisser Tugenden gibt ihnen einen Anstrich von Reinigkeit, der sie dreist genug macht, der Pflicht ins Angesicht zu trotzen, und manchem spielt seine Phantasie den seltsamen Betrug, daß er über die Moralität noch hinaus und vernünftiger als die Vernunft sein will.

Erliegen einfache Gemüter einer derartigen Versuchung, so verbergen sie sich nicht, daß sie versagen. „Der Mensch von verfeinertem Geschmack" hingegen, der Intellektuelle, der ‚Gebildete', der Zögling der Kunst [Kultur] will es nicht Wort haben, daß er fällt, und um sein Gewissen zu beruhigen, *belügt* er es lieber. Er möchte zwar gern der Begierde nachgeben, aber ohne dadurch in seiner eigenen Achtung zu sinken.

Wie bewerkstelligt er nun dieses? Das ist die Frage, die den Dramatiker und Psychologen fesselt. In ,Über das Erhabene' spricht er von der fatalen Fertigkeit der sinnlichen Natur des Menschen,

sich in der verführerischen Hülle des geistig Schönen in den innersten Sitz der moralischen Gesetzgebung einzudrängen und dort die Heiligkeit der Maximen an ihren Quellen zu vergiften.

Schiller erwartet dabei „für die Moralität des Charakters" zweierlei Gefahren: erstens jene „zu innige Gemeinschaft zwischen den sinnlichen und sittlichen Trieben", die doch eigentlich das Ziel der ästhetischen Erziehung ausmacht; ebenso aber zweitens die „anhaltende Glückseligkeit" einer realisierten utopischen Idylle. Sie werde „leicht eine Klippe der Tugend", während „die echte Moralität sich nur in der Schule der Widerwärtigkeit bewähre". Eine moralische Theodizee des Übels, kann man sagen. Und sie führt hier, am Ende des Aufsatzes ,Über die notwendigen Grenzen beim Gebrauch schöner Formen', zur ausdrücklichen Ablehnung des „ununterbrochen" glücklichen Zustands in der utopischen Idylle. Und auf alle Fälle fordert der Aufsatz ,Über das Erhabene':

so muß das Erhabene zu dem Schönen hinzukommen, um die *ästhetische Erziehung* zu einem vollständigen Ganzen zu machen und die Empfindungsfähigkeit des menschlichen Herzen nach dem ganzen Umfang unsrer Bestimmung, und also auch über die Sinnenwelt hinaus, zu erweitern.

Schiller zielt hier auf die ästhetische Erziehung durch Tragödie, durch die Aufhebung der schönen Einheit von Vernunft und Sinnlichkeit. Nimmt man also heute weithin an, in der Tragödie habe Schiller es ontologisch auf die materielle Utopie der Idylle und psychologisch auf die anmutig-harmonische Einheit des Herzens mit sich selber abgesehen, dann sagt das nichts, wenigstens nichts Zutreffendes über Schiller aus, sehr viel dagegen über uns und unser utopisches Verlangen nach einer angenehmen Existenz ohne Konflikte und unbequeme Ansprüche. Schillers ästhetische Erziehung soll ja, ist einmal für Essen, Kleidung, Wohnung und für die Anfänge der Bildung gesorgt, gerade auch das Vermögen zu „würdiger" moralischer Bewährung im Konfliktfall kultivieren. Das Höchste ist nicht einfach die Anmut, sondern ihre Vereinigung mit der Würde.

Sie ist scharf zu scheiden von der erwähnten verfälschenden Vermengung. Letztere wird mit ermöglicht dank einer eigentümlichen Dialektik zwischen Anmut und Würde. Jede Anmut kann ungeprüfte Tugend sein, bewährt ihre moralische Gediegenheit daher erst, wenn sie sich erhebt zur Würde. Die Anstrengung der Würde andererseits enthüllt die Grenzen der Menschheit, ihrer Kraft. Je größer der Kraftaufwand, je mehr innerer Widerstand muß überwunden werden. Je geringer der Kraftaufwand, um so größer entweder die schon vorhandene moralische Stärke und deshalb die Anmut – oder die moralische Unempfindlichkeit. So gelangt Schiller für die Tragödie zu dem Postulat: Bevor die Willensanstrengung des Helden im Konflikt uns wahrhaft erschüttern und zur Bewunderung erheben könne, müsse er erst seine Leidensfähigkeit bewähren (‚Über das Pathetische').

Schiller ist nicht auf barocke, außerordentliche Größe aus. „Nicht das Große, nur das Menschliche geschehe", fleht Max Piccolomini (‚Wallensteins Tod' III, 21); und ähnlich in der ‚Braut von Messina' jener Don Cesar, der sich doch ebensowenig wie Max vorm Sterben scheut, wenn es sein muß.[3] Im Zeitalter der Empfindsamkeit und des bürgerlichen Trauerspiels finden auch in Schillers Dramen die Konflikte auf einer Ebene statt, die wir oft unerheblich und künstlich erhöht finden: zu privat, zu unheroisch. Maria Stuart macht viel Aufhebens von ihrem großen, königlichen Stil zu sterben – aber sterben muß sie doch sowieso, hat man gesagt; und hinzufügen könnte man: in der Geschichte ging sie dem Tod weit überlegener entgegen. Auch die französische Aristokratie tat den Gang zur Guillotine noch mit der heroisch-einfältigen Gelassenheit alten Stils. Das Bürgertum der Aufklärung und mit ihm Schiller wollten dagegen die einfacheren Tugenden der Menschlichkeit. Ihre Kraftgenies im Sturm und Drang wirken deshalb auf uns nur wenig überzeugend. Doch gerade Schiller will schon wieder zugleich das erhalten, was bei der Herausbildung bürgerlicher Humanität verlorenzugehen drohte und was er fast nur noch aus der Geschichte und der Oper kannte:

> diese Energie des Charakters, [. . .] die wirksamste Feder alles Großen und Trefflichen im Menschen, deren Mangel kein anderer, wenn auch noch so großer Vorzug ersetzen kann (‚Über die ästhetische Erziehung', 10. Brief).

[3] Vgl. Wittkowski, Tradition der Moderne als Tradition der Antike. Klassische Humanität in Goethes ‚Iphigenie' und Schillers ‚Braut von Messina'. In: Zur Geschichtlichkeit der Moderne. Fs. für Ulrich Fülleborn. Hg. von Theo Elm und Gerd Hemmerich. München 1982, S. 113–134.

Es handelt sich um das, was für die sittliche Würde und ihre dramatische Gestaltung, das Erhabene, entscheidend ist: die Kraft des Willens. Die Kultur des Erhabenen ist die Kultur des Willens, des Vermögens, das Triebverlangen dem Pflichtgebot zu unterwerfen und so das eigene Ich von Fall zu Fall neu zu bestimmen, neu zu formen. Gerade diese Schaltstelle der Entscheidungen, der Wille, ist der moralischen Verfälschung durch das Triebverlangen ausgesetzt und bedarf eben deshalb – zusammen mit dem Gefühl für Gut und Böse, das ihn leiten soll – der Kultivierung, der Übung. Sie geschieht im Drama und im Anschauen des Dramas. Die Umformung des Ich, die der Drang der Umstände erfordert, beginnt auf der Bühne mit einer Reflexion des Ich auf das, was es *tun* will und also *sein* will. Denn der Charakter malt sich in der Tat. Die Figur entwirft ihr künftiges Verhalten in der Phantasie und inszeniert es jetzt, in Wort und Geste, schon im voraus, als Generalprobe gleichsam. „Maria Stuart wird als eine Königin und Heldin sterben", kündigt ihre Amme an. Die Heldin inszeniert es, probt es – unter Rückfällen – und macht sich damit für den Augenblick der Wahrheit stark. Mein Beispiel aus ‚Kabale und Liebe' freilich setzt dieses zentrale Vermögen wieder der Kritik aus; es ist schon eine Selbstkritik des Sturm und Drangs: weil diese Selbstformung des Ich gegen Widerstände von außen und innen sich hier um seiner selber willen, um der eigenen Größe willen übersteigert, sich mehr auf die Selbststeigerung des Genies richtet und weniger auf den Wert, der eigentlich in Frage steht.

Ferdinand hat gerade Lady Milfords Heiratsantrag abgewiesen und ist in höchster Erregung bei der Familie Miller eingetreten (II,5):

> FERDINAND (eilt auf Luisen zu, und drückt sie stark in die Arme). *Mein* bist du, und wärfen Höll und Himmel sich zwischen uns [. . .] Es ist überstanden [. . .] O laß mich Atem schöpfen an dieser Brust. Es war eine schreckliche Stunde.
> LUISE Welche? Du tötest mich!
> FERDINAND (tritt zurück, und schaut sie bedeutend an). Eine Stunde, Luise, wo zwischen mein Herz und dich eine *fremde* Gestalt sich warf – wo meine Liebe vor meinem Gewissen erblaßte – wo meine Luise aufhörte, ihrem Ferdinand *alles* zu sein – –

Diese erstaunlich aufrichtige Erklärung ist eine Huldigung der Empfindsamkeitskultur an das Gefühl in seiner Intensität und seinen reichen Schwankungen. Sie unterläuft – zusammen mit dem Atemschöpfen an Luisens Brust – den Titanismus, zu dem Ferdinand sein Verhalten im Rück- und zugleich auch schon im Vorblick stilisiert. Man versteht Luisens Reaktion:

Luise (sinkt mit verhülltem Gesicht auf den Sessel nieder).

Ferdinand seinerseits fährt fort, in einem vorgestellten Spiel im Spiel, sein gesolltes, gewolltes Verhalten voraus zu inszenieren:

> Ferdinand (geht schnell auf sie zu, bleibt sprachlos mit starrem Blick vor ihr stehen, dann verläßt er sie plötzlich, in großer Bewegung). Nein! Nimmermehr! Unmöglich, Lady! *Zuviel* verlangt! Ich kann dir diese Unschuld nicht opfern – Nein, beim unendlichen Gott! ich kann meinen Eid nicht verletzen [. . .] Lady, blick *hieher – hieher,* du Rabenvater – Ich soll diesen Engel würgen? [. . .] (Mit Entschluß auf sie zueilend) Ich will sie führen vor des Weltrichters Thron, und ob meine Liebe Verbrechen ist, soll der Ewige sagen. (Er faßt sie bei der Hand, und hebt sie vom Sessel) Fasse Mut, meine Teuerste! – Du hast gewonnen. Als Sieger komm ich aus dem gefährlichsten Kampf zurück.

Damit ist der überstandene Kampf mit der Lady, aber zugleich wohl auch bereits der im voraus durchkämpfte zukünftige Kampf gemeint. Mit allen Farben jedenfalls malt Ferdinand die Riesenhaftigkeit der Hindernisse und damit die Riesenhaftigkeit seines bevorstehenden Kämpfens und Siegens aus – als hätte er auch die kommenden Auseinandersetzungen bereits gemeistert. Die realistische Luise freilich übergeht das unbeeindruckt:

> Luise [. . .] Du nanntest die *Lady?* [. . .] Man sagt, sie wird heiraten.
> Ferdinand (stürzt betäubt zu Luisens Füßen nieder). *Mich,* Unglückselige!

Man ist verdutzt. Ist der Kampf also doch verloren? Was stimmt nun eigentlich? Und wo ist dieses Ich authentisch? Erst jetzt, wo es aus seinen Illusionen heruntergeholt wird in die Wirklichkeit? Lesen wir weiter. Die Familie klagt den Niedergesunkenen an. Der reagiert extremer denn je:

> Ferdinand (springt an Luise auf, voll Entschlossenheit). Aber ich will seine Kabalen durchbohren – durchreißen will ich alle diese eiserne Ketten des Vorurteils – Frei wie ein Mann will ich wählen, daß diese Insektenseelen am Riesenwerk meiner Liebe hinaufschwindeln.

Wahlfreiheit ist Autonomie. Willenskraft äußert sich dreimal: „ich will". Nur – will er eigentlich Luise? Oder will er nicht vor allem einer sein, der – „entschlossen" will? „Er will fort", will das entworfene Titanenwerk umsetzen in die Tat. Wie ein Kind aber läßt er sich von Miller bei der Hand zurückführen. In „tiefen Gedanken" auf und ab gehend, faßt er genauer ins Auge, was er gegen sich hat: *„Vaterrecht"*. Der Kampf mit dem Vater steigert sich für ihn sogleich zum Kampf mit dem Recht aller Väter und weiter mit dem Recht des Vaters schlechthin:

Gottes. Unbewußt und potentiell probt er bereits jenen Aufstand gegen Gott, durch welchen er sich späterhin ins Unrecht setzt:

> *Vaterrecht* [. . .] er [der Präsident] kann es weit damit treiben – Weit! – Doch aufs äußerste treibt's nur die *Liebe*. – Hier, Luise! Deine Hand in die meinige. (Er faßt diese heftig.) So wahr mich Gott im letzten Hauch nicht verlassen soll! – Der Augenblick, der diese zwo Hände trennt, zerreißt auch den Faden zwischen *mir* und der *Schöpfung*.

Das heißt natürlich: *er* wird den Faden zwischen sich und der Schöpfung zerreißen. Und er *wird* ihn tatsächlich zerreißen. Die Tat wird also rückwirkend den hypothetischen Vorausentwurf authentisch machen, und authentisch dessen Urheber, das Ich, das im voraus seine *Tat* und damit sich *selbst* entwarf. Anschaulicher als der spontane Zusammenfall von Denken und Tun oder gar als deren lügenhaftes Auseinanderfallen führt die langwierige Inszenierung vom Vorentwurf bis in die Tat hinein das Ich als „Schöpfer", d.i. „Selbsturheber seines Zustandes" (‚Über Anmut und Würde') vor. Der Schillersche Held vielleicht mehr als irgendein anderer Held der Weltliteratur wählt, ändert, setzt sein Ich von Entscheidung zu Entscheidung neu (Kommerell[4]). Denn „der Mensch ist das Wesen, welches will" (‚Über das Erhabene'), „das sich nach Willkür verändert" (‚Über Anmut und Würde'), das aus sich machen kann, was es „sein will", „sein soll" (‚Über die ästhetische Erziehung', 21. Brief).

Auf dieses Vermögen pocht Ferdinand. Allerdings drängte er uns die Frage auf, ob es ihm nicht um den Willen um des Willens und der Selbst-Schaffung willen gehe und weniger um den Willen, Luise um Luisens willen zu erringen. Entschlußkraft wurde ihm bei seinem Auftritt schon zweimal per Regieanweisung zugebilligt. Endlich erkennt er und ergreift er sie bewußt, ja feierlich (nicht unähnlich dem jungen Kaiser in Akt IV von ‚Faust II'):

> Es ist nicht Wahnsinn, was aus mir redet. Es ist das köstliche Geschenk des Himmels, *Entschluß* in dem geltenden Augenblick [. . .] Ich liebe dich, Luise – Du sollst mir bleiben, Luise –

Das soll Luise beruhigen, weckt aber bei ihr – und auch bei uns – eher Mißtrauen. Wievieler Neu-Entschlüsse braucht es eigentlich? Und wie Ferdinand sich in seiner Not und Anstrengung auf das Erringen Luises oder vielmehr auf seine dafür benötigte Willenskraft konzentriert: soll

4 Max Kommerell, Schiller als Psychologe. In: M.K., Geist und Buchstabe der Dichtung. Frankfurt/M. [1939] 1956, S. 242.

das nicht vor allem seinem Ich- und Selbstgefühl Genugtuung verschaffen?

Luise jedenfalls kontrastiert damit nur allzu deutlich. Ihre Liebe ist selbstlos, ist ganz Selbstaufopferung, muß freilich nicht weniger immer neu beschlossen, inszeniert werden. Im Gespräch mit Lady Milford (IV,7) nutzt sie dann die Gelegenheit, ihre „Ohnmacht zu einem Verdienst auf[zu]putzen" und sich „den Schein einer Heldin [zu] geben". Das ist die berühmt-berüchtigte Unterwerfung unter das Unvermeidliche, die zurückgeht auf Spinoza. Schillerisch daran ist die Selbstbestimmung des Modus, in welchem solche Unterwerfung vor sich geht. Luise verkündigt ihr freiwilliges Entsagen. Damit werden ihr Verdienst, ihr Heldentum schon wirklich; und beinahe wird es auch das „Gespenst einer Selbstmörderin", als das Luise sich vorausentwirft – nicht ohne den unchristlichen Wunsch, mit dieser Drohung der Lady noch eins auszuwischen. Das stört die letztere freilich nicht. Sie stört, daß Luise so großmütig entsagt und die Entsagung im vollen „Ton" der Großmut inszeniert. Dadurch fühlt Lady Milford ihren Tugendstolz herausgefordert und vor allem ihr Vermögen, sich gleichfalls tugendgemäß zu inszenieren, zu bestimmen. Sie setzt Selbstinszenierung gegen Selbstinszenierung, und das heißt Selbstbestimmung gegen Selbstbestimmung:

> Auch ich habe Kraft, zu entsagen. [. . .] Groß, wie eine fallende Sonne, will ich heut vom Gipfel meiner Hoheit heruntersinken, [. . .] jetzt auf der Stelle, ehe die Reize des lieben Jünglings den blutigen Kampf meines Herzens erneuren. (IV,8)

Selbstinszenierung stellt sich als Leistung, als Verdienst und Kraft dar: als Triumph über die Gebrechlichkeit, Anfechtbarkeit des Ich. Die Selbstreflexion signalisiert Distanz des Ich zu sich selber, Verfügungsgewalt des Willens über die Triebnatur. Damit ist noch nicht Moralität gewährleistet, nur die Bedingung ihrer Möglichkeit: die dem Menschen konstitutive potentielle Autonomie des Willens und Freiheit der Selbstbestimmung. Der autonome freie Wille hält ja auch umgekehrt moralische Anfechtungen in Schach und unterstützt verbrecherische Absichten. Für sich genommen stehen Autonomie und Kraft des Willens jenseits von Gut und Böse. Als unentbehrliche Grundlage wahrer Moralität und weil sie überaus eindrucksvoll sinnfällig zur Schau treten, gewinnen sie, sagt Schiller, „ästhetischen" Eigenwert, der sich vom moralischen am eindeutigsten da unterscheidet, wo er sich mit purer Amoralität verbindet, z.B. mit dem amoralischen Wert oder Unwert der Macht um der Macht willen.

Andererseits zeigt sich hier, wie es zur Verwechslung der Ästhetik mit der Ethik, des Schönen mit dem Guten kommen kann. Der ästhetische Eigenwert der Kraft führt nur allzuleicht das moralische Urteil der Helden irre, ja das des Dichters und natürlich das des Publikums und der gelehrten Interpreten. Gerade am Verbrecher demonstriert Schiller gern Autonomie, Selbstbestimmung, Willenskraft. Schon in der ‚Räuber'-Vorrede betont er, es bedürfe beträchtlicher „Geisteskraft", solle hier das ästhetische Urteil nicht das moralische „bestechen". Tatsächlich schloß man immer wieder von der imponierenden Willenskraft der Helden auf die Moralität ihrer Absichten und Zwecke. Hinzu kommt, daß die Helden sich zu rechtfertigen suchen mit einer moralischen oder vielmehr amoralischen Sophistik, die Schiller eigentlich exponiert, damit wir sie durchschauen sollen. Wallenstein, Elisabeth, Demetrius greifen zu eindeutig üblen Mitteln, konnten jedoch zahlreiche gelehrte Leser überzeugen mit ihrer Berufung auf Kollektivinteresse, Staatsraison und Fortschritt, auf Unwert und Gefährlichkeit des Gegners, auf Notwendigkeit des geschichtlichen „Muß", auf Unfreiheit des Willens.[5] Die letzten beiden Punkte kämen dem Zusammenbruch des Schillerschen Idealismus gleich; und genau den hat man seit Gerhard Fricke in ‚Demetrius' erblicken wollen, heute sogar in ‚Wallenstein' und anderen Dramen.

Wieder gibt dergleichen Auskunft nicht über Schiller, sondern über uns und unsere ganz andere Denkweise, über unsere enorme Täuschbarkeit in ethischen und psychologischen Fragen, selbst wenn die Kunst sie m.E. durchsichtig genug präsentiert. Allzuleicht ist man jener Methode ins Garn gelaufen, mit welcher der aufklärerische Moralpsychologe Schiller versucht, „jedes Äußerste" „zur Natur zurück" zu führen und unserem „Herzen menschlich näher" zu bringen (Prolog zu ‚Wallensteins Lager'). Demetrius und Wallenstein werden zwar Betrüger und Verräter, aber ganz gegen ihren Wunsch und Vorsatz. Sie

[5] Repräsentativ hierfür: Walter Müller-Seidel, Episches im Theater der deutschen Klassik. Eine Betrachtung über Schillers ‚Wallenstein'. In: JDSG 20 (1976), S. 338–386; Klaus L. Berghahn, Zum Drama Schillers. In: Handbuch des deutschen Dramas. Hg. von Walter Hinck. Düsseldorf 1980, S. 157–173 (nicht durchgehend, aber im Fall des ‚Wallenstein', S. 168). Zur Kritik beider vgl. meine Arbeiten: Theodizee oder Nemesistragödie? Schillers ‚Wallenstein' zwischen Hegel und politischer Ethik. In: JFDH 1980, S. 177–237; Ethik der Politik oder Utopie der Geschichte? Schillers Ästhetik und der ‚Prolog' zu ‚Wallensteins Lager'. In: Kontroversen, alte und neue. Akten des VII. Internationalen Germanisten-Kongresses in Göttingen 1985. Tübingen 1986, Bd. 8, S. 46–55.

möchten in Eintracht mit Recht und Wahrheit leben. Erst als sie wählen müssen zwischen Recht und Macht, Wahrheit und Betrug, trennen sie sich unter Schmerzen vom Guten und bekennen sich zum Verbrechen. Die Situation erprobt den Charakter und bringt den vorherrschenden Zug heraus. An Wallenstein verrät sich lange vor der Entscheidungswahl, bei Demetrius sogar unbewußt, der Machtwille als treibende Gemütskraft. Die Wahl fällt dann unter dem Druck oder der Versuchung der Lage und gemäß dem Diktat einer genau kalkulierten Ichstruktur – dennoch aber frei, d.h. in Verantwortung. Die neue Einheit mit sich selber stellen diese Figuren im Amoralischen, im Bösen her, in der Freiheit der Macht, der Willkür, die sich an kein moralisches Gesetz mehr bindet.

Dabei sollen nun wir Zuschauer uns nicht „bestechen" lassen von dem schönen Fell des Tigers und die Warnung vor ihm überhören. Das fordert Schiller schon in der Vorrede der ‚Räuber'. Er räumt ein, es gehöre schon beträchtliche „Geisteskraft" dazu. Und an der läßt man es vollends fehlen, wenn man, beeindruckt von der „schönen Seite" des Tigerfells, den heute etwa so beliebten Kompromiß einer ‚Ambiguität', einer sachlichen und darum auch moralischen Gleichberechtigung der Positionen, schließt oder gar sich überhaupt auf die Seite dieser Helden schlägt. Wenigstens und gerade in der Kunst, so fordert Schiller, sollen wir uns zur „guten Sache" bekennen, „auch wenn sie gegen [uns] sprechen müßte" und wir „nicht immer Stärke genug" haben, im Leben „darnach zu handeln".[6] Angesichts des Scheins der Kunst gewinnen wir ja die Freiheit, uns in der Phantasie zu Wortführern oder wenigstens Parteigängern des Guten zu inszenieren. Natürlich hofft Schiller, daß wir bei genügend Training durch die Tragödie dann auch im Leben unsere Sache besser machen.

Was aber ist die „gute Sache"? Wo liegt die Grenze? Die Antwort klingt damals einfach: beim Egoismus; oder zwischen dem Egoismus und seinem Gegenpol, der Liebe. Liebe will „fremde Glückseligkeit", die Freiheit aller; sie will – darin gipfeln die Briefe ‚Über die ästhetische Erziehung' – allseitige, allgemeine „Freiheit geben durch Freiheit", d.h.

[6] Gerhard Schulz zitiert mehrfach diese Stelle aus ‚Vom Erhabenen' (Die deutsche Literatur zwischen Französischer Revolution und Restauration. I. Teil 1789–1806. München 1983, Kapitel ‚Schillers dramatisches Werk', S. 495–527). Dabei verwechselt er m.E. die gemeinte kontrollierte Ausgewogenheit von Ethik und Ästhetik mit sachlich-ethischer Ambiguität. Gleiches gilt für die zahlreichen Schillerstudien von Walter Hinderer. Vgl. dazu meinen in Anm. 5 genannten Aufsatz von 1986.

durch selbstlose Sympathie und achtungsvolle Schonung der Autonomie anderer. Egoismus dagegen ist die Durchsetzung des Ich auf Kosten des Glücks und der Autonomie anderer.

So weit, so gut. Der skeptisch-kritische Moralpsychologe Schiller wittert jedoch auch hier die Praxis der unseligen Verwechslung des Guten mit seinem genauen Gegenteil. Wir vernahmen schon seinen Zorn auf die bloß „scheinbare Uneigennützigkeit" aller Weltverbesserungs-Motive. Er liest die Eigenliebe, die in Wahrheit dahinter steckt, schon aus der Ungeduld, dem Eifer, mit dem man da rücksichtslos auf Wirkung drängt (9. Brief). Aber überhaupt unterliege, schreibt er[7], nichts so leicht der Verwechslung wie das Gegensatzpaar Liebe und Egoismus. Im Leben ist es häufig schwer, den falschen Schein zu durchstoßen. Im Drama dagegen läßt sich das durchaus organisieren – wenn Schillers Bemühungen da auch weitgehend vergeblich, unverstanden blieben.

An Luise Millerin bemängelt man gern ihr kleinbürgerliches Unvermögen, Ferdinand ins private Liebesglück zu folgen, also ohne sich weiter um ihren Eid, geschweige denn um die, wie sie glauben muß, womöglich lebenslange Haft des Vaters zu bekümmern.[8] M.E. markieren solche Rücksichten und Bindungen jedoch in diesem Drama die Verletzbarkeit des bürgerlichen Menschen aus Moralität und eben seine moralische Überlegenheit über die feudale Amoralität, an welcher Ferdinand noch immer teilhat – auch und gerade als ein Männerheld des Sturm und Drangs. Luise indessen glaubt an kein Glück, wenn Ferdinand imstande ist, seinen Vater zu bestehlen und mit dessen Fluch zu leben. Es kommt ihr nämlich weniger auf das an, was Ferdinand tut und aushält, sondern vielmehr auf die Verwilderung, die ihn ergreift in allem, was er jetzt denkt, fühlt, will, intendiert. Denn wer anders ist der Mensch als das, was er denkt, empfindet? Und ist er dann nicht auch das, was ihm vorschwebt, was er intendiert, und derjenige, zu dem er

---

7 ‚Über die notwendigen Grenzen beim Gebrauch schöner Formen'.

8 Zu diesem Fehlschluß und schiefen Bild des ganzen Werkes gelangt kürzlich wieder Helmut Koopmann, ‚Kabale und Liebe' als Drama der Aufklärung. In: Verlorene Klassik? Ein Symposium. Hg. von Wolfgang Wittkowski. Tübingen 1986, S. 286–308. Er ignoriert die historisch-politischen und geistesgeschichtlichen Gegebenheiten, die im folgenden darzulegen sind und die ich nachträglich bestätigt finde durch: Wolfgang Riedel, Die Anthropologie des jungen Schiller. Zur Ideengeschichte der medizinischen Schriften und der ‚Philosophischen Briefe'. Würzburg 1985. Riedel konzentriert sich allerdings auf die Geistesgeschichte der Ontologie und Anthropologie und streift erst gegen Ende die ethischen Konsequenzen, die ich ins Zentrum rücke.

sich im voraus inszeniert – und durchaus nicht erst derjenige, dessen *Tun* dem Ich des inszenierten Vorausentwurfes Authentizität verleiht? Die Authentizität des Ich mag durch die Tat modifiziert oder bekräftigt werden. Sie beginnt – wen wundert es ? – schon im Vorausentwurf, im Empfinden, Reflektieren, Wollen. Das Ich ist stets im Werden. Die Frage ist, wie weit es diesem Werden, dem Zusammenwirken von Umständen und Charakter, seinen Lauf läßt oder wie weit es diesen Lauf, sein Werden, kraft eigenen Wollens und Wählens *selber* mit bestimmt, authentisch macht, authentisch erhält: sei es in dem, was es zuinnerst *ist,* sei es in dem, was es sein soll und kann. Von der gleichsam ‚natürlichen' Authentizität des Ich wäre demnach zu unterscheiden die autonom potenzierte Authentizität des Selbst.

Zur Zeit der Empfindsamkeit war man sich seiner selber mit Genuß bewußt – seit Lessing besonders intensiv im Leiden und im Mitleiden, im Sturm und Drang des eigenen Gefühls und Kraftgefühls, des Gefühls eigener Größe. Wurm spottet über Ferdinand: „Nichts wird seine Ambition in Bewegung setzen, als was groß ist und abenteuerlich" und seinen „Träumereien von Seelengröße" Stoff gibt (III,1). Gewiß ist das nicht alles. Ferdinand liebt Luise. Doch schon von seinem ersten Auftritt an beherrscht ihn die Begeisterung für seine Größe. Diese seine Eigenliebe bringt mit sich den selbstbezogenen Hang zum schnellen Gekränktsein, zur Eifersucht. Und das alles übersteigert sein Autonomie-Bewußtsein gegenüber Gott so weit, daß er dessen Vollmacht zu strafender Rache für sich beansprucht: daß er die scheinbar untreue Geliebte ermordet und auch gleich sich selbst, den Mörder: Universalgericht über sie, sich, über Gott und die Einrichtung der Welt.

Der Dramatiker Schiller teilt von Anfang an die Selbstkritik des Sturm und Drangs, den er ja bereits als Nachzügler zum Gipfel führt. So erhebt er den damals durchaus modischen Vorwurf, Ferdinand habe seine unselige Begeisterung für seine eigene Größe, Kraft, Entschlossenheit von der Akademie bezogen (auch wenn Wurm das sagt; III,1). Und ähnlich zieht schon der Student Karl Moor die Begeisterung für Kraft und Größe aus seiner Plutarchlektüre. In der Vorrede versichert der Verfasser nicht bloß mit Beifall, sondern auch kritisch, den Helden reizten seine Taten und Untaten einzig um der „Größe" und der „Kraft" willen, die er bei ihrer Bewältigung beweisen werde. Bereit zum Selbstmord, an der Schwelle von „Zeit und Ewigkeit", sinniert er:

> Sei wie du willt *namenloses Jenseits* – bleibt mir nur dieses mein *Selbst* getreu – Sei wie du willt, wenn ich nur *mich selbst* mit hinübernehme – Außendinge

> sind nur der Anstrich des Manns – *Ich* bin mein Himmel und meine Hölle. [. . .] Ich würde [. . .] die schweigende Öde mit meinen Phantasien bevölkern. (IV,5)

Eine großartige – und ohnmächtige, leere Geste der Autonomie. Karl zitiert mit den letzten Sätzen Miltons Luzifer. Er teilt dessen Größe, die lediglich vor Gott zuschanden wird – nicht vor Menschen. Wie Ferdinand, so wird auch Karl durch seine Überhebung stürzen gleich Luzifer. Ja, vor Gott stehen beide zuletzt wie vorwitzige Knaben da.

Mit Gott meldet sich die metaphysische Wert- und Weltordnung, die der Mensch nicht ungestraft verletzt, gleichgültig ob er sie wissentlich beleidigt wie Wallenstein oder ob ihn Leidenschaft und Täuschung irreführen. In der Tragödie schlägt die gestörte Weltordnung zurück in Gestalt der Nemesis. Als Rächerin im Dienste der Gerechtigkeit, des Maßes, sorgt sie für das Gleichgewicht der Dinge. Dafür müssen neben den Schuldigen auch Unschuldige, Irregeführte fallen. Das gehört wesentlich mit zur tragischen Wirkung. Schiller glaubte später gewiß nicht selbst an eine Nemesis im Leben.[9] Anders Herder, der sie überdies dem Geschichtsdarsteller 1786 als pädagogisches Mittel empfahl.[10] Schiller hatte sie seit den ‚Räubern' schon benutzt und bediente sich ihrer fortan um so lieber, als sie herkömmlich zur Tragödie gehörte. Ferner entsprach das Nemesis-Prinzip einer Überzeugung in der Leibniz-Tradition, die ihm ethisch und ästhetisch zusagen konnte und die er vielleicht doch nicht ganz hinter sich gelassen hatte. Es ist die Überzeugung, daß der Mensch – unbeschadet seiner Autonomie – in den großen Zusammenhang der Dinge fest eingefügt sei und ihn mitverantworte. Wir gelangen damit zum Gegenpol und Gegenhalt der Subjektivität des Ich: zu dem Verhältnis, das die zentrale Wichtigkeit der Subjektivität bei Schiller erklärt.

---

9 Soweit die überwältigende Mehrheit der Forschung deshalb die Nemesis in Schillers Dramen leugnete oder, wie Benno von Wiese, in ein Instrument teleologischer Geschichtslenkung umdeutete, folgte sie der traditionellen Auffassung, Literatur drücke die Überzeugungen des Autors unmittelbar spiegelgerecht aus, und ihren eigenen ideologischen Vorentscheidungen, die einer Nemesis keinen realen Raum ließen. Hier aber ist von Kunst die Rede. In diesem Punkt übersahen das sämtliche bisher genannten Forscher, mit Ausnahme immerhin von Wieses.

10 Herder, Nemesis. Ein lehrendes Sinnbild, 1786. Vgl. Schillers Brief an Körner vom 8.8.1787, ferner Wittkowski, „Der Übel größtes aber ist die Schuld". Nemesis und politische Ethik in Schillers Dramen. In: Friedrich Schiller. Ein Symposium. Hg. von Wolfgang Wittkowski. Tübingen 1982, S. 294–309. Statt der dort benutzten Lesung des Herder-Zitates „Gesetz des *Moses*" ziehe ich jetzt vor: „Gesetz des *Maßes*".

Karl Moor meinte, nach dem Tode bestehe er, sein Ich, in Form seiner Phantasien weiter. Ferdinand ist in seinen wie in Luisens Augen, was er denkt, fühlt, intendiert. Die ‚Theosophie des Julius' der ‚Philosophischen Briefe' formuliert es unbeholfen überdeutlich:

> In dem Augenblicke, wo wir sie uns denken, sind wir Eigenthümer einer Tugend, Urheber einer Handlung, Erfinder einer Wahrheit, Inhaber einer Glückseligkeit

– folglich auch der vorgestellten Willenskraft und Größe. Jedenfalls schießen ihre Keime in uns auf und können sich ihrer Vollendung um so rascher nähern. Gleiches gilt für das Theaterpublikum. Schiller basierte seine Dramaturgie auf eine allgemein akzeptierte Psychologie und Philosophie vom Menschen und seiner Stellung in der Welt. Auf der Bühne, beim Zuschauer und im Leben geht es von seiten des Subjekts um Identifikation mit Haltungen, Werten; um Selbstinszenierung und Steigerung des Ich. Noch die ‚ästhetische Erziehung' und andere Programme klassischer Pädagogik sprechen von der allseitigen Ausbildung der Kräfte. Faust strebt, sein „eigen Selbst" zum „Selbst" „der ganzen Menschheit" zu „erweitern" – wofür ihn Mephisto als „Herr Mikrokosmus" verspottet (V. 1770–1802).

Das deutet auf das Desiderat, das Chaos der Werte bedürfe der Ordnung durch Moralität. Auf sie ist es bei Schiller immer abgesehen, auch wenn es im ‚Philosophischen Gespräch aus dem Geisterseher' zunächst scheinbar anders klingt, nämlich „daß die Moralität des Menschen in dem Mehr oder Weniger seiner innern Tätigkeit" liege.[11] Die andere Seite, die der Objekte, der Welt und Mitmenschen, rückt aber sogleich in den Blick, wenn es weiter heißt: Der „Mensch hat keinen andern Wert als seine Wirkungen" – Wirkungen verstanden wie später Goethes „Was fruchtbar ist, allein ist wahr" (‚Vermächtnis'). Was heißt das?

Zunächst kommt es offenbar – typisch für die Moralphilosophie der Zeit – nicht auf Erfolg und Mißerfolg des Handelns an. In der Tat und erst recht in ihrer Wirkung spiegeln der Charakter und seine Absicht sich schon nicht mehr ausschließlich und rein. Nicht ganz zu Recht beruft sich Wallenstein darauf:

---

[11] Am 9.3.1789 schreibt Schiller an Körner, mit diesem Argument fruchtbarer Wirkung sei es ihm völlig ernst.

> In meiner Brust war meine Tat noch mein, [. . .] / Hinausgegangen in des Lebens Fremde, / Gehört sie jenen tückschen Mächten an, / Die keines Menschen Kunst vertraulich macht. (,Wallensteins Tod' I,4)

Gleichsam schon an der Haut des Ich „drängt fremd und fremder Stoff sich an" (,Faust', V. 635). Die Impulse aus dem Inneren werden gleich an der Grenze zwischen Ich und Welt abgebogen, umgeformt. Die Wirkung kann ganz anders ausfallen als beabsichtigt. Die beabsichtigte Wirkung gewissenhaft vorauszubedenken ist daher verantwortliches Gebot und zugleich fast unmöglich. Nur für seine Absichten kann der Mensch voll einstehen. Nur sie gehören ihm zu. Nur an ihnen zeigt sich sein Ich rein, authentisch. Nur sie sind ihm voll zuzurechnen, nicht aber Erfolg und Mißerfolg – obwohl er vor allem für sie einzustehen hat. Und eben darum ist es um so wichtiger, daß er sich wenigstens auf seine guten Absichten berufen kann.

Da außerdem die Menschen sich verstellen, ihre wahren Absichten verbergen, wird jedes Eingreifen ins Leben zusätzlich zum Risiko, zu einem Vertrauensakt, und hängt, was die Wirkungen angeht, entscheidend mit von der Vertrauenswürdigkeit, dem guten Willen der andern Menschen ab. Nur dann haben gute Impulse, die von der Subjektivität des Ich ausgehen, eine Chance, sich so, wie sie gewollt sind, in die Zukunft und in den Zusammenhang des Ganzen hinein auszuwirken. Und umgekehrt ist es „der Fluch der bösen Tat, / Daß sie, fortzeugend, immer Böses muß gebären": „Und eine Frevelhandlung faßt die andre/ In enggeschloßner Kette grausend an".[12] Weltverbesserer, die es mit den nächsten Mitteln und Schritten ihres Weges nicht genau nehmen, gelten Schiller ebenso wie die Rechtsbrecher und Diktatoren Wallenstein, Elisabeth, Demetrius als Auslöser solcher Ketten des Übels. Letztere, zumal die beiden Männer, setzen jeden, der sie beseitigen will, ins Recht, ins Recht der Nemesis. Ihr Leiden und Kämpfen schafft die ästhetisch-ethisch zwiespältige Wirkung der pathetisch-erhabenen Tragödie. Die Helden, deren Scheitern derart tragisch erschüttert, weil sie dabei „die mächtigsten Kräfte der Menschheit"[13] entfalten, verletzen durch ihre Verstellung, ihren Rechts- und Treuebruch das Ordnungsganze: die Rechte anderer Individuen, besonders die Autonomie der Loyalitäts- und Treuewahl der Mitmenschen.

---

[12] Octavio Piccolomini, ,Die Piccolomini', V,1; Max Piccolomini, ,Wallensteins Tod', III, 18.

[13] Aufzeichnung zu ,Demetrius'. Vgl. meine Ausgabe bei Reclam, S. 46.

Nochmals, nichts liegt hier Schiller ferner als das, was man diesen Figuren und den Schlüssen dieser Dramen angedichtet hat: jener faule Kompromiß einer Ambiguität zwischen Positionen gleichen Rechts (solche Positionen geraten in unversöhnliche Aporie nur bei moralisch guten Helden wie Luise Miller und Max Piccolomini). Gewiß bestätigen solche Fehlurteile die Autonomie des Kunstwerks, das sich keiner Lehre dienstbar macht und nicht direkt belehrt. Vielmehr gewährt es gemäß dem Prinzip der allgemeinen Menschenliebe, „Freiheit zu geben durch Freiheit", dem Betrachter die Freiheit und Autonomie, dem in sich geschlossenen Werk das darin implizierte Urteil abzulesen oder ihm ein falsches anzudichten. Schiller sucht davor zu bewahren durch Mittel, die sein ästhetisches Welt- und Wunschbild spiegeln: durch den „Beistand übersinnlicher, sittlicher Ideen" in Form von Sentenzen und durch Balancierung der Gewichte im Sinne der Nemesis. Das damit geweckte „Bewußtsein einer teleologischen Verknüpfung der Dinge[14], einer erhabenen Ordnung, eines gütigen Willens" soll uns bewegen, „in allgemeinen Gesetzen eine Rechtfertigung dieses besonderen Falles aufzusuchen und den einzelnen Mißlaut in der großen Harmonie aufzulösen" (,Über die tragische Kunst').

Wie gesagt, eine Harmonievorstellung, die derart an Leibniz und Lessing erinnert, entsprach Schillers persönlicher Überzeugung sicher nicht.[15] Offenbar erschien sie ihm aber unentbehrlich für das Kunstwerk der Tragödie und für das Ich, das trotz aller Aufklärung von seiner Autonomie, die ihm angeboren und zu der es verurteilt ist, noch keinen rechten Gebrauch zu machen weiß. Wie Moses steigt er halben Weges zum Bildungsstand des Publikums herunter. Keineswegs aber schafft er den ,Vorschein' einer besseren Welt: ein utopisches Versprechen, das dann andere ,einzulösen' hätten. Vielmehr sollen wir lernen, uns angesichts einer dramatischen Welt, die mindestens so miserabel ist wie unsere wirkliche, zu inszenieren zu moralischen Wesen, die sich ohne Rücksicht auf Gefahr mit dem Guten, Rechten identifizieren. Sapere aude: erkühne dich, weise zu sein, dich auf das Sittengesetz der Ver-

[14] Hier will Schiller nicht zurückbleiben hinter der zeitgenössischen Geschichtsphilosophie, die dann in Hegel gipfeln wird. Tatsächlich aber dient bei ihm die Nemesis einem Telos der Geschichte höchstens indirekt: durch Vernichtung des jeweiligen störenden Eingriffs in die ewige metaphysisch-moralische Weltordnung, sofern diese sich in den menschlichen Dingen, wie unzulänglich auch immer, niederschlägt.

[15] Vgl. ,Über das Erhabene'.

nunft zu beziehen und so zu urteilen, zu handeln, wie die Gattung sollte, heute vor der Bühne, morgen im Leben. In der Fremde des Lebens, wie Schiller sagt, ist das Ich ständig unterwegs.

Und zwar sollten wir laut Schiller auf unserem Wege unser Individuum zur Gattung erheben. Das heißt, wir sollen uns mit den Figuren nicht direkt identifizieren, sondern wie sie uns selber inszenieren – nicht direkt nach ihrem Muster, sondern in der allgemeinen Richtung, die das Werk, der Dichter angibt. Maria Stuart inszeniert sich angesichts des Todes zu einer „edlen Königin", als wäre es die Rolle eines Spiels. Ebenso sollen wir im Leben das Unglück und unser Ich „als ein künstliches behandeln"[16] – nicht weil das Ästhetische uns Unverbindlichkeit gewährte, sondern weil es uns Distanz verschafft und damit die Chance, uns un- oder weniger gehindert selbst zu inszenieren, unser Verhalten nach dem verbindlichen Sitten- und Vernunftgesetz der Gattung auszurichten, und derart die determinierende Gewalt des Verhängnisses zu brechen.

Natürlich weiß Schiller, daß wirkliches Leiden uns zu dergleichen oft nicht genügend Spiel-Raum läßt. Er rechnet – wie damals üblich – bestenfalls damit, daß unser Ich sich einem solchen Vermögen annähert. Ist doch der Mensch „nicht dazu bestimmt, einzelne sittliche Handlungen zu verrichten, sondern ein sittliches Wesen zu sein" (‚Anmut und Würde'). Die ästhetische Leichtigkeit wiederholt geübter moralischer Selbstinszenierung in der Phantasie soll es uns erleichtern und überhaupt ermöglichen, im Leben schwerere Pflichten zu erfüllen. Ein Ende, ein endgültig erreichter Zustand sind da kaum abzusehen. Nur eine wachsende Fertigkeit und Meisterschaft sind denkbar, die sich gleichwohl immer wieder neu bewähren müssen. Das Ich existiert in einem ständigen Prozeß des Werdens, des Ständig-sich-selbst-schaffen-Müssens.

Nur mit der *Kunst* also darf der Mensch spielen; und mit ihr *soll* er es, um den potentiellen Umfang seines Vorstellungs-, Willensvermögens, seine Ich-Existenz zu erweitern und verfeinern. Darin aber geht ihm der Dichter voran, der die Figuren und Vorgänge erschafft und auf das Vernunftgesetz bezieht. Daraus ergibt sich eine bemerkenswerte, Schiller eigentümliche Konsequenz: War für Lessing der mitleidigste Mensch der beste Mensch, so ist für Schiller „der einzige wahre Mensch" der Dichter – „und der beste Philosoph [. . .] nur eine Karika-

---

16 ‚Über das Erhabene'.

tur gegen ihn".[17] Um zum wahren Menschen, zum Menschen auf der Ebene der Gattung zu werden, müßte das Ich nicht allein sein rationales Denkvermögen ausbilden, sondern auch und vor allem sein Vermögen, gewiß nicht selbst zu dichten, wohl aber dem vorfühlenden Dichter nachzu*fühlen,* nachzu*dichten:* in seiner Phantasie zu *spielen* – freilich gerade nicht bloß mit der „ästhetischen Kunst", sondern auch mit der „noch schwierigeren Lebenskunst".[18] „Ernst ist das Leben, heiter ist die Kunst"[19] – ernst-heiter oder heiter-ernst die Lebenskunst: die Kunst, das Schwere zu behandeln, als wäre es leicht; und das Außerordentliche, das Unmögliche, als wäre es möglich.

[17] 7.1.1795 an Goethe.
[18] ‚Über die ästhetische Erziehung', 15. Brief.
[19] Schluß des Prologs zu ‚Wallensteins Lager'.

Diskussion

Schillers Konzept der Selbstinszenierung zwischen Stoa und Existenzialismus

W. Sokel skizziert eine bewußtseinsgeschichtliche Entwicklungslinie des Selbstinszenierungsmodells der Subjektivität, deren Endpunkt im Existenzialismus des 20. Jahrhunderts, besonders bei Jean Paul Sartre liegt, deren Ursprung aber bis in die stoische Tradition und deren barock-theatralische Umsetzung zurückreicht, wo sich der Mensch auf der Welt als Bühne vor einem göttlichen Zuschauer zu bewähren hat. „Das Brückenglied zu Schiller bildet die auf Shakespeare aufbauende Bühnenkultur des Bürgertums im 18. Jahrhundert, in der das neuzeitliche Ich zunächst auf der Bühne inszeniert und dann ins Leben übertragen wurde. Darin liegt die Bedeutung der Theatralik und speziell der Kulturinstitution ‚Bürgerliches Theater' als eines Bildungsfaktors des Ich, wie das der ‚Anton Reiser' [1785–1790] von Karl Philipp Moritz veranschaulicht."

W. Wittkowski und H. J. Kreutzer ergänzen diese Traditionslinie des Theatralischen noch durch Hinweise auf die Bedeutung der barocken Oper für Schillers Dramaturgie, wobei Kreutzer besonders an die einschlägige Arbeit von Peter Michelsen erinnert.[1]

[1] P. Michelsen, Studien zu Schillers ‚Räubern'. In: Jb. der Deutschen Schillergesellschaft 8 (1964), S. 57–111.

Das Selbstinszenierungs-Konzept in Schillers Gesamtwerk: Konstanz oder Entwicklung?

H. J. KREUTZER bezweifelt, daß die von Wittkowski beschriebene Art der Selbstinszenierung des Ich für Schillers Gesamtwerk Gültigkeit hat: „Ist das nicht hochgradig Dramaturgie der 70er Jahre, gebunden an eine hohe Bewertung des Individuums? Und wäre es nicht denkbar, daß im Fortgang von Schillers dramatischem Schaffen – ich erinnere besonders an den ‚Demetrius' – die Berücksichtigung politischer Strukturen und historischer Verhältnisse die Rolle und das Selbstverständnis des Ich entscheidend verändert?"

W. WITTKOWSKI verneint dies. Statt abzunehmen, steigere sich die Bedeutung der Selbstinszenierung vielmehr noch. Zum Beleg verweist er auf zwei Szenen aus dem ‚Demetrius': „Hier mutet der Held der Mutter des wahren Demetrius etwas Ungeheuerliches zu: nicht etwa Muttergefühle zu heucheln, sondern kraft ihres Willens wirklich echte mütterliche Gefühle für ihn zu empfinden. Und ganz entsprechend stellt sich Demetrius selbst, in einer im Entwurf überlieferten Szene, zuerst seine Herrscherrolle vor, formuliert sie und erfüllt sie dann auch."

Auch W. WEISS sieht Schwierigkeiten, das Schillersche Gesamtwerk unter dem Aspekt der Selbstinszenierung zu begreifen. Wie steht es etwa mit dem ‚Wilhelm Tell', wie mit der ‚Bürger-Rezension'?

W. WITTKOWSKI erinnert daran, daß auch Tell in einem langen Monolog [V. 2560 ff.] seine Tat vorausinszeniert. Für die ‚Bürger-Rezension' konstatiert er einen von Schiller gesehenen, aber unaufgelösten Widerspruch: „Einerseits muß der Dichter durch moralische und geistige Ausbildung seines Ich seine Persönlichkeit steigern; in Schillers Formulierung: er muß sich ‚zum allgemeinen Charakter der Menschheit erheben'[2], um zum ‚Wortführer der Volksgefühle'[3] werden zu können. Andererseits gilt: ‚Alles, was der Dichter uns geben kann, ist seine *Individualität*'[4]."

Gerade an dieser Aporie verdeutlicht W. WEISS noch einmal seinen Einwand. Der Bruch zwischen ‚gereinigtem' und ‚ungereinigtem', zwischen allgemeinem und individuellem Ich, der sich in der ‚Bürger-Rezension' abzeichne, markiere genau die Schwelle zwischen dem der Sturm-und-Drang-Phase zugehörigen und dem ‚klassischen' Subjektivitätsentwurf Schillers. Das neue Konzept zeige sich in Tells Entscheidungsmonolog: „Erst als dieser erkennt, daß er die Sache der Menschheit vertritt, findet er zur Tat, die nur deshalb gerechtfertigt ist, weil Geßler in Tell die Menschheit schlechthin verletzt hat. Das heißt aber, daß hier das Ich als ausgezeichnetes Individuum schon beinahe wieder fragwürdig ist."

W. WITTKOWSKI versucht, diesen Einwand zu integrieren, indem er ‚Menschheit' mit ‚Menschlichkeit' gleichsetzt: „In der Tat muß sich Tell über das bloß Private seiner Gefühle erheben – die Rachsucht [V. 2568 ff.] und den Schützenehrgeiz [V. 2644 ff.]. Doch bleibt er zugleich eben *auch* als Individuum angegriffen in seinen menschlichen Grundrechten."

---

[2] ‚Verteidigung des Rezensenten'.

[3] ‚Bürgers Gedichte'.

[4] A.a.O.

H. Kreuzer greift die Bedenken von W. Weiss gegen eine allzu monolithische Deutung Schillers auf und überträgt sie auf den Bereich der Wirkungsästhetik. Ist nach der ‚Bürger-Rezension' das Wittkowskische Rezeptionsmodell einer Aufforderung an das Publikum zum „Nachfühlen, Nachdichten, Nachspielen" [vgl. oben S. 126] wirklich noch anwendbar, oder zieht sich Schiller nicht – analog zur Absage an das empirische Individuum – auch vom Volk zurück?

W. Wittkowski bestreitet dies entschieden: „Die Bemühung um Allgemein-Menschliches meint gerade eine Hinwendung zum Volk, zu dem, was nicht nur der Gebildete, sondern *jeder* versteht." Er räumt allerdings ein, daß hier oft zwischen Bemühung und vollkommenem Gelingen eine erhebliche Lücke klaffe und daß Schiller natürlich auch ehrgeizig sei und das Kunstwerk „zu Höherem emportreiben" wolle.

Empirisches vs. transzendentales Ich; moralisches vs. ästhetisches Erhabenes

Wie schon W. Weiss und H. Kreuzer betont auch I. Strohschneider-Kohrs den entscheidenden Wandel in Schillers Dramatik. Der Absolutheitsanspruch des Ich sei doch sehr verschieden dargestellt und kritisiert. In der Sturm-und-Drang-Phase gehe es um eine Kritik am Titanismus, an der ‚Superbia', mit der ein empirisches Ich absolute Ansprüche stellt. In der klassischen Periode sei diese Kritik dann jedoch philosophisch durchdacht und dramaturgisch integriert: „Zum einen wird der Anspruch des Ich hier mit Hilfe der Kantschen Philosophie zu einer Normativität des Seins erhöht und geläutert. Zum anderen ist die Aporie zwischen rigorosem Anspruch und realen Unzulänglichkeiten nun so gelöst, daß man die Rigorosität nur mehr als ‚regulative Idee', als ‚postulativ' empfindet und sie nicht mit dem Glauben an eine Erfüllbarkeit durch das je wirkliche Ich identisch setzt. Dies hat es dann späteren Autoren – wie etwa Büchner – ermöglicht, von den Rigorositäten ins Menschliche zurückzufinden, was bei Tell eben nicht gelingt; dieser verliert in der Orientierung am menschheitlichen Normativitätsanspruch seine Menschlichkeit." In der Geschichte neuzeitlicher Subjektivität markiere Schiller so den Punkt, an dem Moralität in ihrem Absolutheits- und Allgemeinheitsanspruch als in sich problematisch darstellbar wird.

W. Wittkowski gesteht diesen Bruch zwischen regulativer Idee und ihrer jeweiligen Realisation nicht für alle Dramenfiguren Schillers zu: „Es gibt echte und gültige Realisationen, und es gibt solche, die sehr fragwürdig sind. Bei Wallenstein zum Beispiel – den die meisten Interpreten zu positiv sehen, weil er eine so faszinierende Gestalt ist – enthüllt sich im Laufe der Handlung eindeutig die innere Brüchigkeit der Person." Da Wittkowski an der Vereinbarkeit von idealem Entwurf und Individualität festhält, kann er daneben jedoch auch Figuren finden, bei denen sich „moralisches Reden als völlig stichhaltig und authentisch darstellt" – wie etwa bei Thekla und Max Piccolomini. Eine negative Variante solcher Authentizität erreiche auch Wallenstein, wenn er sagt: „Jetzt fecht ich für mein Haupt und für mein Leben" [V. 1749]. „In dem Moment, in dem er die Moralität offen über Bord wirft, wird auch seine Sprache absolut überzeugend."

G. Schulz steuert zwei weitere Einwände gegen die Identität von moralischer Idee und Individuum bei. Zum einen seien bewußte, vorüberlegte Entscheidungen nicht gerade die Stärke der Schillerschen Helden: „Entweder sind sie überhaupt entscheidungsunfähig oder sie handeln instinktiv. Wenn sie aber doch einmal bewußt entscheiden, dann führt dies meist zur Katastrophe – wie etwa bei Ferdinand." Daher werde auch, zweitens, das Sittengesetz nicht direkt durch ihr Handeln verwirklicht, sondern es werde nur indirekt auf dessen Existenz verwiesen und auf die Notwendigkeit einer ethischen Entscheidung. In diesem mittelbaren Appell bestehe für Schiller die Aufgabe der Kunst.

W. Wittkowski gibt die Entscheidungsschwäche der Schillerschen Helden zu und erklärt sie einerseits psychologisch: „Es sind eben nicht Berufshelden oder heroische Figuren wie in der klassischen französischen Tragödie." Zum anderen verweist er auf die grundlegende Schwierigkeit, das Ergebnis von Handlungen richtig vorauszuberechnen, die noch vergrößert werde durch die allgegenwärtige Verstellung, das Maskenwesen, die Intrige: „Es ist bei Schiller furchtbar schwer, fast unmöglich, miteinander zu kommunizieren; dies gelingt eigentlich nur, wenn man die Maske lüftet, wenn sich Vertrauen einstellt. Die Vertrauenswürdigkeit wird jedoch in dem Moment beeinträchtigt, wo man egoistisch verfährt und sich nicht in die Karten schauen läßt." Was die direkte und indirekte Darstellung von Moralität angeht, so gebe es bei Schiller beide Modi.[5] Wittkowski erläutert dies am Beispiel der Maria Stuart: „In der Begegnung mit Elisabeth handelt Maria ganz instinktiv, aus der Stärke ihrer Persönlichkeit heraus. Am Schluß des Dramas dagegen inszeniert sie ihr Verhalten bewußt und erreicht wahre Erhabenheit. Sie sagt: ‚Die Krone fühl ich wieder auf dem Haupt, / Den würdgen Stolz in meiner edlen Seele!' [V. 3493 f.] – und sie weiß genau, was dem entspricht und wie sie sich dementsprechend zu verhalten hat. Sie beschließt, diese Gefühle zu haben – und hat sie dann auch. Eigentlich spielt sie eine Rolle."

U. Fülleborn bezweifelt, daß eine psychologisierende Betrachtung dem radikalen Dualismus von Schillers anthropologischem Entwurf gerecht werden kann. „Einerseits ist der Mensch bei Schiller natürlich ein sinnliches Wesen und vielfältig begrenzt und determiniert. Diesen Aspekt haben wir bisher hauptsächlich betont. Auf der anderen Seite aber steht die absolute Forderung des Sittengesetzes und die Fähigkeit des Menschen zu Freiheit und Unbedingtheit. Der Weg dorthin ist einzig ein freier Entschluß, der nicht kausal-psychologisch motiviert sein kann und darf; in ihm läßt das Ich seine Individualität, seine reale Beschränktheit hinter sich. Die klassischen Dramen Schillers zeigen jedoch auch, daß diese Freiheit, dieser Griff ins Absolute, eigentlich nur im Tode möglich ist. Die frühen Selbstinszenierungen Schillerscher Helden dienen noch der Selbstbemächtigung und der Vergewaltigung anderer – wie im Verhältnis Ferdinands zu Luise. Die späteren Inszenierungen – wenn man sie überhaupt noch so nennen will – sind dagegen im Grunde ‚Ent-Ichung', das Abstreifen des Individuellen und das Eingehen ins Absolute."

I. Strohschneider-Kohrs führt den Gedanken weiter: „Dann bliebe das Drama als Welt- und Menschenklage übrig – mit dem Anspruch, Besseres durch Moralität mindestens denken zu können."

[5] Hierfür würde sich terminologisch wohl die Unterscheidung von „moralischem" und „ästhetischem" Erhabenen anbieten; vgl. ‚Über das Pathetische'.

Helmut Kreuzer

Fragmentarische Bemerkungen zum Experiment des ,faustischen Ich'
(Mit Schwerpunkt auf Klingers ,Faust'-Roman)[1]

Als vorherrschender Probleminhalt der Faust-Tradition gilt, daß ein Streben nach Erkenntnis wie nach Sinnen- und Tatengenuß mittels übernatürlicher Macht als Charakteristikum eines bestimmten Menschentyps dargestellt wird, der verzweifelt, kühn oder leichtfertig genug ist, einen Pakt mit dem Teufel zu schließen (was in den verschiedenen Epochen natürlich Unterschiedliches bedeutet, aber doch stets die Konnotation von Schuld und Frevel mit sich führt). Das Genußmoment verbindet die Faust-Figur mit der Don-Juan-Figur, das Erkenntnismoment prädestiniert sie zu einem Medium der Darstellung oder Selbstdarstellung eines Intellektuellen-Typs, dessen Besonderheit jedoch darin liegt, daß er nicht nur eine kontemplative Intelligenz verkörpert, sondern auch eine eingreifend aktive, experimentierend handelnde. Zur Faust-Figur gehört, daß ihr Genuß-, Tätigkeits- und Erkenntnisstreben an eng empfundene Grenzen stößt (die durch Gott, die Natur der Welt, die geschichtliche Situation oder die sozialen Umstände gesetzt sind), daß sie diese Grenzen auf phantastische und anstößige Weise durchbricht und daher die dargestellte Umwelt zu einem Verdikt provoziert, wie in anderer Weise auch den Autor und den Leser, zu einem Urteil über Verdammung oder Errettung und deren Legitimität. In der Regel kreuzen sich die Urteilsgegensätze zur Ambivalenz, als einer besonders typischen Reaktion auf das ,Faustische'. Der Begriff des ,Faustischen' zeigt an, daß der Träger jenes Strebens, eben Faust,

[1] Die Einschränkung auf das ,faustische Ich' entspricht der Themenstellung des Colloquiums zum ,neuzeitlichen Ich', das Ulrich Fülleborn im August 1985 an der Universität Erlangen-Nürnberg veranstaltete und in dessen Rahmen dieses Referat vorgetragen wurde. Zum Druck wurde es stellenweise verändert und erweitert und enthält Thesen und Teile eines Aufsatzes ,Zur Geschichte der literarischen Faust-Figur' in LiLi (Zs. für Literaturwissenschaft und Linguistik) 66 (1987). – Es erschiene mir unangemessen, diese knappen Bemerkungen mit einem Apparat zur Geschichte der Faust-Literatur zu versehen, zumal auf die monumentale Faust-Bibliographie von Hans Henning (Berlin 1966–76) verwiesen werden kann. – Der Titelbegriff ,Experiment' läßt sich auf das Experiment Fausts mit dem Pakt wie auf das Experiment des Autors mit dem faustischen Ich beziehen.

sich von den einzelnen fiktiven Inkarnationen abzulösen vermochte und zum Mythos geworden ist.[2] Formtypologisch betrachtet, tendiert die literarische Faust-Tradition zu einer jeweils triadischen Werkform. In einen final angelegten Problemzusammenhang sind relativ selbständige Reise- oder Schwankepisoden eingelassen, sei es zwecks welthaltiger Information bzw. punktueller Unterhaltung, sei es als Beleg und Exempel für immanente Thesen des Problemzusammenhangs, in dem über Faust entschieden wird und in dem sich das Ich der Faust-Figur konstituiert, ein jeweils zeitsymptomatisches Ich zumindest an signifikanten Stationen der Faust-Geschichte. Auf dieses Ich konzentriert sich der folgende Überblick, so daß – aus methodischer Beschränkung – die Satansfigur und der erotische Werkstrang demgegenüber zurücktreten, wiewohl natürlich deren Wandlungen mit denen der Faust-Figur historisch aufschlußreich verbunden sind und die Erkenntnis des ‚faustischen Ich' verfehlt würde, ließe man ganz außer Betracht, daß es seinen ‚Sinnengenuß' vorzugsweise in sexuellen Affären sucht (für die – nach bekannten christlichen Traditionen – der Teufel besonders zuständig ist), während es mit der Ehe seine Schwierigkeiten hat, wie teilweise auch mit der Liebe im emphatischen Sinne, die seit dem 18. Jahrhundert auch in der Faust-Tradition wiederholt Bedeutung erlangt. In historischer Hinsicht konzentrieren sich die vorliegenden Bemerkungen auf den Sturm-und-Drang-Faust und den Weg zu ihm, während die spätere Faust-Literatur aus Gründen der vorgegebenen Umfangsbeschränkung weitgehend außer Betracht bleiben muß.

Bereits die zahlreichen Äußerungen und die wenigen amtlichen Belege zum Leben des historisch realen Faust[3] vermitteln die Konturen einer (für die erste Hälfte des 16. Jahrhunderts) zeittypischen Figur, berüchtigt und populär, attraktiv für die sagenbildende Phantasie, geeignet als warnendes Exempel. Man stellt sich hinter den Anekdoten, brieflichen und sonstigen Zeugnissen einen (oder mehr als *einen*) Ketzer oder Freigeist vor, mit hoch und niedrig verkehrend, vagierend und

---

[2] Vgl. Hans Schwerte, Faust und das Faustische. Ein Kapitel deutscher Ideologie. Stuttgart 1962.

[3] Vgl. zum historischen Faust die bekannten Darstellungen von Hans Henning, Faust als historische Gestalt. In: Jb. der Goethe-Gesellschaft N.F. 21 (1959), S. 107–139; Günther Mahal, Faust [. . .]. München 1980; Frank Baron, Doctor Faustus from History to Legend. München 1978; ders., Faustus: Geschichte, Sage, Dichtung, München 1982. Dort jeweils weitere Literaturhinweise; s.auch Anm. 4.

trickreich, bombastisch auftretend, mit theologischen und naturwissenschaftlich-medizinischen Kenntnissen, in magischen Kunststücken der Zeit erfahren, mit hypnotisch-suggestiven Fähigkeiten ausgestattet. Den Behörden ist er ein Greuel; humanistische Gelehrte, die ihm seine Popularität mißgönnen, verschreien ihn als Scharlatan und marktläufigen Schelm; Kirchenmännern gilt er als Abtrünniger, Lutheranern als Teufelsbündner. Eine Figur zwischen den sozialen Schichten: dem abergläubischen Volk, den bürgerlich-höfischen Gelehrten, den fahrenden Gauklern, und eine Figur zwischen den geistigen Fronten: partizipierend an zaubergläubiger Schwarzkünstlerei, teufelsgläubiger Theologie, kritischer Philosophie und empirischer Naturwissenschaft.

Das Faust-Buch von 1587[4] erschafft daraus einen theologisch-didaktisch und biographisch angelegten Problemroman, in seinem Mittelteil zwar prall angefüllt mit geographischem Weltstoff (der freilich nicht auf dem damals neuesten Stand ist) und Schwänken, insgesamt dennoch ein ernsthaft-religiöser Text der Warnung vor dem Geschick dessen, der sich dem Teufel verschreibt. Faust selber wird nicht eigentlich als Scheusal gemalt, sondern menschlich konkret in seiner Labilität, mit „Fürwitz, Freyheit und Leichtfertigkeit", mit Seelenkämpfen, die in dieser Form in Deutschland erst durch die protestantische Gewissenserforschung im 16. Jahrhundert darstellbar werden. Spätestens mit der Oratio Fausti ad Studiosos, während seines letzten Nachtmahls, gewinnt Faust vollends die Anteilnahme des Lesers, in seiner heil-losen Zerknirschung, seiner Angst und Gefaßtheit, seinem Ende als „ein böser und guter Christ", wie die ambivalente Formel des Textes lautet.

Ziemlich am Anfang des Faust-Buchs aber steht schon diejenige Formel, die zwar vielleicht ein wenig zu groß geraten ist für den Volksbuch-Faust, aber zum Ausgangspunkt aller Faust-Apologien geworden ist: er „name an sich Adlers Flügel, wolte alle Gründ am Himmel und Erden erforschen".[5]

---

[4] Das ‚Volksbuch' von 1587 wird zitiert nach der Ausgabe von Hans Henning, Historia von D. Johann Fausten. Neudruck des Faust-Buches von 1587. Halle/S. 1963 (mit einer Bibliographie und einer ausführlichen Einleitung zum historischen Faust, zur Anekdotenbildung, Entstehungs- und Wirkungsgeschichte). – Ich nenne ergänzend noch die Arbeiten von Barbara Könneker (Faust-Konzeption und Teufelspakt im Volksbuch von 1587. In: Festschrift für Gottfried Weber. Hg. v. H.O. Burger und K.v. See. Bad Homburg v.d.H. 1967) und von Ingeborg Spriewald (Vom ‚Eulenspiegel' zum ‚Simplizissimus'. Berlin 1974).

[5] Die zitierten Textstellen bei Henning (s. Anm. 3) S. 14 u. S. 132.

Hier knüpft Christopher Marlowe[6] an, der – gestützt auf eine frühe Übersetzung des international erfolgreichen Volksbuchs – dem Schicksal Fausts nicht nur eine horizontale Achse gibt, bestimmt von der Entscheidung zwischen Gut und Böse, sondern auch eine vertikale, die sich im Ikarus-Flug verbildlicht:

His waxen wings did mount above his reach,
And, melting, heavens conspir'd his overthrow (V. 21f.).

Dem Auf- und Ausbruch aus akademisch-religiöser Enge korrespondiert der Absturz in extremste Verzweiflung. Marlowe bewundert seinen Faust, im Unterschied zum Volksbuch-Autor, ohne ihn retten zu können. Auch in seiner Welt gelten noch die Gesetze, die den Teufelsbündner verdammen, auch wenn dieser nun poetisch verklärt wird. Marlowes Faust ist ein „verprügelter Prometheus“[7], seiner Ambition nach ein Renaissance-Machtmensch, uomo universale, Ingenieur, Eroberer mit Zügen eines fragwürdigen Über- und Herrenmenschentums, die sich aus der Persönlichkeit Marlowes wie aus dem Expansionismus und Conquistadorentum des Elisabethanischen Zeitalters in England erklären lassen.

Had I as many souls as there be stars,
I'd give them all for Mephostophilis.
By him I'll be great emperor of the world,
And make a bridge thorough the moving air
To pass the ocean with a band of men;
I'll join the hills that bind the Afric shore
And make that country continent to Spain,
And both contributory to my crown;
The emperor shall not live but by my leave,
Nor any potentate of Germany. (III, Z. 104–113)[8]

In der deutsch-lutherischen Welt des Volksbuchs von 1587 verwirklicht sich der Mensch als geschöpfliches Ebenbild Gottes nur innerhalb der Gottesordnung, durch Demut und Gehorsam, durch vernünftige Unterwerfung der Vernunft unter den Glauben; schließt der Mensch den Teufelspakt, schließt er sich aus der Gottesordnung aus und erniedrigt und zerstört sich dadurch selber. Marlowes Faust ist ein Wol-

---

6 Zitiert wird nach Christopher Marlowe, Doctor Faustus. Ed. by John D. Jump. London 1962 (University Paperback 1973).

7 Alfred Kerr nannte Friedrich Hebbel gelegentlich einen verprügelten Prometheus. Ich übertrage diese Formel auf Marlowes Faust.

8 Vgl. auch V. 81–96.

lenstitan, ein Sich-Wollender, der seinen Anspruch auf Größe und Selbstentfaltung nur im Pakt mittels schwarzer Magie, d.h. durch die Trennung von Gott behaupten kann. Er fragt nicht nach der Wahrheit, aber wenn der Bibelspruch wahr sein sollte, daß der Tod der Sünde Sold ist, dann reizt die Kardinalsünde ihn gerade dadurch, daß der verhängte Tod durch freie Sündenwahl wenigstens zur eigenen Willenstat würde. Freilich sind sein Selbstbild und sein Anspruch insofern illusionär, als er sie eben nicht behaupten kann. Gott hat die Übermacht und gebraucht sie, das rebellische, scheinbar seiner selbst so gewisse Ich zu erniedrigen und zu zerstören, bis der total Geschlagene sich selber aufgibt, sein Faust-Sein verleugnet, seine menschliche Identität preisgibt und sich vergeblich wünscht, nur noch ein Tier zu sein, um der Strafe Gottes zu entgehen.

Ich überspringe die populäre Volkstheater-Tradition, die an Marlowes mittelalterliche Engelsszenen und sein Höllenfahrtsspektakel, an seine Rüpel-, Schwank- und Zauberszenen anschließt. Ich erwähne nur die vehemente Ablehnung dieser Tradition durch die Aufklärung in Gestalt Gottscheds, und ich streife nur kurz die Versuche Lessings, diese Tradition ins hochliterarische Aufklärungstheater zu integrieren. Wenn die Berichte Blankenburgs und J.J. Engels stimmen, dann intendierte Lessing, Faust zu retten, und zwar mit Hilfe des ‚Ein Traum – ein Leben'-Motivs.[9] Lessings Faust verdient die Rettung, weil er keiner Sünde verfällt, sondern einer Tugend im Exzeß, die ihn völlig in Besitz nimmt: „er hat nur einen Trieb, nur eine Neigung: einen unauslöschlichen Durst nach Wissenschaften und Kenntnis" (Blankenburg). Gerade durch diese Fixierung will ihn die Hölle zu Fall bringen. Aber ein Engel „begräbt" Faust „in einen tiefen Schlummer, und erschafft an seiner Stelle ein Phantom, womit die Teufel ihr Spiel treiben, bis es in dem Augenblick, da sie sich seiner völlig versichern wollen, verschwindet" (J.J. Engel). „Triumphiert nicht", ruft der Engel, Gott „hat dem Menschen nicht den edelsten der Triebe gegeben, um ihn unglücklich zu machen" (Blankenburg). „Alles, was mit diesem Phantome vorgeht, ist Traumgesicht für den schlafenden wirklichen *Faust;* dieser erwacht [. . .] und dankt der Vorsehung für die Warnung, die sie durch einen so lehrreichen Traum ihm hat geben wollen" (Engel).

9 Die Berichte Blankenburgs und Engels sind hier zitiert nach der Lessing-Ausgabe von Paul Rilla, Bd. 2. Berlin 1954, S. 560–565.

Auch die katholisch-christliche Aufklärung versucht in einem Werk des 18. Jahrhunderts, die Faust-Figur zu erretten, genauer gesagt, Fausts Seele vor der Verdammnis zu bewahren: Das Bühnenstück ‚Johann Faust' des Österreichers Paul Weidmann, 1775, zeigt nur die letzten Stunden Fausts. Helena ist seine zärtlich geliebte Frau. Sie ersticht Fausts Vater aus Liebe zu Faust, Fausts Mutter stirbt. Faust und Helena bereuen ihre Sünden. Der Wahn Fausts, mit des Teufels Hilfe Gutes getan zu haben, wird widerlegt. Faust und Helena gehen in den Tod, aber ihre Seelen werden gerettet, weil sie aufrichtige Reue bewiesen haben. Das Licht siegt über das Dunkel. Die Tradition des barocken Erlösungsdramas mit reuiger Weltabkehr am Ende verbindet sich mit Zügen des bürgerlichen Trauerspiels zu einem rührend-traurigen Familiendrama, das durch die allegorischen Figuren des Mephistopheles und des (Klopstockschen) Engels Ithuriel, die Gut und Böse versinnbildlichen, auf einen religiösen Hintergrund bezogen ist. Das Schlußwort hat Ithuriel:

> „Gott hat die Sünder gerichtet. Die Waage der Gerechtigkeit hat sie zu leicht gefunden; aber die unendliche Barmherzigkeit hat ihre Laster weit überwogen! [. . .]" Der Donner brüllt. Mephistopheles und seine Gefährten stürzen zu Boden. [. . .] Bey dieser Szene muß die ganze Beleuchtung der Bühne auf der Seite des Ithuriels seyn; auf jener des Mephistopheles muß die äußerste Dunkelheit herrschen.[10]

Das faustische Ich ist hier aufgehoben: In christlicher Selbstüberwindung enden Faust und Helena als reuige und erlöste Sünder, ohne Besonderheit gegenüber anderen reuigen und erlösten Sündern. So führt dieser katholische Beitrag zur Faust-Tradition diese nicht nur fort, sondern zugleich aus ihr hinaus. Er blieb Episode und fand auch in der Metternichschen Restaurationsepoche nach den Napoleonischen Kriegen keine historisch bedeutsame Nachfolge. Aber bereits für die 70er Jahre des 18. Jahrhunderts, in denen Weidmanns vielgespieltes Stück erschien, sind – im Rückblick betrachtet – die Faust-Projekte der Sturm-und-Drang-Generation charakteristischer und künstlerisch wie historisch relevanter. Die Satansfiguren werden im Sturm und Drang nicht mehr religiös ernst genommen, sind auch nicht einfach Allegorien des Bösen. Sie sind teils theatralisches Spielmaterial, poetische Produkte freier Phantasie, teils notwendige Vehikel der Literatur- und der

---

[10] Weidmanns ‚Johann Faust' wird hier zitiert nach Margarete Dietrichs Textsammlung ‚Faust', Bd. 1. München/Wien 1970, S. 245–291; die zitierte Schlußstelle S. 290.

allgemeinen Zeitsatire. Sie werden dabei z.T. humanisiert und individualisiert. Sie können selbst Leidende, Mit-Leidende, Sich-Selbst-Bemitleidende sein, agieren nicht nur als Fausts Henker und Lehrer (punktuell im Namen des Autors), sondern, wenigstens streckenweise, auch als Fausts Freund, der vernichten muß, was er liebt. Entsprechendes gilt für den Autor selbst, der ja die Rolle des jeweiligen höllischen Sendboten steuert und sich bei Maler Müller in der lyrischen Klage des Mephistopheles selber ins Tragische stilisiert:

> Schlummre! schlummre! – bald überwältigt, bald ganz mein! [. . .] Jezt sollen die Bilder die über dir aufgehen völlig deine Sinne befesseln, dich ausrüsten zum schwarzen Bund mit mir [. . .]. Auf denn! auf Mephistopheles! erfülle was du dir so lang entwarfst – jezt ist die Zeit, jezt – laß sie nicht vorbeistreichen, oder ewig verlohren ist sie, ewig unwiederbringlich verlohren! wird niemalen der Augenblick wieder zurückkommen den Odem der Liebe dir theilte – Auf! auf! führ aus den süßen Wunsch – ein Geschöpf habhaft zu werden nach deiner Neigung, anzuschließen an dein Herz mit diamantnen Ketten – zu dunkel! zu dunkel alles drunten! muß mir was aus der Oberwelt hinabgreifen – Ach! süßer Gedanke! und doch – wehe! wehe! mich durchschneidt's siebenfach wie des Rächers Schwerd – dann! dann! wenn ich ganz Teufel, wieder selbst verstöhren muß, was ich jezt aufgebaut, gezüchtigt bin, das mit Lust zu quälen was ich so liebe![11]

Auch die Faust-Figuren verkörpern einen neuen zeitsymptomatischen Typus. Ich nenne den Sturm-und-Drang-Faust den Faust des unglücklichen Bewußtseins, des frustrierten Genietums, der Diskrepanz von Faust-Ich und sozialer Umwelt, aber auch von Selbst*sein* und Selbst*bild* der Faust-Figuren. Sowohl Faust wie Mephisto werden bei Maler Müller zu Ausnahmenaturen: Der Überteufel sehnt sich nach dem Übermenschen, den er im „Fackeltanz" der Hölle als seinen „Bräutigam" empfangen will. Sie treffen sich in ihrer gemeinsamen Verachtung von Pöbel- und Philistertum, der „Hefe vom Menschengeschlecht".[12] Die Entfremdung von literarischer Intelligenz und bürgerlicher Gesellschaft kündigt sich schon in der vorrevolutionären Faust-Literatur an, d.h. noch vor der politischen Etablierung einer bürgerlichen Gesellschaft. Diese Entfremdung beruft sich in der Sturm-und-Drang-Gene-

---

[11] Maler Müllers [d.i. Friedrich Müllers] Faustfragmente ‚Fausts Leben, dramatisiert' von 1776 (Situation aus Fausts Leben) und 1778 (Doktor Fausts Leben und Tod. Erster Teil) werden hier zitiert nach: ‚Fausts Leben' von Maler Müller. Hg. v. Bernhard Seuffert. Heilbronn 1881. (Reprint Nendeln/Liechtenstein 1968); die zitierte Stelle S. 98 f.

[12] Ebenda, S. 108, S. 17.

ration auf die Zivilisationskritik des Rousseauismus, nährt sich aber emotional aus der Erfahrung des frustrierten bürgerlichen Intellektuellen, der als außergewöhnlicher Einzelner in einer widrigen Umwelt bzw. in als unwürdig empfundenen Lebensumständen zu ersticken droht. Er weiß sich eingeklammert zwischen einer Oberschicht, deren Privilegien er als Individualaristokrat in Frage stellt, vor der er ebenbürtig auftrumpfen möchte, und einer Mittelschicht, von der er als „Genie" vergeblich Verständnis und Förderung erhofft und der er ökonomisch verschuldet ist. Der alltägliche Frust wird zum Stimulus der Faust-Figuren, den Pakt zu schließen und sich dadurch Lebensgenuß und Schaffensgenuß, Mobilität, Reichtum, Ruhm und Ehre zu verschaffen und der verhaßten Not zu entrinnen. So klagt der Faust des jungen Goethe über das „verfluchte dumpfe Mauerloch", in dem er hausen muß: „Auch hab ich weder Gut noch Geld, / Noch Ehr und Herrlichkeit der Welt. / Es möcht kein Hund so länger leben" (V. 21 ff., V. 46).[13]

Die finanzielle Misere wird mit zum Anlaß für Selbstmordideen, kompensatorische Gedankenspiele, Ausbruchsträume, in denen das Ich sich von den Grenzen seiner Wirklichkeit emanzipiert, durch eine Suspendierung des Realitätsprinzips die Chance erhält, sich zu entfalten, und zwar als Einzelner in einer sonst gleichbleibenden Welt. Am Faust-Stoff können sich solche Gedankenspiele festmachen; der Pakt *ist* diese Chance, und damit wird ein Faust-Roman oder -Drama für den Faust-Autor zum Medium eines Experiments, in dem alltägliche Beschränkungen und persönliche Leiden, aber auch grandiose Träume und ambitiöse Selbstbilder auf eine fiktive Figur projiziert werden können. Maler Müller schreibt an Otto Freiherrn von Gemmingen:

> Faust war in meiner Kindheit immer einer meiner Lieblingshelden, weil ich ihn gleich vor einen großen Kerl nahm; ein Kerl, der alle seine Kraft gefühlt, gefühlt den Zügel, den Glück und Schicksal ihm anhielt, den er gern zerbrechen wollt, und Mittel und Wege sucht – Muth genug hat alles nieder zu werfen was in Weg trat und ihn verhindern will. – Wärme genug in seinem Busen trägt, sich in Liebe an einen Teufel zu hängen, der ihm offen und vertraulich entgegen tritt. – Das Emporschwingen so hoch als möglich ist – ganz zu seyn, was man fühlt, daß man seyn könnte – es liegt doch so ganz in der Natur. – Auch das Murren gegen Schicksal und Welt die uns niederdrängt, und unser edles selbständiges Wesen, unsern handelnden Willen durch Conventionen niederbeugt. – Die erste oberste Sprosse auf der Leiter des Ruhms, der Ehre

[13] Goethes ‚Urfaust' wird hier zitiert nach der wohl am leichtesten zugänglichen Ausgabe: Goethe, Faust. Der Tragödie erster und zweiter Teil. Urfaust. Hg. u. kommentiert v. Erich Trunz. München 1975.

usw. zu besteigen, wer wagt nicht darnach? – Wo ist das niedrige duldende Geschöpf, das immer gleichgültig, aus der Tiefe nicht einmal in Gedanken hinaufwärts wünscht – nicht fliegen wollt, wenn einer Flügel ihm gäbe, nicht steigen wollt, hüb' ihn einer auf allmächtigen Armen empor! – [. . .] Wenn Eigennutz und Eigenliebe die Maschine sind, die den Weltpuls im Gang halten – was Wunder dann, wenn der starke, große Kerl sein Recht nimmt, und wenn auch sein Muth ihn über die Welt hinaus treibt, ein Wesen zu suchen, das ihm ganz genügt.[14]

Im fiktiven Handlungsentwurf läßt sich erproben, was aus dem frustrierten Intellektuellen des unglücklichen Bewußtseins wird, wenn die Schranken für ihn fallen und seine Phantasie eine Macht erhält, für deren Gebrauch er durch negative Erfahrungen motiviert, aber nicht durch ein positives Konzept gerüstet ist. Wenn die schwarze Magie das Realitätsprinzip bricht, so stellt Fausts Höllenfahrt es wieder her. Den Ausbruch des Einzelnen begleitet und beendet das schlechte soziale Gewissen. Der entfesselte Faust macht sich schuldig und vertauscht im Verlauf des Experiments die Misere der Enge und Armut mit der überschwenglichen Misere eines Rausches, der in den Katzenjammer führt. Im ‚Urfaust‘ klagt Faust über seine Schuld an Gretchen:

Ha, bin ich nicht der Flüchtling, Unbehauste,
Der Unmensch ohne Zweck und Ruh,
Der wie ein Wassersturz von Fels zu Felsen brauste,
Begierig wütend nach dem Abgrund zu?
Und seitwärts sie mit kindlich dumpfen Sinnen
Im Hüttchen auf dem kleinen Alpenfeld
Und all ihr häusliches Beginnen
Umfangen in der kleinen Welt.
[. . .]
Sie, ihren Frieden mußt ich untergraben!
Du, Hölle, wolltest dieses Opfer haben!
Hilf, Teufel, mir die Angst verkürzen,
Mags schnell geschehn, was muß geschehn!
Mag ihr Geschick auf mich zusammenstürzen,
Und sie mit mir zu Grunde gehn! (V. 1414–1431)

Maler Müllers Faust erreicht den „Gipfel“ seiner Schicksalskurve und seines Hochgefühls, als er – „sorglos am spanischen Hofe, trunken von Ehrbegierde und wahnwitziger Liebe zu Arragoniens schönster Königin“ – aus der Hand der Angeschwärmten den symbolischen Becher mit Wein empfängt, den der König ihm generös zum Geschenk macht

[14] Maler Müller (s. Anm. 11), S. 8 f.

und aus dem nur „Könige zu Königen trinken".[15] In diesem Augenblick reißt ihn Mephistopheles aus seiner Glücksillusion. Die Faust-Fragmente Müllers enthalten nirgends den Entwurf einer freieren Welt für alle, keinen Gedanken einer utopischen Bewährung Fausts, die seinem Untergang einen Sinn geben, seinen Tod enttragisieren könnte. Er begnügt sich mit der tragischen Gloriole für alle: für Faust und Mephisto wie für ihren Schöpfer, der weiß, daß er mit Lessing und Goethe rivalisiert, und auch noch diesem Konkurrenzverhältnis eine pathetisch-tragische Note abgewinnt: „Mag dieser mein Faust nur Fußgestell eines würdigern seyn – mag er überwunden und gebeugt die Zähne knirschen, wenn der siegreiche Sultan über seinen Rücken zu Pferde steigt".[16]

Der ‚Urfaust' Goethes, den Maler Müller hier im Auge hat, hebt sich (vom künstlerischen Rang abgesehen) aus der Faust-Tradition vor und neben ihm durch die Gretchen-Figur heraus, d.h. die Einführung einer außerehelichen ‚sinnlichen' Liebe, die sich zwar in der fiktiven sozialen Umwelt schuldig macht, in sich – und für das Urteil des sympathetischen Lesers und Zuschauers – aber höchst positiv ist und so auch von der Liebenden selbst empfunden wird: „Doch – alles, was mich dazu trieb, / Gott! war so gut, ach, war so lieb!" (V. 1277). Darauf läßt sich hier nur hindeuten, wie auch auf die Versuche Goethes im ersten und zweiten Teil des ‚Faust', die Faust-Figur weiter zu entwickeln und ihre Tragödie durch den ‚Prolog im Himmel', die Wette mit Mephisto und den Schluß nach Fausts Tod aufzuhellen. So erscheint Faust im Prolog als Beispiel für den Menschen, der sich „in seinem dunklen Drange des rechten Weges wohl bewußt" ist, auch wenn er ihn in der eigentlichen Faust-Handlung im Bannkreis Mephistos immer wieder verfehlt. Und am Ende findet er, trotz seiner schweren Schuld im Leben, Gnade und wird zu einer neuen Existenzform und neuer Tätigkeit in höhere Sphären entrückt:

Wer immer strebend sich bemüht,
Den können wir erlösen.
Und hat an ihm die Liebe gar
Von oben teilgenommen,
Begegnet ihm die selige Schar
Mit herzlichem Willkommen. (V. 11936–41)

---

[15] Ebenda, S. 107, 114.
[16] Ebenda, S. 9.

Goethes Faust erreicht den Gipfel seiner Schicksalskurve vor dem Tod in der utopischen Vision des freien Volks auf freiem Grund, eines Ziels, das sich nicht durch die magische Entfesselung und Ermächtigung des Ausnahmemenschen erreichen und behaupten läßt, sondern sich gerade dieser entzieht, auch dann, wenn das faustische Ich es anzustreben meint.

Könnt' ich Magie von meinem Pfad entfernen,
Die Zaubersprüche ganz und gar verlernen,
Stünd' ich, Natur, vor dir ein Mann allein,
Da wär's der Mühe wert, ein Mensch zu sein. (V. 11404–7)

Das ist der Weisheit letzter Schluß:
Nur der verdient sich Freiheit wie das Leben,
Der täglich sie erobern muß.
Und so verbringt, umrungen von Gefahren,
Hier Kindheit, Mann und Greis sein tüchtig Jahr.
Solch ein Gewimmel möcht' ich sehn,
Auf freiem Grund mit freiem Volke stehn. (V. 11574–80)

Eine zweite wesentliche Neuerung der Goetheschen ‚Faust'-Dichtung, die über den Sturm- und-Drang-Faust hinausführt, ist die (hier nur zu erwähnende, nicht einläßlich zu belegende) Pluralität des faustischen Ich, das mittels Heilschlaf, Neugeburt und Verwandlung die Bedingtheiten und Begrenzungen einer einzigen ‚Individuation' überschreitet.[16a]

Goethes Jugendfreund Friedrich Maximilian Klinger hält dagegen noch *nach* seiner Sturm-und-Drang-Phase in seinem ‚Faust'-Roman von 1791 am Typus des Sturm-und-Drang-Faust fest, aber er kritisiert ihn nun radikal. Nicht etwa aus der Perspektive der bestehenden Gesellschaft, die er vielmehr mit den literarischen Mitteln Lesages, Swifts und Voltaires satirisiert, sondern aus der Perspektive des unerbittlichen Gesellschaftskritikers, der die Versuchung des faustischen Ich zum individuellen Aufruhr und Ausbruch an sich selbst verspürt, sie aber als untaugliches Lebensmuster für eine sozial verantwortbare, moralisch autonome und politisch engagierte Existenz verworfen hat. Auch Klinger projiziert eigene Empfindungen, Erfahrungen und Erkenntnisse auf seinen Faust, den die politischen und sozialen Verhältnisse um ihn her bis zur Weißglut empören. Er schreibt über seinen ‚Faust'-Roman 1814 an Goethe:

[16a] Vgl. in diesem Band den Beitrag von Walter Naumann, S. 155 – 168.

> Schon sehr früh machten die meinem inneren Sinn widersprechenden Erscheinungen der um mich wirkenden moralischen und politischen Welt, einen düstern Eindruck auf mich. Auch war ich darauf gar nicht gestimmt, mir einen Teil von dem, was die Welt den Unternehmenden gewährt, zu erstreben, und es dann, ruhig und unbekümmert, um mich her ergehen zu lassen, wie es möge. So ward ich von der innern Unruhe gewaltsam darauf gestoßen, den Ursachen dieser Übel, mit welchen die Menschen, von den obern und niedern Gewalten, notwendig und willkürlich, geistig und physisch geplagt werden, nachzuforschen [. . .]. Aber bald sagte mir mein innerer kräftiger Sinn, daß ich erst ganz mit mir selbst in Harmonie zu treten, und vor allem die moralische Abrechnung mit mir, abzuschließen hätte, ehe ich mich über das Weltganze und seinen Gang, zu richten erkühnte [. . .]. Ich fing gleich mit Faust an, und stellte in demselben das Thema so auf, wie es mich in den düstersten Stunden der Vergangenheit, geplagt hatte.[17]

Die Sozialkritik in Klingers Roman ist allumfassend und von beispielloser Schärfe. Sie zielt auf alle machthabenden Institutionen, die sich durchwegs als verderblich oder repressiv erweisen, und auf ihre typischen Repräsentanten, die von der bürgerlichen Stadtverwaltung über Adel und Bischöfe bis zur obersten weltlichen und geistlichen Herrschaft als korrupt, tyrannisch und ausbeuterisch befunden werden, und zwar dergestalt, daß der Gipfel der Hierarchie und der Gipfel der Verkommenheit zusammenfallen.

> Und so geht es [fährt der Brief an Goethe fort] natürlich wild, leidenschaftlich, gewaltsam darin her, wie es auf einem Kampfplatz hergehen mußte, worauf sich ein kraftvoller Geist, durch das ihn Empörende aufgeregt, aus innerm Grimm schlägt. Ungestüm fordert der Vermeßne, den immer Schweigenden auf, ihm, das sein Herz und seinen Geist quälende Rätsel zu lösen, in der Glut der Leidenschaft, unter den peinigenden Zweifeln ganz vergessend, daß der ihm Schweigende, die Antwort auf seine kühne Fragen, in seinen Busen gelegt hat, daß er die Antwort auf seine Fragen, nur aus der wirklichen und redlichen eigenen Anwendung seiner moralischen Kraft, vernehmen kann.[18]

---

[17] Zit. nach: Briefe an Goethe. Bd. II. Hg. v. Karl Robert Mandelkow. Hamburg 1969, S. 149 ff. Vgl. Max Rieger (Hg.), Briefbuch zu Friedrich Maximilian Klinger: Sein Leben und Werk II. Darmstadt 1896, S. 160 ff. Zu Klinger generell vgl. auch Fritz Martini, Friedrich Maximilian Klinger. In: Deutsche Dichter des 18. Jahrhunderts. Hg. v. Benno von Wiese. Berlin 1977; Olga Smoljan, Friedrich Maximilian Klinger [. . .]. Weimar 1962; Christoph Hering, Friedrich Maximilian Klinger [. . .]. Berlin 1966; Harro Segeberg, Friedrich Maximilian Klingers Romandichtung [. . .]. Heidelberg 1974; Fritz Osterwalder, Die Überwindung des Sturm und Drang im Werk Friedrich Maximilian Klingers [. . .]. Berlin 1979.

[18] Briefe an Goethe, a.a.O.

Was Klinger seinem Faust zugute hält, ist die Empörung über die Verhältnisse und die Frage nach dem Grund ihrer Übel. Was er ihm vorwirft, ist das vorzeitige Verdikt, die metaphysische Rebellion gegenüber dem schweigenden Gott und die praktische Verzweiflung am Sinn und Wert menschlichen Handelns zur Verbesserung der menschlichen Welt. Faust hat vor dem Pakt alle seine Mittel an die Erfindung des Buchdrucks gesetzt und

> trat nun vor die Menschen mit seiner Entdeckung; aber ihre Laulichkeit und Kälte überzeugten ihn bald, daß er, der größte Erfinder seines Jahrhunderts, mit seinem jungen Weibe und seinen Kindern, Hungers sterben könnte, wenn er nichts andres zu treiben wüßte. [. . .] Er nagte an dem Gedanken: wie und woher es käme, daß der fähige Kopf und der edle Mann, überall unterdrückt, vernachläßigt sey, im Elende schmachte, während der Schelm und der Dummkopf, reich, glücklich und angesehen wären. So leicht nun Weisen und Prediger diesen Zweifel zu heben wissen, so erbittert er gleichwohl, da sie nur zu dem Verstande reden, und das Gefühl durch die tägliche Erfahrung verwundet wird, das Herz des Stolzen, und schlägt den Sanftern nieder.[19]

Die Not treibt Faust in die Arme des Teufels; „Durst nach Unabhängigkeit und Wissen, Stolz, Wollust, Groll und Bitterkeit“ wirken unterstützend mit.[20]

Faust beginnt einen Wettstreit mit dem Satansboten Leviathan, wodurch sich der Experimentalcharakter des Romans verdeutlicht: Leviathan will Faust die Menschen „nackend“ zeigen, um ihm den Glauben an einen guten Gott und eine sinnvolle Welt zu rauben, den Glauben an den „Zweck“, an „Leitung und Langmut des Ewigen“[21]; Faust will seinerseits (überraschenderweise) Leviathan zwingen, an das Gute im Menschen zu glauben. Gelingt ihm dies, wird der Pakt hinfällig. Wie zu erwarten, hat Faust nur negative Erfahrungen: Die dargestellte Gesellschaft ist verrucht und verrottet; und die natürliche Fehlbarkeit der Menschen prädestiniert sie in der verkehrten Welt zu Trägern wie zu Opfern der institutionalisierten Verderbnis. Faust verwendet seine Macht – außer für sexuelle Eskapaden – teils zum Nutzen Hilfsbedürftiger, teils zur zornigen Rache an hochgestellten Übeltätern. Seine spontanen Hilfs- wie Strafaktionen verbessern aber nichts, son-

---

[19] Friedrich Maximilian Klinger, Faust’s Leben, Thaten und Höllenfahrt. Hg. v. Sander L. Gilman. Werke. Historisch-kritische Gesamtausgabe. Bd. XI. Tübingen 1978, S. 9f.
[20] Ebenda, S. 14.
[21] Ebenda, S. 43, 32.

dern haben üble Folgen. Als Leviathan ihm dies vor Augen führt, verzweifelt Faust am Menschen und der Schöpfung, an der Möglichkeit sinnvollen Handelns, und will freiwillig in die Hölle.

Leviathan triumphiert und hält ihm nun, da Faust ihm verfallen ist, sein Sündenregister vor: „Warum tratst du verwegen aus dem Gleise, das dir so bestimmt vorgezeichnet war? [. . .] Warum wolltest du mit dem richten und rechten, den du nicht fassen und denken kannst? Warum trieb Stolz die Pflanze aufwärts, die nur an der Erde hinkriechen soll?“[22] Faust ist nicht beeindruckt: „Erwürge mich“, antwortet er, „und tödte mich nicht mit deinem Geschwätze, das mein Herz zerreißt, ohne meinen Geist zu überzeugen“.[23] Er nötigt Leviathan, ihn im Ringkampf zu töten: „noch habe ich Muth, mit dir um mein Leben zu kämpfen, denn ich will nicht sterben, wie der Sclave, der unter der Gewalt seines Herrn ohne Widerstand hinsinkt. [. . .] Um der Freyheit, der Unabhängigkeit, zog ich dich aus der Hölle, am Rande der Hölle will ich sie behaupten, am Rande der furchtbaren Wohnung will ich noch meine Kraft gebrauchen“. Leviathan „zerriß den Bebenden, wie der muthwillige Knabe eine Fliege zerreißt, streute den Rumpf und die blutenden Glieder mit Ekel und Unwillen auf das Feld, und fuhr mit seiner Seele zur Hölle“.[24] Aber auch die Hölle und ihr oberster Herr, Satan, vermögen Fausts Trotz nicht zu brechen. Er stößt ein Frevelwort aus, das so vermessen ist, daß der Autor es uns vorenthält, und alle Teufel erbeben. „Seit der Entstehung der Hölle herrschte keine solche Stille, in dem dunklen furchtbaren Reiche“. Selbst der Höllenfürst ist erschrocken und ordnet schleunigst Isolationshaft an, die Folter der ewigen Reflexion auf das eigene Selbst und dessen unaufhebbare Frustrationen:

> Zerrt ihn in den schrecklichsten Winkel der Hölle, dort schmachte er in düstrer Einsamkeit, und starre hin vor der Betrachtung seiner Thaten und dieses Augenblicks, der nie zu versühnen ist. [. . .] An deiner Seele sollen ewig die Zweifel nagen, die dich in deinem Leben gequält haben, und nie soll sich dir eins der Räthsel enthüllen, um deren Auflösung du hier bist.[25]

Die Figur Fausts ist auch hier noch so ins Überlebensgroße und Singuläre stilisiert, daß die moralische Kritik Klingers in ihrer Wirkung

---

[22] Ebenda, S. 216 f.
[23] Ebenda, S. 218.
[24] Ebenda, S. 221 f.
[25] Ebenda, S. 226 f.

ästhetisch relativiert wird. Sein Faust gewinnt seine letzte und bleibende Identität in seiner Unversöhnlichkeit, seinem metaphysischen Trotz, in dem er sich wie in einer Burg verriegelt, zwar trostlos, aber unzerstörbar auf Zeit und Ewigkeit. Die Position, die Faust vertritt, wird von Leviathan argumentativ widerlegt, nicht aber durch die ästhetische Gestalt. Die Gegenposition desavouiert sich nicht nur dadurch, daß sie dem Teufel in den Mund gelegt wird, sondern schon durch ihre sprachliche Form. Wer von den Lesern will denn schon „an der Erde hinkriechen“ (um an das schon zitierte Leviathan-Wort zu erinnern)? Da Klinger keine innerweltliche Alternative zur dargestellten Sozialwelt und ihren Institutionen aufzeigt[26], bleiben am Ende doch die Fragen, die Faust dem schweigenden Gott und dem redenden Teufel entgegenhält:

> Was ist Freyheit, Wahl, Wille, der gerühmte Sinn, Böses und Gutes zu unterscheiden, wenn die Leidenschaften die schwache Vernunft überbrüllen, wie das tosende Meer die Stimme des Steuermanns, dessen Schiff gegen die Klippen treibt? Wozu das Böse? Warum das Böse? Er wollte es so; kann der Mensch den Saamen des Bösen aus der ungeheurn Masse herausreißen, den er mit Willen hineingelegt hat? Noch wüthender hasse ich nun die Welt, den Menschen und mich. Warum gab man mir, der zum Leiden gebohren ist, den Drang nach Glück? Warum dem zur Finsterniß gebohrnen, den Wunsch nach Licht? Warum dem Sclaven den Durst nach Freyheit? Warum dem Wurme das Verlangen zu fliegen? Wozu eine unbeschränkte Einbildungskraft, die immer gebährende Mutter kühner Begierden, verwegner Wünsche und Gedanken?[27]

Die Frage der Theodizee bestimmt am Ende den Eindruck – mehr als die Intention Klingers, die philosophische Frage im sozialen Tun aufzuheben, im praktischen Versuch, wie sich der Einzelne und die Gesellschaft im „wirklichen und redlichen eigenen“ Handeln (im Sinne des zitierten Briefes an Goethe) fortbilden lasse. In der zweiten Auflage führt Klinger den Begriff der Theodizee expressis verbis ein; er ver-

---

[26] Faust erschaut zwar einmal im Traum einen Tempel, an dem die Bauleute unter Anführung des „Genius der Menschheit“ geduldig bauen, wiewohl viele von ihnen den mörderischen Attacken von Repräsentanten menschheitsfeindlicher Erscheinungsformen von Staat, Kirche und Weltweisheit zum Opfer fallen. Aber diese Vision bleibt in ihren positiven politisch-sozialen Implikationen gänzlich unbestimmt. Seine „edle Bestimmung“ erfährt ein „Sterblicher“ nur im Tempelinnern, und von diesem bleibt Faust auch im Traum ausgeschlossen. Er sieht nur an den Tempelsäulen „die Symbole der *Geduld, Hoffnung* und des *Glaubens*“ (vgl. Klinger, Werke – s. Anm. 19 – S. 199–203). Die ‚Liebe‘ fehlt (die der Kontext doch auffällig nahelegt).

[27] Ebenda, S. 219.

schärft nicht nur die Sozialkritik, sondern auch die metaphysische Rebellion, da Faust keinen geschichtlichen Ausweg aus dem Elend der Welt zu sehen vermag:

> O der herrlichen Welt, worin der blinde unterjochte Mensch weise Zwecke aus den Martern, die ihn zerreißen, dem ihn umheulenden Jammergeschrei der Elenden, dem Siegesgesang der Unterdrücker, der ihn umgebenden Verwüstung und Zerstörung zusammenlesen soll; worin er nichts fühlt und sieht als eine unwiderstehliche Tyrannei, die ihn hier und dort vor Gericht fodert, wenn er laut zu murren wagt. Ha, Teufel, reiße meine Brust auf und schreibe mit dem kochenden Blut meines Herzens deine schöne Theodizee, die du mir eben vorgesagt, in jene dunkle Wolke. Mag sie ein Philosoph kopieren und die Menschen damit narren. Verherrlicht sich nicht der Ewige in Zerstörung und im Schaffen zur Zerstörung? So rauche dann mein Blut an dem Altar des Furchtbaren wie das Blut eines Opfertiers, das der Unsinn den Götzen schlachtet! Daß ich's mit beiden Händen fassen, gegen den dunkeln Himmel schleudern könnte, damit es dort glühe, wie es nun in meinen Adern glüht, und zu seinem Thron aufschreie![28]

Klarer als der ‚Faust'-Roman für sich demonstriert die Romanfolge Klingers im ganzen, worauf er in den neunziger Jahren eigentlich abzielt: den fiktiven Entwurf des Menschentyps, der „nach seiner Lage und Denkart"geeignet wäre, „ganze Völker, ja ganze Weltteile glücklich" zu machen.[29] In den Romanen nach dem ‚Faust' experimentiert der Erzähler mit Menschen und historischen Situationen, um den Leser in dialektischen Schritten an ein utopisches Verhaltensmodell heranzuführen, das dem doppelten – und widerspruchsvollen – Anspruch von ‚Weltmann' und ‚Dichter' (um auf einen charakteristischen Werktitel Klingers anzuspielen) am ehesten zu genügen vermöchte. Der Autor orientiert sich dabei nicht nur an seinen eigenen zwiespältigen Erfahrungen und Betrachtungen als bürgerlicher Aufklärer und zaristischer Offizier und Hofmann, sondern auch (ungeachtet der skeptischen Überzeugung Klingers von der natürlichen Fehlbarkeit des Menschen) am vorgegebenen Menschenbild des Rousseauismus, das freilich auch Leviathan auf seine Weise Faust entgegenhält:

> An die Höfe, in die Palläste hast du dich gedrängt, wo man der Menschen lacht, indem man sie mißbraucht, wo man sie mit Füßen tritt, während man das verpraßt, was man ihnen geraubt hat. [. . .] Stolz bist du die Hütte des Armen und Bescheidnen vorüber gegangen [. . .] Hättest du da angeklopft,

---

[28] Vgl. Klingers Werke in zwei Bänden. Ausgewählt und eingeleitet von Hans Jürgen Geerdts. Bd. 2. Berlin/Weimar 1964, S. 202.

[29] Klinger, Werke (s. Anm. 19), S. 217.

> so würdest du freylich euer schaales Ideal von heroischer, überfeiner Tugend, die eine Tochter eurer Laster und eures Stolzes ist, nicht gefunden haben; aber den Menschen in stiller Bescheidenheit, großmüthiger Entsagung, der unbemerkt mehr Kraft der Seele und Tugend ausübt, als eure im blutigen Felde, und im trugvollen Kabinete, berühmte Helden.[30]

In Wahrheit *hat* Faust aber auch arme Bauern erlebt, freilich nicht als großmütig Entsagende, sondern als Geschundene, Mißbrauchte und Beraubte. Daher sympathisiert der Leser mit Faust, wenn dieser Leviathan zwingt, den populären Freiheitshelden Dr. Robertus aus dem Kerker zu befreien, während Leviathan am Ende auch diese Tat als Fehler enthüllt, da der befreite Robertus den Bauernkrieg anstiftet: „dein edler Held steht an der Spitze eines tollen Haufens und droht aus Teutschland einen Kirchhof des Menschengeschlechts zu machen“.[31]

Klingers Sozialsatire ist eine einzige Aufruhrpredigt; daß er dennoch – in der Erzählerrolle wie durch den Mund Leviathans – gegen die zeitgenössischen „Freiheitsschreier“ ebenso polemisiert wie gegen die Anstifter des Bauernkriegs, daß er den Untertanen Bescheidenheit, Geduld und Entsagung predigt, gibt dem Roman eine Zwiespältigkeit, die sich am knappsten am Epilog demonstrieren läßt, dessen erste appellative Hälfte durch die zweite, satirische, für den Leser ironisch wieder aufgehoben wird:

> So fasse sich ein jeder in Geduld, und dringe nicht auf Kosten seiner Ruhe verwegen in die Geheimnisse, die der Geist des Menschen hier nicht enthüllen kann und soll. Auch richte keiner; denn keinem ist das Richteramt gegeben. Halte deine rasche Aufwallung bey den Erscheinungen der moralischen Welt, die dein Herz empören, deinen Verstand verwirren, im Zaum und bebe, ein Urtheil zu fällen, denn du kannst nicht erkennen, wie und woher sie kamen, wohin sie zielen, und wie sie für den enden, der sie veranlasset. [. . .] Dies erkennt der wahre Weise, und erwartet in Unterwerfung sein Loos. [. . .] Übrigens wünsche ich den deutschen Autoren billige Verleger, den Verlegern guten Abgang, dem Publikum mehr Geld und Geduld. (Geschmack würde zu oft den Handel verderben). Der gesammten Klerisey weniger Toleranz und Wissenschaften. Den Philosophen mehr Liebe zu Systemen. Den Fürsten mehr Strenge, und mehr von jener Kunst, die Unterthanen systematisch zu schinden und zu plündern. Den teutschen Männern den bittersten Haß gegen Freyheit, die zärtlichste Liebe für Sclaverei, und den teutschen Weibern, daß sie mit eben dem Vergnügen gebähren möchten, als sie, wie man sagt, empfangen; so wird's uns an nichts fehlen.[32]

---

30 Ebenda, S. 210.
31 Ebenda, S. 213.
32 Ebenda, S. 228 f.

Offensichtlich öffnet Klingers irritierende Technik gegensätzlichen Rezeptionsweisen Tür und Tor. „Der Leser mache damit was er will", heißt es an einer besonders bedeutsamen Stelle.[33] Auf der einen Seite fragt sich Klinger (in einem Brief an seinen Freund Ernst Schleiermacher vom 24.3.1791), „ob ie eine heftigere Satyre [. . .] geschrieben worden." Auf der anderen Seite vermerkt er im gleichen Atemzug: „Der Zwek liegt so verstekt, daß schwache Seelen einen für ihren Geist heraus finden können; aber der Kopf unsrer Art wird den wahren nicht übersehen".[34] „Schwache Seelen" (oder die Zensur) können sich daran halten, daß am Beginn des Epilogs wie auch durch Leviathan empfohlen wird, demutsvoll, „am Boden hinzukriechen". „Starken Seelen" hingegen stellt der Roman die ganze Negativität der gesellschaftlichen Zustände des 16. wie des 18. Jahrhunderts vor Augen und fordert sie auf, das „ganze Menschengeschlecht [. . .] zusammengenommen" als autonomen „Werkmeister der sogenannten moralischen Welt" aufzufassen, sich aber nicht wie der desperate Aktionismus des Anti-Hiob Faust in der Sackgasse der metaphysischen Rebellion zu verrennen. „Der Mensch ist vermöge seines freyen Willens, und seines ihm eingedrückten innern Sinns, sein eigner Herr, Schöpfer seines Schicksals und seiner Bestimmung".[35]

Ungeachtet aller Mehrdeutigkeiten, Ironien und Paradoxien des Romans dürfte deutlich geworden sein, daß einerseits die Theodizee, andererseits die Selbstentfaltung des großen Ausnahmemenschen für Klinger nicht mehr die Probleme sind, auf die es ihm positiv ankommt, und daß das Gesellschaftsproblem, auf das es ihm tatsächlich ankommt, durch die Selbstentfaltung des Ausnahmemenschen nicht zu lösen ist – so imposant sein gegengöttlicher Trotz auch erscheint. Für die Übel der Gesellschaft den schweigenden Gott verantwortlich zu machen und die Frage der Theodizee[36] an ihn zu richten, kann nur in

---

[33] Ebenda, S. 218.

[34] Ebenda, S. XIII.

[35] Ebenda, S. 217. Vgl. auch Jörg Schönert, Fragen ohne Antwort. Zur Krise der literarischen Aufklärung im Roman des späten 18. Jahrhunderts [. . .]. In: Jb. der Deutschen Schillergesellschaft 14 (1970), S. 183–229.

[36] Insofern verwahrt sich Klinger im Vorwort zur ‚Geschichte Giafars des Barmeciden' (1792–94) mit Recht dagegen, er habe „durch Fausts Leben u.s.w. die Träume von Theodiceen vermehren wollen. Dieses wichtige Geschäft überlasse ich den Schülern jener Philosophie, die sie selbst eine Zeitlang die *zermalmende* genannt haben, und die sie nun mit allem Eifer als *allein seligmachende* aufzustellen bemüht sind." Vgl. Osterwald (s. Anm. 17), S. 81.

die trost- und antwortlose Verzweiflung führen, die am Ende Fausts auswegloses Geschick ist. Die menschliche Antwort auf die Übel der Welt liegt vielmehr (gemäß dem Brief an Goethe) in der praktischen Anwendung der „moralischen Kraft“, die Klinger in den Folgeromanen in immer neuen Varianten erprobt – angetrieben von der bleibenden, der unauslöschlichen Empörung über das Bestehende, die er mit seiner Faust-Figur teilt.[37]

Die Idee, Faust mit dem Bauernkrieg in Beziehung zu setzen, wird im 19. Jahrhundert von Friedrich Theodor Vischer näher ausgeführt, als Alternativvorschlag zum Ende von Goethes ‚Faust‘ und mit ganz anderer Wertung und Zielsetzung als bei Klinger oder genauer: bei dessen Leviathan. Vischer schwebt als Modell Florian Geyer vor,

> der Edelste unter den Bauernführern, der in Franken mit seiner „schwarzen Schaar“ noch zuletzt in mehreren Schlachten verzweifelten Widerstand leistete, sich mit einem mehr und mehr schmelzenden Häuflein immer wieder durchschlug, bis er mit dem kleinen Reste von Getreuen endlich bei Schwäbisch Hall kämpfend fiel. [. . .] Faust muß den Kampf, den er als Führer im Bauernkrieg angetreten hat, mit großem historischem Blick auffassen. Die ursprünglichen, noch unbefleckten, ausführbaren Principien, wie sie der französischen Revolution zu Grunde lagen, muß er mit klarem modernem Denken hineinlegen. [. . .] Man darf ihm wohl den seherischen Geist leihen, daß er wirklich eine Ahnung der modernen Revolution ausspricht. Auch das mag er ahnen, daß sie noch entsetzlicher, als dieser Bauernkrieg, ihre reinen Grundgedanken beflecken wird, aber zugleich mag er vorausschauen, wie ihre Früchte dennoch unverloren bleiben und im steten Gang der Geschichte in freien Verfassungen reifen.[38]

Im 20. Jahrhundert konzentriert Hanns Eisler – mit erneuter Umwertung – sein Faust-Libretto (1952) ganz auf das Bauernkriegsmotiv. Der Bauernsohn Faust läßt die aufständischen Bauern aus Angst und Opportunismus im Stich; er ist eine Art von „Tui“ (im Sinn der Brechtschen Intellektuellensatire) und braucht den Pakt als Opium für sein

[37] „Wahrlich die letzten dreißig Jahre, mit den neusten Erscheinungen, sind nicht geeignet, mein Feuer, meinen Unwillen abzukühlen“, schreibt er 1818 an Fanny Tarnow. „Ihnen kann ich wohl im Vertrauen sagen [. . .], daß ich in meinem Innern Sein, jünger u. stürmender u. brennender bin, als ich es in meiner Jugend war, u. dies aus der begreiflichen Ursache, weil mein Verstand mehr aufgefaßt u. umfaßt hat, weil er sozusagen, das Aufgefaßte, ausgebrütet hat“. Zit. nach Gert Ueding (Hg.), Friedrich Maximilian Klinger. Ein verbannter Göttersohn. Lebensspuren 1752–1831. Stuttgart 1981, S. 121.

[38] Vgl. Friedrich Theodor Vischer, Kritische Gänge. Neue Folge. Stuttgart 1861 (Drittes Heft, S. 135–178; die zitierten Stellen S. 166 f.).

schlechtes soziales Gewissen. Er erreicht keine Identität, zu der er sich stellen könnte, und gerät in die Rolle des Produzenten von ästhetischen Pseudo-Gütern, von illusionärem Schein. Fausts abweichender Individualismus ist nicht Stärke, sondern Schwäche, gemessen an der kollektiven Stärke der geschlagenen, aber ungebeugten Bauernfiguren.

Der Faust-Autor, der im 19. Jahrhundert am entschiedensten nach Klinger sein Werk als philosophisches Experiment mit dem geschichtlich handelnden Ich anlegt, nun aber Faust zum Repräsentanten der Menschheit macht und konsequenterweise in Adam umbenennt, ist der Ungar Imre Madách in ‚Die Tragödie des Menschen' (1861), die an Goethes ‚Faust' anschließt, die Faust-Tragödie jedoch in der Menschheitstragödie aufgehen läßt. Gott und Luzifer kämpfen um die Seele Adams, dem Luzifer nach dem Sündenfall in elf Traumbildern die tragische Zukunft des Menschen und der Erde zeigt, so daß das ‚Ein Traum – ein Leben'-Motiv auf die Menschheitsgeschichte übertragen wird. Am Ende steht – nach der Rückkehr Adams aus dem Weltraum – die Vereisung der Erde, der Tod der Tiere, das nahe Ende der Menschen. Adam erwacht und sieht nur eine Möglichkeit freien Handelns für sich: die Rebellion gegen Gott im Suizid. Eva, die im Guten und Bösen das Prinzip sinnlich-diesseitiger Lebensbejahung verkörpert, rettet ihn dadurch, daß sie schwanger ist und durch neues Leben Adam zum Weiterleben verpflichtet – in der Welt Gottes, in der auch Luzifer seinen Ort und seine Wirkung behält, die Zukunft des Menschen diesem aber verhüllt ist. Gottes Auftrag an den Menschen ist, sich kämpfend, liebend und vertrauend auf die unbekannte Zukunft einzulassen, im historischen Prozeß zwischen Gut und Böse zu wählen, auch die tragische Erfahrung zu akzeptieren und die Geschichte, die Weg und Ziel zugleich ist, auf sich zu nehmen.

Diskussion

Faust-Dichtungen des 20. Jahrhunderts: Kontinuität und Wandel

In Ergänzung seines Vortrags skizziert H. Kreuzer zwei Hauptlinien für die Verwendung des Faust-Stoffes im 20. Jahrhundert. Er verweist auf die zahlreichen Faust-Bücher und die noch zahlreicheren Faust-Diskussionen, in denen der Faust-Mythos benutzt werde, um das ‚deutsche Wesen' oder die Industriezivilisation, den Materialismus, den Kapitalismus, den Kommunismus, den Faschismus, die moderne Wissenschaft (insbesondere die Atomphysik) zu kennzeichnen. Dieser Auflösung des Stoffes im Sozialen stellt er die etwa von Valéry, Th. Mann, Bulgakov und Hanns Eisler gewählte Lösung gegenüber, in der Faust zum Künstler gemacht wird. In beiden Fällen dränge sich die Frage auf, ob sich noch von einer echten Kontinuität der Faust-Figur sprechen lasse. Kreuzer verdeutlicht dieses Problem an zwei Faust-Romanen: Bulgakovs ‚Der Meister und Margarita' [1940] und Th. Manns ‚Doktor Faustus' [1947]:

„Bei Bulgakov ruft der Autor, durch das Sowjetsystem frustriert, seinem Helden einen noblen, koboldhaften Teufel zu Hilfe, der mit seinen Späßen und Schwänken die bürokratische Welt Moskaus durcheinanderwirbelt – wenn auch nur für eine Weile und folgenlos –, um am Ende mit Margarita, die einen Pakt mit dem Satan schließt, seinen Meister in eine Idylle jenseits aller irdischen Verhältnisse zu retten. Dabei handelt der Teufel im Auftrag Gottes und des Engels. Hier finden sich zwar viele Faust-Motive – aber daß der Meister eine Faust-Figur sei, hat noch niemand behauptet." Bei Th. Manns ‚Doktor Faustus' ergebe sich ein ähnlicher Befund: Wohl kein Werk der Faust-Literatur versammle so sehr praktisch alle Motive der Faust-Tradition – insbesondere der des 16. Jahrhunderts – in sich. Trotzdem konnte Käte Hamburger[1] die These formulieren, sie sehe weder eine Faust-, noch eine Satansfigur, noch eine Faust-Handlung, sondern nur eine Faust-Symbolik. Kreuzer schließt sich dieser These an, hält es aber für völlig legitim – d. h. für historisch aufschlußreich und sinnvoll –, daß Leverkühn „als ein Künstler zwischen Nietzsche und Hitler" sich auf die Faust-Tradition bezieht, gerade weil der Faust-Mythos für den Künstler und den Deutschen in dieser Zeit allgegenwärtig sei. Ob daraus eine Faust-Figur entstehe, sei freilich eine andere Frage. „In diesem Sinne könnte man jetzt überlegen, ob die Faust-Gestalt in eine Krise geraten sei – oder ob es sie vielleicht heute noch gibt, nur ohne den Namen, weil man sich vom alten Faust-Mythos distanzieren will. Gibt es also etwa den ‚68er Faust', den weiblichen oder den farbigen Faust, in oder außerhalb der deutschen Literatur, unter anderem Namen?"

Faust als Künstler statt als Wissenschaftler – ein Paradigmenwechsel?

P. H. Neumann sieht in den von H. Kreuzer nicht berücksichtigten Variationen der Faust-Gestalt im 19. Jahrhundert ein notwendiges Bindeglied, das die Vereinigung von Künstlerthematik und Faust-Gestalt im 20. Jahrhundert in einem anderen Licht erscheinen lasse. „Es ist ja sehr merkwürdig, daß von Anfang an der Faust-Stoff mit dem Problem der Wissenschaft und des Erkenntnisdranges verbunden ist, daß aber in dem geistes- und wissenschaftsgeschichtlichen Augenblick, in dem die in Faust verkörperte Wissenschaft prosperiert wie nie zuvor – nämlich im 19. Jahrhundert –, die Faust-Gestalt aufhört, Wissenschaft-

[1] K. Hamburger, Anachronistische Symbolik: Fragen an Thomas Manns Faustus-Roman. In: Gestaltungsgeschichte u. Gesellschaftsgeschichte. Fs. für Fritz Martini zum 60. Geb. Hg. von Helmut Kreuzer u. K.H. Stuttgart 1969, S. 529–553.

ler zu sein, und Künstler wird." Dies beginne schon bei Lenau[2] und führe schließlich zu Th. Mann. Bert Brecht knüpft dagegen im ‚Galilei' [1938–56] durch die Thematisierung der Problematik wissenschaftlichen Erkenntnisstrebens wieder an die ursprüngliche Stofftradition an – aber eben ohne die Faust-Figur mit zu übernehmen.

H. Kreuzer wendet ein, dem ‚Galilei' fehle das für die Faust-Tradition charakteristische Moment der Aufhebung des Realitätsprinzips. Hier bleibe alles sozial und psychologisch erklärbar. Wissenschaftlerdrama wie Künstlerroman hätten sich dadurch gleichermaßen von der Stofftradition gelöst.

H. J. Kreutzer warnt davor, den ‚Doktor Faustus' in die Tradition des Künstlerromans zu stellen. „Das wäre eine Simplifikation, die eine ernsthafte Interpretation unmöglich macht. Was Th. Mann hier benötigte, war ein Musiker. Denn ihm geht es um Weltlosigkeit, Sprachlosigkeit, d. h. deutsche Spezifika, Spezifika der deutschen Geschichte. Nur dieser Strang der jüngeren deutschen Geistesgeschichte war für Th. Mann von Interesse. Wenn man ganz allgemein nach einer Künstlerthematik sucht, findet man für diesen janusköpfigen Text, der mindestens ebenso als politischer Roman wie als Roman über die Kunst und deren Geschicke gelten muß, keinen Schlüssel."

H. Kreuzer weist darauf hin, daß gerade in der Verbindung von künstlerischer und politischer Thematik die Grundthese des Romans liege. Th. Mann deute die romantische Künstlerideologie – die immer schon in der Musik konzentriert war – politisch aus und setze sie in Parallele zur allgemeinen geistesgeschichtlichen Entwicklung – der ‚Zerstörung der Vernunft' [Lukács] – und zur allgemeinen politischen Entwicklung der Deutschen. Allerdings hielten diese Parallelen einfach nicht stand; sobald wir das vielschichtige künstlerische Geflecht des Romans mit der historischen Wirklichkeit konfrontieren, zerfalle es.

Subjektivierung und Typisierung als alternative Möglichkeiten der Stofferneuerung

P. H. Neumann schlägt als gemeinsamen Nenner für die bisher herausgearbeiteten Tendenzen der Faust-Rezeption den allgemeinen Säkularisierungsprozeß vor, dem auch die Faust-Figur unterliege.

H. Kreuzer greift dies auf und erläutert es an Paul Valérys ‚Mon Faust' [1941/45]: „Valéry schreibt eine Faust-Parodie, in welcher Faust dem Mephisto erklärt, daß dieser in der modernen Welt ein anachronistischer Clown sei; Faust muß ihn über das Industriezeitalter belehren, weil er als Teufel dazu schlechterdings keinen Zugang hat. Nur als Parodie läßt sich der Stoff also weiter verwenden."

U. Japp sieht in Valérys ‚Mon Faust' mehr als nur eine Parodie. Schon der Titel deute darauf hin, daß Valéry hier seine subjektive Variante des Stoffes geben wollte. Solche Subjektivierung sei *eine* Möglichkeit der Fortsetzung der Faust-Tradition im 20. Jahrhundert. Eine andere Hauptlinie ließe sich als Typisierung

---

2 ‚Faust. Dramatisch-lyrische Verserzählung' 1835.

beschreiben, was dann zur Konstruktion von Themen wie ‚das Faustische' und ‚der faustische Mensch' führe. „Nietzsche hat diese Typisierung der Faust-Figur bis ins Extrem getrieben und mit einer geschichtsphilosophischen Konstruktion verbunden, die Antike und Moderne in einem Griff zusammenfaßt: Er sieht im modernen Menschen und auch im modernen Ich eine Entwicklungsstufe, die von Sokrates bis Faust reicht. Faust – so Nietzsche – stellt einen Typus dar, der jedem echten Griechen – d. h. jedem Griechen vor Sokrates – unbegreiflich sein muß. In ihm übersteigere sich das aus Rationalismus und Idealismus zusammengefügte moderne Ich so exzeßhaft, daß es seinen eigenen Untergang herbeiführe.[3]

H. Kreuzer verweist ergänzend auf eine direkte Verbindung zwischen Nietzsche und Valéry. In ‚Le Solitaire' – einem eigenen fragmentarischen Teil innerhalb von ‚Mon Faust', der aus der Parodie herausfällt – entwerfe Valéry eine Art von ‚Nietzsche-Bild', das anknüpft an Byrons ‚Manfred' [1816]: „ein Bild von Nietzsche, der in den Eisbergen als Einzelner einsam seine Philosophie ausbrütet". Doch das ändere nichts daran, daß Nietzsche selbst kein Faust-Werk geschaffen habe, sondern eben nur, ähnlich wie viele andere, die Faust-Tradition in geschichtsphilosophischem Sinne auswerte, sie aber nicht philologisch interpretiere oder fiktional fortführe.

Das ‚Punctum saliens' des Faust-Mythos – Zwei Lösungsvorschläge

U. Fülleborn fragt nach dem unveränderten Kern der Faust-Tradition, der über die Jahrhunderte die Aktualität des Stoffes begründet habe, und versucht selbst eine erste Antwort: „In jeder seiner Ausprägungen ist Faust jemand, der über die Grenzen des Menschen hinausgreift. Hier liegt eine besondere Form von subjektivistischer Metaphysik und gefährlichem Absolutheitsstreben vor, das sich mit dem neuzeitlichen Wissenschaftler-Bild so gar nicht deckt. Man wundert sich bei Lektüre des ‚Volksbuches' geradezu, wie sich jenes Faust-Konzept mit der modernen Wissenschaftsproblematik verbinden konnte. Die Faust-Figur kann daher zwar den wirklichen frühneuzeitlichen Wissenschaftler nicht erklären – wohl aber den neuzeitlichen Metaphysiker, der die Kantsche Kritik noch nicht kennt oder sie beiseite läßt, der Dinge ‚haben' will – d. h. wissen, in sich hineinreißen, erleben und genießen will –, die dem Menschen schlechterdings nicht zugänglich sind, da er anthropologisch an bestimmte Grenzen des Erlebens und Erkennens gebunden bleibt. Faust hingegen will diese menschlichen Grenzen auf eine eben sehr handfeste, ‚magische' Weise überschreiten, um eine in der menschlichen Natur nicht angelegte Ausweitung der Erfahrung zu erreichen. Was nur der Spekulation im strengen Sinne zugänglich ist, sich nur der ‚theoria' als geistiger Schau eröffnet, soll in den Bereich der Empirie gezogen werden, Theorie soll sich in Praxis verwandeln – in einem gewaltsamen, subjektiven Zugriff. Diese subjektivistische Metaphysik – als äußerste Zuspitzung der die Neuzeit prägenden Subjektphilosophie – wird in den Faust-Dichtungen des 16. wie des 20. Jahrhunderts kritisiert, während sie der Sturm

[3] Vgl. dazu Nietzsche, KGW (s. u. S. 233, Anm. 2) III, 1, S. 112.

und Drang eher verklärt und bewundert. Dort allerdings zeigt gerade die Differenzierung der Faust-Figur, wie stark geistesgeschichtliche Veränderungen von der sozialen Lage abhängig sind; denn dort geht es zugleich um die Sprengung sehr konkreter und in der Tat unerträglicher gesellschaftlicher Begrenzungen."

Von dieser Deutung des Faust-Motivs her lasse sich auch die Kontinuität zu Th. Manns ‚Doktor Faustus' begreifen, der ja unübersehbar an die Faust-Figur des ‚Volksbuches' anknüpfe. Zum einen setze die Welt- und Sprachlosigkeit des Künstlertypus die subjektivistische Metaphysik des Wissenschaftlertypus fort. Zum anderen werde auch hier gezeigt, daß im übermenschlichen Streben die menschliche Mitte, das eigentlich Humane, verfehlt wird und daß dies ebenso zum persönlichen Scheitern führen muß wie zum Scheitern einer Welt, die nach jenem subjektivistischen Modell gebaut ist.

G. Neumann schlägt dagegen vor, als unverändertes ‚Punctum saliens' der Faust-Tradition die Sündenfallsituation zu sehen, die die beiden Motivstränge der Wissensthematik und der Sexualität integriere [s. o. S. 69f.]. Das von H. J. Kreutzer gesuchte Modell, nach welchem der Faust-Stoff überhaupt erst als Geschichte gelesen werden kann [s. o. S. 60], sei demnach ein Figuralprinzip.

H. Kreuzer wendet ein, daß damit die Unterschiede zwischen den drei Bereichen des Faust- und Don-Juan-Mythos und der Sündenfall-Literatur der christlichen Tradition verwischt würden. – G. Neumann präzisiert daraufhin seine Position: Durch die Beziehung auf den Sündenfall als Urszene der Menschheit seien in der Faust-Figur das Problem des Wissens und das der Sexualität implizite immer schon miteinander verbunden. Explizit gemacht werde dies freilich erst bei Goethe; von da an aber sei das Doppelthema für alle weiteren Faust-Versionen verbindliche Vorgabe. „Daher glaube ich, daß man in jenem Augenblick im Paradies, der Wissen und Sexualität aneinander koppelt und gleichzeitig daran die Identität des Menschen knüpft, den zentralen Punkt findet, der die ganze Faust-Tradition zusammenhält."

Zur Vermittlung der bisher vorgetragenen alternativen Konzepte ‚subjektivistische Metaphysik' vs. ‚Sündenfall' entwickelt U. Fülleborn das folgende Stufenmodell: „Wichtig scheint mir, daß es bei Faust um einen potenzierten Sündenfall geht, nicht um den ersten, biblischen, wo eben nur Gut und Böse unterschieden und die Körperlichkeit erkannt wurde – um einen ganz bewußt begangenen und herbeigeführten zweiten Sündenfall, der den ersten übersteigt und in dem durch Handeln Erlösung als Selbsterlösung erzwungen werden soll."

Walter Naumann

Auflösung und Neugeburt in Goethes ‚Faust'[1]

Das Drama von Faust ist uns in der ersten Fassung, in der Goethe es entwarf, erhalten durch eine Abschrift, die wohl einem Text folgte, den Goethe nach Weimar mitbrachte und dort in Hofkreisen vorlas. Dieser ‚Urfaust', wie man die Abschrift nennt, enthält drei unterschiedliche Teile. Zum einen bietet er die Charakterisierung einer historisch-mythischen Gestalt, des Dr. Faust, die einen Zustand deutscher Geistesart in einer Epoche des Suchens mit einem Selbstbild des Dichters vereinigt. Zweitens enthält das Stück Szenen der Zeit- und Universitäts-Satire und Rüpel-Szenen aus dem Universitäts-Leben.

Den dritten Teil bildet ein vollständiges Drama mit einem Thema des Sturm und Drang, der Verführung eines Bürgermädchens durch einen jungen Adligen. Dieses Stück ist ein Muster-Beispiel der vom Sturm und Drang erstrebten emotionalen Dramatik, die in knappen Szenen höchster poetischer Konzentration alles Wichtige vorbringt und dabei die erregende Wirkung von Skizzen behält.

Zu diesem Material fügte Goethe in den Veröffentlichungen des ‚Faust' 1790 als ‚Fragment' und 1808 als ‚Der Tragödie erster Teil' das Folgende hinzu. Einiges dient dafür, das Verführungsdrama des ‚Urfaust', das ja im Grunde fertig ist, zu erläutern und zu erweitern, ihm eine Atmosphäre zu geben. Die im ‚Urfaust' nur in einem Lied (‚Urfaust' Z. 1372–1397) angedeutete Rolle des Valentin, des Bruders von Gretchen, wird zu einer Szene ausgearbeitet (3620–3775). Außerdem muß eine Verbindung zwischen Faust als Forscher und Magier und als Verführer des Mädchens hergestellt werden. Um diesen Übergang psychologisch vorzubereiten, erweitert Goethe die Charakterisierung am Anfang des Dramas. Zu dem Begehren Fausts, unmittelbar die Anschauung der Natur zu erreichen oder ebenso unmittelbar an der Gesamtheit der Erfahrungen des Lebens teilzunehmen, kommt ein Drittes hinzu. Nach der Unterbrechung durch Wagner wird jetzt der Monolog Fausts fortgesetzt: Die Unmöglichkeit der ganzheitlichen Erfahrung führt ihn zur Verzweiflung, alles die Seele Bedrängende wird

[1] Aus Zeitgründen wurde auf dem Symposion nur der auf ‚Faust I' bezogene Teil des Aufsatzes vorgetragen (hier S. 155 – 162).

lebendig und bringt ihn zum Entschluß, im Tod die versagte Ekstase des Daseins zu erreichen, auch auf die Gefahr hin, „ins Nichts dahinzufließen" (719). Die Bereitschaft zur Auflösung macht ihn empfänglich für die Botschaft der Wiedergeburt, die vom christlichen Oster-Fest verkündet wird. Diese erreicht ihn nicht über eine geistige Zustimmung („allein uns fehlt der Glaube" 765), sondern durch eine Hingabe an „ahnungsvoll", „unbegreiflich" erlebtes Schweifen der eigenen Jugend. Diese „Erinnerung [. . .] mit kindlichem Gefühl" (781) bringt ihm neues Leben.

Um den Übergang zum neu erwachenden Leben allgemeiner zu begründen, fügt Goethe weiter die Szene ‚Vor dem Tor' hinzu. Faust wird aufgenommen in das Fest der österlichen Auferstehung, wird „Mensch" (940) unter Menschen. Er kommentiert die wie ein Maskenzug vorgeführten Typen des städtischen und dörflichen Lebens. Seine eigene Einstellung wird bezeichnet durch ein unbegrenztes „Streben" (1075, 1099), erregt durch das Ungenügen am hiesigen Erreichbaren. Als einen „neuen Trieb" (1085) bezeichnet er dieses neu erwachte Begehren nach Licht und Ferne, das ihn „zu neuem, buntem Leben" (1121) führen soll.

Der Leser erhält eine erste Darstellung von Auflösung, von Bereitschaft dazu, wenn es sein muß bis zum Tode, bis zur Drangabe der Individualität, die als andere Möglichkeit eines ekstatisch gesammelten Schauens und Erlebens für Faust zur Verfügung steht. Aus dem Selbst-Verlust entsteht die neue Kraft, die der Dichter als natur-gegeben bezeichnet, als „neuen Trieb", „jedem eingeboren" (1092). Es wird hier das Grund-Muster des geistigen Wegs von Faust dargelegt, das sich durch die Dichtung hindurch wiederholen und zu einem Ritual verstärken wird.

Es folgt, in der Reihe der Hinzufügungen zu dem ‚Urfaust', eine Gruppe von Szenen, die zur genaueren Begründung und zur Ausschmückung der Handlung dienen, die zur Kennzeichnung des Mit- und Gegenspielers Mephisto, zur Schaffung einer theatralischen Atmosphäre von Magie, zum Pakt mit dem Teufel psychologisch und dramatisch nötig sind. Dabei wiederholt sich das Grundmuster von Auflösung und Wiederbeginn in kleineren Spiegelungen. Fausts Bewußtsein wird aufgelöst in der Magie der Phantasie, die mit Hilfe der Sprache ihn „umgaukelt" (1446–1505). Er selbst verleugnet und verflucht alle geistigen Kräfte, die ein gestaltetes, sinnvolles Leben möglich machen (1587–1605). Von den „Geistern" wird dieser Fluch gedeutet als eine

Zerstörung der Welt ins Nichts, zugleich aber als die Möglichkeit, sie „prächtiger“ wieder aufzubauen, aus der „Einsamkeit“ (1632) zurückzukehren zu „neuem Lebenslauf“ (1607–1626). Diese Geister des pulsierenden Lebens werden hier hingestellt als Diener Mephistos. Auch seine Welt der Gegen-Natur, der Auflösung ins Nichts (1363) vermag nichts anderes, als den Weg zu bereiten „der ewig regen, der heilsam schaffenden Gewalt“ (1379/80). In diesem Geist geht Faust die Vereinbarung mit Mephisto ein. Da sich die Natur ihm „verschließt“ (1747), will er sein ganzes „Streben“ (1742) in die Erfahrung des flüchtigen Lebensgenusses legen, der mit Paradoxen („dem schmerzlichsten Genuß“ 1766 u.a.) als wertlos bezeichnet wird. Der Lebens-„Taumel“, den Mephisto bietet, ist ein Ersatz, der an die Stelle der ersehnten gesammelten, ekstatischen Erfahrung und Erkenntnis, an die der inneren „neuen Kraft“ (1813) tritt.

Beide Möglichkeiten, das Leben zu erfahren, zeigt nun, in dem jetzt deutlichen Rhythmus, der weitere Fortgang des Dramas. „Wir gehen eben fort“, sagt Mephisto (1834). Die Zufälligkeit und Beiläufigkeit des Geschehenden gehört zu diesem Bereich, die Aneinanderreihung von Szenen und Bildern. Es können jetzt die aus dem ‚Urfaust‘ vorliegenden Szenen mit dem Schüler, die Satire auf den Universitätsbetrieb, die Studenten-Vergnügungen (‚Auerbachs Keller‘) sinnvoll beibehalten werden. Doch dem Dichter genügt dies nicht als Vorbereitung für das gesammelte, begeisterte Erlebnis mit Gretchen, das dann folgt. Schon 1790 ist die ‚Hexenküche‘ hier eingefügt, obwohl der Dichter das Ganze als unvollendbar, als „Fragment“ ansah und die ja schon fertigen letzten Szenen zurückhielt. Er mußte den Träger des unerträglich intensiven Erlebens der Gretchen-Tragödie, wie er es im ‚Urfaust‘ skizziert hatte, in anderer Weise bereit machen. Um ihn zu „verjüngen“ (2348), wird ihm ein Reigen von Urbildern der auflösenden Mächte, von Allegorien der vielfältigen Verführungen des Lebens vorgestellt. Goethe lernt hier – anscheinend in Rom, wo die ‚Hexenküche‘ entworfen wurde –, daß er dem Thema, das die Gestalt des Faust ihm stellt, nur mit allegorischen, nicht mit realistischen, lebendige Szenen abzeichnenden Darstellungen gerecht werden kann. Die Phasen der Entwicklung der schöpferisch-geistigen Person sind zwar in ihren höchsten Augenblikken, in denen des ekstatischen Erlebnisses, an Reales gebunden. Das macht die Verwendung der so intensiven Gretchen-Szenen als die Höhepunkte geistiger und seelischer Sammlung deutlich. Aber um diese Sammlung und dieses Außer-sich-Sein wieder und wieder zu erreichen, bedarf es einer bedingungslosen Hingabe an die vielfältigen Elemente des Lebens, die als Mächte, als Allegorien wirken und nicht als einzelne Realitäten. Aus dieser Erkenntnis geht die ‚Hexenküche' hervor. Es tauchen hier, in diesem „Wust von Raserei" (2339), die verführenden Mächte – Geld, Liebe, Herrschaft – auf in allegorischen Bildern (Würfel, Weltkugel, Spiegel, Krone). Die Tiere und die Hexe selbst steigern die Verwirrung, als wäre alles von einer ihm eigenen, aber dem gewöhnlichen Verstand verborgenen Folge bestimmt. Für Faust erscheint dieser Bereich unter dem Aspekt des Unsinns; er gebraucht die verschiedensten Bezeichnungen: Raserei, toll, verrückt, im Fieber, Unsinn, Narren. Es sind die gleitenden, aufblitzenden Spiegelungen des Unbewußten, die ihm begegnen, von keiner Vernunft geordnet. Doch daraus entsteht ihm eine neue Kraft, die Liebe, die er im Zauberspiegel erkennt und die ihn weiter, aus dieser Verwirrung heraus, führen wird. Das Auflösende ist hier unter dem Zeichen des Unsinns, der geistigen Wirrnis gezeigt. Im Irrationalen, der Herrschaft des Sinns Entgleitenden bietet sich neuer Sinn durch die Verlockung des Schönen. Im Begehren danach wird Faust zu neuem Leben geführt. Die Hexenwelt, Überbleibsel nicht rationalisierter Lebens-Bezüge, dient Goethe zur Kennzeichnung dieser Stufe. Er wird sie für Fausts Weg noch einmal gebrauchen und vertiefen.

Aus der Bereitschaft, der neu erweckten, zum Erleben ist jetzt der Übergang zum Drama von Gretchen sinnvoll. Es handelt sich nicht mehr um ein Drama von Verführung und Standesunterschied, wie der Sturm und Drang es beabsichtigte. Die so verdichteten Szenen des Entstehens einer Liebe treffen jetzt auf eine Gestalt, werden von einer Gestalt erfahren, die ebenso unbedingt dazu bereit ist. Diese Naht-Stelle zwischen Faust-Gestalt und Gretchen-Tragödie ist durch die Neugeburt Fausts aus dem Irrationalen gesichert worden.

Doch das reine Geschehen des ‚Urfaust' in seiner ekstatischen Intensität ist immer noch zu eindringlich, ja unerträglich, um es allein wirken zu lassen. Goethe unterbricht diese Handlung noch zwei Mal. Er holt Faust zurück in die Besinnung oder Entfremdung. Das erste Mal geschieht dies in der Szene ‚Wald und Höhle', die schon in dem ‚Fragment' von 1790 hinzugefügt war. Betont wird der Rhythmus zwischen Leben und Betrachtung. Das Sinnbild ist die „sichere Höhle" (3232), in der „meiner eigenen Brust / Geheime tiefe Wunder" zu schauen sind. Faust wird sich bewußt des dazu im Gegensatz stehenden Drangs zum Leben als der mephistophelischen Verführung der Bilder und Reize des

Lebendigen, gekennzeichnet durch den Taumel „von Begierde zu Genuß“ (3250). Im Gegensatz dazu wird die Sammlung als Weltlosigkeit gekennzeichnet. Sie ist dramatisch nicht darstellbar; sie kann nur erwähnt, nicht mit Bildern ausgeführt werden. Den Gewinn, der aus diesem „Wandel in der Öde“ kommt, nennt Faust „neue Lebenskraft“ (3278). Sie bringt ihm ein Bewußtsein seiner selbst, das über die rein aufnehmende Haltung, die die ‚Hexenküche‘ kennzeichnete, hinaus eine moralische Besinnung bedeutet. Die Szene endet mit der Selbst-Deutung des jungen Goethe, die schon im ‚Urfaust‘ (1411–1435) erschien: „Bin ich der Flüchtling nicht? Der Unbehauste? / Der Unmensch ohne Zweck und Ruh’?“ Dieses Stück, das jetzt durch den Auftritt ‚Wald und Höhle‘ vorbereitet und begründet wird, zeigt ein durch die Sammlung in der Öde bewußt gewordenes Gewahr-Werden eines im eigenen Ich manifesten Schicksals, dem sich die Gestalt unterworfen fühlt. Die Wandlung, die Faust hier erfährt, ist eine zu einer fast religiös bestimmten Selbst-Erkenntnis. Er ist erschüttert von dem, was er selbst erlebt. Mit diesem Schicksalsgefühl wird die moralische Indifferenz der nun folgenden Verführung und Wendung zur Tragödie, diese atemlos unbedingte Folge von Erregungen unterlegt.

Doch der Dichter braucht noch einmal den Rhythmus von Auflösung und Neugeburt seiner Gestalt, bevor die ausweglos tragische Handlung sich erfüllt. Die ‚Walpurgisnacht‘ wird eingefügt nach der Ausstoßung Gretchens aus der Gesellschaft durch den sterbenden Bruder und nach ihrer Vision des rächenden jenseitigen Gerichts in der Szene ‚Dom‘. Das Erlebnis des Geschehens wird nun auf Faust übertragen in den letzten Szenen, als Selbstvorwurf und als erschütterndes Mitgefühl. Aber um Faust dazu, zum äußersten Ergriffen-Sein, bereit und dem Leser verständlich zu machen, braucht es noch einmal den Verlust des Selbst im Irrationalen und die daraus erstehende Erneuerung. Warum wählt Goethe das legendäre Fest der Hexen auf dem Blocksberg, um die Entfernung aus dem Licht und der Folge des Tages zu kennzeichnen? Die Hexenwelt war noch lebendig als letzte gestalthafte Erscheinung irrationaler Mächte im Fortschritt der aufgeklärten Jahrhunderte. Als kulturhistorische Erscheinung, die er dichterisch sich anverwandeln konnte, war sie für Goethe bedeutsam. Seine Hexenwelt ist weit entfernt von den Hexen Shakespeares, die, etwa in ‚Macbeth‘, dazu dienen, jene Mächte zu bestätigen und zu bekräftigen, die im Ich zur Wirkung drängen. Gerade die volle Freiheit des nicht gebundenen seelischen Lebens ist für Goethe das Wirkende. „In die Traum- und Zaubersphäre / sind wir, scheint es, eingegangen“ (3871 f.), ist, nach einer kurzen Situierung am Anfang, das Lied des Weges in dieses Reich, das bezeichnet wird als „in den weiten, öden Räumen“ (3875). Innen und Außen werden als gleich erfahren, sie sind verwandelnde „Öde“ (328), wie die Einsamkeit in der Szene ‚Wald und Höhle‘. Dieses Reich zeigt sich nun in verschiedenen Gruppen und Schichten. Zuerst, im Eingangslied, wird die traumhafte Verwandlung der Natur und des Getiers in beseelte, lockende und schreckende Äußerungen besungen. Nach einem Hinweis auf das Sinnbild des Goldes, das von Faust in der Gebirgswand wie ein aufgehendes Licht wahrgenommen wird, beschwört Mephisto die Natur in ihrer Urgewalt. Dies ist das Hexenmäßige, die elementare, drohende Gewalt der „Windsbraut“: Einzelne Stimmen und Gestalten werden darin isoliert und als Chöre von Hexen vernehmbar. Es folgt nicht mehr als ein Hinweis auf eine mögliche Mitte und Ordnung der verführerischen Gewalten (4039/40): „Dort strömt die Menge zu dem Bösen; / Da muß sich manches Rätsel lösen.“ Hierzu ist der Entwurf einer Szene erhalten, in der Satan selbst seine Gaben, Geld und Geschlecht, austeilt und zu dessen Anbetung ein Chor auffordert. Doch eine solche Szene würde ein System, einen geistig geordneten Aufbau voraussetzen. Sie wurde deshalb nicht verwendet, denn in der ‚Walpurgisnacht‘ herrscht nur Verwirrung, Andeutung, Spiegelung, „eine Messe“ (4115). Die anderen Mächte, die noch sichtbar werden, sind einmal das Geschlecht: Der Anblick von Lilith, „Adams erster Frau“ (4119), leitet zu den obszönen Tänzen mit den Hexen. Doch schließlich dringt eine andere Macht vor: Desillusion an diesen Spielen ergreift Faust. Er sieht in einer Gestalt, die von Mephisto als die Ur-Gestalt der Entzauberung, als die Meduse (4194) gekennzeichnet wird, die Erscheinung seines eigenen Gewissens. Gretchen in ihrer Hilflosigkeit, in der Bedrohung, die sie erwartet, steht vor seinem Auge, sie weckt ihn zu dem Bewußtsein seiner Liebe und seines Tuns. Es ist eine neue Kraft, eine Erschütterung, die dem Bewußtsein eigener Schuld vorausgeht und die ihn jetzt bereit macht, die letzten Szenen des furchtbaren Geschehens in einer neuen Ergriffenheit zu erleben.

Was die ‚Walpurgisnacht‘ an Faust heranträgt, sind Spiegelungen der gleichen Mächte wie in der ‚Hexenküche‘. Dort erscheinen sie in bekannten Allegorien als Krone, Weltkugel, Zauberbild. Hier dagegen tauchen die elementaren Kräfte, die chaotisch die Welt bewegen, selbst auf; als Urmächte nehmen sie mythologische Gestalt an als Mammon, Satan, Lilith, Meduse. Es ist eine tiefere Schicht, in der Faust angerührt wird von Realitäten, die außerhalb unseres Bewußtseins existieren. Doch es kommt noch ein Aspekt hinzu, der uns schwer verständlich ist. Figuren, die zu satirischen Versen Gelegenheit geben, sind beigemischt: die Alten, die um ihre vergangene „rechte goldne Zeit“ trauern; ein Aufklärer, der, in diese Zauber-Welt versetzt, sie immer noch leugnet. Der Geist der Ironie und Satire, der poetischen Spiegelung, die sich in leichteste, scherzhafte Sprache auflöst, ist verselbständigt in dem ‚Walpurgisnachtstraum‘. Hier wird in der „Traum- und Zaubersphäre“ noch einmal geträumt; wie ein Maskenzug vorgeführt, huschen Gestalten, nein Verse, vorüber. Wenn das Spiel im Spiel des Shakespeareschen Theaters eine Deutung oder Allegorie der Handlung des Dramas darstellt, so wird hier, in Oberons Goldner Hochzeit, als eine solche zentrale Allegorie seine uralte Herrschaft betont, sie wird als die Tendenz, ja die Essenz selbst der ganzen Walpurgisnachts-Szene herausgehoben. Ironie und Satire der Gesellschaft sind mit den Stimmen der Natur verknüpft, um Faust, den doch immer gegenwärtigen Träger dieses Geschehens, soweit es nur irgend geht, abzulösen, zu zerstreuen und damit zu erneuern, bevor die furchtbare Realität der nächsten Szenen ihn ergreift. Daß er bereit ist zu einer neuen, gesammelten, in einer tieferen Schicht ihn berührenden Erlebnis-Fähigkeit, haben wir in der Begegnung mit der Meduse gesehen. Beide Hexen-Szenen, die ‚Hexenküche‘ und die ‚Walpurgisnacht‘, enden damit, daß er, im Zauberspiegel und in der Zaubergestalt, auf ein neues Erleben als Liebender hingewiesen wird.

Der aufgezeigte Wechsel zwischen Auflösung, einem Sich-Überlassen an die heranflutende, vielfältige Welt und, andererseits, einer Neu-Besinnung, Erwachen zu neuem Erleben, kennzeichnet die Ausarbeitung des Dramas vom ‚Urfaust‘, der fast völlig in sich geschlossen war, zu dem ‚Faust‘ von 1808. Der Rhythmus entspricht Goethes eigener Lebens-Erfahrung. In den ‚Tag- und Jahresheften‘ notiert er für 1795 zu seiner Badereise nach Karlsbad: „Vergebens aber hatte ich mancherlei Arbeiten mitgenommen, denn die auf gar vielfache Weise mich berührende große Masse von Menschen zerstreute, hinderte mich, gab mir freilich aber auch manche neue Aussicht auf Welt und Persönlichkeiten.“ Der Rhythmus zwischen Sammlung und Maskenzug wird als ein Gesetz im ‚Faust‘ zur Darstellung gebracht. Das Drama ist damit nicht mehr ein beliebiges, wenn auch noch so poetisches, Handlungsdrama. Ein geistiges Gesetz des menschlichen Lebens, das nicht nur für Faust gilt, wird uns vorgeführt. Es ist mit der Handlung verknüpft, ja ermöglicht sie erst in ihrer in dem Jugend-Drama so stark erfahrenen Intensität. Diese Intensität bleibt möglich – Goethe hat das frühe Drama fast unverändert beibehalten –, aber sie ist bedingt durch den allgemein gültigen Lebens-Rhythmus. Der Rhythmus wird wiederholt wie ein Ritual, dazwischen spielt sich, aufleuchtend, das individuelle Leben einer Handlung ab.

Der Dichter hatte damit, mit der Abwechslung zwischen Auflösung an Bilder und erneutem eigenen Leben, ein Schema gefunden, das auch für den zweiten Teil des Dramas gelten konnte. In dem Vorspiel zu dem zweiten Teil, der Szene ‚Anmutige Gegend', wird es wie in einem neuen Prolog verdeutlicht und erklärt. Der Wechsel zwischen Auflösung und Neugeburt wird begründet als einem Gesetz der Natur entsprechend. Dieses Gesetz, Schlaf und Vergessen und neues, begeistertes Erwachen, ist moralisch völlig indifferent – „ob er heilig, ob er böse", ist ohne Belang; ja, erschreckend nach der soeben erfahrenen Kerker-Szene, wird Fausts Verstrickung in Gretchens Schicksal abgetan als „erlebter Graus" (4625). Das einzige was zählt, ist „tiefsten Ruhens Glück", das ihn wieder zum Kind werden läßt, ihm „Kindesruh" schenkt und, daraus sich ergebend, „neuen Tagesblick", kühne Tat, den Drang, „zum höchsten Dasein immerfort zu streben" (4685). Hier zu sein, in der neuen Stunde, in höchster Intensität das Dasein und die Welt zu erleben, die uns als „Paradies" (4694) umgibt, das ist der Sinn der Neu-Geburt, ist der Lebens-Rhythmus des Menschen. Er wird hier gefeiert als Grundlage alles Weiteren, das Faust erfahren wird, von den Natur-Kräften ihm gewährt. Der ‚Prolog im Himmel', der in der Fassung von 1808 dem Drama vorangestellt wurde, versetzt die Gestalt Fausts und sein Tun in den Rahmen eines Urteils, einer moralischen Bewertung. Eine solche kann nur von einer als geistige Instanz angenommenen Stelle ausgehen, von Gott dem Herrn, wie im Prolog, oder von der „ewigen Liebe" (11938, 11964) am Ende des ganzen Dramas. Der Lebensweg dagegen ist bestimmt von den Kräften der Natur, die als geistige Gesetze uns befähigen, immer wieder den Drang des Strebens nach dem Licht in neuer Weise zu erfüllen. Darum wird der Rhythmus dieses Rituals, der Feier der Lebens-Fähigkeit, gekennzeichnet durch Auflösung ins Irrationale und neue gesammelte Bereitschaft des Geistes und Lebens, durch das ganze Drama hindurch wiederholt.

Die erste Stufe des Irrationalen im zweiten Teil des Dramas wird geboten durch die Narren-Welt. Kaum hat Faust – durch Mephisto – begonnen, Fuß zu fassen in der großen Welt des Kaiserhofs, die ihm neue Möglichkeiten des Lebens bieten kann, als der Fortgang der neuen Handlung unterbrochen wird. „Erst müssen wir in Fassung uns versühnen, / Das Untre durch das Obere verdienen“ (5051/2), sagt der Astrolog. Seltsam ist der Ausdruck „uns versühnen“, der dem nun folgenden Intermezzo den Charakter einer Weihe verleiht. Mephisto hatte sich als Hofnarr eingeführt, um im Gewand des Narren Weisheit, die keiner begreifen will, zu sagen. Die Heiligtümer der unteren, verborgenen, mit Schrecken bewahrten Welt gilt es zu ergründen, um die Nöte des Tages zu heilen. Dieser Hinweis, hier von Mephisto auf Gold und Geld bezogen, stellt das leitende Thema dieser ersten Akte des zweiten Teils dar. Doch noch vor der Bemühung um das „Untere“ liegt die Reinigung durch die Absichtslosigkeit, die Verwirrung des „Oberen“. Dafür bedient sich Goethe der im 15. und 16. Jahrhundert so beliebten Darstellung des Irrationalen als Narrentum. Es sei „Die Welt ein einzig großer Tor“ (5087) verkündet der Herold, der die auftretenden Gruppen erläutert. Diese Torheit der Welt in all ihrem Reichtum zu erfahren, sie in ihrer Mannigfaltigkeit zu sehen und sich ihr spielerisch anheimzugeben, dazu dienen die fast tausend Verse des Maskenzugs. Jede Gruppe stellt sich dar, spricht sich aus in der Freude ihres besonderen Daseins. Beherrscht wird dieser Aufzug von Berufsgruppen, von Lebens-Typen, von Allegorien der Lebens-Mächte, wie Grazien, Parzen, Furien, durch Gold und Poesie. Plutus, der Reichtum, und der Knabe Lenker, die sich verschwendende Poesie, sind schließlich die Kräfte, die dieses ganze Gaukelspiel schaffen, es zu einer Handlung zusammenfassen. Sie leiten hin zu einer Darstellung von Urkräften: Naturgeister, Faunen, Satyrn, Nymphen, Gnomen huldigen demjenigen, der alle Reichtümer verwaltet, dem großen Pan. In diese Rolle verkleidet sich der Kaiser. Es spiegelt sich die reale Welt. Aber in diesem Sich-Überlassen an die Poesie, an das Spiel in den Rollen der reichen Welt liegt das Erneuernde. Es ist ein Fest, eine Feier. Wozu es führt, wird schon am Anfang von dem Herold verkündet: „Nun sind wir alle neugeboren“ (5076).

Wenn wir Goethes Absicht bei der Verwendung dieser Atempausen in der um eine Gestalt, Faust, gesammelten Handlung recht verstehen, so klären und erweitern sie jedes Mal neu den tragenden Untergrund, die geistige Bereitschaft, mit der neue Inhalte erlebt und bewältigt werden können. Sie werden auch von uns, den Lesern, mit neuer, durch das Zwischenspiel geweckter Fähigkeit erfahren. Die Richtung, die schon am Anfang des zweiten Teils ausgesprochen war, geht darauf aus, das tiefst Verborgene, unbekannt Heilige zu suchen. Die Irrationalität, das Narren-Spiel des ganzen „Mummenschanzes“ war nur der Weg. „Das Untere durch das Obere verdienen“ (5048), war als Ziel angegeben. Die Begegnung mit dem Elementaren, das noch jenseits der Zone des irrationalen Spiels liegt, das als das „Untere“ bezeichnet ist, wird in zwei Stufen dargestellt. Es handelt sich einmal um die ganz persönliche Weihe Fausts zum „kühnen Magier“ (6436). Die andere Stufe zeigt die Begegnung mit allen Ur-Mächten, die unsere Kultur bestimmen, die ‚Klassische Walpurgisnacht‘.

In der Szene ‚Finstere Galerie‘ (6173 ff.) wird die erste Unterweltsfahrt Fausts in den Anweisungen und Deutungen Mephistos uns vorgeführt. Sie ist bildhaft nicht darstellbar, darum ist sie nicht als Handlung gestaltet. Denn der Weg – „kein Weg“, sagt Mephisto – führt „ins Tiefste“, „Ins Unbetretene, / Nicht zu Betretende“. Dort ist „kein Ort, noch weniger eine Zeit“. Aller Raum verschwindet, nichts ist zu hören und zu sehen „in ewig leerer Ferne“. Goethe häuft diese Beschreibungen einer absoluten Versenkung in die Weltlosigkeit des Inneren. Nur „Öd’ und Einsamkeit“ gibt es dort, die erschreckend sind: „Von Einsamkeiten wirst umhergetrieben“. Faust fühlt sich erinnert an die ‚Hexenküche‘, an andere Phasen des Selbst-Verlusts. „Zur Einsamkeit! – Da schaffe deine Welt“ (5696) war schon im Maskenzug der Geist der Poesie, der Knabe Lenker, verwiesen worden. Auch in unserer, nur aus dem Zwiegespräch entstehenden Szene wird die neu gewonnene Kraft, die Neugeburt dieser Erfahrung deutlich gemacht. „In deinem Nichts hoff’ ich das All zu finden“, erwidert Faust auf Mephistos wiederholte Bezeichnung der Wirklichkeitslosigkeit dieser Erfahrung. Allem „Entstandenen“, damit aber auch dem „Erstarren“, wird Faust dort entgehen und im „Schaudern“ dieser Erfahrung „ergriffen, fühlt er tief das Ungeheure“. Wenn er sich dorthin wagt, wird er die Ideen aller gestalthaften Bildung treffen: „Des ewigen Sinnes ewige Unterhaltung“. Von dort, wo diese Bilder wohnen, „im Grenzenlosen“, wird Faust seine geistige Schöpfung zurückholen, die dem Lebendigen gleichwertig ist: „Die einen faßt des Lebens holder Lauf, / Die andern sucht der kühne Magier auf“ (6435/6). Faust ist damit gekennzeichnet und befähigt, als Künstler die Gesellschaft zu unterhalten, indem er sein in der Einsamkeit gewonnenes Sinnen als „Wirklichkeiten“ (6553) zur Darstellung bringt, an die er sich selbst verlieren mag. Die Erfahrung der Auflösung, die ihn dazu bereit macht, ist hier nicht auseinandergelegt in Bildern, wie in den anderen entsprechenden Szenen, sondern sie ist schon gedeutet ausgesprochen.

Die Wandlungen nicht nur des erlebenden Charakters, sondern der ganzen Tragfähigkeit des Dramas, die uns durch das wiederholte Eintauchen in die amorphe Welt von Kräften und Möglichkeiten anschaulich gemacht werden, finden ihren Höhepunkt in der ‚Klassischen Walpurgisnacht'. Wozu, fragen wir, soll Faust jetzt befähigt werden? Was er in den letzten drei Akten des zweiten Teils erlebt, nun fast ohne Zwischenspiel, ist ein Aufarbeiten, eine Teilnahme an der gesamten europäischen Zivilisation. Verschiedene, besonders bedeutsame, Aspekte ihres Verlaufs und am Anfang des neunzehnten Jahrhunderts erhoffte Möglichkeiten werden in großen, allegorischen Bildern vorgeführt. Es ist eine kulturhistorische Dichtung. Der Dichter verwandelt sich in verschiedene Erscheinungs- und Ausdrucksformen der Geschichte, wie er es sein Leben hindurch mit den verschiedenen historischen Formen von Dichtung tat. Die Grundlage, die Vorbereitung dafür wird in der ‚Klassischen Walpurgisnacht' geboten. Schon die von Goethe erfundene Bezeichnung weist darauf hin, daß einerseits die Erfahrung der Walpurgisnacht wiederholt werden soll: sich daran geben an eine ungeordnete, heranflutende Vielfalt von Erscheinungen, die das chaotische Drängen elementarer Mächte darstellen. Doch, andererseits, sind diese Mächte zuerst erfaßt und benennbar gemacht worden in der europäischen Geistesgeschichte durch Dichtung, Mythologie und Denken der Griechen. Darum ist diese Welt „klassisch". Wer sich ihr aussetzt, begibt sich zu den Ursprüngen geistiger Gestaltung. Doch hier ist der Unterschied zu den bisher im Drama gezeigten Phasen der Erweiterung und Neubelebung deutlich. Dort war Faust durch das Zufällige, in der Verwirrung des Irrationalen an ihn Herangetragene verwandelt und erneuert worden. Das war gerade kennzeichnend für diese Pausen, daß sie einen Weg unterbrachen, um, inhaltlos, den Zustand einer neuen Bereitschaft anschaulich zu machen. In der ‚Klassischen Walpurgisnacht' ist dagegen Faust ein Suchender. Er verfolgt ein Ziel, die in seiner ekstatischen Beschwörung geschaute Idee der Schönheit, die einmal in griechischer Sage verkörpert war. Damit gehört die ‚Klassische Walpurgisnacht' auch zum Weg der Weltgeschichte. Sie findet ja statt, wo in allen Wiederholungen der Geschichte einmal „ein großes Beispiel durchgekämpft" (7018) wurde, in Pharsalus. Dem Geschichtlichen wird Faust jetzt, für den Rest des Dramas, nicht mehr entgehen. Sein Streben, die Schönheit zu finden, sie ins Leben zu ziehen, wird nicht dem Irrationalen, der reinen Bereitschaft überlassen. Er wird geleitet, auf den rechten Weg geschickt von den rätsel-hütenden Sphinxen zu dem vielseitig weisen „hohen Chiron“ (7212) und von diesem zu der weisen Seherin Manto, die den Weg in die tiefste Unterwelt kennt. Um diesen, von den Weisen der Antike geführten Weg völlig deutlich zu machen, hat Goethe dem suchenden Faust eine Spiegelung, eine Parallel-Gestalt hinzugegeben. Homunculus, das im Laboratorium Wagners herausdestillierte geistige Prinzip des Menschen, sucht in der gleichen Walpurgisnacht eine Möglichkeit, in der körperlichen Wirklichkeit zu entstehen. Er wird von dem griechischen Weisen Thales auf den rechten Weg geschickt. Goethe fügt zu dem Ersinnen von mythischen Gestalten, die Ur-Geheimnisse verkörpern, als grundlegende, formende Tat der Griechen die naturgeschichtliche Erkenntnis hinzu. Auch sie führt uns zu den Anfängen. Um als Lebewesen zu entstehen, zerschellt Homunculus am Thron der Galatee, der als Göttin herrschenden See-Nymphe. Sein Wesen ergießt sich in das Wasser. Die Heiligkeit der Elemente, der Liebe, die aus ihnen die Welt schafft, wird am Ende der Szene in Hymnen gefeiert.

Der Weg des Homunculus weist uns, was mit Faust geschieht. Wir sind mit dem Festgesang, mit dem Ritual am Ende der Szene der ‚Klassischen Walpurgisnacht‘ anscheinend so weit entfernt wie nur möglich von den eindeutigen, jetzt Geschichte schaffenden Gestalten, die im dritten Akt auftreten: Helena, später Faust. Alles Elementare, bis zu den physischen Elementen: die urtümliche mythische Deutung der Kräfte – „Gestalten groß, groß die Erinnerungen“ (7190) –; sagenhafte Erklärung der Entstehung der Gewalt, von Kampf und Rache aus dem Streben nach dem Gold; das Verführerische der Natur (Sirenen, Lamien); Vorstellungen über die Entstehung der Erd-Formationen, sogar die Häßlichkeit des Chaos, die für Mephisto paßt – alle diese elementaren Kräfte, in der Art, wie die Griechen sie erfuhren und auffaßten, sind die Voraussetzung für die gestaltete Geschichte und ihre Möglichkeiten, die im dritten Akt vorgeführt wird. Darum wird dies alles ausgebreitet, die Grundlagen der griechischen Welt, um durch dieses schweifend, sich daran gebend, befähigt zu sein für die Einmaligkeit der griechischen Schönheit, die Geschichte schafft. Aus seinen Nachbildungen griechischer Formen und Stoffe gestaltet Goethe hier eine Art Essenz des Griechentums. Durch Homunculus wird zu der Zielstrebigkeit Fausts, seiner Suche nach der höchsten Schönheit, auch in dieser Szene, der ‚Klassischen Walpurgisnacht‘, ein völliges Sich-daran-geben an einen Reichtum, eine Vielfalt, die nicht zu beherrschen ist, gefeiert, die als ein Aufzug, eine Welt von Erscheinungen von dem Dichter dargestellt wird. Sie führt zum „Entstehen“ (8246). Das Mysterium neuer Lebensphasen, ja geschichtlichen Werdens, ist in diesem Rhythmus zelebriert.

Es braucht nur noch, im weiteren Gang der Handlung, kurze Hinweise auf das gleiche Thema. Die Wandlung Fausts von der Zeit mit Helena zu neuer Erfahrung geschieht im Hochgebirge, in „der Einsamkeiten tiefster“ (10039). Das Erlebte löst sich auf in Spiegelung von „flüchtiger Tage großem Sinn“ (10054), während aus dem eigenen Innern ein anderes Bild aufsteigt, ein „jugenderstes [. . .] höchstes Gut“ (10059), das ihn, das „Beste meines Innern“, fortzieht. Die Neugeburt aus eigenen, erwachenden Kräften ist hier nur angedeutet. Wonach sein Streben sich jetzt richtet, ist der Traum des neunzehnten Jahrhunderts, Landgewinn, Kolonisation. Auf dem Wege dahin erfährt er einen Abriß der europäischen Politik und Geschichte, Wechsel von Krieg und Ordnung. Diese allegorische Vorführung, die den vierten Akt ausmacht, hat eine ähnliche Funktion wie die Zwischenspiele im Bereich des Unbewußten und des Elementaren. Die Grundlagen der Geschichte, die Einrichtung von Ordnung durch das Kaisertum und seine Ämter, werden als unpersönliche Möglichkeiten der Erfahrung vor Augen geführt. Und daraus ergibt sich wieder ein persönliches Schicksal von Gelingen und Schuld. Aus den Allegorien wird Faust zurückgeholt in die Rolle einer erlebenden Person.

Das ganze Gedicht endet noch einmal mit einer Szene der Neugeburt. Die Auflösung, die ihr vorausgeht, der Tod, hat für Faust keinen endgültigen Charakter. Am Ende des dritten Akts werden die Mädchen des Chors, die Helena begleiteten, in einem rauschhaften Fest aufgelöst in die Elemente der Landschaft, aus der sie hervorgingen. Sie erfahren die Auflösung in anonyme Lebenskräfte, ähnlich wie es dem Homunculus erging. Denn „Wer keinen Namen sich erwarb noch Edles will, / Gehört den Elementen an“ (9981/2). Für Faust gilt ein anderes Gesetz als für die namenlosen Mädchen. Durch den Rhythmus, der in dem Drama mehrmals gezeigt war, nehmen wir auch diese Wandlung, von dem Tod in ein neues Leben, zustimmend hin. Die neue Kraft zur Unsterblichkeit wird mit Bildern des Lebens bezeichnet; wieder jugendlich, unter den kaum geborenen „seligen Knaben“ (11968), „überwächst“ (12076) Faust sie; er ist „im Puppenstand“ (11982) für den Schmetterling der wiedererstandenen Seele – „l’angelica farfalla“, sagt Dante (Purg. 10,125). Diese Wandlung ist möglich, wie alle anderen Wandlungen auf Fausts Weg möglich waren, durch die sie umgebende, sie bedingende Welt. Der Vorgang von Fausts Auferstehung ist eingebettet in ein zu höchster Poesie gesammeltes Bild christlicher Frömmigkeit, des Gebets und der Fürbitte. Die Kraft, die sich daraus mitteilt, wird als eine Bewegung nach oben dargestellt. Es ist die Feier der Liebe, die wieder und wieder gepriesen wird, „ewigen Liebens Offenbarung" (11924), mit der das Gedicht endet. Faust als Person ist, wie in den anderen als ein Ritual wiederholten Festen des Existierenden, ohne Bewußtsein gegenwärtig. Er ist getragen, gefördert, gerettet von den großen Mächten der Welt. Er nimmt auf, was ihm die gesamte Welt bietet. Aber er kommt nirgends zum Bewußtsein. Wir denken, im Vergleich, an Macbeth, der, wie Faust, von äußeren Kräften angeregt, ja verführt, alles zu gewinnen strebt. Er wird ständig unterbrochen in seinem bewußtlosen Drängen durch ein Bewußtsein, gegen das er sich absetzt und aus dem er die Erkenntnis seines Tuns, ja des Wesens der Welt gewinnt: „Out, out, brief candle! / Life's but a walking shadow" (V,5,23/4). Es ist die Übung der Gewissensforschung, das Erbe der christlichen Kultur, das ihm diese Einsichten ermöglicht. Er ist zugleich der blind Begehrende und der dieses Begehren Erkennende. Für Faust gilt dies nicht. Als Romantiker, ja als Mystiker, läßt Goethe nur die drängende Kraft gelten. Verfehlungen, Schuld sind nur Verirrungen. „Die sich einmal nur vergessen" (12066), heißt es auf Gretchen bezogen. Darum ist ein moralisches Urteil über Faust am Ende nicht relevant. Alles, was in den Zwischenspielen ausgebreitet ist, die Welt und das Leben, sowohl ihre Kräfte wie ihre Erscheinungen, setzen sich an die Stelle des Gewissens. In bezug auf sie bewährt sich der Einzelne. ‚Faust' ist ein Gedicht der Weltfrömmigkeit.

Diskussion

Zur Tragfähigkeit des Schemas ‚Auflösung und Neugeburt'

W. Wittkowski stellt fest, daß die Ergebnisse von Naumanns ‚Faust'-Vortrag und seine eigenen Ausführungen zu Schiller eine wesentliche Übereinstimmung und eine nicht minder bedeutsame Differenz zwischen beiden Dichtern hervortreten lassen: „Schiller und Goethe geht es in einer besonderen Weise um Steigerung und Erhöhung des Ich. Aber während das Ich bei Schiller von Situation zu Situation eine immer neue Anstrengung – im späten Werk kann man den Ausdruck ‚Sammlung' dafür gebrauchen – unternimmt, um auf die nächste

Stufe der Selbstverwirklichung zu gelangen, gibt sich bei Goethe das Ich preis, öffnet sich für Wirkungen von außen, bereit sich aufzulösen, um sich auf solchem Wege zu erneuern und zu steigern." – U. FÜLLEBORN erinnert hier an Goethes bekanntes Begriffspaar, das die Polarität des Lebens zu fassen sucht: Bei Schiller geht das Ich den Weg der „Verselbstung", bei Goethe zunächst den der „Entselbstung", um auf höherer Stufe wiedergeboren zu werden. – Im zweiten Teil von Goethes ‚Faust' glaubt WITTKOWSKI dabei allerdings einen „stärkeren Krafteinsatz des Ich, etwas Ruckartiges, manchmal fast Gewaltsames" zu bemerken. Es gebe dort beinahe den Willensentschluß und die Entscheidung.

Nach B. BÖSCHENSTEIN bereitet es Schwierigkeiten, das Schema ‚Auflösung und Neugeburt' überall nachzuvollziehen; zum Beispiel gehöre die Szene ‚Wald und Höhle' [s.o.S. 158f.] nicht in diesen Zusammenhang: „Denn sie hat Goethe aus der italienischen Distanz im Sinne einer völligen Synthese gestaltet, die über den ersten Teil des ‚Faust'-Dramas weit hinausreicht und auf den zweiten vorausweist, vor allem auf dessen Anfangsszenen. Die Verknüpfung mit den unmittelbar auf ‚Wald und Höhle' folgenden Szenen, die lange vorher entstanden waren, ist dagegen nicht geglückt; hier liegt eine Bruch-, eine Abbruchstelle vor, die sich genetisch erklären läßt und die man durch das Schema ‚Auflösung und Neugeburt' nicht überspielen sollte – sonst nimmt man die Bewußtseinspräsenz des italienischen Zustandes nicht ernst genug."

Dem Einwand begegnend, betont H. KREUZER den grundsätzlichen Nutzen solcher inhaltlichen und formalen Schemata, zu denen auch die Antithese ‚Systole' – ‚Diastole' und die Prinzipien ‚Spiegelung' und ‚Steigerung' gehören, für die Interpretation des ‚Gesamtkunstwerks' ‚Faust I und II', bei der eine zu gründliche Berücksichtigung der langwierigen Genese nicht förderlich sei. Auch die Frage nach der psychologischen Einheit der Faust-Figur führe nicht weiter; denn im zweiten Teil sei diese nicht mehr gegeben und durch andere einheitsstiftende Mittel ersetzt. Ebenso könnten generell der ‚Prolog im Himmel' und die Taten Fausts nicht in Einklang gebracht werden, weshalb dieser am Ende der Gnade bedürfe: „Im Grunde sind es der Prolog und das Ende, die nicht völlig übereinstimmen, die zwar für uns das leisten, was W. Naumann im Auge hatte, die aber dann das aufheben würden, was U. Fülleborn – und ich würde dem zustimmen – für die gesamte Faust-Tradition als zentral ansieht: die subjektivistische Metaphysik [s.o.S. 153f.]. Nur ist diese Metaphysik kein Spezifikum der Faust-Tradition, denn es gibt sie auch unabhängig von ihr."

Figurenperspektive, Werkperspektive und Werkgenese

Vom Faust des ersten Teils der Tragödie, seinem Bewußtseinsstand und Willen, ausgehend, stellt U. FÜLLEBORN eine Frage zur Relation von Figurenperspektive und Werksinn: „Was Faust anfangs will, ist Unmittelbarkeit, unmittelbare Erfahrung des Makrokosmos und des Erdgeistes – und zwar als ein Ich, das all dieses zu ‚haben' beansprucht. Er wird dabei jedes Mal zurückgestoßen – offenbar, weil die hier erstrebte Unmittelbarkeit dem Menschen nicht erreichbar ist. Jedenfalls hat Grabbe diesen Gedanken später ins Zentrum seines ‚Don Juan und Faust'-Dramas [1829] gerückt, insofern hier beide Helden auf ihre je eigene Weise das Leben in sich hineinreißen wollen und Faust am Ende darüber belehrt wird, daß der Mensch überhaupt nichts unmittelbar haben könne. Zu fragen wäre nun, wie sich in Goethes ‚Faust' die dem Leser vom Werk suggerierte Einsicht in die unaufhebbare Vermitteltheit der menschlichen Existenz zu jenen gänzlich positiven Erfahrungen verhält, die das Referat zu deuten suchte. Danach gäbe es ja das stets neu gewagte, eben doch unmittelbare Eingehen in die dunkle Seite der Existenz bzw. der Natur, das mit der Ich-Auflösung identisch ist, aus der das Ich dann jedoch um so schöner und lebensfähiger wieder hervorgeht. Bedurfte es paradoxerweise des Teufels, den wir in Naumanns Vortrag ganz vergessen haben, um diesen Weg der wiederholten Erneuerung aus dem elementaren, unmittelbaren Leben heraus, der zweifellos das Fassungsvermögen Mephistos weit überschreitet, zu gehen?"

I. Strohschneider-Kohrs wendet sich ebenfalls gegen eine Überbewertung des Organologischen im Konzept der ‚Neugeburt' und möchte statt dessen deren humane Bedeutung stärker betont wissen. Dies führt zu einer Diskussion über die begrenzte Perspektive Fausts und deren Bedeutung: Die Erneuerungsvorgänge vollzögen sich eben doch im Unbewußten, also als Naturereignisse, und es frage sich, wie wörtlich, wie ernst dieses „Stirb und werde" zu nehmen sei. Schließlich bewege sich Faust innerhalb eines Lebens- und Sinnzusammenhangs, aus dem er gar nicht herausfallen könne (s. ‚Prolog im Himmel'). Eigens betont wird, daß es einen Unterschied mache, ob der von solchen Abbrüchen und Verwandlungen Betroffene wisse, daß ihm nichts passieren kann; Goethes Faust jedenfalls habe kein Bewußtsein davon. – W. Naumann weist in diesem Zusammenhang noch darauf hin, daß es neben dem ‚Prolog im Himmel' jenen Prolog des zweiten Teils gebe, in dem nur die auf sich selbst bezogene Natur, in die sich das Individuum auflöst, in Erscheinung trete.

Zur Bestimmung des Verhältnisses zwischen ‚Prolog im Himmel' und dramatischer Handlung schlägt W. Sokel den Begriff der „ironischen Dialektik der Perspektiven" vor, in der sich die Perspektive des ‚Vorspiels' – als eine des göttlichen Zuschauers – und die Perspektive der Hauptfigur einander annähern, ohne ganz zur Deckung zu kommen: „Worum Faust unbewußt sich strebend bemüht, wird in den Wiederbelebungen und Erneuerungen gezeigt." Um den Anteil des Bewußtseins an Fausts Weg zu akzentuieren, greift Sokel noch einmal auf die Szene ‚Wald und Höhle' zurück und formuliert – gegen Böschenstein gewandt –, daß sich hier durchaus etwas vorbereite, wenn auch etwas Katastrophales: „Faust erkennt sich selbst als Unmenschen an. Und erst durch diese Sammlung, die als Ichverlust erscheint, kann er sich danach existentiell definieren."

I. Strohschneider-Kohrs sucht die Relation von Figurenperspektive und Werksinn sowie von Faust-Tragödie und Welt-Theater über die innere Genese des Werks zu verstehen: „Lebensvertrauen und Weltfrömmigkeit sind bei Goethe in nuce schon sehr früh formuliert (unter anderm am Ende des ‚Prometheus'-Fragments). Bei der ‚Faust'-Dichtung geht nun diese genuin Goethesche Substanz einerseits im Mythologischen nicht ganz auf und muß sich andererseits mit einem großen Weltstoff verbinden, dessen Klärung mit Hilfe des Großkonzepts ‚Hiob' oder ‚Satan' geschieht. Diese Genese wäre somit ein Indiz dafür, daß hier nicht alle Ideen – Faust-Idee, Hiob-Idee – quasi von außen einwandern, sondern daß eine Goethesche Idee sich in eine Konkretion begibt, die nun in den Erweiterungsphasen immer mehr das Abendländisch-Weltliterarische einbeziehen kann; unser Streit könnte so möglicherweise mit einer Theorie der Pluralität für die Person und für das Werk und seine Genese enden."

W. Naumann erklärt sich mit diesem Vorschlag einverstanden und bietet ein weiteres Beispiel für die Hereinnahme weltliterarischer Schemata an: „Man kann die nordische ‚Walpurgisnacht' im ‚Faust I', wie ich es getan habe, als die Aneinanderreihung des zufällig Irrationalen interpretieren. In der ‚Klassischen Walpurgisnacht' dagegen gibt es einen klar gezeichneten Weg, den Faust zu gehen hat: von den Sphinxen über Chiron zu Manto usw. Der Weg aber, Modell der Suche nach dem Sinn, strukturiert die antiken Odysseus- und Äneas-Epen ebenso wie die großen mittelalterlichen Dichtungen. Hier hat der alte Goethe also bewußt eine weltliterarische Form in sein Werk integriert."

Das Deutungsproblem angesichts struktureller und inhaltlicher Pluralität

H. Kreuzer weist auf die Schwierigkeiten hin, das Hiob-Motiv, das seine eigene literarische Tradition hat, und das Faust-Motiv zusammenzudenken; schließlich komme in der Faust-Tradition die Faust-Figur, soweit sie als leidende konzipiert ist, niemals zur Einsicht, sondern behaupte sich in ihrem Trotz oder Nichtwissen. Eine nicht geringere Schwierigkeit mache es, die subjektivistische Metaphysik der Faust-Tradition mit dem Prolog, dem Heilschlaf und dem erlösenden Ende zu vermitteln.

U. Fülleborn erinnert daran, daß gerade dies auch seine eigene Frage gewesen ist. Er gibt zu bedenken, ob im ‚Faust' nicht der metaphysische Subjektivismus des Anfangs durch das Goethesche Individualitätskonzept abgelöst werde. „Es scheint festzustehen, daß dank der Gesamtkonstruktion des Werkes eine Identität des durch alle Stationen der Handlung hindurchschreitenden Ich gegeben ist, mag es auch zwischendurch noch so oft ‚entselbstet' werden. Es existiert eine individuelle Kontinuität der Lebensgeschichte. Und eine solche Deutung fügt sich dem Sinn von Goethes reifem Werk ein, das ja gerade nicht dem neuzeitlichen Subjektkonzept folgt, sondern der Individualitätsidee."

Während H. Kreuzer bezweifelt, daß dem ‚Faust II' das Individualitätskonzept zugrunde liegt, schließt W. Wittkowski die Diskussion mit einem Vorschlag zur Synthese ab, jedoch nicht ohne noch das Thema der Schuld als zusätzliches Interpretament einzuführen: „Durch Heilschlaf und die Gnade am Ende wird die Schuld nicht aufgehoben, sondern sogar noch besonders betont. Denn *nur* ein übernatürlicher oder gesamtnaturhafter Eingriff macht das Weiterleben des Individuums überhaupt möglich. Es bleibt so die Aufgabe, interpretatorisch eine Balance herzustellen, die dem geheimnisvollen Wirken der Natur und Übernatur gerecht wird, welche das Leben Faustens immer wieder erneuert und sich fortsetzen läßt, und die gleichzeitig den zentralen Aspekt der Schuld nicht negiert."

Gerhard Schulz

Faust und der Fortschritt

Die Absicht, über Goethes ,Faust' und den Fortschritt zu sprechen, bedarf einer Erläuterung. Mehr als die meisten anderen Werke Goethes braucht ,Faust' die Kommentierung, mehr als sie ist er aber auch durch Interpretation sowohl erhellt wie verstellt worden. Die eigene Bekanntschaft mit ,Faust' seit der Schul- und Studentenzeit geschah im Zeichen gewisser Interpretationen, denen man Verständnis verdankt, aber denen gegenüber man doch auch skeptisch geworden ist. Und vielleicht ist man sogar des ganzen ,Faust', des Freien-Volks-Propheten und erlösten Strebers samt seines Ewig-Weiblichen ein bißchen müde geworden.

1950/51 gab Hermann August Korff uns Leipziger Studenten eine einjährige ,Faust'-Vorlesung, drei Stunden in der Woche cum tempore, und im gleichen Jahr erschien auch Georg Lukács' Buch über ,Goethe und seine Zeit'[1], das die ,Faust'-Studien enthielt und das wir halboffiziell angehalten waren, dem idealistischen Fluge Korffs entgegenzusetzen, das aber, wie wir bald merkten, nur eine etwas abgewandelte Form jenes „faustischen Glaubens" darstellte, den Korff selbst verkündete.[2] Denn darin, daß der ,Faust' Apotheose des Fortschritts sei, daß der Held darin zum Besseren strebe, trafen sich beide, so anders sie sich auch das Gute vorstellen mochten.

Gewiß, uns war auch Wilhelm Böhms Buch ,Faust der Nichtfaustische' vom Jahre 1933 bekannt, das gegen den Mythos von Faust als humanem Menschen anging zu einer Zeit, wo man dafür hätte Aufmerksamkeit haben sollen, das aber freilich auch seinerseits Faust in ein „Mysterium" rettete, denn schließlich kommt kein ,Faust'-Kommentator, wie schlecht er auch von Leben und Taten des Helden denken mag, um die einfache Tatsache herum, daß es Goethe mit Faust am Ende gut meint. Überdies hatten wir damals gegen alle Skepsis außerdem noch Thomas Manns Stimme aus dem Radio im Ohr, der in seiner ,Ansprache im Goethejahr' 1949 mit lübischem Timbre und dem gan-

[1] Georg Lukács, Goethe und seine Zeit. Berlin 1950.
[2] Hermann August Korff, Faustischer Glaube. Versuch über das Problem humaner Lebenshaltung. Leipzig 1938.

zen Engagement seiner Persönlichkeit versicherte: „Nur Geister, die nicht wollen, daß etwas geschehe, daß irgend etwas sich ändere, können behaupten, nie sei es dem Dichter ernst gewesen mit Fausts ‚höchstem Augenblick', mit seinem Sozialwerk der Menschenbeglückung".[3] Auch uns war es darum zu tun, daß etwas sich ändere, und das verpflichtete uns mehr noch auf Faust und den Fortschritt.

Es wäre unfair zu behaupten, daß die ‚Faust'-Interpretation in den Jahrzehnten danach nicht weitergekommen sei. Mit immer größerem Scharfsinn ist Goethes Werk durchdrungen und Licht auf Verbindungen oder Bedeutungen geworfen worden, von denen man bisher wenig oder nichts wußte. Die Frage aber bleibt, ob wir auch wirklich neue Positionen und Perspektiven gefunden haben. Sie existieren dort gewiß nicht, wo man mit Goethes Worten zu erklären versucht, was man an Goethes Worten nicht versteht, so verdienstvoll auch die Etablierung von Beziehungen zwischen dem ‚Faust' und Goethes anderen Schriften sein mag. Aber existieren sie dort, wo man das Werk im großen nimmt? Wir lernen Faust als Repräsentanten des aufsteigenden, sich in seine kapitalistischen Widersprüche verfangenden Bürgertums kennen, wir hören von ihm als Visionär an der Schwelle der sozialistischen Gesellschaft, die ihn Goethe nur eben wegen seiner bedauerlichen Unkenntnis von Marx nicht überschreiten lassen konnte, wenngleich er ihn durch die Kenntnis von Saint-Simon ihr immerhin erfreulich nahebrachte. Und wir hören subtil von Goethes Werk als Allegorie für die „innere Struktur der bürgerlichen Gesellschaft"[4], von der „Dialektik des individuellen Lebens" darin, die der „Dialektik der Gattungsgeschichte" entspreche[5], was Lukács' einstiger Formulierung von ‚Faust' als dem „Drama der Menschengattung" nahekommt, und wir hören von anderer Seite her von Faust als dem Repräsentanten der modernen Menschheit schlechthin[6], dessen zwielichtiger Charakter ganz dem Janus-Gesicht des Fortschritts dieser modernen Menschheit entspre-

---

[3] Thomas Mann, Altes und Neues. Kleine Prosa aus fünf Jahrzehnten. Berlin 1956, S. 499.

[4] Heinz Schlaffer, Faust Zweiter Teil. Die Allegorie des 19. Jahrhunderts. Stuttgart 1981, S. 9.

[5] Günter Mieth, Fausts letzter Monolog – Poetische Struktur einer geschichtlichen Vision. In: Goethe-Jahrbuch 97 (1980), S. 102.

[6] Vgl. z. B. Alan P. Cottrell, ‚Faust' and the redemption of intellect. In: Modern Language Quarterly 43 (1982), S. 242 und 260; Nicholas Boyle, The politics of ‚Faust II'. Another look at the stratum of 1831. In: Publications of the English Goethe Society 52 (1983), S. 42.

che. Aktueller kann man sich im Grunde eine Dichtung gar nicht machen als durch solche Bezüge, und doch frage ich mich, ob dergleichen Aktualität oder Aktualisierung geeignet ist, die ‚Faust'-Müdigkeit, wo sie sich und wenn sie sich erst einmal festgesetzt hat, zu zerstreuen oder aber Interesse an ‚Faust' zu erwecken, wo es noch nicht existiert.

Brauchen wir ‚Faust', um die Übel der Klassengesellschaften und die Beglückung durch eine klassenlose Gesellschaft zu demonstrieren? Brauchen wir ‚Faust' als Demonstrationsobjekt für einen Volkshochschulkurs in europäischer oder deutscher Kulturgeschichte vom unteren Peneios bis zur Weimarer Ilm? Und brauchen wir ‚Faust' schließlich, um unser Schaudern vor der Inhumanität und Lebensbedrohung im 20. Jahrhundert poetisch zu legitimieren? Was, im übrigen, meinen wir, wenn wir von Fortschritt, Modernität, ja selbst Bürgertum, Kapitalismus oder Sozialismus reden? Sind die Begriffe wirklich so genau definiert, daß wir sicher sein können, dasselbe zu meinen, wenn wir sie benutzen? Das alles sind Fragen, die mir für den Versuch, ‚Faust' heute zu erörtern, wichtig erscheinen. Und wichtig erscheint mir auch eine gewisse Bescheidenheit hinsichtlich der Ansprüche, die man an das Werk stellt. Das gängige Wort vom ‚Faust' als dem deutschen ‚Weltgedicht' sollte uns nicht nötigen, auf Schritt und Tritt immer gleich Letztes und Höchstes darin zu suchen, und ich habe auch meine Zweifel daran, daß wir der ‚Faust'-Dichtung eine ideelle Ganzheit und Einheitlichkeit abnötigen können.

Der Faust-Stoff war ein Glücksgriff Goethes. Seine Dimensionen wie Möglichkeiten waren am Anfang kaum abzusehen, wurden aber von Goethe dann aufs beste genutzt; über die Verkettung von Glück und Verdienst gibt Mephisto später eine treffende Lektion (V. 5061 ff.).[7] Dadurch, daß Goethe Faust in dessen eigener Zeit beließ, konnte er ihn zunächst von all den Fesseln befreien, die die konkrete und zugleich beschränkte Wirklichkeit, die „wahre Armuth"[8] der deutschen Staaten des 18. Jahrhunderts ihm auferlegt hätte. Er ließ ihn den Renaissance-Gelehrten am Ausgang des Mittelalters und am Beginn der Neuzeit bleiben, der sich gegen scholastische Beschränkung wehrt, und identifizierte ihn nicht mit den Universitätsprofessoren des 18. oder 19. Jahrhunderts, die der Leser zu deutlich vor Augen hatte, als daß er nicht zu

---

[7] Ich zitiere nach: Goethes Werke. Hamburger Ausgabe. Hg. von E. Trunz. Bd. 3. München [10]1976.
[8] Zu Eckermann am 9.3.1831.

skeptischen Vergleichen mit dem Bühnenhelden veranlaßt worden wäre. So konnte Faust aufklärerisch denken, ohne mit den mehr oder weniger professionellen Aufklärern in eins gesetzt zu werden. Besonders die Erscheinung des Teufels bedurfte für eine noch in Aberglauben und Glaubensabenteuern befangene Zeit keiner weiteren Rechtfertigung, und was an Argumenten die Kirchen in Goethes Zeit als Affront genommen hätten, ließ sich für diese vergangene Zeit der Unruhe durchaus tolerieren. Die Magie wirkte als ein wundervoll verfremdendes Medium für alle weite Diskussion um Glaubensfragen und -grundsätze, ohne daß man der Institution einer gegenwärtigen Kirche zu nahe trat. Ähnlich schließlich ging es mit dem bürgerlichen Faust, der in der fernen Zeit nicht wie Wilhelm Meister allenfalls in die Gesellschaft von ein paar deutschen Baronen und Grafen geriet oder sich wie die deutschen Professoren nach einer Geheimratswürde und dem Adelsdiplom strecken mußte. Im Gegenteil: Faust kann den aussichtsreichen Wunsch haben, alles, alles, nur kein Professor zu sein, was sich weder von seinen Kollegen zu Goethes Zeit noch von seinen späteren bewundernden Kommentatoren behaupten läßt, die sich eher eines Mephisto bedienen würden, um in dieses Amt hineinzukommen.

Das alles sind offensichtliche und bekannte Beobachtungen, aber es scheint mir nicht unnütz, sie sich bei neuerlicher Beschäftigung mit dem ‚Faust' ins Gedächtnis zu rufen. Sie legen nahe, den Reiz des Werkes zunächst einmal in der Person seines Helden zu sehen und diesen nicht von vornherein zum Symbol der Menschengeschichte, der deutschen Geschichte oder der Geschichte des Übergangs vom Feudalismus zum Kapitalismus zu erheben. Daß das Werk Johann Heinrich Fausts Lehr- und Wanderjahre heiße und einen geschichtlichen Prozeß abbilde, ist eine schöne Idee, aber es muß doch sehr fraglich bleiben, ob es Goethes eigene Idee war. Natürlich ist von Geschichte die Rede in diesem Werk, von 3000 Jahren sogar, „von Trojas Untergang bis zur Einnahme von Missolunghi", um Goethe selbst zu zitieren.[9] Aber vielleicht verstehen wir das Verhältnis zwischen Individuum und Geschichte innerhalb eines literarischen Werks zu einseitig, wenn wir annehmen, daß immer nur das Einzelne für das Ganze zu stehen habe, das Kleine für das Große, die Ontogenese für die Phylogenese. Es ist dies eine Vorstellung, die darauf beruht, daß man ja schließlich von einem großen Kunstwerk oder gar einem ‚Weltgedicht' etwas zu lernen habe, daß die

[9] An Wilhelm von Humboldt am 22.10.1826.

Größe des Werks sich allein in der Größe der darin zum Ausdruck kommenden ‚Welt' erweise und diese ‚Welt' wiederum an ihren geschichtlichen Dimensionen zwischen Vergangenheit und Zukunft. Ein Vorschlag zur Bescheidenheit gegenüber Goethes ‚Faust' ist, daß wir ihn wie ein anderes literarisches Werk auch betrachten und unsere Erwartungen ihm gegenüber etwas unter Kontrolle bringen. Kein „faustischer Glaube" also, aber auch kein gesellschaftspolitisches Unterrichtsmodell.

Wie immer Goethe an Geschichte interessiert gewesen ist, ein Geschichtsprophet war er nie. Die visionäre Konstruktion eines neuen Reichs oder neuen Jerusalems hat ihn nicht sonderlich bewegt und beschäftigt. An der Zukunft interessierte ihn vor allem Konkreteres: neue Chausseen als mögliche Transportwege für die deutsche Einheit, neue Produktionsmethoden in der Weberei oder schließlich Amerika. Alles Weitere stand ihm über den Zeiten. Auch war er kaum der unbarmherzige Analytiker und Ankläger aller Übel seiner Zeit, so sehr er ein offenes Auge dafür hatte. Daß er mit seinem zweiten ‚Faust' finster und scharf das Dilemma des Kapitalismus und der bürgerlichen Gesellschaft inszeniere, möchte ich ebensowenig als eigentlichen Sinn der ‚Faust'-Dichtung betrachten, wie ich im einzelnen in den Lemuren „Goethes Verhältnis zu den rebellierenden Arbeitern, Gesellen und Tagelöhnern von 1830/31" gespiegelt sehen kann.[10] Seine älteste Konzeption, so hat Goethe Wilhelm von Humboldt gegenüber bekannt, ruhe „auf der Puppenspiel-Überlieferung, daß Faust den Mephistopheles genötigt, ihm die Helena zum Beilager heranzuschaffen".[11] Von Figuren ist da die Rede, von ihren Trieben und Möglichkeiten, von Menschen insgesamt, wie sie die Natur zu allen Zeiten hervorbringt, wie immer dann die Geschichte auf sie einwirken mag.

Es geht mir nicht darum, alle jene klugen Studien über ‚Faust', in denen seine symbolische Signifikanz für diesen oder jenen Teil der Menschengeschichte herausgearbeitet wird, als unnütz beiseite zu setzen. Es ist im Gegenteil viel aus ihnen zu lernen. Aber nötig scheint mir ein anderer Blickpunkt, und zwar auf Faust nicht als auf einen exemplarischen, sondern einen extremen Menschen, für den sich ein Dichter interessiert und mit dem er seine poetischen Experimente anstellt, den

[10] Heinz Hamm, Julirevolution, Saint Simonismus und Goethes abschließende Arbeit am ‚Faust'. In: Weimarer Beiträge 28 (1982), S. 86.
[11] An Wilhelm von Humboldt am 22.10.1826.

er in Situationen führt, in denen dieser Mensch sich bewährt oder auch nicht, manchmal die Experimente bis an den Rand des künstlerischen Gelingens oder darüber hinaus treibend, aber jedenfalls ohne den Leser oder Zuschauer zu einer eigentlichen Summe des Lebens führen zu können, wie das ja wohl ohnehin für jedes einzelne Leben nicht möglich ist.

Im Mai 1828 veröffentlichte Goethe in ‚Kunst und Alterthum' einige eigene Bemerkungen aus Anlaß der französischen Übersetzung des ‚Faust' mit den Illustrationen von Eugene Delacroix. Der Beifall, den sein Werk gefunden habe, möge wohl, so meint er, darauf zurückzuführen sein,

> daß es für immer die Entwicklungsperiode eines Menschengeistes festhält, der von allem, was die Menschheit peinigt, auch gequält, von allem, was sie beunruhigt, auch ergriffen, in dem, was sie verabscheut, gleichfalls befangen und durch das, was sie wünscht, auch beseligt worden.[12]

Es ist im Grunde das gleiche, was Faust selbst schon, aber mit negativem Unterton, Mephisto gegenüber bekannt hatte, wenn er ihm erklärte, daß er alles das, „was der ganzen Menschheit zugeteilt ist", auch in seinem „innern Selbst" genießen wolle (V. 1770 f.). Was zunächst nur Aussage einer Gestalt des Dramas ist, übernimmt der Autor später als eigenen Kommentar, aber durchaus nicht mehr im Ton jener bitteren Klage, wie er Fausts Worten zu eigen war, der am Ende wie die Menschen selbst „zerscheitern" wollte. Nach dem zitierten Satz fährt der fast achtzigjährige Goethe fort:

> Sehr entfernt sind solche Zustände gegenwärtig von dem Dichter, auch die Welt hat gewissermaßen ganz andere Kämpfe zu bestehen; indessen bleibt doch meistens der Menschenzustand in Freud und Leid sich gleich, und der Letztgeborne wird immer noch Ursache finden, sich nach demjenigen umzusehen, was vor ihm genossen und gelitten worden, um sich einigermaßen in das zu schicken, was ihm bereitet wird.

Das heißt nun doch wohl nicht nur, daß Goethe ‚der Poesie' zu kommandieren hatte, um seinen ‚Faust' zu vollenden, sondern auch, daß er ihn keineswegs als das passendste Vehikel betrachtete, auf dem er seine gegenwärtigen Ansichten zu Zeit, Wirtschaft, Politik und Weltgeschichte transportieren konnte. Der glücklich gewählte Stoff bietet ihm vielmehr die geradezu ungeheure Möglichkeit, an diesem einen Men-

---

[12] Zitiert nach: Goethes Faust. Gesamtausgabe. Hg. von A. Kippenberg, H. J. Weitz und W. Ziesemer. Leipzig o. J., S. 598.

schen, dem Magier, Wissenschaftler und Theologen in der Dämmerung zwischen Mittelalter und Neuzeit, wo die Konturen noch nicht scharf umrissen sind und das Besondere leichter für das Allgemeine gelten kann, nun wirklich zuallererst „Menschenzustand“ darzustellen, was selbstverständlich Verbindungslinien zwischen dem Einzelnen und der Geschichte mit einschließt, aber eine solchem „Menschenzustand“ gewidmete Dichtung keineswegs darauf beschränkt. In dieser größeren Dimension des „Menschenzustandes“ ist denn auch eigentlich erst das „Inkommensurable“ zu finden, von dem Goethe gern in bezug auf seinen ‚Faust‘ gesprochen hat.[13]

Auch wenn der Autor nicht das letzte Wort haben kann bei der Interpretation seines Werkes, so vermag doch solche Besinnung auf Goethes Interesse an seinem Stoff unser eigenes Interesse daran wieder in Bewegung zu setzen, während uns eine daraus abgelesene Gesellschaftskritik nur Bekanntes sagt, die daraus destillierte Geschichtsbotschaft uns zu banal, irreal oder einfach ideologisch beschränkt erscheint, uns der Sprung vom offensichtlichen Sündertum Fausts zum letztlichen Gnadenerlaß doch etwas zu gewaltsam vorkommt, besonders falls dieser nicht mehr dem Glauben des Lesers entspricht, oder wenn schließlich die Bewunderung dafür, wie fein Goethe das alles gesagt und gemacht hat, nur noch ein weiterer Lorbeerkranz an einem Denkmal ist, das die vielen Kränze ohnehin schon nicht mehr tragen kann. Im übrigen würden wir, wenn wir darauf verzichten, den ‚Faust‘ in ein Geschichtsbild umzusetzen, Goethe hinsichtlich der Geschichte nur zugestehen, was wir ihm längst hinsichtlich der Naturwissenschaften zugestanden haben, nämlich eine poetische Betrachtungsweise, die – wie alle Kunst – das menschliche Empfinden und Reflektieren in den Mittelpunkt stellt. So hypothetisch und unbeweisbar eine solche Behauptung auch sein mag: aber es ist kaum anzunehmen, daß Marx bessere Chancen bei Goethe gehabt hätte als Newton.

Entschließen wir uns also, Faust als Geschichtslehrer zu entlassen, und betrachten wir ihn als das, was er tatsächlich zuallererst ist: als Mann, denn ‚Faust‘ ist das Drama eines Mannes aus der Perspektive eines Mannes. Ich habe nun allerdings nicht die Absicht, Faust nach feministischen Prinzipien die Leviten zu lesen oder auch nur solche Beschäftigung nachdrücklich zu empfehlen: dergleichen ist billig und leicht zu haben. Aber statt uns in immer tiefere Deutungen des „Ewig-

---

[13] Zu Eckermann am 13.2.1831.

Weiblichen“ zu begeben, mag es nichts schaden, es in seiner Bedeutung zu relativieren und es zumindest nicht als eine für die Interpretation der Dichtung ewige Kategorie zu betrachten.

Es geht mir also nicht darum, dem ‚Ewig-Männlichen‘ in Faust nachzuspüren – das hieße nur, die fragwürdige Formulierung Goethes vom „Ewig-Weiblichen“ zu konsolidieren. Aber sieht man Faust einmal als Mann und nicht schlechterdings nur als Repräsentanten der Menschengeschichte, so könnten auch wichtige Teile der Dichtung neue Akzente und neues Interesse bekommen. Das gilt zum Beispiel für die Helena-Episode, die nicht nur im Zentrum des ganzen zweiten Teils der Dichtung steht, sondern, wie zitiert, überhaupt das ursprüngliche Interesse Goethes an seinem Stoff bestimmt hat. Die gängige Interpretation dieser Szenen suggeriert für mich immer statt des „Beilagers“ so etwas wie Fausts reichlich verspäteten Besuch auf einem altsprachlichen Gymnasium, wobei von dem anfechtbaren Lehrerin-Schüler-Verhältnis am besten nicht viel Aufhebens gemacht wird, geht es doch symbolisch-allegorisch zu, und da ist alles erlaubt. „Faust's classical education“ ist „a cultural allegory“, las man jüngst erst wieder in einem Aufsatz, der es kategorisch ablehnt, den ganzen 3. Akt als etwas anderes zu betrachten als eine Allegorie für die Versöhnung zwischen Norden und Süden, Westen und Osten, Germanischem und Hellenischem, Romantischem und Klassischem.[14]

Mit Interpreten, für die Literatur nur die eine Bedeutung haben kann und muß, ist es schwierig, hier weiter zu argumentieren, denn selbstverständlich hat Goethes von ihm selbst so benannte „klassisch-romantische Phantasmagorie“ die Beziehung, wenn auch nicht notwendigerweise die Versöhnung von Hellenischem und Deutschem, Klassischem und Romantischem zum Thema, ist sie doch entstanden zu einer Zeit, da die letzteren beiden Begriffe auf fundamentale Auseinandersetzungen in der europäischen Kunst verwiesen, wenngleich die Begriffe nicht immer so gebraucht wurden, wie wir sie in der Literaturgeschichte zu verstehen erzogen worden sind. Aber das ist eigentlich so offensichtlich, daß es gerade nur eben gesagt werden muß, um es als einen Zug der Dichtung festzuhalten, bevor man zu Interessanterem fortschreiten kann. Daß der Reiz eines Kunstwerks in der kunstvollen Verknüpfung von Vielfältigem, von individuellem Leben und allgemeinen Gedanken

[14] John R. Williams, Faust's classical education. Goethe's allegorical treatment of Faust and Helen of Troy. In: Journal of European Studies 13 (1983), S. 39.

oder Erfahrungen besteht, sollte ebenfalls selbstverständlich sein, ist es aber bis heute überall dort nicht, wo man nach einer absoluten ‚Einheit‘ der ‚Faust‘-Dichtung sucht. Daß es nicht seine Art gewesen sei, „als Poet nach Verkörperung von etwas Abstraktem zu streben“[15], ist eine vielzitierte, aber immer noch zu wenig beachtete Bemerkung Goethes. Er hat sie im Zusammenhang mit ‚Faust‘ gemacht, und er hat, auch in bezug auf ‚Faust‘, zum Ausdruck gebracht, was ihn wirklich und vor allem anderen bewegte:

> Die Region der Liebe, des Hasses, der Hoffnung, der Verzweiflung, und wie die Zustände und Leidenschaften der Seele heißen, ist dem Dichter angeboren, und ihre Darstellung gelingt ihm.[16]

Es ist eine Bemerkung, die man gerade beim Helena-Akt nicht vergessen sollte, und sie ist auch durchaus nicht vergessen worden, nur sind die Stimmen, die auf sie verwiesen, im allgemeinen allegorisch-symbolischen Deutungskonzept kaum gehört worden.

1947 hat Oskar Seidlin eine subtile Neu-Interpretation des 3. Aktes versucht, in der er Helenas Entwicklung „vom Mythos zur Person“ vorführt, wie sie Goethe hinter allem allegorisch oder symbolisch Deutbaren gezeichnet habe.[17] Und vor ihm wiederum hat Böhm 1933 in seiner Analyse des nicht-faustischen Faust Helena einfach als eine *„königlich große Dame* [. . .] im Gegensatz zur Jungfrau Gretchen“ verstanden, wie sie ja durchaus auch in Männerphantasien lebt, und angesichts der Darstellung von Helenas Situation als einer im Krieg der Männer gejagten Frau hat er festgestellt: „Hier ist *höchstindividuelle Seelenkunst,* Vorwegnahme der Frauenproblematik des gesamten europäischen Romans des 19. Jahrhunderts“.[18] Böhms Beobachtung blieb unbeachtet – auch von Seidlin übrigens –, wohl weil sie nur ein kleiner Teil eines sehr viel weitergreifenden, nicht immer schlüssigen polemischen Konzeptes war und auch die Zeit einer solchen Einsicht nicht entgegenkam. Seidlins Untersuchung stand wiederum zu sehr allein, als daß sie sich in irgendwelche Gesamtkonzeptionen, die man sich in der Germanistik nach 1945 von ‚Faust‘ machte, einfügen ließ.

Die Frage bleibt, ob sich aus solchen Beobachtungen, so begründet sie sein mögen, etwas für die größeren Perspektiven des Werkes gewin-

---

15 Zu Eckermann am 6.5.1827.
16 Zu Eckermann am 26.2.1824.
17 Oskar Seidlin, Helena. Vom Mythos zur Person. Versuch einer Neu-Interpretation des Helena-Aktes, ‚Faust II‘. In: PMLA 62 (1947), S. 183–212.
18 Wilhelm Böhm, Faust der Nichtfaustische. Halle 1933, S. 48 f.

nen läßt. Wir haben den ‚Faust‘ für einen Augenblick jenem geschichtlichen Gang enthoben, für den er Symbol oder Allegorie oder beides sein soll, und vielleicht, bildlich gesprochen, ein wenig von dem Belag abgerieben, der sich durch vieles Interpretieren gebildet hat. Aber was darunter hervorscheint, nötigt uns, ihn der Geschichte zurückzugeben, allerdings auf einer anderen Ebene. Denn natürlich gehört ‚Faust‘ wie jedes Kunstwerk der Geschichte an, aber eben der Literaturgeschichte, und natürlich reflektiert ‚Faust‘ auch Geschichte, nur nicht notwendigerweise und in erster Linie politische und ökonomische Geschichte. Hinter dieser vollziehen sich ja größere und weitere Veränderungen in dem Welt- und Selbstverständnis, den Empfindungsweisen sowie den Denk- und Lebensgewohnheiten der Menschen, von denen wir noch verhältnismäßig wenig wissen. Der historische Materialismus hat solche Veränderungen kategorisch als Produkte einer ökonomischen Basis betrachtet, aber das Ungenügende dieses Verfahrens zeigt sich auf Schritt und Tritt. Es scheint mir deshalb angemessen, ein literarisches Werk mit dieser größeren Geschichte des menschlichen Welt- und Selbstverständnisses in Verbindung zu bringen, da „Menschenzustand“ dessen eigentlicher Gegenstand ist und der jeweils einzelne Hervorbringer eines Kunstwerks davon unmittelbar am meisten versteht, während jede Deutung der politischen und ökonomischen Geschichte immer nur erst über das Mittel einer Theorie sinnvoll ist, die das Kunstwerk dann illustrieren soll oder aber – es wäre der Engelssche „Triumph des Realismus“ – sie zumindest gegen den Willen des Autors illustriert.

Ich möchte ausdrücklich hervorheben, daß ich unmittelbare Zeitbezüge in Goethes ‚Faust‘ keineswegs leugne. Der ‚Walpurgisnachtstraum‘ und der von Goethe feminin gebrauchte Mummenschanz, um nur die offensichtlichsten Beispiele zu nennen, sind durchaus Satire auf Zeitgenössisches; bei Euphorion spielen Erinnerungen an Byron hinein, und für den Baccalaureus hat nach Goethes eigenem Bekenntnis die Jugend nach den Napoleonischen Kriegen Modell gestanden. Auch Kaiserhof, Papiergeld oder Landgewinnung sind Stoff aus Goethes eigener Zeit, die er mit dem Stoff eines rund dreihundert Jahre früher spielenden Dramas verbindet. Nur sind eben alle diese Zeitbezüge nicht um ihrer selbst willen da. Ihre Aufgabe ist eher, in der Verbindung von vergangener und gegenwärtiger Wirklichkeit dem Stück eine größere Perspektive und Tiefendimension zu geben, nicht unähnlich dem Verfahren eines Malers, der durch ein geschicktes Verhältnis zwischen

Vordergrund und Hintergrund den Blick des Betrachters ins Große oder gar Unendliche zu lenken versteht.

Das Verständnis Helenas als Frau innerhalb des Prozesses weiblicher Selbstbewußtwerdung war nur ein kleines Beispiel für die größeren Dimensionen, die ich meine. Denn hier reflektierte die Dichtung zwar ebenfalls Geschichte, aber es war die Geschichte des sich wandelnden Verhältnisses der Geschlechter zueinander, das zwar von Besitzverhältnissen beeinflußt werden mag, aber nicht schlechterdings von ihnen abhängig ist. Sieht man wiederum erst einmal aus solchem Blickwinkel auf den ‚Faust', so ergeben sich eine Reihe von weiteren, sicherlich nicht uninteressanten Fragen, zum Beispiel die nach den Gründen für Fausts zweimal mißlungene Vaterschaft. Denn Faust gelingt nicht, was Goethe immerhin seinem Wilhelm Meister im bürgerlichen Milieu zugesteht: mit Hilfe seines Wissens und seiner Erfahrung den eigenen Sohn zu retten und die Kette der Geschlechter aufrechtzuerhalten als greifbares Zeichen für die Ewigkeit des Lebens. Die Leser des ‚Faust' werden lediglich Zeuge, wie der Gnom Homunculus, dieses Produkt männlicher Selbstherrlichkeit, zur Entstehung nicht nur ins Feuchte muß, sondern ganz ausdrücklich zur Muschel von Frau Galatea. Ist es eine, vielleicht ironische, Ouvertüre zum Helena-Akt? Fragen über Fragen, und auf die scheint es mir bei der ‚Faust'-Kritik gegenwärtig mehr anzukommen als auf runde, adrette Antworten.

In Fausts Innerem, seinem Bewußten wie Unbewußten, seinen Reflexionen wie Reaktionen, spielen sich tatsächlich alle die Konflikte ab, die wir mit dem sogenannten modernen Menschen assoziieren, unter dem ich jenen Menschen verstehe, der das Eigenrecht seiner Individualität in den Mittelpunkt seines Denkens stellt und der, um Kants klassische Definition zu benutzen, sich als mündig betrachtet und sich seines „*eigenen* Verstandes" zu bedienen sucht. Es ist ein Denken, das vom westlichen Europa ausgegangen ist, dessen eigentliche Formulierung und Ausprägung zu den persönlichen Zeiterfahrungen Goethes zählte, in dessen Vorgeschichte aber die Renaissance als ‚Wiedergeburt' der Antike ebenso gehört wie das letztlich individualistische Christentum. Daß der ‚Faust' alle drei Stadien oder Komponenten im Bilde zusammenzufassen vermag, ist Resultat von Goethes meisterhafter Verkettung zwischen Verdienst und Glück. Solange dieses benannte Eigenrecht der Individualität noch im Mittelpunkt unseres Lebensverständnisses steht, wird deshalb auch der ‚Faust' unmittelbares Interesse beanspruchen können. Wo es aufhört, könnte der ‚Faust' immer mehr zum historischen Dokument absinken, und vielleicht hat unser Zweifel an dem Eigenrecht der Individualität in jüngster Zeit ein wenig zur ‚Faust'-Müdigkeit oder zur Festlegung des Werkes auf vergangene historische Prozesse beigetragen. Der ‚Faust' könnte sich aber auch als Dichtung eines „Menschenzustandes" anderen großen ‚Weltgedichten' beigesellen, an denen uns manches dunkel geworden ist, manches hingegen uns wie das starke Abbild unseres Glückes oder Leidens vom heutigen oder gestrigen Tage erschüttert. Denn schließlich lesen wir von den Irrfahrten des Odysseus nicht, um Homers Urteil über die Sklavenhaltergesellschaft zu erfahren.

Für die Konflikte, die sich in Fausts Innerem abspielen, liefert die Dichtung die Anschauung. Ihre Bilder sind genausowenig unter ein System zu bringen oder auf einen abstrakten Sinn zurückzuführen, wie das für die Psyche eines einzelnen Menschen möglich ist. Man muß sich dafür nur deutlich machen, um welche aufeinander treffenden Kräfte es sich dabei handelt. Das Individuum bezieht sich an erster Stelle auf sich selbst, auf seine Selbsterhaltung im physischen Sinne, aber auch, um seiner Selbständigkeit willen, auf einen Lebenssinn. Die Natur und das Unendliche, Mikrokosmos und Makrokosmos, sind seine Lebenssphären, und seine Orientierung darin schwankt zwischen Wissen und Glauben. Trieb und Reflexion treffen aufeinander, Animalisches und Geistiges. Neben der Selbsterhaltung steht der Trieb der Arterhaltung, daß heißt der Bezug des Individuums auf ein einziges anderes Wesen, denn nur dieses wird zu solchem Zwecke gebraucht. Natürliches und Geistiges manifestieren sich in diesem Bereich als Sexualität und Liebe, die bekanntlich oft genug miteinander in Konflikt geraten. Und sobald die Art erhalten ist, entsteht durch das hervorgebrachte Dritte auch der dritte Bezug des Individuums, und zwar derjenige auf die Gesellschaft, in der die Beziehungen durch Machtverhältnisse geregelt werden. Glauben, Wissen, Fortpflanzen, Lieben und die Machtausübung sind denn auch die Kräfte, die sich in ‚Faust' als in einer Art Arena des modernen Individuums ihre Spiele und Kämpfe liefern, transzendiert nur durch eines, aus dem das Werk dann in weitestem Sinne selbst besteht: durch das Ästhetische, die Schönheit, die Kunst – in sich selbst ein keineswegs beständiger Wert, wie nicht nur der hüpfende Euphorion erweist, sondern auch die Geschichte der ‚Faust'-Kritik.

Von Faust und dem Fortschritt sollte hier die Rede sein und ist es gewesen, wenn wir die von Kant proklamierte Metapher der Mündigkeit gegen die mehr oder weniger klaren Vorstellungen von einem vorausgehenden Zustand der Unmündigkeit halten. Nur erweist eben gerade Faust selbst auch wieder sehr deutlich die Schattenseiten dieser Mündigkeit, wenn er das von ihm in Anspruch genommene freie Recht des Einzelnen in anderen mißachtet. Das aber scheint nun freilich nicht an ihm zu liegen, sondern an seinem Teufelspakt, und da Goethe die Dreieinigkeit von Faust, Mephistopheles und Helena als die eigentliche Wurzel seiner ‚Faust'-Dichtung bezeichnet hat, so ist es an der Zeit, noch einen Blick auf Mephisto zu tun, mit dem ja gerade der Begriff des Fortschritts durch Hegelsche Antithesen verknüpft wird.

In der ‚Faust'-Kritik wird weithin der zurückgehende Einfluß Mephistos auf Faust und seine Abdrängung in die Rolle eines bloßen Werkzeugs behauptet. Darauf baut sich dann die fortschrittsorientierte Deutung, Faust wolle „Magie", also Mephisto, von seinem Pfad entfernen und erträume sich die Utopie von einer Gesellschaft ohne antagonistische Klassengegensätze oder wie immer man sich diese bessere Zukunft vorstellen möchte. Ein kleines rechnerisches Experiment gibt zu denken. In den letzten drei Akten von ‚Faust II' ist die Summe der jeweils von Faust und Mephisto gesprochenen Zeilen nahezu gleich, aber es ist bemerkenswert, daß Mephistos Anteil daran stets größer ist als derjenige Fausts. Dieser Anteil steigert sich sogar noch, und zwar in folgendem Verhältnis:

3. Akt:	Mephisto	55 %	Faust	45 %
4. Akt:	„	57 %	„	43 %
5. Akt:	„	63 %	„	37 %

Ich betrachte die Statistik gewiß nicht als den Schlüssel zum Allerinnersten von Goethes ‚Faust', denn schließlich kommt es nicht auf die Zahl der Worte an, sondern auf das, was mit ihnen gesagt wird. Aber wenn man nicht annehmen will, daß Goethe Mephisto immer haltloser drauflosschwatzen läßt, während Faust immer markiger knapp spricht, dann wird man sich die Behauptung hinsichtlich des zurückgehenden Einflusses von Mephisto noch einmal überlegen müssen und damit überhaupt die Rolle Mephistos als eine Art Leistungsanreiz und Werkzeug des Fortschritts in einem, wie Lukács es nennt, „Duell" mit Faust.[19]

Mephisto ist die einzige Gestalt innerhalb der eigentlichen ‚Faust'-Tragödie, die sie transzendiert. Er war im ‚Prolog im Himmel' mit dabei, er weiß etwas, das alle anderen Figuren der Tragödie nicht wissen, er steht über ihnen und behält eine ständige Überlegenheit über

---

[19] Lukács, a.a.O., S. 252.

Faust. Im übrigen ist Mephisto der Verbündete der Zuschauer und Leser, denn auch sie sind natürlich im ‚Prolog im Himmel' mit dabeigewesen, und mit ihnen kommuniziert er immer wieder augenzwinkernd durch ironische Kommentare. Er ist nicht einfach Duell-Partner Fausts auf gleicher Stufe, sondern auch Regisseur seines Lebenstheaters. In der Sphäre der Unendlichkeit, aus der er kommt, gibt es keinen Fortschritt. Welchen Fortschritt im Bereich der Menschengeschichte könnte er, der Wissende, betreiben wollen? Mephisto als Werkzeug Hegelscher Dialektik?

> Diese Dialektik ist die Grundlage von Goethes unerschütterlichem Zukunftsglauben an die Menschheit: aus dem Kampf des Guten und Bösen entsteht die Entwicklungsrichtung nach vorwärts; auch das Böse kann Vehikel des objektiven Fortschritts sein.[20]

Ich habe noch einmal Lukács zitiert, nicht weil dessen nun fast fünf Jahrzehnte alte Essays noch heute das A und O der ‚Faust'-Forschung wären, wohl aber weil in diesem zitierten Satz am knappsten zusammengefaßt ist, was eine weithin akzeptierte Ansicht über Faust darstellt.

Nun läßt sich natürlich einwenden, daß sich Mephisto selbst „ein Teil von jener Kraft" nennt, „die stets das Böse will und stets das Gute schafft" (V. 1335f.), aber angesichts der eben angedeuteten Doppelrolle als Partner Fausts und Regisseur seines Lebenstheaters darf man bezweifeln, ob seine Aussagen als letzte Wahrheit zu nehmen sind, besonders wenn man bedenkt, daß Mephisto bestimmte Absichten mit Faust verfolgt und ihm irgendwelche Auskünfte nach bestem Wissen und Gewissen durchaus nicht ins Konzept passen dürften. Die Worte bleiben denn auch nicht nur Faust unklar – er fragt nach dem Sinn dieses „Rätselwortes" –, sondern sie sind auch höchst unklar und widerspruchsvoll. Denn was schließlich ist das „Gute" oder das „Böse", dem Mephisto die Synonyme „Sünde" und „Zerstörung" großzügig beigibt? Wäre Faust etwa vor seiner Bekanntschaft mit Mephisto der Sünde und des Bösen in einem christlichen Sinne nicht fähig gewesen? Setzt ihn zu dem, was er hinfort Böses tut, erst der Teufel instand? Hier gerät die Literatur mit der Theologie durcheinander, und wir müssen um eines besseren Verständnisses willen uns schon an jenes dritte Synonym halten, das, wie Mephisto selbst, die Sphäre der menschlichen Ethik transzendiert und auf jene zeitlose, allen Fortschritts- wie auch allen Moralbegriffen enthobene Sphäre verweist, in der es nur Tag und Nacht,

---

[20] Lukács, a.a.O., S. 255.

Schöpfung und Chaos oder eben „Zerstörung“ gibt: „Drum besser wärs, daß nichts entstünde“ (V. 1341).

Die Implikationen solcher Überlegungen sind weit und lassen sich hier nur andeuten. Zu fragen wäre zum Beispiel, was man sich darunter vorzustellen hat, wenn man annimmt, daß Mephisto Faust von seinem „Streben“ abbringen will, womit denn auch zugleich nach dem Sinn dieses weiteren Rätselwortes gefragt ist. Könnte Mephisto ernstlich daran interessiert gewesen sein, daß Faust Gretchen heirate und ein pensionsberechtigter Professor würde, worunter sich dann ein nicht unbeträchtlicher Teil der Öffentlichkeit wahrscheinlich durchaus eine repräsentative Form des von Faust abgeschwornen „Faulbettes“ vorstellen würde? Oder wäre es in seinem Interesse, daß Faust sich mit wallend gewandeten und liebeserfahrenen antiken Schönheiten in arkadischen Lustgefilden verliege? Wir wissen, daß Mephisto selbst die Ansätze für solche Entwicklungen stört und nehmen das gern als die Wirkung eben jener Dialektik von Gutem und Bösem, die angeblich dazu führe, daß Mephisto hier unabsichtlich gegen seine Interessen arbeite und eben den Fortschritt betreibe. Mir erscheint dieser Schluß etwas zu einfach. Viel begreiflicher wäre mir, daß Mephisto Faust fortgesetzt zu neuem Handeln animiert, um ihm immer mehr das Zerstörerische, Sinnlose seines Denkens, Planens und Tuns vor Augen zu führen, um ihn ständig zu demütigen und ihm seine Wirkungslosigkeit zu demonstrieren. Er versucht, wie man heute sagen würde, ihn unablässig zu frustrieren, aber keineswegs mit der Absicht, ihn bei erster bester Gelegenheit das Handtuch werfen zu lassen; dazu ist er ein zu guter Psychologe und hat im übrigen auch die Worte des Herrn über Faust im Ohr. Und wenn er schließlich am Ende glaubt, er habe die himmlische Wette gewonnen, so tut er es in der sicheren Überzeugung, daß Faust nichts erreicht hat, was ihn als „kleinen Gott der Welt“ (V. 281) auswiese, der einst das Streitobjekt im Dialog zwischen ihm und dem Herrn gewesen war.

In dem Geschäft des Frustrierens ist dann ja auch Mephisto, wenn man es genau betrachtet, das ganze Stück über bis zum Ende tätig, gerade indem er scheinbar Fausts Befehle ausführt. Nein, von einem dialektischen, durch das „Böse“ bewirkten beständigen Anreiz zum Fortschritt läßt sich schwerlich etwas entdecken in diesem Lebenslauf, in dem Faust bei allem, was er tut, kaum je das „Gute“ im Sinne hat, also nach ethischen Maßstäben zu handeln versucht. Lediglich sein immer neuer Anlauf gegen das „Chaos“, die „Zerstörung“ läßt sich konstatieren, und das ist allerdings sehr viel, auch wenn es nicht bedeutet, daß Faust oder die Welt dadurch besser würden.

Die Philosophen unterscheiden heutzutage zwischen quantitativem und qualitativem Fortschritt.[21] Es ist im Grunde eine alte Differenzierung, die insbesondere in den Jahren nach der Französischen Revolution die besseren Köpfe bewegte. Man weiß von Klopstocks tiefer Enttäuschung, als er sah, daß die neue Freiheit die Bürger zwar besser leben ließ, aber sie nicht besser machte, sondern nur neue Monster ausbrütete. Goethe war skeptischer von Anfang an gewesen. Was aber hat es gerade angesichts dieser Skepsis mit dem melodramatischen Epilog der ‚Faust'-Dichtung auf sich, dessen wohlwollender, beifälliger Ton hinsichtlich des geretteten „edlen Glieds der Geisterwelt" von den Mächten des „Bösen" (V. 11934 f.) unverkennbar ist? Bestätigt hier Goethe wirklich einen objektiv faßbaren geschichtlichen Gang, in dessen Verlauf Fortschritt – wenn auch erst jenseits des Stückes – in eine neue Qualität geschichtlichen Seins umschlägt? Oder ist Fausts Lebensgang nicht vielmehr der Ausdruck stärksten Zweifels an der Möglichkeit eines solchen Fortschritts und die Apotheose lediglich eine Anerkennung dessen, was in Faust immer wieder gegen Zerstörung und Chaos anstrebt und in seiner Lebenspraxis die verschiedensten Formen annimmt wie Erkenntnislust, Tätigkeitsdrang, Liebe oder Sinn zum Schönen, möge dieser nun sein Ziel in der Kunst oder einer Lebensordnung haben? Erweist er sich gerade dadurch aber nicht auch als Teil und höchstentwickeltes Wesen der Natur, der Schöpfung Gottes, die dieser dem Chaos entgegengesetzt hat? Daß die Natur dem Menschen „aufs herrlichste" vorarbeite, „indem sie ein gestaltetes Leben dem Gestaltlosen entgegensetzt", ist ein Gedanke aus Goethes ‚Versuch einer Witterungslehre'[22], den man mit Überlegungen zu Fausts Tun und seiner Erlösung in engen Zusammenhang bringen kann. Denn Faust gehört der Natur an und erhebt sich zugleich über sie. Von Herders Anthropologie inspiriert, stellte man sich am Ausgang des 18. Jahrhunderts den Menschen gern metaphorisch in einer Mittelstellung zwischen Gott und Tier, also der elementaren Natur, vor und konstatierte etwas, das man die Doppelnatur des Menschen nennt. Im ‚Faust' scheint dieser Zwiespalt noch erweitert zu den Gegensätzen von Chaos und Schöpfung, wobei denn freilich in Goethes Kosmogonie sich die

[21] Vgl. z. B. Paul Feyerabend, Wissenschaft als Kunst. Frankfurt/M. 1984, S. 87 ff.
[22] Goethes Werke. Hamburger Ausgabe. Bd. 13, S. 309.

Macht Gottes außerhalb des Endlichen auch bis ins Chaos erstreckt, das sich seinem Willen beugen muß.

Goethes ‚Faust' baut auf dem Verständnis von der Doppelnatur des Menschen auf. Seine Geschichtlichkeit, diese große Entdeckung von Goethes eigener Zeit, wird nicht geleugnet, aber transzendiert. Fausts Persönlichkeit, wie sie sich in seinem Lebensgang darlegt, ist nicht ein Spiegel der Geschichte, sondern die Geschichte ist ein Spiegel seiner Persönlichkeit: Goethes ‚Faust' ist ein Abbild der Konstruktionen, die sich der moderne Mensch schafft, um mit den Problemen seiner Existenz fertigzuwerden. Dadurch wird aus einem alten Moralitätenstück ein modernes psychologisches Drama, ganz so, wie seit der Aufklärung die Religion als Deuterin menschlicher Existenz mehr und mehr durch die Psychologie abgelöst worden ist. Der ‚Faust' ist ein Drama im Zeichen der Selbstbehauptung des Individuums gegenüber seiner sogenannten Entmündigung. So bejaht Goethe am Ende seines ‚Faust' doch auch wohl nur die beständigen Versuche eines Menschen, gegen das Chaos in sich anzugehen, in welcher Form der Zerstörung es sich auch äußern mag. Daß der Held dabei nett und sympathisch erscheint, ist kaum zu erwarten. Goethes Bejahung des Widerstandes aber ist nun allerdings das Ergebnis einer bestimmten geschichtlichen Situation, geht jedoch weit über den Widerstreit von Gesellschaftsordnungen hinaus.

Daß Goethes letztliche Billigung von Fausts Mühen kein moralisches Urteil über das „Gute" oder „Böse" der einzelnen Werke und Tätigkeiten einschließt, wird aus der staatsstreichähnlichen Rettungsaktion der Engel deutlich. Daß diese Rettung in Bildern des Christentums erscheint, ist im übrigen keine reine Verlegenheitslösung. Denn das Christentum hatte selbst einen einzelnen Menschen zum Sohne Gottes erhoben und so der Selbstfindung und Mündigwerdung des modernen Ichs zuerst Vorschub geleistet. Wir wissen aus der Literatur gerade von Goethes eigener Lebenszeit, wie sich mehr und mehr auch andere Söhne diese einzige Rolle auf den Leib geschrieben glaubten, ganz so wie im Zeichen des modernen Republikanismus die christliche Heilslehre auf die politische Sphäre übertragen wurde. Der Weg des Menschen zu Gott liegt außerhalb der Kategorie des Fortschritts. Daß es in der Sphäre darunter einen qualitativen Fortschritt gebe, läßt sich aus Goethes ‚Faust' ebensowenig ablesen wie aus der Geschichte der mehr oder weniger zivilisierten Nationen seitdem. Welches immense Potential an Fähigkeit zu Ordnung und Chaos, zu Schöpfung und Zerstörung, zu schöner Kunst und wüster Barbarei in diesem modernen Ich weiterhin bereitliegt, das hat gerade Fausts eigene Nation seitdem deutlich genug belegt.

Diskussion

Gibt es einen inneren Fortschritt der Faust-Figur?

Entgegen der These des Vortrags, daß Goethes ‚Faust'-Tragödie nicht für die Fortschrittsidee reklamiert werden könne, erinnert W. Sokel an die Szene ‚Wald und Höhle', die Faust zur Selbsterkenntnis bringe, was doch wohl als innerer Fortschritt zu werten sei. – In einer genaueren Interpretation des letzten Aktes von ‚Faust II' sucht dagegen W. Wittkowski nachzuweisen, daß der sich gesteigerter Tätigkeit hingebende Faust überhaupt keinen Erfolg habe: „Das Land, das er schafft, wird verlorengehen – Mephisto weiß es schon im voraus, und das ist sein Triumph. Die Episode mit Philemon und Baucis zeigt Faust als den großen Zerstörer, der nur durch Gewalt mit dem ‚Mangel' fertig wird; der sein Gewissen abtöten muß, um ein im großen Maßstab Tätiger bleiben zu können. Und als der gewissenlos Handelnde erblindet er schließlich. Am Ende steht also, bevor die Gnade eingreift, als das genaue Gegenprinzip zur ‚Sorge' die gewissenlose Tätigkeit unter dem Zeichen der Blindheit." Allerdings verwerfe Goethe Aktivität, Tätigkeit, Energie nicht grundsätzlich, sondern eben nur in ihrer Verselbständigung zum Willen zur Macht und zum Besitz, dem jedes Mittel recht ist. Als Goethes letztes Wort könne man hier Montans bekannte Äußerung aus den ‚Wanderjahren' ansehen: „Denken und Tun, Tun und Denken, das ist die Summe aller Weisheit [. . .]. Beides muß wie Aus- und Einatmen sich im Leben ewig fort hin und wider bewegen" [II,9].

H. Kreuzer schlägt vor, begrifflich streng zwischen einem möglichen Fortschritt im Leben Fausts und jenem Fortschritt, den man dem Werk als Thema entnehmen kann, zu unterscheiden: „Fausts Weg führt immerhin von der kleinen Welt in die große Welt, woraus sich in ‚Faust II' ganz andere Probleme und Dimensionen ergeben als in ‚Faust I'." Dies nutze Goethe auf der Werkebene dazu, seine Geschichtsvorstellungen und Erfahrungen darzulegen; dazu diene der Held als bloßes Medium – nur eben auf Kosten der psychologischen Einheit der Figur.

Die Rolle Mephistos in Fausts Leben

W. Sokel sieht einen Widerspruch darin, daß der Vortrag die Mephisto-Figur einerseits als Regisseur von Fausts Leben, andererseits aber als Vertreter des Chaos deutet. Als Regisseur sei Mephisto auch Künstler; wenn also das Chaos durch ihn wirke, dann als aufbauende Kraft, wie ja auch seine ‚psychoanalytische' und demaskierende Funktion positiv zu werten sei. Somit erlaube es seine

Wirksamkeit, ihn im Sinne von G. Lukács dialektisch als „Teil von jener Kraft, / Die stets das Böse will und stets das Gute schafft" (V. 1335 f.) zu interpretieren.

G. SCHULZ hält diesen Ansatz für untauglich, daraus das Gesamtkonzept einer fortschrittlichen Entwicklung zu gewinnen: „Zwar provoziert Mephisto Faust, aber es gibt kein Duell zwischen beiden, das die Handlung vorantreibt. Denn sie agieren nicht auf derselben Ebene, Mephisto gehört einer ganz anderen Region an."

Zur Stützung dieser antidialektischen Deutung führt W. WEISS an, daß ja Schiller im Briefwechsel mit Goethe in der Tat das Bild des Duells verwendet, um das Verhältnis zwischen Faust und Mephisto zu charakterisieren; worauf Goethe jedoch ironisch antwortet, er sehe das Ganze nicht so ernst, sondern lasse die beiden „wie zwei Klopffechter sich grimmig herumschlagen, um abends zusammen freundschaftlich auszuruhen".[1] „Goethe nimmt hier schon, der Tendenz nach, die endgültige Konzeption seiner ‚Faust'-Dichtung vorweg, für die er in der letzten Schaffensphase die berühmte Formel von den ‚sehr ernsten Scherzen'[2] finden wird." Zur Mephisto-Deutung des Vortrags, der er ausdrücklich zustimmt, merkt Weiss noch an: „Es ist zwar richtig, daß Mephisto als einzige Gestalt des Dramas über Faust hinausreicht, weil er schon im ‚Prolog im Himmel' da ist; auf der anderen Seite fehlt er jedoch in der letzten Szene, ‚Bergschluchten', in der Faust dagegen, wenn auch nur als Schweigender, anwesend ist. Diese Überlegenheit Fausts zeigt sich mehrmals, sogar bei der ‚Grablegung': Wenn Mephisto hier noch sein Geschäft des ständigen ‚Frustrierens' fortsetzt (‚Was soll uns denn das ew'ge Schaffen!/ Geschaffenes zu nichts hinwegzuraffen!' V. 11598 f.), so erreicht er doch damit Faust nicht mehr. Seine Worte sind eine Art Bekenntnis, ähnlich wie die Fausts zu Mephisto beim Abstieg zu den ‚Müttern': ‚In deinem Nichts hoff' ich das All zu finden' [V. 6256]. Überhaupt wäre in Ergänzung zum Vortrag zu sagen, daß dieser Mephisto nicht einfach nur der Faust-Gestalt gegenübersteht, sondern auch den Weltkreisen, die sie gemeinsam durchwandern. Denen paßt er sich jeweils an; selbst seine Negationen und Entlarvungen sind situationskonform."

Das Thema eines allgemeinen Fortschritts im Werk und in der Rezeptionsgeschichte

Da es also Faust und Mephisto rein handlungsmäßig mit einer sich immer mehr ausweitenden Welt und großen geschichtlichen Räumen zu tun haben, stellt sich für die Diskutanten die Frage nach dem Fortschritt auf dieser Ebene in verschärfter Form. F. TROMMLER: „Ich empfinde es als faszinierend, daß die Faust-Geschichte die einzige ist, die das neuzeitliche Ich mit der Technik konfrontiert. In der Wirkungsgeschichte im 19. und beginnenden 20. Jahrhundert verbinden sich dann technischer Fortschritt und Nationalismus; die Faust-

[1] Brief vom 27.6.1797.
[2] Brief an Wilhelm von Humboldt vom 17.3.1832.

Geschichte wurde deshalb so wichtig für Deutschland, weil man sich mit dieser die Technik verkörpernden Gestalt in nationalistischem Geist identifizieren konnte. Auch im 20. Jahrhundert sind Identifikationen mit dem so verstandenen Faust möglich, nur daß nun Mephisto im Mittelpunkt steht als derjenige, der das *Böse* des technischen Fortschritts symbolisiert. Man versucht, diese Gestalt immer neu zu fassen, ohne ihrer wirklich habhaft zu werden. Das ist im Grunde auch die Lage, in der man sich der Technik gegenüber befindet: Von ihr fühlt sich der einzelne genauso manipuliert wie Faust von Mephisto manipuliert wird." Gegenüber der Kritik von G. Schulz am Deutungsschema von Georg Lukács gibt Trommler zu bedenken, daß Lukács mit seiner fortschrittlichen Auffassung des Mephisto zunächst einmal aus den nationalen Deutungszwängen herauswollte: „Er hat gezeigt, daß in all diesen Verhängnissen, in denen Faust vorankommt – ich spreche jetzt bewußt im Sinne der Wirkungsgeschichte –, etwas enthalten ist, was man für den Marxismus retten kann: daß dieser Faust, der national mißbraucht wurde, im Grunde eine bürgerliche Figur ist, die man im guten Sinne manipulieren, d. h. zum Besseren antreiben kann. Das sollte man nicht übersehen."

G. Schulz gibt zu, daß solche Deutungen möglich sind und auch praktiziert werden, nicht zuletzt von Regisseuren – bis hin zur Zündung einer Atombombe in der Walpurgisnacht –, aber das seien Transkribierungen in die Erfahrung unseres Jahrhunderts. Das moralische Urteil über die gefährlichen Wissenschaften habe seinen Platz in Brechts ‚Galilei', doch Faust sei eben kein Galilei.

H. Kreuzer: „Faust ist Techniker natürlich in dem Sinn, daß er Land gewinnen will – man könnte auch Ingenieur sagen –, aber ich bin ebenfalls nicht sicher, ob man die Technik allgemein mit Faust identifizieren kann. Genausogut ließe sich natürlich die Genetik, die gegenwärtig aktueller ist, für die Deutung beanspruchen, indem man sie auf Homunculus bezieht, wie es Hans Mayer getan hat, der deshalb Wagner von der Problematik des Wissenschaftsfortschritts her für wichtiger hält als Faust."[3]

U. Japp bezieht das Thema des poetologischen Fortschritts ein. Er geht von der Gleichsetzung „schlecht und modern" aus, die Faust im 2. Teil, V. 10176, vornimmt. Sie meine zunächst die hedonistisch-erotische Lebenspraxis, die Mephisto empfiehlt: „Historische Reflexion müßte sich darauf besinnen, wie die von Faust hier genannte, in der Geschichte weit zurückgreifende Figur des Sardanapalus mit dem Modernen assoziiert wird – zweifellos vermittelt über Lord Byron und dessen gleichnamiges Drama [1821], das Goethe gewidmet ist. Aber die Gleichsetzung von ‚schlecht und modern' gilt für Goethe ebenso im poetologischen Sinn: Er und Schiller bezeichnen es als einen Mangel der Modernen, daß sie es zum einen nicht verstehen, die richtigen Gegenstände auszuwählen, und daß sie zum anderen die Gattungen nicht voneinander zu unterscheiden wissen, sondern häufig vermischen. In dem Zusammenhang äußert Goethe zu Eckermann, auch er habe seine Modernität nicht verleugnen

[3] Vgl. H. Mayer, Der Famulus Wagner und die moderne Wissenschaft. In: Gestaltungsgeschichte u. Gesellschaftsgeschichte. Fs. für Fritz Martini zum 60. Geb. Hg. von Helmut Kreuzer u. Käte Hamburger. Stuttgart 1969, S. 176–200.

können [3.11.1823]. Mit Blick auf den 2. Teil des ‚Faust' wird man also sagen dürfen, daß Goethe das poetologisch Moderne zwar nicht als einen Fortschritt zum Besseren angesehen hat, daß er es aber dennoch vermochte, ihm Vorzüge in seinem Werk abzugewinnen."

Die Faust-Figur: Individuum, Symbol, Allegorie?

Während in der bisherigen Diskussion über die gelungene oder gescheiterte Entwicklung Fausts dieser immer als Individuum gesehen wurde, vermag P. H. Neumann im Faust des 2. Teils der Tragödie keine psychologisch gestaltete und deutbare Individualität mehr zu erkennen: „Der Schlaf des Vergessens, mit dem dieser 2. Teil beginnt, hat so etwas wie eine Subjektauslöschung im Hinblick auf den Faust des 1. Teils zur Folge, und das scheint auch seine Funktion zu sein. Wenn im Vortrag formuliert wurde, daß dieses Individuum nicht der Spiegel der Geschichte, sondern die Geschichte der Spiegel der Individualität sei, so scheinen für dieses Verhältnis psychologische Kategorien kaum noch anwendbar. Daraus ergibt sich die Frage, wie es denn überhaupt mit der Erlösungsfähigkeit und Erlösungsbedürftigkeit Fausts am Ende des Dramas stehe. Ich glaube, Faust ist nicht einmal imstande, als Individuum physiologisch zu erblinden; alles geschieht nur allegorisch – daher auch der Auftritt der ‚Sorge'. Das entspricht in etwa dem Gefälle der Darstellungsmodi, das zwischen ‚Wilhelm Meisters Lehrjahren' und den darauf folgenden ‚Wanderjahren' zu beobachten ist."

G. Schulz räumt ein, daß der Faust des 2. Teils gewiß nicht jenes Individuum sei, das mit Gretchen im Garten spazierenging. Aber er spricht sich entschieden gegen die herkömmlichen Allegorisierungen und Symbolisierungen aus. Goethes ‚Faust'-Tragödie sei „der Versuch, auf einen Menschen tatsächlich alles das zu häufen, was im menschlichen Dasein eine entscheidende Rolle spielt, nicht nur die erotische Beziehung zu dem einen oder anderen menschlichen Wesen, sondern auch die Macht, die Politik, die große Welt und die großen Träume – ‚Männerphantasien' eben, wie im Fall von Helena".

G. Neumann möchte das Verhältnis von Figur und Weltfülle so verstanden wissen, daß „ein Einzelleben dargestellt wird, durch welches die Geschichte von dreitausend Jahren hindurchpassiert, konkretisiert in bestimmten Situationen".

G. Schulz widerspricht: „Das hieße, daß die Geschichte von dreitausend Jahren symbolisiert werde. Ich glaube eher: Der Mensch Faust legt das in seiner Erfahrung auseinander, was für uns in der Erfahrung als Geschichte, als Politik, als Macht erscheint; also nicht Faust symbolisiert die Geschichte, sondern die Geschichte, die Faust durchmacht, symbolisiert das, was einem Menschen widerfahren kann."

H. Kreuzer möchte die Kategorie der psychologischen Einheit allenfalls für die letzten beiden Akte von ‚Faust II' gelten lassen, keinesfalls aber für den ganzen ‚Faust II' oder gar für die beiden Teile der Tragödie. „Ich bezweifle natürlich auch die psychologische Einheit Mephistos: Phorkyas ist eben nicht identisch mit dem Mephisto des 1. Teils. Die ‚Klassische Walpurgisnacht' als Werk im Werk läßt eine Deutungsmöglichkeit unter dem Gesichtspunkt psychologischer Individualität und ihrer durchgängigen Bestimmtheit im Handeln, Denken usw. nicht zu."

Die Punkte, die in der Diskussion kontrovers geblieben sind, nimmt U. FÜLLEBORN noch einmal auf. Hinsichtlich der Frage, ob Faust nun als Individuum interpretiert werden dürfe oder nicht, schlägt er vor, sich an der Gestaltung Mephistos zu orientieren, die keine vergleichbaren Probleme biete: „Niemand fragt danach, ob Mephisto ein psychologisch stimmig gezeichnetes Individuum sei. Man nimmt sein Reden und Handeln wie selbstverständlich hin, weil man ihn von vornherein als eine erfundene dramatische Figur begreift. Sieht man auch Faust zunächst einmal als eine solche an, dann reduziert sich die Interpretationsschwierigkeit auf die poetologische Frage nach der Anlage der Figur. Nun kann man eine Dramenfigur durchaus psychologisch gestalten, so daß sie als Individuum von anderen Figuren des Werks und von dramatisch-theatralischen Figuren etwa des Mittelalters unterscheidbar wird, und man kann ihr gleichzeitig symbolische Repräsentanz verleihen. In dem Maße aber, wie die Repräsentanz umfassender und allgemeiner wird, setzen sich allegorische Züge durch. In diesem poetologischen Sinn hat Goethes ‚Faust'-Tragödie einen ungewöhnlich weiten Weg zurückgelegt, von der Darstellung eines großen Individuums im ‚Urfaust', gemäß der Sturm-und-Drang-Ästhetik, über die symbolische Steigerung der Figur in ‚Faust I', dem Werk der klassischen Zeit, bis zu ihrer höchsten Vergeistigung und universalen Repräsentanz im Alterswerk ‚Faust II', also bis zum Übergang von symbolischer zu allegorischer Darstellungsweise, der sich fast von selbst aus Goethes Entwicklung ergab. Das schließt nicht aus, daß Faust auch noch ganz zuletzt als Individuum psychologisch und moralisch interpretierbar bleibt. Und wenn er anfangs in seinem metaphysischen Erkenntnisstreben über die Grenzen des endlichen Daseins hinausdrängt, sich dann dem Sinnengenuß hingeben möchte und schließlich eine rein praktische Tätigkeit im großen Stil beginnt, so symbolisiert er doch auch jedesmal allgemeine menschliche Grundbedürfnisse und spezifisch moderne Möglichkeiten des Ich, sich zu verwirklichen. Ebenso modern, und das heißt in diesem Fall ‚romantisch', ist – worauf U. Japp hinwies – die psychologisch-symbolisch-allegorische Mischform selbst, die Goethe die Ausweitung seiner ‚Faust'-Tragödie zum universalen Welttheater ermöglichte."

Anthony Stephens

„Wie beim Eintritt in ein andres Leben“ Geburtsmetapher und Individualität bei Kleist

Es ist kein seltenes Ereignis in Kleists Werken, daß das Erwachen aus dem Schlaf, aus einer traumartigen Geistesabwesenheit oder aus einer Ohnmacht die Symptome einer Neu- oder Wiedergeburt annimmt. Das zunächst fassungslose Individuum ist durch Amnesie von der Last der unmittelbaren Vergangenheit befreit worden, und die einschlägigen Textstellen evozieren häufig in ihrer Wortwahl eine diffus-religiöse Atmosphäre, die bei näherem Zusehen die Gleichnishaftigkeit des eben Erlebten signalisiert. So erwacht Penthesilea in der 14. Szene der Tragödie und fragt: „Wo bin ich?“ (SWI, 376)[1], worauf Prothoe diese Ratlosigkeit im Sinne des Übergangs in einen von der Vergangenheit noch unbelasteten Zustand umdeutet:

> – Sieh diese Jungfraun, welche dich umringen:
> Wie an den Pforten einer schönren Welt,
> Stehn sie, und rufen dir: willkommen! zu. (SWI, 376)

Solche metaphorischen Geburten dürfen als Fiktion innerhalb der Fiktion der Identität selbst bezeichnet werden. Denn sie markieren, wenn auch nur kurzfristig und immer auf trügerische Art, die Veränderung eines früheren Zustands, der als nicht auszuhaltender Widerspruch oder bedrückender Mangel empfunden wird. Die Gleichnishaftigkeit solcher Veränderung vermag dann in die erste Ebene der Fiktion einzudringen, so daß auch die an der scheinbaren Wandlung beteiligte Identität als ein von der Zersetzung bedrohtes, arbiträres Konstrukt entlarvt wird.

Im folgenden werde ich versuchen, die Geburtsmetaphorik bei Kleist im Sinne einer Krise zu deuten, in die der Begriff des Individuums in der deutschen Spätaufklärung der Jahrhundertwende gerät. Hier steht die Vorstellung eines Bruchs innerhalb der kontinuierlichen Identität, ja eines qualitativen Sprungs in ein „andres Leben“ im schroffen Kontrast zu den Idealen des Fortschritts, der Perfektibilität und der Mün-

[1] Kleists Werke und Briefe werden nach folgender Ausgabe zitiert: Heinrich von Kleist, Sämtliche Werke und Briefe. Hg. von Helmut Sembdner. München ^{4}1965; Abkürzung: SW mit Band- und Seitenangabe.

digkeit.[2] Die Krise wird als eine bereits bei Rousseau vorgezeichnete erfaßt, die in Kleists Briefen aus den Jahren 1800–1801 als Zusammenbruch jenes Weltmodells erlebt wird, das er aus Elementen einer aufklärerischen Weltsicht zusammengesetzt hatte. In seiner Dichtung steht die weitere Ausgestaltung der Krise in enger Verbindung mit der Form der Tragödie, und in diesem Sinne wird sie an seinen zwei vollendeten ‚Trauerspielen', der ‚Familie Schroffenstein' und ‚Penthesilea' exemplifiziert.[3]

Es geht daher in erster Linie darum, anhand von Kleists Briefen aus der vordichterischen Phase das aufzuzeigen, was Rilke in der vierten ‚Duineser Elegie' einen „Grund von Gegenteil" nennt, jenes Gedankengut der Aufklärung also, gegen das die Metapher des neugeborenen Individuums sich abhebt.[4] Nicht nur dem 22jährigen Kleist, sondern auch der Aufklärung im allgemeinen stellt sich das Individuum als Aufgabe, als noch einzulösendes Versprechen dar. Die von Rousseau begründete Erziehungsidee neigt bei aller ausdrücklichen Verpflichtung zu ethischen und geistigen Normen jedoch zu einer Radikalität im individuellen Bereich, die den im Prozeß der Bildung begriffenen Einzelnen unversehens auf eine ‚Mündigkeit' ausrichtet, die als autarke Selbstwerdung den konventionellen Rahmen der damaligen Gesellschaft sprengt. Solche Radikalität kennzeichnet die Erziehungsprojekte in den frühen Briefen Kleists, sowohl im Hinblick auf Wilhelmine als auf sich selber. Der Weg des ‚Mündigwerdens' wird unentwegt als Prozeß aufgefaßt, den Kleist als „die möglichst vollkommene Ausbildung meiner geistigen und körperlichen Kräfte" (SWII, 476) bestimmt und in dessen Verlauf sämtliche Mängel der Persönlichkeit behoben werden sollen. Kleist überbetont geradezu das Moment der linearen Prozeßhaftigkeit: „unaufhörliches Fortschreiten in meiner Bildung" (SWII, 603) bleibt das Ziel, auch wenn der Widerstand in ihm dagegen wächst, ein Amt zu übernehmen. Befürchtete „Unannehmlichkeiten von Seiten [seines] Vormundes" (SWII, 484) mögen am Anfang seine Begeiste-

---

[2] Zum Begriff der ‚Mündigkeit' siehe Peter Horst Neumann, Der Preis der Mündigkeit. Über Lessings Dramen. Stuttgart 1977, S. 9, 13 und passim.

[3] Zur Problematik der tragischen Form bei Kleist vgl. vom Verfasser: The Illusion of a Shaped World: Kleist and Tragedy. In: AUMLA 60 (1983), S. 209–217, und: „Was hilfts, daß ich jetzt schuldlos mich erzähle?" Zur Bedeutung der Erzählvorgänge in Kleists Dramen. In: Jahrbuch der Deutschen Schillergesellschaft (1985), S. 301–323.

[4] „Da wird für eines Augenblickes Zeichnung / ein Grund von Gegenteil bereitet, mühsam, / daß wir sie sähen; denn man ist sehr deutlich / mit uns".

rung für die Mündigkeit als Ziel seines Lebensprojekts verstärkt haben, weil er betont, dieser habe ihm bereits erklärt, „ein Mündel müsse sich für einen festen Lebensplan, für ein festes Ziel bestimmen" (SWII, 484). Wenn er aber einige Monate später das Thema wieder aufgreift, so zeigt sich Kleist durchaus fähig, selber die Stelle des Vormundes gegenüber seiner Schwester einzunehmen: „So lange ein Mensch noch nicht im Stande ist, sich selbst einen Lebensplan zu bilden, so lange ist und bleibt er unmündig, er stehe nun als Kind unter der Vormundschaft seiner Eltern oder als Mann unter der Vormundschaft des Schicksals" (SWII, 489). Denn der Begriff der Mündigkeit in der Aufklärung kann sich unversehens in einer ausgesprochen autoritären Bevormundung anderer konkretisieren.

Das Ideal der Mündigkeit definiert recht paradoxerweise die Entwicklung des Ich als durch ein System von Abhängigkeiten bedingt, während sie doch in einer wie auch immer gearteten Autonomie gipfeln soll. Eine sich daraus ergebende Unsicherheit spiegelt sich in Kleists Wortgebrauch wieder: „weil ich die goldene Unabhängigkeit, oder, um nicht falsch verstanden zu werden, die goldene Abhängigkeit von der Herrschaft der Vernunft mich gewiß stets zu veräußern scheuen würde" (SWII, 484). Abhängigkeiten gewährleisten gewissermaßen die Kontinuität der Person, wogegen eine radikale Auffassung der individuellen Autonomie vielleicht schon in dieser Phase jenen Bruch innerhalb der kontinuierlichen Selbsterfahrung impliziert, den Kleist später durch die Doppelbödigkeit der Geburtsmetapher markieren wird.

Vor der Krise vom März 1801 ist das Ziel des Lebensplans bei Kleist gleichsam die Projektion einer dem Innersten des Menschen innewohnenden ‚Vernunft' ins Äußere. Die Identität spannt sich als erlebtes Kontinuum und als sich selbst bespiegelndes Bewußtsein zwischen der internalisierten ‚Vernunft' als Inbegriff der Eigentümlichkeit des Individuums einerseits und den vielfachen Projektionen der gleichen Kraft in die Außenwelt andererseits. Diese ist jedoch bereits von Autoritäten dicht bevölkert, die allesamt den metaphorischen Charakter des *Vormunds* aufweisen; die dann in diesem Sinne für sich in Anspruch nehmen, Repräsentanzen ein und derselben ‚Vernunft' zu sein, die im Innersten des Individuums herrschen soll. Daß es eine durchgängige Konsonanz zwischen der ‚Vernunft' als innerer Quelle des Daseinsgefühls und den vielen Erscheinungsformen der angeblich gleichen Instanz in der Exteriorität geben soll, ist für Kleist um 1800 ein Axiom und eine recht prekäre Wunschvorstellung zugleich. Ich habe an anderer Stelle anhand der Namensproblematik bei Kleist den Begriff der ‚Exteriorität der Gefühle' im Spannungsfeld von Intimität und Öffentlichkeit erörtert.[5] Ein zusätzlicher Faktor ist sicherlich der problematisch gewordene Stellenwert der ‚Vernunft' als absolute Instanz im Zuge der Französischen Revolution. In Schillers Brief an den Prinzen von Augustenburg vom 13. Juli 1793 wird das Dilemma in radikaler Zuspitzung zum Ausdruck gebracht.[6]

Die Ambivalenz innerer und äußerer Autoritäten liegt vielen der rhetorisch geführten Schattengefechte in den Briefen jener Jahre zugrunde. Denn Kleist behauptet einerseits gerne und vorbehaltlos den Vorrang der rein inneren Instanz: „Wenn man also nur seiner eigenen Überzeugung folgen darf und kann, so müßte man eigentlich niemand um Rat fragen, als sich selbst, als die Vernunft" (SWII, 472). Andererseits bedarf das Wagnis seines Lebensprojekts der Bestätigung, der Legitimierung im Sinne einer übergreifenden, sich in der Exteriorität manifestierenden Teleologie oder, in Kleists eigenen Worten, der „Bestimmung" des Einzelnen, „einst jene große Komposition des Schöpfers auszuführen" (SWII, 606), sich einzupassen in den „Plan [. . .], den die Natur für die Ewigkeit entworfen hat" (SWII, 565). Man dürfte die äußere, bestätigende Autorität, derer es offensichtlich bedarf, vielleicht die *Vernunft als Vormund* nennen, in ihrer Eigenschaft nämlich als Vertreterin einer wirklichen und sinnvoll waltenden Macht, die im Gegensatz zum Negativum des ‚Zufalls' steht.[7] Nun erheben viele äußere

[5] Siehe vom Verfasser: Name und Identitätsproblematik bei Kleist und Kafka. In: Jahrbuch des Freien Deutschen Hochstifts 1985, S. 223–259.

[6] Vgl. C. Träger (Hg.), Die Französische Revolution im Spiegel der deutschen Literatur. Frankfurt am Main 1979, S. 264f.: „Wäre das Faktum wahr – wäre der außerordentliche Fall wirklich eingetreten, daß die politische Gesetzgebung der Vernunft übertragen, der Mensch als Selbstzweck respektiert und behandelt, das Gesetz auf den Thron erhoben und wahre Freiheit zur Grundlage des Staatsgebäudes gemacht worden, so wollte ich auf ewig von den Musen Abschied nehmen und dem herrlichsten aller Kunstwerke, der Monarchie der Vernunft, alle meine Tätigkeit widmen. Aber dieses Faktum ist es eben, was ich zu bezweifeln wage. Ja, ich bin so weit entfernt, an den Anfang einer Regeneration im Politischen zu glauben, daß mir die Ereignisse der Zeit vielmehr alle Hoffnungen dazu auf Jahrhunderte benehmen".

[7] Vgl. Kleists Brief vom 19. März 1799: „und ein Zufall, außerwesentliche Umstände können und sollen die Erfüllung meiner Pflicht nicht hindern, einen Entschluß nicht zerstören, den die höhere Vernunft erzeugte [*sic!*], ein Glück nicht erschüttern, das sich nur im Innern gründet" (SWII, 485), und den Brief an Ulrike im Mai 1799: „Tausend Menschen höre ich reden und sehe ich handeln, und es fällt mir nicht ein, nach dem Warum? zu fragen. Sie selbst wissen es nicht, dunkle Neigungen leiten sie, der Augenblick bestimmt ihre Handlungen. Sie bleiben für immer unmündig und ihr Schicksal ein Spiel des Zufalls" (SWII, 488).

Instanzen den Anspruch, eine solche zu verkörpern, aber in Kleists Briefen dieser Zeit werden sie vornehmlich in Bilder gefaßt, die sie diskreditieren. So gibt es zunächst einmal die personifizierte Staatsgewalt als Maske der Untugend, den Herrscher als abschreckendes Beispiel: „und wenn der lasterhafte Fürst auch alle Blicke, Mienen und Reden besticht, wenn er auch alle Künste des Leichtsinns und der Üppigkeit herbeiruft, um das häßliche Gespenst vor seinen Augen zu verscheuchen – umsonst!" (SWII, 477). Es gibt dann die Auffassung des Staates als einer wohl nach Prinzipien der Zweckmäßigkeit funktionierenden Maschinerie, die jedoch den Einzelnen manipuliert und dabei von ihm blinden Gehorsam verlangt: „Ich kann nicht eingreifen in ein Interesse, das ich mit meiner Vernunft nicht prüfen darf. Ich soll tun was der Staat von mir verlangt, und doch soll ich nicht untersuchen, ob das, was er von mir verlangt, gut ist. Zu seinen unbekannten Zwecken soll ich ein bloßes Werkzeug sein – ich kann es nicht" (SWII, 584).

Schließlich gibt es die in den Wissenschaften institutionalisierte Vernunft, die sich zur Gegenspielerin der rein inneren Instanz aufwirft: „nicht die schwankenden, ungewissen, zweideutigen Rechte der Vernunft will ich studieren, an die Rechte meines Herzens will ich mich halten, und ausüben will ich sie" (SWII, 504). Die wachsende Unverträglichkeit zwischen dem wie auch immer benannten Kern der Individualität und den progressiv als Verkleidungen der Willkür oder der Unsicherheit entlarvten äußeren Repräsentanzen bereitet die Krise vom März 1801 recht lange vor. Die irritierende, immer leichter durchschaubare Gleichnishaftigkeit dieser angeblichen Verkörperungen der Vernunft scheint dann auch die Sicherheit des inneren Bereiches anzugreifen, ihm etwas von ihrem ‚Als-ob'-Charakter mitzuteilen. Denn die Rollen innerer und äußerer Instanzen wechseln zwischen der ‚instrumentalen' einer autarken Welterschaffung von seiten der Vernunft und einer ‚operationalen', die eine Normierung des Menschen von außen anvisiert.[8] Daraus entspringen für das neuzeitliche Ich chronische Unsicherheiten, die die Geburtsphantasien erstmals als Möglichkeiten der Flucht nahelegen, sie aber jedoch auch im Zeichen einer inneren Spaltung erscheinen lassen. Denn im Kern der Geburtsphantasie liegt die Vorstellung einer Welt ohne Autoritäten, oder vielmehr einer, in der die Souveränität des Ich von der Erfahrung differenzierter Machtverhält-

---

[8] Diese Formulierung, wie auch andere wertvolle Hinweise, verdanke ich Gerhard Neumann, der sich freundlicherweise mit dem Entwurf der vorliegenden Arbeit kritisch befaßte. Tom Morton und Judith Wilson bin ich außerdem für ihre Hilfe sehr dankbar.

nisse ungetrübt bleibt. Der Augenblick der Neugeburt ist derjenige eines imaginären Ausgleichs solcher Mächte, deren Existenz das Ich euphorisch zu verkennen vorgibt.

Solange es für Kleist eine unbezweifelte „goldene Abhängigkeit von der Herrschaft der Vernunft" gab, durfte das Individuum seine ‚Wahrheit' ebenso fraglos von ihr ableiten. Infolge der Aufspaltung dieser einen Autorität in eine Mehrzahl miteinander rivalisierender Pseudo-Instanzen fällt es dem Einzelnen in zunehmendem Maße schwer, an der Vorstellung seines Bewußtseins als eines einheitlichen Kontinuums festzuhalten. Eine Polarisierung ist nicht zu verkennen, die die Naturinstanz ins Innere verweist und die Vernunftinstanz dem Spiel äußerlicher Mächte preisgibt. Kleist erprobt in seinen Briefen auf krisenhafte Art ein Dilemma, das sich am Ende des 18. Jahrhunderts vielen Zeitgenossen stellt – und zwar in der Form einer Unverträglichkeit der Begriffe ‚Vernunft' und ‚Natur' im Hinblick auf die gesellschaftliche Organisation des Menschen.[9] Die Lösungen, die er findet, sind einmal der Rekurs auf das innere Gefühl als Rettung vor der Fragmentation, ein andermal die Entdeckung der Identität als Fiktion, der Auffächerung der einen persönlichen ‚Wahrheit' im gesellschaftlichen Rollenspiel.

Wenn Kleist im Februar 1801 an Ulrike schreibt: „Die Notwendigkeit, eine Rolle zu spielen, und ein innerer Widerwille dagegen, machen mir jede Gesellschaft lästig, und froh kann ich nur in meiner eigenen Gesellschaft sein, weil ich da ganz wahr sein darf" (SWII, 628), so stellt

---

[9] Vgl. Hans-Heino Ewers, Die schöne Individualität. Zur Genesis des bürgerlichen Kunst-Ideals. Stuttgart 1978, S. 49: „Schillers Kritik des abstrakten Vernunftbegriffes und des naiven Vernunftglaubens der Aufklärung hat ein Äquivalent auf politischem Gebiet: Sie erscheint hier als Kritik an dem Ideal eines reinen Vernunftstaates, der auf einer ausschließlichen und unterdrückerischen Herrschaft des Sittengesetzes basiert [. . .]. Schiller hat hier zunächst Fichtes politische Philosophie im Auge: Für Fichte kann der letzte Zweck aller Gesellschaft, die völlige Gleichheit aller ihrer Mitglieder, nur vermittels eines Kampfes gegen die Natur und die durch sie gegebenen Unterschiede erreicht werden: ‚die Vernunft liegt mit der Natur in einem stets dauernden Kampfe; dieser Krieg kann nie enden, wenn wir nicht Götter werden sollen; aber es soll und kann der Einfluß der Natur immer schwächer, die Herrschaft der Vernunft immer mächtiger werden, die letztere soll über die erstere einen Sieg nach dem anderen davontragen.' Fichtes Position besteht [. . .] darin, daß sie ‚den sinnlichen Trieb dem vernünftigen unbedingt unterordnet'. Daraus könne, so Schiller, ‚bloß Einförmigkeit, aber keine Harmonie entstehen'. Fichte steht hiermit in der Tradition einer politischen Philosophie, die ihren gewichtigsten Exponenten wohl in Rousseau hat. Für Rousseau muß der Bürger, will er zum Mitglied einer idealen Republik werden, sich gänzlich ‚denaturieren', seine natürliche Seite vollends abstreifen".

er die Spannung zwischen den Alternativen als rein negativ dar. Jedoch schließt das Abenteuer der Würzburger Reise ein genußvolles Spiel mit den Möglichkeiten fiktiver Identitäten ein. „Ganz wahr sein" in der völligen Einsamkeit ist außerdem eine rein utopische Möglichkeit für einen, der die Gesellschaft mit „jener traurigen Klarheit" durchschaut hat, von der Kleist schreibt: „sie zeigt mir alles, was mich umgibt, und mich selbst in seiner ganzen armseligen Blöße, und dem Herzen ekelt zuletzt vor dieser Nacktheit --" (SWII, 628). Wenn er auch sich selbst in jener „Nacktheit" erkennen muß, die eigentlich keine ist, sondern letztlich nur die Unwahrheit der jeweiligen Verkleidung, die Unwirklichkeit des Ich, das den anderen begegnet, so ist die Fiktionalität des Selbst bereits völlig internalisiert, bestimmt das Rollenspiel den Modus der Selbsterfahrung.

Verstand Kleist das „unaufhörliche Fortschreiten" zur Mündigkeit hin nicht nur als ununterbrochene Prozeßhaftigkeit, sondern ebenfalls im Sinne der einen unteilbaren ‚Wahrheit' der Person, so schließt seine Vorstellung der Identität als Fiktion nicht nur das Stigma der Falschheit, sondern auch eine gewisse schöpferische Lust an Diskontinuitäten ein, wobei die Metapher der Wiedergeburt als qualitativer Sprung in der Selbsterfahrung sich als sehr dienlich erweist, wie wir am Beispiel der ‚Familie Schroffenstein' sehen werden. Was ich noch an der Krise vom März 1801 besonders hervorheben möchte, ist, daß Kleist fortan die ersehnte Veränderung in sich selbst durch den kontinuierlichen Fortschritt nicht mehr als realisierbar erkennt, sondern die alternativen Möglichkeiten der Entgleisung, der Ekstasis, des neuen Anfangs im mehrfachen Sinne erproben wird. „Liebe Wilhelmine, laß mich reisen", heißt es unmittelbar nach der Klage um den Verlust des „*einzigen,* [des] *höchsten* Ziel[es]" (SWII, 634f.), und der Brief aus Paris an Adolfine von Werdeck vom 28. Juli 1801 enthält die erste dokumentierte Geburtsphantasie Kleists, die bezeichnenderweise Rousseau nachempfunden zu sein scheint:

> Mein Herz schmolz unter so vielen begeisternden Eindrücken, mein Geist flatterte wollüstig, wie ein Schmetterling über honigduftende Blumen, mein ganzes Wesen ward fortgeführt von einer unsichtbaren Gewalt, wie eine Fürsichblüte von der Morgenluft – Mir wars, als ob ich vorher ein totes Instrument gewesen wäre, und nun plötzlich mit dem Sinn des Gehörs beschenkt, entzückt würde über die eignen Harmonieen. (SWII, 673)[10]

[10] Georges Poulet in seinem Buch, Études sur le temps humain. Edinburgh 1949, betont mit Recht das Moment des Selbstgenusses an vergleichbaren Textstellen bei Rousseau:

Liest man Rousseaus ‚Confessions', so fällt auf, wie häufig sich jene Episoden wiederholen, in denen der Autor sich gleichsam in einer neuen Welt befindet oder auch eine neue Identität annimmt. Marcel Raymond schreibt über diese stetige Tendenz bei Rousseau: „Tout se passe comme si le voeu profond de son arrière-pensée fût de *changer sa vie,* de s'aliéner tout entier par une espèce de coup de force", und Jean Starobinski spricht in seinem Buch ‚La Transparence et l'obstacle' von Rousseaus Fähigkeit, eine „métamorphose magique", eine gewollte Verwandlung des Selbst, mit solcher Intensität zu erleben, daß sie einer Wiedergeburt gleichkommt.[11]

Solche Brüche in der Kontinuität der Selbsterfahrung stehen wohlgemerkt bei Rousseau neben den in der ganzen Aufklärung geläufigen Vorstellungen der ‚perfectibilité' und neben seinem ganzen auf Kausalität und Fortschritt beruhenden pädagogischen Denken.[12] Zur Krise,

---

„Mais c'est dans les Lettres à Malesherbes qu'on peut surprendre ce mouvement panthéistique de la pensée, pour ainsi dire, dans son point de départ et dans sa confusion originelle: ‚Mais de quoi jouissais-je enfin quand j'étais seul? De moi, de l'univers entier, de tout ce qui est, de tout ce qui peut être, de tout ce qu'a de beau le monde sensible et d'imaginable le monde intellectuel: je rassemblois autour de moi tout ce qui pouvait flatter mon coeur.' Et ce texte plus frappant encore: ‚Bientôt de la surface de la terre j'élevais mes idées à tous les êtres de la nature, au système universel des choses, à l'Être incompréhensible qui embrasse tout. Alors l'esprit perdu dans cette immensité, je ne pensais pas, je ne raisonnais pas, je ne philosophais pas: je *me sentais,* avec une sorte de volupté, accablé du poids de cet univers, je me livrais avec ravissement à la confusion de ces grandes idées, j'aimais à me perdre en imagination dans l'espace'" (S. 202f.).

11 Vgl. Jean-Jacques Rousseau, Oeuvres complètes I. Hg. von Bernard Gagnebin und Marcel Raymond. Paris 1959 (Bibliothèque de la Pléiade), S. 1300 f., und Jean Starobinski, La Transparence et l'obstacle. Paris 1971, S. 77ff.: „Pour expliquer son ivresse de vertu, Rousseau la compare à ‚ces moments' de sa jeunesse où il devenait ‚un autre'. La décision par laquelle il prétend se fixer et s'attacher à une identité vertueuse ressemble à ces accès de mythomanie où il s'était projeté dans la rêverie chimérique et dans l'existence pseudonyme [. . .]. Rousseau s'absorbe dans sa fiction au point de ne plus laisser d'intervalle entre l'ancienne ‚réalité' qu'il abandonne et la fiction qui le fascine. Il se dépersonnalise pour entrer dans son nouveau personnage, et la métamorphose s'accomplit sans laisser aucun résidu [. . .]. Telle est la métamorphose magique de Jean-Jacques: le coup de force initial le livre à une identité fictive qu'il ne lui reste plus qu'à subir. Il passe ainsi du domaine des actes volontaires à celui de la destinée où (sa folle tête le lui persuade) le talent, la gloire, le bonheur vont lui arriver comme de merveilleuses récompenses".

12 Vgl. Rousseau, a.a.O., S. 1023: „Heureux si par mes progrès sur moi-même, j'apprends à sortir de la vie. [. . .] plus vertueux que je n'y suis entré". Zur Problematik der ‚perfectibilité' bei Rousseau vgl. Hans-Jürgen Schings, Der mitleidigste Mensch ist der beste Mensch. Poetik des Mitleids von Lessing bis Büchner. München 1980, S. 30: „Der Begriff der *perfectibilité* bestätigt mithin gegen Rousseaus Willen die Harmonie von Natur- und Gesellschaftszustand und zugleich deren Hierarchisierung".

wie bei Kleist, wird bei Rousseau das spannungsvolle Nebeneinander kaum. Ja, es gehört, wie Hans-Joachim Kreutzer bemerkt hat, zur Eigenart von Kleists Verarbeitung „rousseauistischer Gedanken", daß er „sie [. . .] beständig gleichsam im Stadium ihrer Krise [gestaltet]".[13] Die schroffsten Kontraste bei Rousseau befinden sich aber wohl in seinem letzten autobiographischen Werk, ‚Les Rêveries du promeneur solitaire'. Bernhard Böschenstein hat bereits eine Vielfalt an möglichen Bezügen zwischen diesem Werk und Kleists Dichtungen aufgezeigt, ohne jedoch die Geburtsmetaphorik zu berücksichtigen, die im zweiten Abschnitt der ‚Rêveries' sehr deutlich hervortritt.[14] Hier schildert Rousseau ausdrücklich im Zeichen der Wiedergeburt den Augenblick, in dem nach einem Unfall sein Bewußtsein wiederkehrt:

> L'état auquel je me trouvai dans cet instant est trop singulier pour n'en pas faire la description.
>
> La nuit s'avançoit. J'apperçus le ciel, quelques étoiles, et un peu de verdure. Cette première sensation fut un moment délicieux. [. . .] Je naissois dans cet instant à la vie, et il me sembloit que je remplissois de ma legere existence tous les objets que j'appercevois. Tout entier au moment présent je ne me souvenois de rien; je n'avois nulle notion distincte de mon individu [. . .]. Je sentois dans tout mon être un calme ravissant auquel chaque fois que je me le rappelle je ne trouve rien de comparable dans toute l'activité des plaisirs connus.[15]

---

[13] Hans-Joachim Kreutzer, Über Gesellschaft und Geschichte im Werk Kleists. In: Kleist-Jahrbuch 1980, S. 70.

[14] Vgl. Bernhard Böschenstein, Kleist und Rousseau. In: Kleist-Jahrbuch 1981/82, S. 145f.: „Außer den beiden ‚Discours' für die Akademie von Dijon, in denen Rousseaus Denken sich seine Grundlagen schafft und deren Bedeutung in der Tat für Kleist nicht hoch genug eingeschätzt werden kann, sind es vor allem die zu Anfang der 1760er ungefähr gleichzeitig veröffentlichten, alle auf je verschiedene Weise normsetzenden ‚Emile', ‚La Nouvelle Héloïse' und ‚Du Contrat social', die von Xylander (wie übrigens auch von den früheren und späteren Forschern) immer neu herangezogen werden, seltener ‚Les Confessions', erstaunlicherweise nie, soweit ich sehe, ‚Les Rêveries du Promeneur solitaire'. (Auch die marxistischen Kleistforscher der 1960er Jahre, die Rousseaus Anteil an Kleists Verhältnis zur Gesellschaft und an seiner Darstellung politischer Probleme herausarbeiten, Ernst Fischer, Hans Mayer und vor allem Siegfried Streller, verweisen nie auf dieses Werk.)"

[15] Rousseau, a.a.O., S. 1005; vgl. die einschlägige Anmerkung, S. 1774f: „Rousseau est l'homme du réveil, qui est pour lui une nouvelle naissance. Dans ‚Les Solitaires', qui complètent l' ‘Émile', il donne ce qu'il nomme ‚le grand remède aux misères de ce monde': c'est ‚l'absorption dans l'instant présent' (reprenant faiblement conscience, après son accident, Rousseau est ‚tout entier au moment présent'). Et pour cela il faut ‚boire l'eau d'oubli, se mettre dans l'état d'un homme qui commence à vivre'; par la vertu d'un évanouissement Jean-Jacques a bu l'eau d'oubli. (Cf. le récit d'une nuit à la belle étoile au livre IV des ‚Confessions'.)"

Meine These ist, daß Kleist nach der Krise vom März 1801 und vor allem in seinem ersten dichterischen Werk, der ,Familie Schroffenstein', zur Metapher der Wiedergeburt greift, und zwar als Alternative zum für ihn nunmehr diskreditierten Mythos des ,Mündigwerdens', doch niemals ohne das Gleichnishafte, ja manchmal Gespenstische, an dem jeweils ,neuen' Zustand geltend zu machen. Obwohl im Zuge des deutschen Pietismus das Motiv der Wiedergeburt in der Literatur des ausgehenden 18. Jahrhunderts keine Seltenheit ist – man denke etwa an die ursprüngliche Fassung von Goethes ,Auf dem See' –, scheint aus Gründen, die im folgenden kurz skizziert werden, die Nähe von Kleists Ausformungen des Motivs zum Modell in Rousseaus letztem Werk unübersehbar zu sein.[16] Denn neben den von Bernhard Böschenstein vermerkten Affinitäten zwischen den ,Rêveries' und Werken wie ,Michael Kohlhaas' und ,Amphitryon' lassen sich einige deutliche Parallelen zwischen den Worten des „einsamen Spaziergängers" und Kleists Briefen der Zeit von Anfang 1801 bis zur Komposition der ,Familie Schroffenstein' ziehen.

Kleist hatte sich bekanntlich eine „eigene Religion" ausgedacht, die auf einer teleologischen Weltsicht beruhte und eine Konsonanz der inneren ,Wahrheit' mit einer entsprechenden Verfassung der äußeren Wirklichkeit voraussetzte.[17] Mitten in seinem Elend und Verfolgungswahn hält Rousseau in der dritten ,Promenade' immer noch an einer solchen Überzeugung fest: „Non, de vaines argumentations ne détruiront jamais la convenance que j'apperçois entre ma nature immortelle et la constitution de ce monde".[18] Wichtiger noch ist die Vorwegnahme des eigentümlichsten Glaubenssatzes von Kleists „eigener Religion" in der gleichen ,Promenade'. Kleist schreibt im Mai 1801: „Ich glaubte, daß wir einst nach dem Tode von der Stufe der Vervollkommnung, die wir auf diesem Sterne erreichten, auf einem andern weiter fortschreiten würden, und daß wir den Schatz von Wahrheiten, den wir hier sammelten, auch dort einst brauchen könnten" (SWII, 633). Die zentrale Vorstellung eines Eigentums, das man noch über den Tod hinaus retten und genießen kann, ist bei Rousseau bereits präfiguriert:

---

[16] Vgl. August Langen, Der Wortschatz des deutschen Pietismus. Tübingen ^{2}1968, S. 149f.

[17] Vgl. SWII, 633 und 636.

[18] Rousseau, a.a.O., S. 1018.

> C'est là qu'il seroit tems d'enrichir et d'orner mon ame d'un acquis qu'elle put emporter avec elle [. . .]. Mais la patience, la douceur, la résignation, l'intégrité, la justice impartiale sont un bien qu'on emporte avec soi, et dont on peut s'enrichir sans cesse, sans craindre que la mort même nous en fasse perdre le prix [. . .]. Heureux si par mes progrès sur moi-même, j'apprends à sortir de la vie [. . .] plus vertueux que je n'y suis entré.[19]

Bemerkenswerter an den ‚Rêveries' ist jedoch der Befund, daß jene Positionen der Aufklärung, die man auch in Kleists Briefen der dichterischen Phase vorfindet, von Rousseau nicht nur bejaht, sondern auch zugleich unterminiert werden. Trotz dem eben zitierten Bekenntnis zum individuellen Fortschritt durch Selbstüberwindung trifft man in der neunten ‚Promenade' auf eine Reihe von Verneinungen eben solcher Glaubenssätze, die eine schlichte Konstatierung von Diskontinuitäten in der Selbsterfahrung mit einschließen:

> Le bonheur est un état permanent qui ne semble pas fait ici bas pour l'homme. Tout est sur la terre dans un flux continuel [. . .]. Tout change autour de nous. Nous changeons nous-mêmes et nul ne peut s'assurer qu'il aimera demain ce qu'il aime aujourd'hui. Ainsi tous nos projets de félicité pour cette vie sont des chimères. Profitons du contentement d'esprit quand il vient [. . .], mais ne faisons pas des projets pour l'enchainer, car ces projets-là sont de pures folies.[20]

Neben der Vorwegnahme von Kleists „eigener Religion" erscheint hier die Vereitelung des Begriffs eines „Lebensplans" bereits vorgeformt – mit dem bedeutenden Unterschied allerdings, daß das Nebeneinander der Motive bei Rousseau sich bei Kleist in jene Folge verwandelt, die der Krise ihre Form gibt. Außerdem wird in den ‚Rêveries' das Problem der inneren Wahrhaftigkeit auf eine Art und Weise durchexerziert, die für Kleists dichterische Praxis durchaus relevant ist. Vor den langen Exkursen über „mensonge et fausseté" in der sechsten ‚Promenade' greift Rousseau bereits in der dritten zu einer Formulierung, die allem Anschein nach bei Kleist ein mehrfaches Echo findet. Er bejaht nämlich vorbehaltlos „les vérités éternelles admises de tous les tems par les sages [. . .] et gravées dans le coeur humain en caractères inéfaçables".[21]

---

[19] Ebenda, S. 1023.

[20] Ebenda, S. 1085.

[21] Ebenda, S. 1021; vgl. vom Verfasser: „Eine Träne auf den Brief". Zum Status der Ausdrucksformen in Kleists Erzählungen. In: Jahrbuch der Deutschen Schillergesellschaft 28 (1984), S. 323f. und 340ff.; zur Bedeutung der Schrift bei Rousseau vgl. Jacques Derrida, De la grammatologie. Paris 1967, S. 27–30, 248–289 und 326–350.

Im implizierten Widerstreit zwischen den affirmativen Positionen der Aufklärung und der radikalen Skepsis im Hinblick auf die Einheitlichkeit der Erfahrung, die ihnen in diesem letzten Werk Rousseaus gleichsam den Boden unter den Füßen wegzieht, ist das Motiv der Fiktionalität des einzelnen Bewußtseins nicht zu verkennen, das bald als negativ, bald als positiv akzentuiert wird. In einem Satz, der auf Kleists Klage über die „traurige Klarheit", mit der er die Unwirklichkeit gesellschaftlichen Verhaltens erkennt, vorauszudeuten scheint, registriert Rousseau seine Entfremdung von den Mitmenschen: „Quand je ne les vois plus, ils sont pour moi comme s'ils n'existoient point. Ils ne me sont même indifférens qu'en ce qui se rapporte à moi; car dans leurs rapports entre eux, ils peuvent encor m'interesser et m'émouvoir comme les personnages d'un Drame que je verrois représenter".[22] Gerade aber der traumhafte Schwebezustand, der die psychologische Grundlage zum Komplex der Geburtsmetapher liefert und der in diesem Werk ausführlich evoziert wird, erschafft einen Bereich, in dem Fiktion und Wirklichkeit ineinander übergehen. So lesen wir gegen Ende der fünften ‚Promenade': „En sortant d'une longue et douce rêverie [. . .] j'assimilois à mes fictions tous ces aimables objets et me trouvant enfin ramené par degrés à moi-même et à ce qui m'entouroit, je ne pouvois marquer le point de séparation des fictions aux réalités".[23] Marcel Raymond bemerkt hierzu: „L'imaginaire et le réel s'interpénètrent. Le monde chimérique et le monde sensible ne sont plus deux mondes".[24]

Hierin gewinnt, wie auch später bei Kleist, das Motiv eines Bruchs in der Selbsterfahrung jene positiven Konnotationen einer wenn auch nur momentanen Befreiung von der bedrückenden Wirklichkeit und auch der Möglichkeit schöpferischer Improvisationen im Bereich fiktiver Identitäten. Daß solchen Neuanfängen bei Kleist immer etwas Prekäres, Überspanntes anhaftet, entspricht dem merkwürdigen Sachverhalt im Texte Rousseaus, daß eben die hingebungsvolle Evokation jenes Augenblicks, von dem er in der zweiten ‚Promenade' berichtet: „Je naissois dans cet instant à la vie", die makabre Folge zeitigt, daß sich die Nachricht von Rousseaus Tod infolge seines Unfalls durch ganz Frankreich verbreitet, und daß sogar der ‚Courrier d'Avignon' einen wenig schmeichelhaften Nekrolog veröffentlicht. Die Wiedergeburt wird also gleichsam hier schon an ihrer Quelle von ihrem Gegenteil überschattet.

22 Rousseau, a.a.O., S. 1057.
23 Ebenda, S. 1048.
24 Ebenda, S. 1802.

Daß ein Problemkomplex aus dem 1776–78 entstandenen Werk Rousseaus in den ersten Jahren des neuen Jahrhunderts bei Kleist mit so detaillierten Entsprechungen seine Auferstehung feiert, bestärkt nicht nur die von Böschenstein bereits begründete Wahrscheinlichkeit einer direkten Beeinflussung Kleists durch die ‚Rêveries', sondern erlaubt uns zugleich auf die geschichtliche Prägnanz dieser Thematik für die widerspruchsvolle Beschaffenheit eines ‚neuzeitlichen Ich' zu schließen. Denn das Bedürfnis nach sprunghaften Erneuerungen des Ich als ausdrückliche Alternative zu den Mängeln oder Unzulänglichkeiten einer progressiven Selbsterfahrung impliziert, daß die sich oft als weitere Folge ergebende Spaltung des Subjekts in Teile, von denen keiner eine letzte Glaubwürdigkeit oder ‚Wahrheit' für sich in Anspruch nehmen darf, doch vielleicht als wirklichkeitsnäher erscheint, als etwa die optimistische Frömmelei des klassischen Bildungsideals. Im Hinblick auf die weitere Geschichte des Themas der Ich-Teilung in der deutschen Literatur muß wiederum die Negativität, in die die Geburtsmetaphorik bei Kleist stets einmündet, als allzu radikale Vorwegnahme einer extremen Position der Moderne erscheinen. Bei Kleist wird bereits am Anfang des Jahrhunderts jene im Grunde sterile Infragestellung der Individualität angebahnt, die dann von Nietzsche mit der unermüdlich wiederholten Hypothese, das Ich sei eine „Fiktion", abgeschlossen wird.[25] Verhängnisvoll ist letztlich Nietzsches mißverstehende Abwertung der Fiktionalität im Bereich zwischenmenschlicher Beziehungen geblieben.

Die problematische Metaphorik der Wiedergeburt wird von Kleist in seinem ersten Drama eingesetzt, um dem tragischen Thema eines gescheiterten neuen Anfangs Nachdruck zu verleihen. Am Ende des

[25] Vgl. z.B. Friedrich Nietzsche, Werke in drei Bänden. Hg. von Karl Schlechta. München 1977. Bd. 2, S. 600: „Genügt es nicht, Stufen der Scheinbarkeit anzunehmen und gleichsam hellere und dunklere Schatten und Gesamttöne des Scheins – verschiedene valeurs, um die Sprache der Maler zu reden? Warum dürfte die Welt, die uns etwas angeht – nicht eine Fiktion sein? Und wer da fragt: ‚aber zur Fiktion gehört ein Urheber?' – dürfte dem nicht rund geantwortet werden: Warum? Gehört dieses ‚Gehört' nicht vielleicht mit zur Fiktion? Ist es denn nicht erlaubt, gegen Subjekt, wie gegen Prädikat und Objekt, nachgerade ein wenig ironisch zu sein?"; vgl. außerdem Band 3, S. 542f.: „Die Annahme des Seienden ist *nötig,* um denken und schließen zu können: die Logik handhabt nur Formeln für Gleichbleibendes. Deshalb wäre diese Annahme noch ohne Beweiskraft für die Realität: ‚das Seiende' gehört zu unsrer Optik. Das ‚Ich' als seiend (– durch Werden und Entwicklung nicht berührt). Der fingierte Wert von Subjekt, Substanz, ‚Vernunft' usw. ist nötig –: eine ordnende, vereinfachende, fälschende, künstlich-trennende Macht ist in uns".

ersten Aktes der ‚Familie Schroffenstein' fällt Graf Sylvester nach den anklagenden Worten Jeronimos: „Denn hier in deiner Nähe stinkt es wie / bei Mördern" (SWI, 74) in Ohnmacht. Wenn er in der zweiten Szene des zweiten Aktes wieder erwacht, so klingt seine erste Rede sehr an das Rousseauistische Muster an: „Mir ist so wohl, wie bei dem Eintritt in / Ein andres Leben" (SWI, 81). Aus der Perspektive des ganzen Stücks aber fällt ein abgründig ironisches Licht auf die bestätigende Antwort Gertrudes: „Und an seiner Pforte / Stehn deine Engel, wir, die Deinen, liebreich / Dich zu empfangen". Denn Sylvester ist eben zu keiner neuen Welt erwacht; vielmehr muß er die Verantwortung für den während seiner Ohnmacht begangenen Mord an dem Herold aus Warwand tragen: das ‚alte' Leben ist mittlerweile um ein Erhebliches unerträglicher geworden. Ihm wie auch den anderen Figuren der Tragödie ist jeglicher „Eintritt in / Ein andres Leben" verwehrt, wie auch in ‚Penthesilea' die „Pforten einer schönren Welt" allen verschlossen sind; das Paradies ist bei Kleist sprichwörtlich „verriegelt".[26]

Zwei weitere Episoden in der ‚Familie Schroffenstein' heben das Motiv der Wiedergeburt hervor. Im Verlaufe der ersteren stürzt Johann mit seinem Pferd in einen Strom hinab, verliert das Bewußtsein, erwacht dann zum Anblick eines nackten Mädchens, das er bald mit einer Göttin, bald mit einem Engel vergleicht. Sein Gefühl der wiedererlangten Unschuld und zugleich der restlosen Geborgenheit drückt er im einprägsamen Bild aus: „Still saß ich, rührte nicht ein Glied, / Wie eine Taub in Kindeshand" (SWI, 61). Die Folge zeigt aber lediglich die Relativierung, gleichsam die Entwertung jenes Gefühls und jenes Augenblicks, denn die Vision wird auf den Namen Agnes Schroffenstein verkürzt, und das Schicksal Johanns wird mit dem Abstieg in den Wahnsinn besiegelt.

Die zweite Episode findet sich am Anfang des dritten Aktes und besteht aus Ottokars Erzählung von dem Erwachen der Agnes in einer ausgesprochen idyllischen Umgebung. Auf Agnes' Frage: „Warum nennst du mich Maria?" antwortet Ottokar:

Erinnern will ich dich mit diesem Namen
An jenen schönen Tag, wo ich dich taufte.

[26] Vgl. SWII, 342: „Solche Mißgriffe, setzte er abbrechend hinzu, sind unvermeidlich, seitdem wir von dem Baum der Erkenntnis gegessen haben. Doch das Paradies ist verriegelt und der Cherub hinter uns; wir müssen die Reise um die Welt machen, und sehen, ob es vielleicht von hinten irgendwo wieder offen ist".

Ich fand dich schlafend hier in diesem Tale,
das einer Wiege gleich dich bettete.
Ein schützend Flordach webten dir die Zweige,
Es sang der Wasserfall ein Lied, wie Federn
Umwehten dich die Lüfte, eine Göttin
Schien dein zu pflegen. – Da erwachtest du,
Und blicktest wie mein neugebornes Glück
Mich an. – Ich fragte dich nach deinem Namen;
Du seist noch nicht getauft, sprachst du. – Da schöpfte
Ich eine Hand voll Wasser aus dem Quell,
Benetzte dir die Stirn, die Brust, und sprach:
Weil du ein Ebenbild der Mutter Gottes,
Maria tauf ich dich. (SWI, 95)

An dieser Szene ist – wie vielfach an Rousseaus Evokationen des Erwachens – die doppelbödige Funktion der Sprache bemerkenswert. Agnes behauptet, nicht getauft zu sein, was dem Rousseauistischen Motiv der ungetrübten Selbstvergessenheit in solchen Augenblicken vollends entspricht. Sie erklärt sich damit gleichsam zum „Eintritt in / Ein andres Leben" bereit. Von der Perspektive des Zuschauers und auch des weiteren Verlaufs der Handlung aus gesehen verfälscht sie jedoch die faktische Situation: sie ist getauft; sie ist nur nicht eingesegnet.[27] Die Sprache dieser ‚gefallenen Welt' erlaubt gewissermaßen keinen unverfänglichen Ausdruck des Gefühls, auf einmal ein anderer geworden zu sein. Wenn Ottokar sie dann auf den Namen Maria tauft, so beschwört er damit einen ganzen kulturellen Kontext herauf, der nicht zuletzt durch den Racheschwur auf das Abendmahl in der ersten Szene des Stücks vielfach belastet und kompromittiert ist.

Ottokars Bedürfnis, sie zu taufen, sie also wieder in eine Welt der Sprache einzufügen, legt nahe, auf welche Weise der neue Anfang in dieser Tragödie scheitern wird. Es entlarvt die Gleichnishaftigkeit der Geburtsmetapher, indem die neu erwachte Agnes aufgrund einer imaginären Ähnlichkeit – „Weil du ein Ebenbild der Mutter Gottes" – förmlich zu einer fiktionalen Gestalt gemacht wird, zu einer ‚Maria', die sie weder ist noch sein kann. So infiziert die Hervorhebung dieser Fiktion innerhalb der Fiktion gleichsam die erste (und unschuldige) fiktionale Identität: der Augenblick des unversehrten Selbstseins verflüchtigt

[27] Vgl. SWI, 66: „SYLVIUS: Gertrude, hier das Mädel klagt dich an. / Es rechne ihr das Herz das Alter vor, / Ihr blühend Leben sei der Reife nah / und knüpft' ihn einer nur, so würde, meint sie, / Ihr üppig Haupthaar einen Brautkranz fesseln / – Du aber hättst ihr noch die Einsegnung, / den Ritterschlag der Weiber, vorenthalten".

sich, sobald die ‚Wiedergeborene' in ein Schema der Ähnlichkeiten, in eine Welt des ‚Als-ob' zurückgezwungen wird. Die Vertreibung aus dem Paradies wiederholt sich hier gleichsam durch eine sprachliche Handlung, die doch die Restituierung der Unschuld zu feiern meint. Im allgemeinen signalisiert bei Kleist die sprachliche Fixierung von Ähnlichkeiten eine Lücke im Erkennen der Wirklichkeit einer ‚gefallenen Welt'. Die ursprüngliche ‚Sprache der Ähnlichkeiten' hat zusammen mit dem menschlichen Bewußtsein einen ‚Sündenfall' durchgemacht, den Foucault in ‚Die Ordnung der Dinge' ausführlich beschreibt.[28]

In seinem Buch ‚Das Sagbare und das Unsagbare' zitiert Manfred Frank folgenden Satz von Jean-Paul Sartre, der die mißliche Lage der Agnes nach ihrer Taufe auf den Namen Maria verdeutlicht: „Je me trouve dans un monde déjà signifiant et qui me réfléchit des significations que je n'y ai pas mises".[29] In diesen Worten wird die ironische Pointe einer jeglichen Wiedergeburt bei Kleist scharf umrissen und außerdem die Tendenz seiner Gestalten verständlich gemacht, angesichts des Übermaßes der bereits bestehenden, ihnen fremden Bedeutungen eher an der eigenen Wirklichkeit zu zweifeln. Denn mehr noch

---

[28] Michel Foucault, Die Ordnung der Dinge. Frankfurt am Main 1974: „In ihrer ursprünglichen Form, als sie den Menschen von Gott gegeben wurde, war die Sprache ein absolut sicheres und wahres Zeichen der Dinge, weil sie ihnen ähnelte. Die Namen waren auf dem von ihnen Bezeichneten deponiert, wie die Kraft in den Körper des Löwen eingeschrieben ist, wie das Königtum in den Blick des Adlers, wie der Einfluß der Planeten auf der Stirn der Menschen markiert ist; durch die Form der Ähnlichkeit. Diese Transparenz wurde in Babel als Bestrafung für die Menschen zerstört. Die Sprachen wurden voneinander nur getrennt und wurden miteinander unvereinbar insoweit, als zunächst jene Ähnlichkeit mit den Dingen ausgelöscht wurde, die die erste *raison d'être* der Sprache war. Alle Sprachen, die wir kennen, sprechen wir jetzt nur auf dem Hintergrund der verlorenen Ähnlichkeit" (S. 67). – „Im siebzehnten und achtzehnten Jahrhundert wurden die eigene Existenz der Sprache, ihre alte Festigkeit einer in die Welt eingeschriebenen Sache in dem Funktionieren der Repräsentation aufgelöst. Jede Sprache galt als Diskurs. Die Kunst der Sprache war eine Art, ‚Zeichen zu geben', gleichzeitig etwas zu bedeuten und um diese bedeutete Sache Zeichen zu disponieren: eine Art also, zu benennen und dann in einer gleichzeitig demonstrativen und dekorativen Verdoppelung diesen Namen zu umfangen, ihn einzuschließen und ihn zu verbergen, ihn seinerseits durch andere Namen zu bezeichnen, die dessen aufgeschobene Präsenz, sein zweites Zeichen, seine Figur, sein rhetorischer Apparat waren. Während des ganzen neunzehnten Jahrhunderts und bis in unsere Zeit – von Hölderlin zu Mallarmé, zu Antonin Artaud – hat die Literatur nun aber nur in ihrer Autonomie existiert, von jeder andern Sprache durch einen tiefen Einschnitt nur sich losgelöst, indem sie eine Art ‚Gegendiskurs' bildete und indem sie so von der repräsentativen oder bedeutenden Funktion der Sprache zu jenem rohen Sein zurückging, das seit dem sechzehnten Jahrhundert vergessen war" (S. 76).

[29] Manfred Frank, Das Sagbare und das Unsagbare. Frankfurt am Main 1980, S. 116.

als eine ‚alte', verfestigte Identität wird ein neues Gefühl des Anders-Seins durch die Einpassung in die ‚Rede der Anderen' beeinträchtigt. Wenn nun Manfred Frank zum Satz Sartres ergänzend hinzufügt: „Man könnte sagen, daß das sprechende – in die symbolische Ordnung eingeführte – Selbst durch nicht weniger als durch die ganze Welt von sich getrennt sei", so läßt sich das ebenfalls auf die Gespaltenheit vieler Figuren bei Kleist übertragen. Die tragische Unmöglichkeit der Wiedergeburt ist in dem Zwang begründet, jene Lügen auszusprechen, die in der ‚Rede der Anderen' vernünftig sind.

Die Welt Penthesileas wird nicht nur durch eine ähnliche Gespaltenheit gekennzeichnet, sondern das Motiv eines plötzlichen Hiatus im Bewußtsein wird auf fast grausam-parodistische Art wiederholt. Wenn Penthesilea selbst zur Feststellung gezwungen wird: „Und Trotz ist, Widerspruch, die Seele mir!" (SWI, 344), so nimmt das die zweifellos richtige Voraussage der Oberpriesterin vorweg: „Dem Feind in ihrem Busen wird sie sinken" (SWI, 358). Penthesileas Weg durch die Gespaltenheit der Selbsterfahrung bis zur gewaltsamen Selbstvereinigung im Freitod wird durch viele Episoden markiert, die Affinitäten zum Rousseauistischen Muster einer Ausschaltung des Bewußtseins und eines Erwachens in der Selbstvergessenheit aufweisen. Im Augenblick, bevor sie Achill zum ersten Mal erkennt, ist ihr Gesicht „von Ausdruck leer, / Als ob in Stein gehaun wir vor ihr stünden" (SWI, 324), und färbt sich dann beim ‚Erwachen': „als schlüge rings um ihr / Die Welt in helle Flammenlohe auf". Nicht lange darauf wird von einem ähnlichen Hiatus im Bewußtsein berichtet: „Die Königin, entfärbt, läßt zwei Minuten / Die Arme sinken" (SWI, 328). Wenn sie dann gegen Ende des Stücks neben der Leiche Achills steht, setzt ihr Bewußtsein wieder einmal aus: „Und blicket starr, als wärs ein leeres Blatt, / In das Unendliche hinaus, und schweigt" (SWI, 414). Solche Evokationen verweisen auf jene anderen Szenen, in denen Penthesilea expressis verbis die Besinnung verliert und wieder zur Welt der unlösbaren Konflikte erwachen muß. Wiederholt muß sie erleben, wie – nach ihrem eigenen Zeugnis – „die Pforten / Elysiums, des glanzerfüllten, rasselnd, / Vor einem Geist sich öffnen und verschließen" (SWI, 396).

Bei ihrem letzten Erwachen in der 24. Szene fragt Penthesilea noch: „Bin ich in Elysium?" (SWI, 420), und erhält von Prothoe die resignative Antwort, die prinzipiell bereits für jeden solchen Augenblick im Stück gegolten hat: „Es ist die Welt noch, die gebrechliche, / Auf die nur fern die Götter niederschaun". Bemerkenswert ist hier die Umkehrung der Perspektive, die Prothoes Antwort bewirkt. Im Augenblick des Erwachens, bei Rousseau wie bei Kleist, bestimmt das autarke Gefühl des Einzelnen gleichsam die Beschaffenheit des Universums. Der glücklichen Selbstvergessenheit Penthesileas im ersten Bewußtseinsmoment entspricht die Welt als „Elysium". Bei Rousseau gestaltet sich derselbe Vorgang ausdrücklicher und aktiver: „et il me sembloit que je remplissois de ma legere existence tous les objets que j'appercevois".[30] Dem soeben erwachten Bewußtsein eignet eine unschuldige – ja, auf paradoxe Weise unfreiwillige – demiurgische Qualität, indem sich das neugeborene Dasein schöpferisch und umformend der Gegenständlichkeit des Vorgefundenen mitteilt.

Die Worte Prothoes erfüllen die Funktion der ‚Rede der Anderen' im Sinne Lacans in zweierlei Hinsicht: sie negieren die Autonomie der imaginären Ordnung, indem sie das neugeborene Ich fremden Gewalten unterjochen; sie erschaffen ein Gefühl der *Distanz* im Bild der uner-

---

[30] Rousseau, a.a.O., S. 1005; vgl. dazu Georges Poulet, a.a.O., S. 198f.: „C'est donc au moment précis où l'âme, détachée du monde et de sa personnalité factice, sort de l'anéantissement pour renaître à la vie, qu'elle retrouve au fond de soi subitement, spontanément, les deux éléments jumeaux qui donnaient à l'existence de l'homme primitif et de l'homme-enfant leur allure et leur perfection particulière. La naissance à la vie s'opère dans le jaillissement simultané d'une première sensation et d'une aperception de soi absolument confondue avec la sensation et ne formant qu'un tout avec elle: *Je ne me sentais encore que par là.* Enfin, de l'identité entre la sensation et le sentiment dans un moment indivisible, se dégage une impression de plénitude parfaite: *Je remplissais de ma légère existence tous les objets que j'apercevais.* Toute opposition entre le moi et le non-moi est supprimée, et il ne reste plus qu'à jouir d'un bonheur sans passion, dû à l'équilibre où l'élément actif et l'élément passif sont placés: Je sentais dans tout mon être un calme ravissant. Les ‚Rêveries' sont remplies de ces moments de grâce. De tous le plus célèbre et le plus détaillé est le *moment* du lac de Bienne. Rousseau y atteint à un degré d'extase plus significatif encore".

Zur Psychologie solcher ‚Geburtsphantasien' im Rahmen infantiler Allmachtsgefühle vgl. Sigmund Freud, Gesammelte Werke. Bd. X. London 1946, ‚Zur Einführung des Narzißmus', S. 140f.: „Ein dritter Zufluß zu dieser, wie ich meine, legitimen Weiterbildung der Libidotheorie ergibt sich aus unseren Beobachtungen und Auffassungen des Seelenlebens von Kindern und von primitiven Völkern. Wir finden bei diesen letzteren Züge, welche, wenn sie vereinzelt wären, dem Größenwahn zugerechnet werden könnten, eine Überschätzung der Macht ihrer Wünsche und psychischen Akte, die ‚Allmacht der Gedanken', einen Glauben an die Zauberkraft der Worte, eine Technik gegen die Außenwelt, die ‚Magie', welche als konsequente Anwendung dieser größensüchtigen Voraussetzungen erscheint. Wir erwarten eine ganz analoge Einstellung zur Außenwelt beim Kinde unserer Zeit, dessen Entwicklung für uns weit undurchsichtiger ist. Wir bilden so die Vorstellung einer ursprünglichen Libidobesetzung des Ichs, von der später an die Objekte abgegeben wird, die aber, im Grunde genommen, verbleibt und sich zu den Objektbesetzungen verhält wie der Körper eines Protoplasmatierchens zu den von ihm ausgeschickten Pseudopodien".

meßlichen Ferne, aus der „die Götter niederschaun".[31] Solche Distanz trennt nun wieder, wie im ‚alten' Leben, das Ich von der Welt und von sich selbst zugleich. Denn das desavouierte Einssein mit dem Gegenüber schlägt, wie vielfach später bei Rilke, auf das Ich zurück und spaltet es durch das Wissen um sich selbst als Mangel.

Ein Muster wird wiederholt: das Ich, das sich als Ursprung erlebt, unterliegt in der Begegnung mit jenen Bedeutungen, die für sich ‚die Welt' bereits in Anspruch genommen haben. Diese Niederlage ist in dem Prozeß vorgezeichnet, den ich anhand der Problematik innerer und äußerer *Vernunft*instanzen in Kleists frühen Briefen aufgezeigt habe. Denn das ‚neugeborene' Subjekt nimmt fast unwillkürlich jene instrumentale, welt-erschaffende Rolle an, die gemeinhin in der Aufklärung der ‚Vernunft' als Organ des inneren Sinnes zugeschrieben wird. Seien nun die äußeren Instanzen ‚Welt' oder ‚Götter' genannt, so nehmen sie im Sinne der Selbstentfremdung doch eine vergleichbare Funktion ein zu derjenigen der operationalen Vielfalt äußerer Repräsentanzen der ‚Vernunft', die das Individuum mit lauter ihm auferzwungenen fremden ‚Bedeutungen' eingrenzen. Die durch die ‚Rede der Anderen' bewirkte Anerkennung solcher ‚Bedeutungen' symbolisiert sich, wie in den Worten Prothoes, als Mangelhaftigkeit und Distanz, erscheint jedoch in anderen Äußerungen Penthesileas als die innere Gespaltenheit, die eigene Seele als „Widerspruch" (SWI, 344).

Denn dieses Trauerspiel erprobt nicht nur vielfach die Metaphorik der Wiedergeburt – es erschöpft sie außerdem auf Kosten der Hauptfigur. Die Brüche in Penthesileas Selbsterfahrung signalisieren eher eine wachsende Selbstentfremdung als irgendwelche emanzipatorische Entwicklung, die eine Konsolidierung des Selbst mit sich brächte. Schon in der 5. Szene fällt es ihr schwer, sich selbst im Spiegel von Achilles' Rüstung zu erkennen:

> Ist das die Siegerin, die schreckliche,
> Der Amazonen stolze Königin,
> Der seines Busens erzne Rüstung mir,
> Wenn sich mein Fuß ihm naht, zurückespiegelt? (SWI, 343)

Diese Diskrepanz im Erkennen des Selbstbildes, diese Verschiebung des Selbstgefühls gegen den Zweifel hin, enthält *in nuce* ihr weiteres Schicksal. Denn sie soll wenig später mit Recht fragen: „Was bin ich

---

[31] Zum Lacanschen Begriff der ‚Rede der Anderen' siehe Gerhard Neumann, Franz Kafka, Das Urteil. Text, Materialien, Kommentar. München 1981, S. 59–66 und S. 85–93; vgl. auch Jacques Lacan, Ecrits. Paris 1966, S. 634f., 654 und 814ff.

denn seit einer Hand voll Stunden?" (SWI, 346), und nicht jedes Erwachen gewährt ihr einen flüchtigen Blick auf Elysium. Nachdem in der 8. Szene berichtet wird, wie Achilles die scheinbar tote Penthesilea „ins Leben jammernd [zurückgelockt]" hat, sind ihre ersten Worte beim ‚Erwachen': „Hetzt alle Hund' auf ihn! Mit Feuerbränden / Die Elefanten peitschet auf ihn los!" (SWI, 360). Den Episoden, die auf die Möglichkeit der Wiedergeburt anspielen, fehlt jegliche Gradlinigkeit; vielmehr zerstreuen sie die Elemente der Identität, bis es Penthesilea ein letztes Mal gelingt, sie im Akt der Selbsttötung wieder zu einer Einheit zusammenzuschließen. Um Rilkes paradoxe Formulierung aus der ‚Ersten Elegie' zu variieren: der Tod wird zu ihrer letzten, endlich sinnerfüllten ‚Geburt'.[32]

Die Negativität dieser Abwandlung der Geburtsmetaphorik über ‚Die Familie Schroffenstein' bis zu deren virtuoser Übertreibung in ‚Penthesilea' ist wohl zum Teil auf die Form der Kleistschen Tragödie und die Beschaffenheit ihrer Welten zurückzuführen. Denn es ist die Eigenart der Tragödien Kleists, die Wertsysteme, die sie aufstellen, im Verlaufe der Handlung aufzulösen und eben nicht zu neuen positiven Wertsetzungen fortzuschreiten. Mitten in solchen Zerstörungsprozessen obliegt es seinen Hauptfiguren, was sie als Individuen an Identität noch besitzen mögen, dennoch zu verteidigen und eben nicht spielerisch preiszugeben oder zu wechseln.

Um nun ein Fazit im Hinblick auf die Geschichte des ‚neuzeitlichen Ich' zu ziehen: Das ausgehende 18. Jahrhundert findet das Individuum in einem prinzipiell unfertigen Zustand vor. Die Schriften Rousseaus und anderer Vertreter der Aufklärung verweisen im Grunde auf zwei alternative Möglichkeiten, dieser als Mangel empfundenen Unfertigkeit entgegenzuwirken: die Entwicklung zur Mündigkeit hin auf der stetigen Basis der eigenen Vergangenheit; den Bruch mit eben dieser vertrauten Vergangenheit in der Form einer intensiven Erfahrung des Anders-Seins. Wie das Beispiel Kleist zeigt, werden beide Möglichkeiten in eine niemals ganz unverfängliche Metaphorik gekleidet. Beide werden von ihm am Anfang des neuen Jahrhunderts sukzessiv und mit großer Gründlichkeit erprobt. Wenn das Ergebnis beide Male negativ ausfällt, so signalisiert der Schmerz, der sie in Briefen wie Dichtungen Kleists begleitet, mehr als bloße Metaphernkritik – er ist das Zeichen jener Aporien der Moderne, die das ‚neuzeitliche Ich' zu prägen beginnen.

[32] Vgl.: „denk: es erhält sich der Held, selbst der Untergang war ihm / nur ein Vorwand, zu sein: seine letzte Geburt".

Kleists Metapher der Neu- oder Wiedergeburt geistesgeschichtlich situiert und biographisch erläutert

B. Böschenstein sieht in der vergleichenden Interpretation der Geburtsmetaphorik bei Kleist und in Rousseaus Spätwerk ,Les Rêveries du promeneur solitaire' [1782] eine Revolution der Forschung, nachdem das Thema Kleist und Rousseau bisher fast ausschließlich anhand von dessen frühen und mittleren Schriften, den beiden ,Discours', dem ,Émile' usw., abgehandelt wurde [vgl. oben S. 203]. Wenn man im Hinblick auf Kleist den Akzent auf den späten Rousseau lege, komme man den Hauptwerken Kleists näher, als das bisher möglich gewesen sei. In diesem Sinne schlägt Böschenstein vor, noch einen Schritt weiterzugehen als der Referent: „Denn nicht nur das Thema der Wiedergeburt ist in den ,Rêveries' zentral, sondern der Gesamtrahmen der ,Abgeschiedenheit'. Die Ausgangssituation des ,promeneur' ist es, von allen Menschen verlassen zu sein. Und seine ,rêveries' sind immer schon ein Zwiegespräch mit dem Jenseits, mit den Sternen, nicht mit den Menschen, von denen er gar nichts mehr erwartet. Die Wiedergeburt hat hier also, da sie mit dem Abgeschiedensein aufs engste verflochten ist, einen ambivalenten Charakter – und genau das hat Kleist angezogen; genau das ist es, was dann in der ,Marquise von O' oder in der ,Penthesilea' thematisch wird." – A. Stephens fügt bestätigend hinzu, daß das Problem der Abgeschiedenheit bei Kleist von früh an präsent sei, so wenn er 1801 schreibt, nur in seiner eigenen Gesellschaft sei er restlos wahr, die Gesellschaft andrer zwinge ihn in eine Rolle [s. o. S. 200f.].

Einen weiteren geistesgeschichtlichen Bezugspunkt bringt H. J. Kreutzer ins Spiel, indem er empfiehlt, die Kleistsche Geburtsmetapher nicht als ,Neugeburt', wie es im Vortrag geschah, sondern als ,Wiedergeburt' zu umschreiben. „Dieses Wort brauchen wir, um den geschichtlichen Kontext, nämlich die säkularisierte pietistische Wiedergeburtslehre tatsächlich begreifen zu können. Dann sind wir auch mit Rousseau in derselben Welt." – H. Kreuzer macht demgegenüber geltend, daß der Pietismus ja auch das ,neue Herz' kenne, das den ,Erweckten' geschenkt werde, und daß dieses christlich-religiöse Verständnis der Neugeburt des Ich weiter bis ins 20. Jahrhundert wirke, besonders in den Expressionismus hinein, mit seiner Hoffnung auf den ,neuen Menschen'. – A. Stephens berichtet, daß er selber bei der Niederschrift mehrfach zwischen den Begriffen ,Neugeburt' und ,Wiedergeburt' geschwankt habe, daß für ihn aber schließlich die Kleistschen Belege, hauptsächlich aus der ,Familie Schroffenstein', dafür ausschlaggebend gewesen seien, von ,Neugeburt' zu sprechen. Die wünschenswerte begriffliche Klärung werde er vorzunehmen versuchen.[1]

Zur Situierung der Geburtsmetapher Kleists im biographischen Kontext trägt H. J. Kreutzer den folgenden Gedanken bei: „Die Zeit um 1800 war für

[1] In der Druckfassung gibt Stephens dementsprechend dem Wort ,Wiedergeburt' im allgemeinen den Vorzug, ohne damit jedoch eine besondre Nähe zum Pietismus betonen zu wollen; vgl. oben S. 204.

Kleist eine Experimentalphase, wie überhaupt ein großer Teil seiner Dichtungen Experimente sind. In ihr ging es unter anderem ganz konkret um Beruffindungsprobleme, wobei das Wort Beruf allerdings die dominante Bedeutung ‚Berufung' hat. Kleists Briefe jener Zeit sind ja Schriftstellerei – mit einem niedrig angesetzten Wort bezeichnet. Die Adressaten werden nicht als tatsächliche Personen genommen, sondern quasi experimentell eingesetzt und versuchsweise angesprochen. Der Briefautor Kleist denkt sich selbst in eine Rolle hinein, und er denkt seine Rolle in einer Beziehung zu einem ebenfalls bereits fiktiven Gegenüber. In dem Augenblick, in dem er zu schreiben beginnt, ist das Schreiben selbst eigentlich schon ein Zeichen dafür, daß es um Selbstvergewisserung geht; von da an wird lebhaft, um nicht zu sagen leidenschaftlich, um eine eigene Position gerungen. Um das Wiedergeburtsphänomen noch mit einem merkwürdigen Satz Kleists aus dem Krisenjahr 1800 zu beleuchten – er schreibt am 10. Oktober an seine Braut: ‚Ja, mein Geburtstag ist heute'. Kleist wurde aber, laut Kirchenbucheintrag, am 18. Oktober geboren. Doch das erste Datum steht für den Moment, in dem er brieflich den allerfrühesten Entwurf zu seiner ersten großen Dichtung – höchstwahrscheinlich zur ‚Familie Schroffenstein' – mitteilt: Kleist hat seinen Beruf gefunden; das erste dramatische Experiment zeichnet sich in deutlichen Umrissen ab."

Das Problem der ‚Entstehung' des neuzeitlichen Ich – ‚Geburtsphantasien' vom 18. Jahrhundert bis zu Kafka

Von den Ergebnissen des Vortrags angeregt, versucht G. Neumann die Frage nach der jeweiligen Genesis des neuzeitlichen Ich grundsätzlich zu bedenken: „Man muß sich bewußt halten, daß es sich immer um experimentelle Situationen handelt. Es sind ‚Geburtsphantasien', die sich von Rousseau bis ins 20. Jahrhundert wiederholen. Man könnte also von dieser Vorstellung aus das Zentralthema unseres Symposions entfalten, indem man fragt: Wie entsteht dieses Ich; welchen Experimenten wird es ausgeliefert, damit es das werden kann, was es sein möchte? Dabei ließen sich drei Stationen unterscheiden: Bei Lichtenberg ist die Geburt an das Aufgehen der Sonne gekoppelt; das Subjekt erfährt sich also im Aufgang des Tagesgestirns selbst als entstehend. Dabei sollte man prüfen, ob nicht im 18. Jahrhundert die Geburt aus der Natur immer in den Kontext der ‚Verträge' hinein geschieht, ein Gedanke, der auch bei Rousseau wichtig ist. Die zweite Station wäre dann Kleist, der mit diesen Vorstellungen auf allen Gebieten experimentiert. Seine Geburtsphantasien sind einmal aus der Konfrontation mit dem Tod hervorgegangen – wie im ‚Prinz von Homburg' –, das andre Mal aus der Konfrontation mit der Liebe – wie in der ‚Penthesilea'; Kleist hat sogar Phantasien des künstlichen Menschen – im ‚Marionettentheater'. Bei ihm lautet also die Frage, ob der Mensch als vollkommenes Subjekt *herstellbar* sei. Als dritte Station ließe sich im 20. Jahrhundert Kafka nennen, der ebenfalls mit der Frage experimentiert, wie das Ich eigentlich entstehe: zum Beispiel, indem ein Tier zum Menschen, ein Mensch zum Tier wird oder ein freier Mensch sich in die Welt der Gesetze geboren vorfindet. Solche Geburtsphantasien bestimmen fast alle Werke Franz Kafkas. Meist beginnen sie mit der Phantasie, daß ein Ich in etwas hineingeboren wird, mit dem es nicht fertig zu werden vermag."[2]

U. Fülleborn erinnert daran, daß die Entstehungsbedingungen des neuzeitlichen Ich und die Motivik der Neu- oder Wiedergeburt schon in mehreren Vorträgen des Symposions behandelt worden sind: „Was Stephens als das fiktionale Element in der Kleistschen Identitätssuche herausgearbeitet hat, berührt sich nahe mit dem, was Wittkowski an den Selbstinszenierungen des Ich in Schillers Dramen aufweisen konnte: hier wie dort die experimentelle Haltung des Als-ob, das Erproben neuer, höherer bzw. besserer Möglichkeiten des Ich. Auf der andern Seite weisen die Kleistschen Gestaltungen der ‚Wiedergeburt' aber auch Ähnlichkeiten mit dem auf, was Naumann an Goethes ‚Faust' gezeigt hat. Das Neue bei Kleist besteht nun darin, daß die Ansprüche des wiedergeborenen Ich mit denen der Gesellschaft, die sich nicht verändert hat, kollidieren, so daß aus den Geburtsphantasien keine Wirklichkeit werden kann. Und das ist ein Problem, das Kleist gleichsam an die Zukunft weitergibt."

H. Kreuzer plädiert für eine noch größere komparatistische Ausweitung des Themas. Würde man es europäisch angehen, so wäre man genötigt, für das Ich-Problem im 18. Jahrhundert in Rousseau die zentrale Figur zu sehen, gleichzeitig aber auch Diderot angemessen zu berücksichtigen: „Wir haben eben nicht nur ein neuzeitliches Ich, sondern wir haben deren mehrere. Und die Spannung zwischen Rousseau und Diderot ist dafür paradigmatisch. Auf das pietistische Moment, das mit ins 18. Jahrhundert gehört, haben wir hingewiesen, und damit auf die christlich-religiöse Wurzel des modernen Ich. Diese unterschiedlichen Traditionen setzen sich dann fort in die verschiedensten Strömungen des 20. Jahrhunderts. Deshalb scheint es mir an der Zeit, daß wir dieses neuzeitliche Ich aufspalten, und nicht so tun, als gebe es das nur in der Singularität – was ja sicher auch nie gemeint war."

---

[2] Vgl. auch die erweiterte Vortragsfassung S. 104ff.

Bernhard Böschenstein

Hölderlins ,Tod des Empedokles'

Gegen Ende des Romans weilt Hyperion in Sizilien. Er hat eben Diotima verloren, eben Griechenland verlassen, er fühlt sich „wie die Unbegrabnen, wenn sie herauf vom Acheron kommen": „Ja! es ist alles vorbei. [. . .] Da fiel der große Sizilianer mir ein, der einst des Stundenzählens satt, vertraut mit der Seele der Welt, in seiner kühnen Lebenslust sich da hinabwarf in die herrlichen Flammen".[1] Empedokles wird zur Identifikationsfigur für den zukunftslosen Hyperion. Die Ablehnung des „Stundenzählens" weist uns darauf hin, daß die Gestalt des Empedokles ein problematisches Verhältnis zur Zeit hat. Deren Gleichmaß, deren Unterteiltsein ist ihm unannehmbar geworden. Er steht nicht *in* der Zeit, sondern über dem einzelnen Moment, dergestalt, daß jedes seiner Worte auch von vergangenen und künftigen Zuständen zeugt. Ja, man könnte seine sämtlichen Äußerungen als Zeichen einer Nichtübereinstimmung mit der jeweiligen Gegenwart, der sie angehören, lesen. In dieser permanenten Negation des jeweils gelebten Augenblicks verrät sich der Versuch, aus einer Totalerfahrung von Zeit heraus zu sprechen. Eine solche widerstreitet jedoch der jeweiligen Sprechsituation, in die Empedokles eingelassen ist. So erscheint dieses Drama nur im Modus der Selbstaufhebung des Protagonisten und der Aufhebung einer den Dialog je ermöglichenden Gegenwart zwischen Gesprächspartnern, wodurch es als Drama verhindert wird. Daran hat es sein Wesen.[2] Empedokles, als der, der sich nicht mit demjenigen identifiziert, der jeweils aus ihm spricht, ist immer zugleich die Negation des Zustands, den er repräsentiert, und damit keine umrissene dramatis persona. Diese Ungleichzeitigkeit stellt den Personbegriff durchgehend in Frage. Sein Anspruch reißt den Sprechenden jeweils über eine Grenze hinaus, von solcher Grenzüberschreitung ist immer von

---

1 St A(= Große Stuttgarter Ausgabe) III, 150. Alle Hölderlin-Zitate werden nach dieser Ausgabe gegeben, freilich in modernisierter Orthographie, im Einklang mit der ,Kleinen Stuttgarter Ausgabe'.

2 Diese Fragestellung ist nicht ohne Anregung durch Jürgen Sörings Darlegung der Hölderlinischen impliziten Selbstkritik bei der Erarbeitung seines Dramas entwickelt worden: Jürgen Söring, Die Dialektik der Rechtfertigung. Überlegungen zu Hölderlins Empedokles-Projekt. Frankfurt/M. 1973 (Literatur und Reflexion, Bd. 11).

neuem die Rede. Man könnte in ihr die Einheit des Werks vermuten. Den andern Gestalten des Dramas erscheint sie entweder als Frevel oder als Beweis von Genialität, von höherem Menschentum. Dem Protagonisten selber aber bleibt sie durchweg problematisch. Er identifiziert sich nicht mit dieser seiner Überholung des Person- und Zeitlichseins. Er reflektiert sie kritisch, setzt sie permanentem Fragen aus. Diese Befragung umkreist eine Konstellation, die mit dem Thema des neuzeitlichen Ich am Ende des 18. Jahrhunderts und mit seiner Rezeption im ersten Drittel des 20. Jahrhunderts zusammenhängt. Es ist dies eine grundsätzliche Paradoxie von Individualität und Totalität. Sie erweist sich hier stets als konfliktuell.

In der ersten Fassung des Dramas wird uns die erste eingehendere Darstellung des Empedokles durch den Priester Hermokrates und durch den Archonten Kritias vermittelt. Es ergibt sich daraus die Vorstellung seiner Wirkung als einer Überschwemmung, dasselbe Bild, das Goethe in den gleichen Jahren für die Französische Revolution verwendet.[3] So sind die einzelnen Feiertage ersetzt durch ein Totalfest, Spiegel der neuen Zeiterfahrung, die die abgeteilten und zugemessenen Feste einzelner Götter durch das grenzüberschreitende allgemeinere „Fest für alle Feste“[4] ablöst. Die dionysische Konnotation („der trunkne Mann“[5]) muß mit Hölderlins vom Pietismus geprägter Auffassung vom „Gemeingeist“[6] verbunden werden, auch mit Robespierres Kult des Etre Suprême[7], bei dem dieser sich auf Rousseau berief. Damit wird die Ausweitung der Ichkonzeption des Regisseurs solcher festlichen Grenzüberschreitung – jenes Rousseausche Verschwimmen einer Indi-

---

3 Am deutlichsten vielleicht in der zusammenfassenden Charakterisierung von Jean-Louis Soulavie, Mémoires Historiques et Politiques du Règne de Louis XVI. Paris 1801, in einem Brief an Schiller vom 9. März 1802: „Im ganzen ist es der ungeheure Anblick von Bächen und Strömen, die sich, nach Naturnotwendigkeit, von vielen Höhen und aus vielen Tälern, gegeneinander stürzen und endlich das Übersteigen eines großen Flusses und eine Überschwemmung veranlassen, in der zugrunde geht wer sie vorgesehen hat so gut als der sie nicht ahndete“ (Goethes Briefe, Hamburger Ausgabe in 4 Bänden: II, 431 f.). Diese Sätze stehen dem Sinne nach im Vorwort zum 2. Band von Soulavies Buch.

4 St A IV, 10, V. 195.

5 St A IV, 10, V. 187.

6 Vgl. z.B. „Gemeingeist Bacchus“, Lesart zu ‚Der Einzige‘ (St A II, 751, 20), aber auch ‚Stuttgart‘, St A II, 87, V. 31 („der gemeinsame Gott“) und ‚Wie wenn am Feiertage ...‘, St A II, 119, V. 43 („des gemeinsamen Geistes Gedanken“).

7 Vgl. dazu Pierre Bertaux, Hölderlin und die Französische Revolution, Frankfurt/M. 1969 (edition suhrkamp 344), S. 79–83.

vidualität mit einer erträumten neugegliederten Gesellschaft[8] – in den politischen und anthropologischen Kontext der Zeit eingefügt. Daß auf die Totalzeit festlicher Trunkenheit die Nichtzeit „grenzenloser Öde“[9] folgt, welche beiden Zustände Empedokles und das von ihm abhängige Staatswesen durchmachen, gehört zu der Empedokles kennzeichnenden Negation der Mischung aus Leben und Tod, die sonst für die menschliche Zeiterfahrung charakteristisch ist. Das von innen erzeugte Fortschreiten in extremen Stationen ist hier das Neue, dem im ‚Werther‘ oder in den ‚Räubern‘ – um nur Beispiele zu erwähnen, die Hölderlin genau kannte[10] – vorgearbeitet wurde und das sich in Kleists Erzählungen und Dramen wiederfinden wird.[11] Das neuzeitliche Ich erfährt diese Stationen als eine schroff sich abzeichnende Sukzession, indem – in Empedokles' Eingangsmonolog – „der höhers, denn ein sterblich Auge, sah“, sogleich „Der Blindgeschlagne“ heißt[12] oder die in ihm sich vergessenden Genien unmittelbar danach schon zu den von ihm mißbrauchten Kräften werden.

Indem der vormals differenzierte autoritative Instanzenweg von der Gottheit zum Geschöpf ersetzt wurde durch eine identifikatorische Form der Partizipation an subjektivem Mittlertum, ist die Entscheidung darüber, ob eine objektive Offenbarung des Seins oder seine subjektive Unterjochung stattfinde, nicht mehr von festgelegten Kriterien abhängig, sondern es ereignet sich im Subjekt als dem Schauplatz solcher grenzenlosen, unmeßbaren Prozesse ein Umschlag, der von Gewinn zu Verlust, von Glück zu Unglück führt, ohne daß die sich selber schuldig sprechende Selbstdeutung sich auf objektive Anhaltspunkte stützen kann. Die Labilität und Fragilität solcher Vorgänge bestimmt jede Szene, die Empedokles als Sprecher oder als Gegenstand von Kommentaren auftreten läßt.

Auf die Verfluchung des Empedokles durch Hermokrates und Siziliens insgesamt durch Empedokles im 1. Akt folgt im 2. Akt, ohne daß

---

[8] Vgl. dazu die Kapitel ‚La Fête‘ und ‚Egalité‘ in: Jean Starobinski, Jean-Jacques Rousseau. La transparence et l'obstacle, suivi de Sept essais sur Rousseau. Paris 1971 (Collection Tel, Gallimard), S. 116–129.

[9] St A IV, 11, V. 216.

[10] Brief an Schiller aus Homburg vom September 1799, St A VI, 364, 33–40.

[11] Vgl. dazu meine Aufsätze: Ambivalenz und Dissoziation in Kleists Werk. In: Die Gegenwärtigkeit Kleists. Reden zum Gedenkjahr 1977 im Schloß Charlottenburg zu Berlin. Berlin 1980, S. 43 ff., und: Kleist und Rousseau. In: Kleist-Jahrbuch 1981/82, S. 145 ff.

[12] St A IV, 14, V. 307 f.

die Schritte, die dazu führen, im einzelnen verständlich würden, das Verzeihen der agrigentinischen Bürger. Der gleiche Hermokrates darf jetzt von Empedokles und weit mehr noch von Pausanias, den der gleiche Fluch des Priesters mitbetroffen hatte, mit rasenden, rächenden Worten beschimpft werden und zieht den Haß der Agrigentiner auf sich, so daß ihm kein Wort der Entgegnung oder der Entschuldigung mehr erlaubt wird, ja, daß er als Dramenperson völlig ausfällt, ohne daß dieser in Empedokles' Innerlichkeit ausgetragene Umschlag, dem das Volk unbewußt entspricht, begreiflich gemacht würde. Es gibt hier, wie auch sonst in diesem Drama, Konstellationen, die nicht von außen her erklärbar sind, nicht durch Handlungen, Fakten, Aufhellungen, Botschaften, Orakel, Prophezeiungen ausgelöst, sondern durch eine geschichtsphilosophische Uhr geregelt werden, die sich mit der jeweiligen Verfassung des Protagonisten im Einklang befindet.[13] Warf sich Empedokles gegen Ende des 1. Akts (im 7. Auftritt) „das ungeduldge Wort" vor, das „die Stunde des Gelingens / Nicht unbetastet reifen" läßt[14], so verkündet er jetzt, im 4. Auftritt des 2. Akts: „Heut ist mein Herbsttag und es fällt die Frucht / Von selbst".[15] Diese Abläufe, diese Wandlungen werden von Hölderlin als gesetzliche vorgestellt, aber es gibt keine Mittel mehr, sie zu begründen. Die Übereinstimmung innerer Wahrheit und äußeren Phasenverlaufs ist einer Setzung zu verdanken, die ihre strukturelle Stimmigkeit als innere Notwendigkeit behauptet. Indem solche Veränderungen durch Korrespondenzen jahreszeitlicher Art zum Scheine befestigt werden, wird ihnen eine objektive Dignität zugesprochen, die im Tone der Verkündigung, der höheren Gewißheit laut wird, jedoch nicht hinterfragbar ist.

Daß Empedokles am selben Tage reif zum Tod ist, wo er seinem mit ihm wieder versöhnten Volk die Wiedergeburt verkündigt, klärt uns über Hölderlins Geschichtskonstruktion auf, die den Tod des großen Einzelnen, des Mittlers zwischen den Göttern und dem Volk, in die Mitte des Geschichtsverlaufs einsetzt, so daß das verjüngte Volk in der Nachfolge seines Vermächtnisses den von ihm vorgezeichneten Weg zu neuer Mündigkeit beschreiten kann, aus seinem Geist lebend und an ihm sich orientierend. Jedoch besagt diese Verkündigung auch, daß der große Einzelne über die Zukunft seines Volks verfügt und darum die

[13] Vgl. dazu die Verbindung des Wechsels der Töne mit Empedokles' Schicksal im: ‚Grund zum Empedokles', St A IV, vor allem S. 152–155.

[14] St A IV, 37, V. 863–865.

[15] St A IV, 65, V. 1514 f.

Rolle des antiken Sehers, des Teiresias, erbt, wenngleich seine Ansprache nichts mehr vom verhüllten, andeutenden Ton des Orakels an sich hat, sondern aus dem Geist der Aufklärung heraus die funktionale Transparenz des Rousseauschen Gesellschaftsmodells im Gleichnis des Säulentempels verwirklicht.[16] Ein Paradox bleibt immerhin bestehen, wenn der Zeitpunkt der Verjüngung der Selbstbestimmung der Völker anheimgegeben und doch zugleich mit der Anweisung einer jetzt und hier zu ergreifenden Gegenwart verbunden wird. Es ist das gleiche Paradox, das wir schon als Spannung zwischen Individualität und Totalität kennengelernt haben: Als Individuum unter Individuen kann Empedokles die Offenheit des zu wählenden Zeitpunkts für die Erneuerung betonen. Als Verwalter der Zukunft weiß er den rechten Zeitpunkt. Er spricht dann nicht mehr als Mensch, sondern als Instrument der Geschichte, wodurch sich in ihm die Grenze vom Individuum zur Totalität verschiebt. Als Übermensch, als Lenker des ganzen Volks entspricht er dem Typus des großen Menschen, der sich auf einer Ebene situiert, die früher dem Schicksal vorbehalten war. Dieses soll hier offenkundig durch ihn abgelöst werden.

Empedokles stirbt faktisch, der Tod des Volkes aber, als Einkehr ins Element und daraus hervorgehende Verjüngung, wird hier nur als Übergangsmoment aufgefaßt. Denn der Akzent liegt deutlich auf der Zukunft, die zunächst als eine Wiedergeburt aus dem Geist der Natur beschrieben wird, dann als eine Neuordnung der Gesellschaft, mit heroisch-mythischen Konnotationen: Heldenbrüder, Dioskuren. Die neue Geschichtszeit wird dann nicht mehr unter der Vorherrschaft eines Genies verlaufen, sondern, wie das Bild des Tempels angibt, den Contrat social mit seiner Devise ‚Einer für alle, alle für Einen‘ wahrmachen.[17] Also bedeutet die Abschiedsrede des Empedokles an sein Volk auch die Verabschiedung des großen Einzelnen, mit einer sakralen Führungsaufgabe Beauftragten, den die Geschichte fortan hinfällig machen sollte. So zeichnet sich in Empedokles bereits die Dialektik von Ausweitung und Aufhebung des neuzeitlichen Individuums ab: als Verallgemeinerung und Sprengung des subjektiven Monoperspektivismus. Der von Empedokles postulierte geschichtliche Umschlag von Traditionsbefangenheit zu neuer Einheit ruft dazu auf, alles einzelne Gewor-

[16] St A IV, 66, V. 1558–1561.

[17] Vgl. Jean-Jacques Rousseau, Du Contrat social ou principes de droit politique. Bd. I, Kap. 6 (= Du Pacte social). Oeuvres complètes (Bibliothèque de la Pléiade) III. Paris 1964, S. 360–362; sowie: ‚Hyperion‘: St A III, 112, Z. 24.

dene, Teilhafte, Individuierte, weil es nur noch Gewohnheitscharakter besitzt, fahren zu lassen zugunsten einer nicht eingrenzbaren, nicht konkret benennbaren neuen Geistigkeit, die „Leben der Welt“[18], „Friedensgeist“ heißt. Das Schlüsselbild der „Heldenbrüder“, die sich kurz danach als „Dioskuren“ konkretisieren, nimmt eine Schlüsselszene zwischen Hyperion und Alabanda wieder auf, wo dem Sternbild der Dioskuren die Aktualisierung im Herzen der Freunde antwortet.[19] Hier wird ein verwandter Weg von den Kräften der Natur zur Liebesgemeinschaft der neu beseelten Gesellschaft angedeutet. „O dann ihr Lieben teilet Tat und Ruhm / Wie treue Dioskuren“: der Unterschied zwischen Sterblichkeit und Unsterblichkeit, zwischen den Menschen und der Natur wird in diesem Mythos überbrückt und im Anruf der „Genien der wandelnden Natur“[20] als Veranstalter der neuen Feste für „das freie Volk“ bestätigt. Immer geht es um den Ausgleich zwischen unsterblicher Natur und sterblicher Gesellschaftssphäre im Geist jener Brüderlichkeit, die den autoritären großen Herrn über Natur und Staat entbehrlich macht. Und so wie dieser, im Rückblick, sich als den Ort versteht, wo „die Quellen deiner Höhn“[21] sich in der Tiefe sammeln, so sind jetzt die Teilhaber am neuen Gesellschaftsvertrag dioskurengleich sowohl mit der Höhe wie mit der Tiefe verbunden. Sie übernehmen von jenem den totalen Umfang, aber nur in der Gemeinschaft, nicht mehr als Einzelne. Das Dioskurenbild ist also utopisch gemeint, nicht antiquarisch. Und die Umschreibung der Naturkräfte verdrängt die hinfällig gewordenen alten Götternamen.[22] Das neuzeitliche Ich des Empedokles hat diese Revolution eingeleitet, hat die neue Deutung des in den Überlieferungen wirksamen Geistes gewagt und damit den Weg vom historisch Gegebenen, das der Wiederholung gehört, zum sprachlich noch Unbesetzten, Offenen, das der Kreativität bedarf, freigelegt. Dieser neue Zustand heißt hier „die neuen männlichern“ „Saturnustage“[23]: Diese vermitteln zwischen dem unschuldigen Glück der ersten Zeit und der krisenhaft durchlittenen Periode zeitlicher Herrschaft, die eben abgestreift wurde. Das neuzeitliche Individuum, das uns hier in Empedokles begegnet, ist durch solche Übergänglichkeit gekennzeichnet. Es

[18] St A IV, 66, V. 1546 f.
[19] St A III, 36.
[20] St A IV, 66, V. 1562 f.
[21] St A IV, 70, V. 1671.
[22] Vgl. ‚Anmerkungen zur Antigone‘: St A V, 268, 7–11.
[23] St A IV, 69, V. 1634 f.

hat die Einschränkungen und Trennungen in der Verabsolutierung des zeitlich Geprägten und Individuierten erfahren und dessen Ablösung durch eine „Revolution der Gesinnungen und Vorstellungsarten“[24] herbeigeführt, ohne es zu einer neuen Verfestigung zu führen. Daher die wichtige Rolle der Selbstaufhebung, des bloß Indikatorischen, nicht schon Gesetzgeberischen. Daß überhaupt Weissagung sein darf, hängt mit der Gewißheit des Todes des Weissagenden zusammen, der keine positive Anweisung geben darf.

Das Weiterleben würde für Empedokles das „Tagezählen“ bedeuten, genau das, was in Hölderlins später verfaßter ‚Antigone‘-Übersetzung der Chor der sterbenden Antigone am Beispiel der Danae als Muster vorhält: „Sie zählete dem Vater der Zeit / Die Stundenschläge, die goldnen“.[25] Die vom Licht des Himmelsgottes getrennte Dulderin Danae bildet ein striktes Gegenbeispiel zu Antigones und Empedokles’ feuriger Bereitschaft zum Tod. Beide haben von Anfang an ihren Weg als einen sicher vorgezeichneten gewußt und bekräftigt. Beide haben jeden Kompromiß mit denen, die „ein Bleiben im Leben“[26] anstrebten, abgewiesen. Das letzte Wort des Sterbenden ist der Vergleich seiner Freude mit „Iris Bogen über stürzenden / Gewässern, wenn die Wog in Silberwolken / Auffliegt“.[27]

Die Ähnlichkeit mit den Schlußversen der Anfangsszene aus dem ‚Faust II‘ ist frappant. Beide Dichter betonen die Gleichzeitigkeit von Sturz und Aufschwung des Wassers und vom darüber gewölbten Regenbogen. Beide benutzen das Bild explizit als Gleichnis. Aber für Faust ist der Augenblick der Wiedergeburt, für Empedokles der des ekstatischen Todes daran geknüpft. Beide halten sich vornehmlich an den Bogen, beiden ist das bewegte Wasser bestätigender Kontext. Der Bogen Hölderlins ist nicht unterbrochen, der Bogen Goethes konstituiert sich immer neu in der Zeit. Beide Bilder umschließen eine bewegte Totalität, die Wechselndes und Dauerndes, Hohe und Tiefe umfaßt. Aber Goethe geht einläßlicher auf den Naturvorgang ein, den er 1797 am Rheinfall beobachtet hatte[28], während Hölderlin bereits mit der knappen Formel von „Iris Bogen“ die Dimension der Vermittlung zwi-

24 Brief an Johann Gottfried Ebel aus Frankfurt vom 10.1.1797, St A VI, 229, 45 f.
25 St A V, 268, 4 f.
26 ‚Der Frieden‘, St A II, 7, V. 44.
27 St A IV, 81, V. 1940 ff.
28 Goethe, Reise in die Schweiz 1797. Aus dem Nachlaß bearbeitet von J.P. Eckermann. Nachdruck der Artemis Gedenkausgabe: Zürich und München 1977, XII, S. 176, 179.

schen Himmel und Erde andeutet. Dem „Entzücken“[29] Fausts entspricht die „Freude“ des Empedokles. Doch Faust begreift und hat daran das Leben, während Empedokles in dieser Freude aufgeht. Die Spiegelungsmetapher ist beiden bedeutsam. Und beide bedürfen eines Sinnbilds gesteigerter Bewegung und Farbe. Sich dergestalt der Intensität versichernd, sind beide hier in ihrer ekstatischen Dimension gegenwärtig. Sie ist für den Hölderlin der ‚Empedokles‘-Stufe nur im Tod zu haben.

Dieser kleine Exkurs soll auf die Zeitgenossenschaft von Faust und Empedokles hinweisen. Die auch in der antiken Biographie überlieferte Seite des Magiers[30], die in Hölderlins Drama mit dem sowohl von den Freunden wie von den Feinden verwendeten Wort „Zauber“[31] (gelegentlich auch „Zauberer“[32], „zauberisch“[33], „Zaubergeist“[34]), evoziert wird, eröffnet einen Problemkreis, auf den hier nicht näher eingegangen werden soll, der aber sowohl in die Thematik der Überschreitung gleichmäßig abgezählter Zeit gehört als auch in die der Belehnung eines Auserwählten mit übermenschlichen Kräften.

Die zweite Fassung hat uns nur dort zu beschäftigen, wo sie die erste entscheidend weiterführt und von uns aufgeworfene Probleme verdeutlicht. Aus den Veränderungen seien nur die markantesten herausgegriffen.

Empedokles wird in der Anfangsszene jetzt dem Prometheus angenähert. Schroffer, radikaler erscheint seine Statthalterschaft für Zeus. Deutlicher ist auch sein Anspruch laut geworden, der Sinn stiftende, Sprache verleihende Vermittler zwischen den sprachlosen Kräften der Natur zu sein und zwischen ihnen und den Menschen. Bedeutung komme erst durch seine synthetisierende Wirkung zustande. So läuft diese zweite Fassung stärker als die erste auf die Betonung einer Tyrannis hinaus, die in der Ausfüllung der Stelle eines göttlichen Exekutors,

---

[29] Goethe, Faust II, Artemis V, 294, V. 4717.

[30] Z.B. in Hölderlins hauptsächlicher Quelle, der Biographie des Diogenes Laertius: Lebensbeschreibungen, Lehren und Aussprüche hervorragender Philosophen, 8. Buch, § 51–77. (Entlehnungen aus Diogenes Laertius verzeichnet Beißner in seinen Erläuterungen: St A IV, 334 ff., passim.)

[31] St A IV, 17, V. 371; 98, V. 212.

[32] St A IV, 10, V. 198; 98, V. 210.

[33] St A IV, 122, V. 52.

[34] St A IV, 77, V. 1850.

eines die Potentialität der Natur in Aktualität der Kultur umsetzenden neuen Jupiter konkretisiert wird. Aber dieser neue Jupiter ist „schwächer“ und „frecher“[35] als der der Alten, er trägt die modernen Züge des von Ohnmacht und Arroganz gesteuerten, aus der Ganzheit herausgefallenen Rebellen, dessen Abbadona- und Luzifer-Schicksal in ein antikes Gewand gefaßt wurde. Verse wie „was sind / Die Götter und ihr Geist, wenn ich sie nicht / Verkündige?“[36], die in ihrer Ambivalenz aus Hochmut und Selbstverhöhnung einen Anklang an Hölderlins Fichte-Kritik vernehmen lassen, beweisen, daß das hier gezeichnete neuzeitliche Ich herrischer, unterjochender als in der ersten Fassung erscheint, freilich aus kritischem Rückblick, der diese extreme Emanzipation der Eigenmacht von ihrer göttlichen Quelle schon wieder hinter sich läßt. Die Selbstüberhebung steht dabei immer in einem Bezug zur Sprachfindung des Dichters, dem die sprechend gewordene Natur allererst ihre Wirksamkeit verdanke. „Ton und Sprach und Seele“ werden ineins gesehen. Unmittelbar nach dieser nur aus dem Rückblick, ex negativo, aufzunehmenden extremen Situierung hören wir freilich das genaue Gegenteil:

denn hoher Bedeutung voll,
Voll schweigender Kraft umfängt
Den ahnenden, daß er bilde die Welt,
Die große Natur.[37]

So wären denn mit solchen Gegensätzen notwendige Phasen der Systole und Diastole – im Geiste Fausts gesprochen – bezeichnet, die nicht für sich selber, sondern in ihrem Gegen- und Zueinander erst ihre volle Funktion und Wahrheit enthüllen. Das neuzeitliche Ich wäre demnach bestimmt von Pendelbewegungen, von starken rhythmisch bedingten Ausschlägen, deren einzelne Momente nicht einseitig festgehalten und beurteilt werden dürfen, da sie nur von einem Zyklus her angemessen situiert werden können. Der Priester und der Archon charakterisieren ihren Feind aus ihrer Partialität heraus. Daß Partialität jetzt als das größte Übel erscheint, verrät einen veränderten Zeitgeist. (Im ‚Faust‘ zeigt sich diese Veränderung als Problem, im ‚Wilhelm Meister‘ als Utopie.)

---

35 St A IV, 104, V. 360.
36 St A IV, 109, V. 514–516.
37 St A IV, 110, V. 534–537.

Der letzte Empedokles ist dann weitgehend der aus der theoretischen Grundlegung erwachsene Vollstrecker einer geschichtsphilosophisch begründeten Mittlerrolle. Im Maße, wie er individuelle Züge abstreift, wird er zum Vereinigungspunkt geschichtlicher Entwicklungen, zur Mitte der Zeit. Darum werden die Auseinandersetzungen in den ersten beiden Fassungen hier nur noch in der Rekapitulation der Anfangsszenen erinnert. Empedokles wird hier ausschließlich im Einklang mit der großen Natur am Aetna gezeigt. Er hat den Gang der Geschichts- und Naturzeit in seinen trennenden und vereinigenden Phasen voll integriert. Er weiß sich in seiner Individualität als „Trugbild"[38], das aber seinen Untergang schon internalisiert hat. Das große Zwiegespräch mit Manes, dem Aegyptier, führt sehr bald zu einer korrespondierenden Responsion, bei der der festliche Tod mit der Deutung des geschichtlichen Wandels des ganzen Volks bruchlos zusammengeht. Das Bild, unter dem dieser sich Darbringende von Manes gefaßt wird, ist das der Rebe als der Zeugin von Himmel und Erde, wobei die Gärung der Revolution mit der Gärung des Weins im Einklang steht.[39] Die Gewitterszene erinnert an Dionysos' Geburt, die milde Rettung der auseinanderstrebenden Sphären an den Wein, der neue Retter ist eine Vermischung und Steigerung von Dionysos und Christus, und der selbstgewählte sakrale Tod hat mit Zagreus' und Christi Tod mehr gemein, als die früheren Fassungen es ahnen ließen. So erklärt sich der Anklang an Lukas 12, 51–53[40], wo der von Christus gebrachte Aufruhr bis in die kleinsten Zellen der Familien wütet, weil, in Übereinstimmung mit der Abhandlung ‚Das Werden im Vergehen', der Gott sein Volk jetzt um eines anderen, neu zu einigenden Volks willen zu verlassen schien. Hegel hat in der gleichzeitig und in Hölderlins Nähe entstandenen Frankfurter Jugendschrift ‚Der Geist des Christentums und sein Schicksal' mit denselben Worten Jesu die „ganze Gräßlichkeit dieser

[38] St A IV, 133, V. 333. Zwar wird diese Bezeichnung von Manes gebraucht, aber Empedokles sagt später von ihm: „Und du, / Du Alleswissender, erkennst mich auch" (St A IV, 136, V. 400 f.).

[39] Vgl. dazu meinen Aufsatz: Das Bild der Schweiz bei Ebel, Boehlendorff und Hölderlin. In: „Frankfurt aber ist der Nabel dieser Erde". Das Schicksal einer Generation der Goethezeit. Hg. von Christoph Jamme und Otto Pöggeler. Stuttgart 1983 (Deutscher Idealismus, Bd. 8), S. 58–72, hier S. 66 f.

[40] „Meinet ihr, daß ich hergekommen bin, Frieden zu bringen auf Erden? Ich sage: Nein, sondern Zwietracht. Denn von nun an werden fünf in *einem* Hause uneins sein, drei wider-zwei, und zwei wider drei: Es wird sein der Vater wider den Sohn, und der Sohn wider den Vater".

Zerrüttung“[41] geschildert, wenn der Reine gegen die unreine Welt kämpft. Freilich werden die Akzente jedesmal anders gesetzt. Hegel wirft Christus und seiner späteren Kirche grundsätzlich ihre Weltlosigkeit vor. Hölderlin übernimmt die biblische Schilderung des Aufstands nur als Station innerhalb einer geschichtlichen Bewegung, die auf Sühne, Rettung, Verjüngung angelegt ist, so daß der sakrale Tod von diesen seinen Wirkungen bereits überglänzt und verklärt wird. Das neuzeitliche Ich hat seine Grenzüberschreitungen der systematisierenden Polysymmetrie unterstellt, so daß alle anarchische oder maßlose oder tyrannische Anwandlung in eine stimmige Regel eingebunden wurde. Der ‚Grund zum Empedokles‘ ist ein in sich vielfach differenziertes Versöhnungsmodell, in dem jeder Gegensatz seine notwendige Stelle in Raum und Zeit behauptet, so daß die großen Bewegungen des Gesellschafts- und Zeitkritikers, die wir in den ersten beiden Fassungen beobachten konnten, nun in den strengen Dienst geschichtlicher Notwendigkeit getreten sind. Damit ist die Grenzenlosigkeit und zeitweilige Willkür des großen Einzelnen domestiziert. Für die Erbschaft aus der prometheischen Geniezeit bleibt keine Funktion mehr. Der künftige Hölderlin wird das personale Gefäß, aus dem heraus er hier sprach, vollends zerbrechen und eine durch die schon im ‚Grund zum Empedokles‘ vorbereitete Tönelehre objektivierte Zeit-Totalität aufgliedern, welche die Vorgänge in ihrem ganzen Verlauf aufzeichnet und durch Deskription, Konfrontation und Ideation objektiviert, in jenen hymnischen Stationen, denen keine personalen Sprecher mehr zugeordnet sind. Man kann noch weiter gehen und sagen, daß die Ströme und die Metamorphosen der Mutter Erde wie auch die Christusgestaltungen in den Hymnen eine deutliche Abkehr vom identifikatorischen dichternahen Mittlertypus bringen, mit dem Hölderlin den Freiraum des neuzeitlichen Ich experimentierend ausmessen wollte, ehe er endgültig in ihm und mit ihm unterging.

---

[41] G.W.F. Hegel, Werke I (Frühe Schriften). Frankfurt/M. 1971 (Theorie-Werkausgabe), S. 402. Zu Parallelität und Gegensatz zwischen dem Protagonisten von Hölderlins Drama und Christus in dieser Jugendschrift Hegels vgl. jetzt: Christoph Jamme, „Ein ungelehrtes Buch“. Die philosophische Gemeinschaft zwischen Hölderlin und Hegel in Frankfurt 1797–1800. Bonn 1983, S. 296–316. Jamme unterscheidet freilich scharf zwischen den beiden Fassungen der Hegelschen Schrift.

Diskussion

Das ‚Dionysische' und die neuzeitliche Subjektivität

H. J. Kreutzer greift die im Vortrag gezogene Parallele zwischen dem Regenbogen-Motiv im ‚Empedokles' und im ‚Faust II' auf und verweist auf ihren gemeinsamen Bezugspunkt in Klopstocks ‚Messias' [1748–1773], wo der Regenbogen im traditionell biblischen Sinne für Frieden, Versöhnung, aber auch Erlösung stehe. „Gibt es ein solches Moment der Erlösung auch im Untergang des ‚Empedokles'?"

B. Böschenstein beantwortet die Frage unter Verweis auf die vorsokratische Tradition, die er in seiner Interpretation des Dramas bewußt ausgespart habe, weil letztlich unklar bleibe, welche antiken Quellen Hölderlin wirklich kannte. „Wie am Ende des ‚Hyperion', wo eigentlich die Dissonanzen und Konsonanzen zu einem Einzigen werden, geht es auch im ‚Empedokles' um eine ekstatische Auflösung. Dies bedeutet natürlich Untergang, aber es bedeutet auch, zyklisch und vorsokratisch gedacht, neues Leben – allerdings eben nicht gebunden an die Person, sondern übertragen auf das sich verjüngende Volk im Sinne einer fortwirkenden Energie."

U. Fülleborn setzt diese ‚ekstatische Auflösung' in Beziehung zu der von W. Naumann für Goethes ‚Faust' nachgewiesenen Dialektik von ‚Entselbstung' und ‚Verselbstung' sowie zum Konzept der ‚Wiedergeburt' aus A. Stephens' Kleist-Vortrag: „Alle drei Modelle werden einsichtig, wenn man von der Struktur des neuzeitlichen Ich ausgeht. Immer steht am Anfang ein verfestigtes Subjekt unter Diktaten des Über-Ich. Dieses muß zerstört werden, was reine Möglichkeit, Potentialität freisetzt. Sobald das neugeborene Ich jedoch in die gesellschaftliche Wirklichkeit mit ihren Machtstrukturen zurückkehrt, erstarrt es wieder und muß daher erneut zerschlagen werden." Natürlich sei das auch eine Übertragung der Französischen Revolution auf den individuellen Bereich: „Hier läßt sich bei Hölderlin eine wichtige Entwicklung beobachten. An die Stelle der permanenten Revolution tritt im Spätwerk die Vorstellung von der einen großen Umwälzung, die das endgültige Friedensreich herbeiführt."

B. Böschenstein erinnert zustimmend an den Kontext der von ihm zitierten Wendung von der „Revolution der Gesinnungen und Vorstellungsarten" [s. o. S. 225] aus dem Brief an Johann Gottfried Ebel vom 10.1.1797 – „denjenigen der Freunde Hölderlins, der am engsten mit der Französischen Revolution verbunden war. Daß nun Deutschland und nicht mehr Frankreich zum Ort geschichtlicher Hoffnung wird, belegt deutlich die tiefgreifende Wandlung in Hölderlins Haltung."

W. Sokel weitet die von Böschenstein nachgewiesene Kritik an der Ich-Zentriertheit der frühen Empedokles-Figuren aus zu einer Kritik am ‚Dionysischen' überhaupt, das ja auch bei Nietzsche und im Expressionismus viel eher die neuzeitliche Subjektivitätsstruktur perpetuiere, als mit ihr zu brechen. „Gerade in der Entgrenzung und scheinbaren Ich-Aufhebung drückt das Ich dem Universum seinen Stempel auf. Es handelt sich also eigentlich um eine Erweiterung und Verabsolutierung des Ich, da jedes Du ausgeschaltet wird; eine wirkliche Ent-Ichung wäre dagegen nur als Dialog möglich. Auch der totalitäre Führer versteht ja das Volk als eine Ich-Erweiterung, quasi als das Werk, das er als Künstler geschaffen hat."

B. Böschenstein illustriert die Problematisierung der Rolle des Führers bei Hölderlin an dessen unterschiedlichen Auffassungen vom „Gemeingeist" [vgl. oben S. 220f.]: „In der frühen Schrift ‚Über Religion' [St A IV, S. 275–281] denkt er die Entstehung der neuen Gemeingeiststruktur als fortschreitende Expansion von kleinen Zellen aus; im ‚Empedokles' geht es dagegen um den auf unterschiedliche Weise an den großen Einzelnen gebundenen Gesamtentwurf. Die Phase der späten Hymnen nimmt dies dann wieder zurück."

W. Wittkowski schließt sich Sokels Kritik an der dionysischen Ich-Ausweitung bei Hölderlin an. Bei diesem wie bei Kleist werde im spekulativen, direkten Zugriff auf das Absolute das Menschliche wie das Mitmenschliche verfehlt. „Das Leiden ist jetzt nicht mehr etwas, womit man nur mit menschlicher Hilfe fertigwerden kann, sondern es wird zu einer Auszeichnung, zum Triumph, zur Nähe des Göttlichen."

Auch W. Gebhard wendet sich gegen das Totalitätskonzept des ‚Empedokles', allerdings mit einer anderen Begründung: „Solange man von ‚Systole' und ‚Diastole' [s. o. S. 227], von ‚rhythmischem' Wechsel [ebd.], von ‚Polysymmetrie' [s. o. S. 229] sprechen kann, gilt noch ungebrochen ein organologisches Modell, waltet noch der Geist der Natur. Das ist jedoch kategorial geschieden von der Anerkennung von Partialität in der eigentlichen Moderne."

B. Böschenstein stimmt beiden Einwänden zu, stellt jedoch klar, daß dies auch die Einwände Hölderlins als des strengsten Kritikers seiner selbst seien. „Ich habe den ‚Empedokles' als eine Position dargestellt, von der sich Hölderlin selbst entschieden distanziert und so die ganz andere Konzeption der späten Hymnen erreicht. Dort gibt es keinen utopischen, auf gesellschaftliche Totalität gerichteten Zukunftsentwurf mehr – oder er wird gleich wieder zurückgenommen, wie etwa am Ende der ‚Friedensfeier' oder am Ende des ‚Rheins', wo auf das ‚Brautfest' wieder die ‚uralte Verwirrung', das anfängliche Chaos folgt. Die Geltung des ‚Polysymmetrie'-Konzepts habe ich streng auf die Werkstufe begrenzt, die durch den ‚Grund zum Empedokles', die Homburger Aufsätze und die Tönelehre gebildet wird. Hier schafft Hölderlin in der Tat zu jeder neuen Abspaltung, jedem neuem Gegensatz gleich das ergänzende Komplement. Diese totale Komplementarisierung findet sich auf der späteren Werkstufe der Hymnen nicht mehr; nur gibt es hierzu eben keine theoretischen Schriften, so daß Hölderlins Position erst aus den Dichtungen selbst rekonstruiert werden müßte. Schon die ständige Unterbrechung des Sprachduktus, das ständige Sich-ins-Wort-Fallen belegt jedoch die Absage an frühere Totalitätskonzepte."

‚Der Tod des Empedokles' als Drama – Zur Gattungsproblematik

An Wolfgang Binders Versuch über die unterschiedlichen Tragödienkonzeptionen von Kleist und Hölderlin anknüpfend[1], fragt H. J. Kreutzer, was denn den ‚Empedokles' überhaupt noch zu einer Tragödie, einem Drama als Kunstform mache und von einer Abhandlung – wie etwa dem ‚Grund zum Empedokles' – unterscheide.

B. Böschenstein sieht in der Tat einen zweifachen Bruch mit zentralen Gattungsnormen: „Zum einen gibt es keinen Dialog im traditionellen Sinne mehr; auch die Unterredung mit Manes – ich sprach von ‚korrespondierender Responsion' [s. o. S. 228] – ähnelt eher einem zweistimmigen Gesang. Zum anderen ist der Gang der Handlung mit seinen wiederholten Umschlägen nicht auf die übliche Weise von den Charakteren her binnendramatisch motiviert, sondern sozusagen dramenextern durch den Stand der ‚geschichtsphilosophischen Uhr' [s. o. S. 222], durch Hölderlins Geschichtskonstruktion, die sich nicht aus dem Stück selbst erschließt, sondern aus den theoretischen Schriften." Dennoch sei der ‚Empedokles' natürlich keine Abhandlung und auch deutlich unterschieden vom ‚Grund zum Empedokles', den er im Vortrag deshalb auch – im Gegensatz zur neueren Hölderlin-Forschung – bewußt nur gestreift habe. „Was der Sprache der Abhandlung wie der Gattung des Dramas am entschiedensten widerstreitet, ist der anschauungsgesättigte Naturkontext, die immer präsenten oberen und unteren Regionen der Natur. Teils nähert sich der ‚Empedokles' so der Sprache der Elegie, teils weist er in die Richtung des Episch-Lyrisch-Idyllischen."

U. Fülleborn ergänzt, daß eben offensichtlich unsere Vorstellung vom Drama eng mit dem neuzeitlichen Ich zusammenhänge. „In dem Maße wie jenes problematisiert, verändert, verwandelt wird, verändert, ‚entneuzeitlicht' sich auch die Dramenform, so daß hier natürlich kein typisch klassisches oder idealistisches Drama mehr vorliegen kann."

[1] W. Binder, Kleists und Hölderlins Tragödienverständnis. In: Kleist-Jahrbuch 1981/82, S. 33–49.

Uwe Japp

Nietzsches Kritik der Modernität

Nach einem Wort Thomas Manns verdanken wir Nietzsche das „Erlebnis der Modernität".[1] Das Wort ist durchaus zweideutig, da es offen läßt, welche Bedeutung Nietzsche selbst diesem Erlebnis zugesprochen hat. Dagegen scheint Thomas Mann die Bedeutung dieses Erlebnisses so hoch einzuschätzen, daß er meint, wir seien Nietzsche für dessen Vermittlung Dank schuldig. Tatsächlich ist aber die Modernität für Nietzsche häufig nichts anderes als die bis zur Hysterie gesteigerte Illusionsbereitschaft des modernen Menschen, der sich bereitwillig über alles mögliche täuschen läßt und selber täuscht: auch über sein „Ich", dessen scheinbare Einheit in Nietzsches Augen zu einer bloßen Erfindung verblaßt, weshalb es (wie das „Individuum" und das „Subjekt" auch) gewöhnlich nur im Gewand der für Nietzsches Stil charakteristischen Anführungszeichen, die zwischen eigentlichen und uneigentlichen Bedeutungen diskriminieren, die Szenerie der Nietzscheschen Schriften betritt. Man muß es deshalb als eine Fragwürdigkeit begreifen, daß ausgerechnet Nietzsche im Bewußtsein der modernen Welt zu einem Gründerheros der Modernität avancierte, während sein Werk offenbar eine andere Sprache spricht.

Indem Nietzsche von der „eigentlichen Modernität" spricht[2], gibt er zu verstehen, daß man sich bisher über diesen Sachverhalt getäuscht habe. Das entspricht der grundsätzlichen Richtung des Nietzscheschen Denkens, das in allen Phasen seiner Realisierung die Geltung des Geltenden bezweifelt. Das Geltende, so lautet Nietzsches Einwand, gilt nicht, weil es an sich wahr, gut oder schön ist, sondern weil es einen Wert darstellt, der zu einem solchen geworden ist – und der als solcher akzeptiert bzw. geglaubt wird. Das Denken, das den Wert der Dinge und damit zugleich das Werden der Werte zu begreifen sucht, sieht sich auf den ihm selbst vorausliegenden Horizont der Wertsetzungen und Wertschätzungen verwiesen. Eine radikale Kritik kann deshalb nicht

---

[1] Siehe T. J. Reed, ‚Geist und Kunst'. Thomas Mann's Abandoned Essay on Literature. In: Oxford German Studies 1 (1966), S. 53–101, hier S. 87.

[2] Friedrich Nietzsche, Kritische Gesamtausgabe. Hg. von G. Colli u. M. Montinari. Bd. VIII, 1. Berlin/New York 1974, S. 297. (Die Kritische Gesamtausgabe der Werke (1967 ff.) wird im folgenden unter der Sigle KGW angeführt.)

nur dahin gelangen, alles, was ist und gilt, auf seine eigentliche Bedeutung zu befragen, sie kann vielmehr, wie es mit Nietzsches Kritik der Fall ist, sich eine Umwertung aller Werte zum Ziel setzen. Allerdings muß man daran zweifeln, ob das Instrument der Kritik zur Durchführung eines solchen Vorhabens ausreicht.

Tatsächlich ist Nietzsches Kritik nur die eine Seite seiner Philosophie, wie auch die Philosophie nur die eine Seite seines Werkes ist. Nietzsches Kritik entzieht Gründe, sie entlarvt, sie will die eigentliche Bedeutung der Zeichen verstehen lehren; und zwar auch dann, wenn dies die desillusionierende Einsicht erbringt, daß wir die Wahrheit nicht haben, vielmehr für Wahrheit halten, was nur eine Folge der Grammatik ist, also bloße Übereinkunft oder Gewohnheit. Die bedeutsamste Selbst-Täuschung des Geistes sieht Nietzsche darin, daß die Philosophen von Platon bis Hegel (und genau genommen auch noch von Hegel bis Nietzsche) an eine wahre Welt neben, hinter oder über der scheinbaren Welt geglaubt haben. Diesen Glauben nennt Nietzsche Idealismus (oder Platonismus) – und er bekämpft ihn in allen seinen Erscheinungen (zu denen auch die christliche Religion gehört) als eine grandiose Verzerrung der „Wahrheit".

Nietzsche kritisiert also den metaphysischen Optimismus des Idealismus (bzw. Platonismus); wobei es eine Vorwegnahme der intendierten Umwertung aller Werte sein mag, daß Nietzsche diesen Optimismus zugleich als Pessimismus begreift. Wenn aber Nietzsches eigene Philosophie als ein umgedrehter Platonismus erscheint, dann bekundet sich darin nicht nur die Absicht zu einer Revolution des Denkens, sondern auch der Tatbestand einer bleibenden Abhängigkeit.[3] Im Falle Nietzsches muß man offenbar sagen, daß die selbstgewählten Gegensätze nicht nur verpflichten, sondern auch verbinden. Ebenso verhält es sich mit Nietzsches Kritik der Modernität, über die es in den Notizen aus dem Nachlaß einmal heißt: „Den ganzen Umkreis der modernen Seele umlaufen, in jedem ihrer Winkel gesessen zu haben – mein Ehrgeiz, meine Tortur und mein Glück".[4] Tatsächlich gibt es bei Nietzsche eine wesentliche Beziehung zwischen dem Reich der Metaphysik und dem Bereich der Modernität, obwohl sich beide auf den ersten Blick so wenig angehen wie nur möglich. Aber man muß bei Nietzsche immer fragen, ob seine Kritik eine ewige Idee oder einen Winkel der modernen

---

[3] Vgl. Martin Heidegger, Nietzsche. Bd. I. Pfullingen [3]1961, S. 231 ff.
[4] KGW VIII,2, S. 104.

Seele betrifft – oder ob er gerade das eine im anderen wiedererkennen will.

Zweifellos ist für Nietzsche die Kritik der Modernität von entscheidendem Interesse, aber darüber darf nicht vergessen werden, daß diese Kritik von dem Rekurs auf die Anfänge des Denkens – und Dichtens – her wesentliche Impulse empfängt. Was die Modernität eigentlich ist, ergibt sich deshalb für Nietzsche nicht allein aus der Entlarvung ihres vermeintlichen Soseins, sondern insbesondere erst aus dem Vergleich mit ihrem mutmaßlichen Gegensatz. Diesen Gegensatz sucht und findet auch Nietzsche (allerdings nicht auf ausschließliche Weise) in der Antike. Tatsächlich scheint der freie Geist Nietzsches in dieser Hinsicht einem bezeichnenden Zwang zu unterliegen: einem Zwang, der ihn dazu führt, im Zusammenhang der modernsten Dinge an die Antike zurückzudenken, oder umgekehrt von einem antiken Problem auf ein modernes Phänomen vorauszublicken. Indes verschieben sich hierbei die Konturen vertrauter Konfigurationen. Denn es genügt nicht, etwa mit Rücksicht auf Nietzsches erstes Werk, zu sagen, auch Nietzsche stehe in der Tradition jenes epochalen Vergleichs zwischen Antike und Moderne, wie er uns von Goethe, Schiller, Schlegel oder Hegel her vertraut ist, um allenfalls hinzuzufügen, daß diese Tradition mit Nietzsche einen vielleicht letzten, auf jeden Fall aber spektakulären Höhepunkt erreicht habe. Hier ist vielmehr erstens anzumerken, daß Nietzsche es sich gerade zur Aufgabe gemacht hat, das überlieferte (‚klassische') Bild von der Antike als eine Täuschung zu erweisen. Und es ist zweitens daran zu erinnern, daß Nietzsche glaubte, als erster den Beginn des Modernen in der Antike entdeckt zu haben. Unabhängig davon aber, ob man bereit ist, auch dieses Verdienst (wenn es denn eines ist) der Einsicht Nietzsches zuzuschreiben, ist deutlich, daß Nietzsche nicht nur eine eigentliche Modernität kennt, sondern auch eine eigentliche Antike. In historischer Hinsicht ergibt sich daraus, daß für Nietzsche mit dem Übergang von einer eigentlichen zu einer uneigentlichen Antike das Problem der Modernität einsetzt, um, wie zu vermuten ist, erst in der näheren Gegenwart der modernen Welt in seiner eigentlichen Bedeutung erkannt zu werden.

Der Übergang von einer eigentlichen zu einer uneigentlichen Antike ist nach Nietzsches Ansicht einerseits (nämlich im Bereich der Philosophie) mit Sokrates und Platon, andererseits (nämlich im Bereich der Kunst bzw. der Tragödie) mit Euripides gegeben. Hier beginnt, wie Nietzsche denkt, jene verhängnisvolle Verbindung aus Rationalismus und Idealismus, durch die eine anfänglichere Weisheit des Denkens und eine ursprünglichere Erfahrung der Kunst verdeckt worden sei. Der Philosoph Nietzsche, wenn er sich auf mögliche Vorläufer seines Denkens besinnt, geht deshalb hinter Platon und also auf die vorsokratischen Denker zurück; insbesondere auf Heraklit, bei dem er etwa die Lehre von der ewigen Wiederkehr des Gleichen vorbereitet findet. Erst in der Nähe Heraklits wird es Nietzsche wärmer, wie er im Rückblick auf die eigenen Anfänge sagt; während er es, in Umkehrung derselben Metaphorik, als die besondere Leistung seiner kritischen Schriften preist, die „Ideale" aller späteren Philosophen und Philosophien (einschließlich des Kantischen Ding an sich) zum Erfrieren gebracht zu haben.[5] Der andere Fluchtpunkt dieser geschichtsphilosophischen und philosophiegeschichtlichen Optik bringt schließlich die Zukunft ins Spiel, indem er die gesamte Geschichte der Modernität überspringt, um erst in dem Gedanken an ein mögliches (und Wirklichkeit gewordenes) Ende dieser Geschichte eine gewisse Beruhigung zu finden. So denkt sich Nietzsche einmal eine Nachwelt mit strengerem, härterem und gesünderem Geschmack; und seine Antwort auf die Frage: „wozu *alles* Moderne überhaupt dieser Nachwelt dienen würde, dienen könnte", lautet: „zu Brechmitteln".[6] In solchen Dimensionen ist folglich zu denken, wenn verstanden werden soll, was es heißt, unzeitgemäß zu sein. Es heißt für Nietzsche vor allem eins: nicht modern sein.

Man kann Nietzsches Denken folgendermaßen charakterisieren. Am Anfang steht die frühe Erkenntnis- und Wahrheits-Kritik, deren mehr oder weniger offen ausgesprochener Fluchtpunkt eine Metaphysik der Kunst ist. Darauf folgt eine Phase der Aufklärung, in der es vornehmlich darum geht, das Allzumenschliche der menschlichen Wahrheiten und Werte zu entlarven. Dies ist mithin die eigentlich kritische Phase in Nietzsches Denken – vorausgesetzt wir verstehen die Kritik in Nietzsches Sinn, also als eine Vorbereitung (und nicht mehr). Was sich in dieser entlarvenden Kritik vorbereitet, ist die Entdeckung der eigenen Wahrheiten, als deren Verkünder zunächst Zarathustra erscheint. Mit Zarathustra beginnt – trotz aller Widersprüche und Verkleidungen – Nietzsches positive Philosophie, die schließlich in der gelungenen Umwertung aller Werte hätte Gestalt annehmen sollen. Aber natürlich ist diese Philosophie nicht deshalb positiv, weil sie etwa optimistisch oder unkritisch wäre, sondern deshalb, weil sie nach und neben der Kri-

[5] KGW VI,3, S. 310 f. u. S. 321.
[6] KGW VI,2, S. 403 f.

tik aller Werte und Wahrheiten nun ihrerseits von Werten und Wahrheiten zu sprechen weiß, von denen gelten soll, daß sie mehr wert und wahrer sind als andere, die also eine Position bezeichnen. In diesem Sinne wird Nietzsche zum Verkünder der Lehre vom Willen zur Macht und der Lehre von der ewigen Wiederkehr des Gleichen. Nietzsche selbst hat zur Deutung der drei entscheidenden Phasen seines Denkweges die Bilder des Kamels, des Löwen und des Kindes bereitgestellt: des Kamels, das die Werte der anderen trägt, des Löwen, der die Werte der anderen besiegt, und des Kindes, das in der Unschuld des Werdens die neuen Werte schafft.[7] Die begrenzte Aussagekraft dieser Metaphorik zeigt sich indes darin, daß bei Nietzsche die Konstitution neuer Werte nie gänzlich von der Kritik aller alten Werte abzulösen ist, wie darüber hinaus gerade die Perspektiven der positiven Philosophie von den Konsequenzen des gleichzeitig für „wahr“ gehaltenen Perspektivismus durchkreuzt werden.

Betrachtet man Nietzsches Kritik von seiner Darstellung des Perspektivismus her, so erscheint die Vielfalt seiner Urteile weniger schwerwiegend – und auch weniger schwer verständlich. Zwar ist es unmöglich, die Widersprüche und Gegensätze in seinen Urteilen, etwa über die Kunst, überhaupt zu leugnen. Aber hier gibt es immerhin verschiedene Möglichkeiten, die Entstehung der Gegensätze mit Gründen zu erklären, indem man z.B. auch Nietzsches wechselnde Urteile über die Kunst einer Geschichte des Werdens und des Wandels einschreibt, oder indem man der Versuchung nachgeht, die scheinbaren Gegensätze als Teile eines höheren Ganzen zu erweisen, oder indem man seine Zuflucht in einer gelegentlichen Suggestion Nietzsches findet, derzufolge er gerade das eigentlich Gemeinte in seinen Schriften nicht immer ausgesprochen habe. Dagegen werden mit der Entdeckung des Perspektivismus alle Erklärungen im doppelten Sinne des Wortes gegenstandslos. Denn es ist die Entdeckung des Perspektivismus, die Nietzsche die Ansicht vertreten läßt, es gebe keine Tatsachen, sondern „nur Interpretationen“. Und selbst der Hinweis auf die Subjektivität des Interpreten hinter der Interpretation wird als eine „Auslegung“ abgetan: „Schon das ist Dichtung, Hypothese“.[8]

Dies ist zugleich der Zusammenhang, in dem Nietzsches Kritik am neuzeitlichen Ich bzw. am Ich überhaupt steht. In historischer Hinsicht hält Nietzsche das Ich, besonders aber die „Lust am Ich“, für eine rela-

---

[7] KGW VI,1, S. 25.
[8] KGW VIII,1, S. 323.

tiv späte Erfindung.[9] Erst das Christentum habe das Individuum herausgefordert, „sich zum Richter über Alles und Jedes aufzuwerfen" – und habe damit zur Vermehrung der verrückten Begriffe im „Fleisch der Modernität" beigetragen.[10] Mit anderen Worten, Nietzsche glaubt weder an die Unteilbarkeit des Individuums noch an die Einheit des Ich. Vielmehr seien es die „fortwährenden Übergänge", die der Rede von *dem* Individuum entgegenstehen.[11] Nietzsche spricht deshalb beinahe gleichlautend von der „falsche(n) Verselbständigung des ‚Individuums'[12] und von der „falsche(n) Versubstanzialisierung des Ich"[13]; wie er schließlich auch, gleichsam um die Begriffs-Trilogie komplett zu machen, vom „Subjekt" sagt, daß es „nur eine Fiktion" sei.[14] In zahlreichen Anläufen stellt Nietzsche die Frage nach dem Ich; und eine von vielen ähnlich klingenden Antworten lautet: „Eine Art Perspektive im Sehen wieder als *Ursache des Sehens selbst* zu setzen: das war das Kunststück in der Erfindung des ‚Subjekts', des ‚Ich'!"[15] Schließlich scheint Nietzsche der Wiederholungen selbst überdrüssig zu werden. Zumindest legen das solche Passagen nahe, in denen Nietzsche die rhetorische Aufgeregtheit seiner Kritik am „Wörtchen ‚ich'" gegen die ruhigere Perspektive des Rückblicks auf ein vergangenes Ereignis vertauscht. „Jetzt, ziemlich spät," sagt Nietzsche, „sind wir reichlich davon überzeugt, daß unsere Conzeption des Ich-Begriffs nichts für eine reale Einheit verbürgt".[16] Dies ist die Lehre des Perspektivismus, derzufolge das Ich selbst nur eine Perspektive und folglich nur eine Illusion ist. Tatsächlich geht aber die Übereinstimmung in dieser Sache keineswegs so weit, wie Nietzsche hier zu suggerieren scheint. Vielmehr ist ja, wie Nietzsche ebenfalls sagt, der moderne Mensch gerade dadurch ausgezeichnet, daß er sich mit allen Mitteln in der Illusion zu erhalten sucht; wie es gerade dieser Umstand ist, der Nietzsches Kritik der Modernität herausfordert. Übereinstimmung in dieser Sache ist folglich nur von denen zu erwarten, die schon in Nietzsches Kritik der Modernität eingestimmt haben.

[9] KGW VI,1, S. 71.
[10] KGW VIII,3, S. 218.
[11] KGW VII,3, S. 285.
[12] KGW VIII,2, S. 153.
[13] KGW VIII,2, S. 152.
[14] KGW VIII,2, S. 62.
[15] KGW VIII,1, S. 160.
[16] KGW VIII,3, S. 50.

Im Zusammenhang des Nietzscheschen Denkens erscheint der Perspektivismus als ein Gegensatz zur Metaphysik *und* zum Positivismus. Denn mit der Annahme einer perspektivischen Welt als der einzigen Welt, „die *uns etwas angeht*", wird sowohl die Wirklichkeit der Tatsachen als auch die Wahrheit der Ideen geleugnet, wie schließlich jede Wahrheit geleugnet wird.[17] Der Unterschied zu anderen Formen der Kritik bei Nietzsche liegt also darin, daß hier nicht nur die bekannten Wege zur Wahrheit auf ihre Angemessenheit hin befragt werden, daß nicht nur diese oder jene Wahrheit als eine Täuschung entlarvt wird, daß nicht nur der Wert der Wahrheit in Hinblick auf andere Werte bezweifelt wird, sondern daß die Möglichkeit der Wahrheit überhaupt bestritten wird. Damit war, wie Nietzsche zweifellos dachte, die letzte Konsequenz seines antiplatonischen Experiments ausgesprochen; zugleich war freilich die Bedingung der Möglichkeit, unter der dieses Experiment hätte gelingen können, fragwürdig geworden.[18] Denn zu den Konsequenzen des Perspektivismus für Nietzsches eigenes Denken gehört offenbar, daß mit dieser Deutung alle anderen Deutungen, die Nietzsche gegeben hat – insbesondere also seine positive Philosophie –, in ihrer Bedeutung depotenziert werden. Oder anders gesagt: auch Nietzsches Deutungen sind nicht „wahr", sondern nur Interpretationen – bzw. nur Perspektiven. Eine konsequente perspektivische Argumentation vorausgesetzt, müßte dieses Schicksal schließlich auch noch die Theorie des Perspektivismus selbst betreffen.

Bedenkt man weiterhin den Gegensatz von Kunst und Wahrheit von der Voraussetzung des Perspektivismus her, so leuchtet ein, daß der Perspektivismus in erster Linie in ein entgegengesetztes Verhältnis zur Wahrheit tritt, während die Kunst durchaus mit dem Gedanken des Perspektivismus übereinzustimmen vermag. Die letzte Konsequenz des Perspektivismus lautete ja gerade, daß es keine Wahrheit gibt, sondern nur Interpretationen bzw. Perspektiven. Diese Auskunft muß allerdings für eine jede Wissenschaft, die noch auf die eine oder andere Weise an der Frage nach der Wahrheit festhält, ruinös sein. Dagegen ergeben sich solche Probleme in bezug auf die Kunst nicht, da die Kunst von vornherein eine besondere Affinität zu einer perspektivischen Weltauslegung zu haben scheint – und vielleicht sogar selbst eine solche Auslegung ist.

---

[17] KGW VIII,1, S. 112.

[18] Dazu R. K. Maurer, Das antiplatonische Experiment Nietzsches. Zum Problem einer konsequenten Ideologiekritik. In: Nietzsche-Studien 8 (1979), S. 104–126.

Zwar ist die Entdeckung des Perspektivismus für Nietzsche zunächst ein erkenntnistheoretisches Problem – eine Problematisierung des menschlichen Erkenntnisvermögens und ein Urteil über die Erkennbarkeit der Welt –, aber die Struktur seines Arguments ist so angelegt, daß es bald die von der Wissenschaft gezogenen Grenzen überschreitet, um sich dem ewig interessanten Thema der Kunst, das auch hier als eine Alternative erscheint, zu nähern. Man muß folglich zwischen einem erkenntnistheoretischen und einem ästhetischen Perspektivismus unterscheiden. Der erkenntnistheoretische Perspektivismus hat die Bedeutung einer Aufklärung über die wirkliche („perspektivische") Verfaßtheit der Welt, woraus sich die entsprechenden Folgerungen für die Erkennbarkeit dieser Welt ergeben. Wenn man davon ausgeht, wie Nietzsche das anscheinend tut, daß es der Wissenschaft in jedem Falle auf die Eindeutigkeit und Beweisbarkeit ihrer Resultate ankommen muß, dann sind die Folgerungen des erkenntnistheoretischen Perspektivismus für die Wissenschaft allerdings desillusionierend. Dagegen schlägt, was hier als ein Mangel erscheint, auf der Seite der Kunst als eine Bestätigung ihrer Vorzüge zu Buche. Denn natürlich ist von der Kunst nichts weniger zu fordern als die Eindeutigkeit oder gar Beweisbarkeit *ihrer* Resultate. Man könnte deshalb sogar sagen, daß die Kunst geeigneter sei, die wirkliche Verfaßtheit der Welt auszusprechen, da es zu den Vorzügen der Kunst gehöre, in einem höheren Maße ‚seinsadäquat' zu sein als die Wissenschaft.

Die Entdeckung des Perspektivismus hat folglich in Nietzsches Denken die Bedeutung einer Radikalisierung der Wahrheits-Kritik, die von einer ebenfalls radikalisierten Rechtfertigung der Kunst begleitet ist bzw. zu dieser hinführt. Darin deutet sich eine scheinbare Kontinuität der Nietzscheschen Intentionen an. Der Unterschied zwischen der frühen Wahrheits-Kritik und der späteren Entdeckung des Perspektivismus liegt aber darin, daß Nietzsche der Auffassung war, nunmehr auch die Metaphysik in einem endgültigen Sinne überwunden zu haben. Während zuvor die Dignität der Kunst darin bestehen sollte, daß sie die eigentlich metaphysische Tätigkeit sei, soll nun die Kunst gerade für eine „antimetaphysische Weltbetrachtung" stehen – bzw. deren alleinige Angemessenheit vor Augen führen.[19] Nietzsches Weg führt in dieser Hinsicht also von der frühen Artisten-Metaphysik zu dem ästhetischen (und erkenntnistheoretischen) Perspektivismus des Spätwerkes.

[19] KGW VIII,1, S. 158.

Zwar liegt dazwischen der positivistische Angriff auf die Kunst, wie auch das Spätwerk neben der Entdeckung des Perspektivismus noch zahlreiche andere Wertsetzungen und Einschätzungen (auch metaphysische) kennt, dennoch muß man sagen, daß die Kunst in allen Phasen des Nietzscheschen Denkens eine zentrale Rolle spielt. Und gerade deshalb ist die Vermutung nicht von der Hand zu weisen, daß Nietzsches Rechtfertigung der Kunst letztlich einer Überforderung der Kunst gleichkommt: daß die Kunst in einer Welt, in der die Trennung von Wahrheit und Schein nicht mehr gelten soll, schließlich „ortlos" wird.[20]

Zwar ergeben sich hieraus unübersehbare – und vielleicht auch unlösbare – Probleme für die Theorie der Kunst, von der Kunst selbst indes ließe sich sagen, daß sie abermals in einem höheren Maße ‚seinsadäquat' erscheine, insofern die Ortlosigkeit nicht nur das Schicksal der Kunst, sondern – nach dem Tod Gottes – auch das Schicksal des modernen Menschen zu sein scheint. Das vielleicht berühmteste Wort Nietzsches meint ja in seiner allgemeineren Konsequenz nichts anderes als den Verlust jeglicher Transzendenz, oder, mit Nietzsche gesprochen, das Hinfälligwerden des Glaubens an eine „wahre" Welt hinter der wirklichen („perspektivischen") Welt.[21] Deshalb erscheint die Kunst, die in ihrem Wesen selbst perspektivisch ist, als die gemäßere Weise der Weltbetrachtung.

Aber, so muß man hier fragen, gibt es eine solche Kunst überhaupt? Oder handelt es sich lediglich um eine von Nietzsches Umkehrungen, um das experimentelle – und manchmal sogar nur polemische – Ausspielen der einen Perspektive gegen eine andere, etwa so, wie Nietzsche Bizet gegen Wagner ausgespielt hat, ohne letztlich von der Überlegenheit Bizets wirklich überzeugt zu sein? Die zahlreichen Urteile Nietzsches über bestimmte Werke der Kunst und Literatur können hier offenbar nicht als eine direkte Bestätigung dienen, da die Diskrepanz zwischen Nietzsches enthusiastischer Kunstdeutung einerseits und der Negativität seiner Kunsturteile andererseits zu offensichtlich ist. Ebenfalls kann Nietzsches eigene Kunst hier nicht ohne weiteres zum Maßstab genommen werden, da sie fast immer zu philosophisch ist, um ein unbefangenes Kunst-Urteil zu gestatten. Lenkt man folglich auf das Grundsätzliche zurück, so ergibt sich die doppelte Konsequenz, daß

---

[20] Siehe Walter Schulz, Funktion und Ort der Kunst in Nietzsches Philosophie. In: Nietzsche-Studien 12 (1983), S. 1–31, hier S. 31.

[21] Vgl. Martin Heidegger, Nietzsches Wort „Gott ist tot". In: Ders., Holzwege. Frankfurt/M. ^{4}1963, S. 193–247, bes. S. 222 ff.

eigentlich alle Kunst der perspektivischen Verfaßtheit der Welt entspricht, daß aber erst eine spezifisch moderne Kunst hiervon ein deutliches Bewußtsein haben kann. Die erste Konsequenz hat Nietzsche gezogen; der zweiten Konsequenz haben sich zahlreiche Künstler und Dichter *im Anschluß an Nietzsche* genähert.

Auch der Perspektivismus ist folglich zugleich ein zeitloses und ein ‚modernes' Phänomen. Von Nietzsche her gesehen verhält es sich genauer so, daß die perspektivische Verfaßtheit der Welt zu allen Zeiten die einzige Wirklichkeit der Welt gewesen ist. Aber der Mensch hat sich lange Zeit über diesen Sachverhalt getäuscht, indem er die tatsächliche Leere der Transzendenz mit verschiedenen Fiktionen ausgestattet hat. Solche Fiktionen sind nach Nietzsches Ansicht die zeitlosen Ideen, die ewigen Werte und die unsterblichen Götter, aber auch das Subjekt, das Individuum und das Ich. Im Glauben an diese Fiktionen habe der Mensch über Jahrhunderte hinweg sich den Blick auf die wirkliche Welt verstellt. Nietzsches Wort vom Tod Gottes verweist deshalb auf ein mögliches Ende der jahrhundertelangen Selbsttäuschung des Menschen, denn gemeint ist eben nicht nur der Tod eines bestimmten Gottes, sondern die Negation aller Transzendenz. Damit wird endlich, wie Nietzsche meint, der Blick auf die wirkliche („perspektivische") Welt möglich; was freilich nicht heißt, daß dieser Blick sogleich zur allgemeinen Weise der Weltbetrachtung für alle Menschen wird. Dagegen spricht vielmehr bereits der Umstand, daß es – in der literarischen Organisation des Nietzscheschen Werkes – zunächst der „tolle Mensch" ist, der das Wort vom Tod Gottes ausspricht.[22] Die Erkennbarkeit der perspektivischen Welt ist also kein plötzliches Ereignis in der Geschichte, wie es in dieser Hinsicht offenbar auch keine präzisen Daten gibt. Dennoch ist mit dem Wort vom Tod Gottes eine historische Zäsur benannt, die den Verlauf der Geschichte in eine Geschichte vor dem Tod Gottes und eine Geschichte nach dem Tod Gottes unterteilt. Das Wort vom Tod Gottes hat deshalb auch die Bedeutung, den Beginn einer spezifisch „modernen" Welt zu bezeichnen – einer Welt, die ebenso transzendenzlos wie perspektivenreich ist. In diesem Sinne wird Nietzsche zum Interpreten der modernen *Welt,* von dem zugleich angenommen wird, daß er die moderne *Literatur* entscheidend beeinflußt habe.[23]

---

[22] KGW V,2, S. 158.

[23] Vgl. etwa Beda Allemann, Nietzsche und die Dichtung. In: Nietzsche. Werk und Wirkungen. Hg. von H. Steffen. Göttingen 1974, S. 45–64, bes. S. 62 f.

Allerdings sind die Wirkungen, die von Nietzsches Deutung der modernen Welt ausgehen, um in zahlreichen Werken der modernen Literatur ihren Niederschlag zu finden, von durchaus verschiedener Art. Häufig handelt es sich um weltanschauliche Anleihen, manchmal um stilistische Übernahmen, und gelegentlich sogar um den Versuch, aus dem Philosophen einen Helden der Literatur zu machen. Was Nietzsche selbst seine „Literatur“ nannte, findet folglich auf vielfache Weise Eingang in die Werke anderer Autoren. Fragt man dagegen bestimmter nach dem Fortwirken der Nietzscheschen Deutung der modernen Welt – und also insbesondere nach dem Fortwirken der Nietzscheschen Entdeckung des Perspektivismus –, so scheinen es im wesentlichen zwei Bedeutungen zu sein, die hier hervorzuheben sind. Die eine Bedeutung betrifft vornehmlich den Aspekt des Inhalts: also die Darstellung der perspektivischen Welt, mitsamt allen negativen und positiven Folgen, die sich aus dem Tod Gottes (bzw. dem Verlust der Transzendenz) für den modernen Menschen ergeben. In dieser Hinsicht scheint Nietzsches Deutung besonderen Eindruck auf die Dichter des Expressionismus gemacht zu haben, freilich nicht nur auf diese.[24] Die andere Bedeutung betrifft außerdem den Aspekt der Form: also den weitergehenden Versuch, die Darstellung der perspektivischen Welt zugleich in der Form einer perspektivischen Darstellung zu realisieren. In dieser Hinsicht scheinen Nietzsches Entdeckungen insbesondere von Thomas Mann wiederentdeckt und benutzt worden zu sein, freilich auch dies nicht nur von diesem.[25] Insgesamt kann man sagen, daß die selbstgewählte Unzeitgemäßheit Nietzsches ihre Wirkung nicht verfehlt hat, da es offenbar zu den Eigenschaften seines Werkes gehört, auf viele spätere Dichter und Denker den Eindruck großer Zeitgemäßheit zu machen. Aber es wäre falsch, wenn man von diesem Sachverhalt umstandslos auf Nietzsches ‚Modernität‘ schließen wollte. Zumindest ist hier mit größtmöglicher Deutlichkeit zwischen der Modernität zu unterscheiden, die Nietzsche von anderen Autoren zugeschrieben wurde, und der Modernität, die Nietzsche selbst beschrieben hat.[26]

---

[24] Dazu James Rolleston, Nietzsche, Expressionism and Modern Poetics. In: Nietzsche-Studien 9 (1980), S. 285–301.

[25] Dazu Peter Pütz, Kunst und Künstlerexistenz bei Nietzsche und Thomas Mann. Zum Problem des ästhetischen Perspektivismus in der Moderne. Bonn ²1975.

[26] Der vorliegende Vortrag ist die überarbeitete, teils gekürzte, teils erweiterte Fassung des IX. Kapitels einer Arbeit, die 1987 unter dem Titel ‚Literatur und Modernität‘ im V. Klostermann Verlag erscheinen wird.

Diskussion

Nietzsches Modernitätskritik als Dekadenzkritik und der Perspektivismus

W. SOKEL bringt den Dekadenzbegriff in die Diskussion ein, um den negativen Aspekt der Moderne in Nietzsches Denken zu verdeutlichen: „Das Positive des modernen Zeitalters sieht Nietzsche – vereinfacht gesagt – in der Widerlegung Gottes, der Absage an die Transzendenz. Das Negative aber liegt in dem, was er in Form von Dekadenz als christliches Erbe zu erkennen meint: verminderte Gesundheit und Wertfähigkeit, verminderter Lebensglaube usw. In diesem Sinne ist Nietzsche antimodern. Er hat ja auch den Sozialismus, den Pazifismus als moderne Erscheinungen bekämpft."

U. JAPP entgegnet, er habe die Auseinandersetzung mit Wagner und das ganze Dekadenzproblem nicht eigens ausführlich behandelt, sondern es vorgezogen, über die Problematisierung des Perspektivismus und die sich daraus ergebenden Folgen das Grundsätzliche darzustellen: „Denn darauf läßt sich auch die Kritik an der Dekadenz und an Wagner zurückführen, gerade im ‚Fall Wagner' und in ‚Ecce Homo'. Auf den Punkt gebracht, läuft Nietzsches Kritik an der Dekadenz darauf hinaus, daß die moderne Kunst diejenige eines Schauspielers geworden sei, also eine Kunst der Fälschung. Er spricht in diesem Zusammenhang zwar auch wieder von der ‚Farbenbuntheit des modernen Menschen und ihrem Reiz' [KGW VIII, 1, S. 119]. Aber eigentlich entscheidend ist für ihn die moderne ‚Schauspielerei', die keine Werke mehr zu schaffen vermag, die keinen Standpunkt einnimmt. Darin liegt, poetologisch gesprochen, das Antimoderne in Nietzsches Denken. Man kann dies an den Äußerungen aus dem Nachlaß zur ‚eigentlichen Modernität' konkretisieren, denn die eigentliche Modernität zeigt sich in der ‚Lust an der Nüance' [KGW VIII, 1, S. 297], und das ist im weiteren Sinn eben wieder die Dekadenz. Gegen sie führt er den Willen ins Feld, den Willen, der zu sich selbst zu stehen vermag, und verweist dabei erneut auf die älteren Griechen. Darin sehe ich den poetologischen Antimodernismus, den Nietzsche ja auch deutlich im 18. Jahrhundert festgemacht hat, und zwar am Bruch zwischen Tragédie classique und Sturm und Drang. In seiner Perspektive gab es dort eine Weichenstellung auf dem Weg in die Moderne, gegen die er deutlich Stellung nimmt, indem er sich für Voltaire und gegen die Dichter des Sturms und Drangs ausspricht [KGW IV, 2, S. 182 ff.]. Das Verwunderliche daran ist das, man möchte sagen, Altfränkische seiner literarischen Kritik im Vergleich zur Exklusivität seiner philosophischen Thesen."

Abschließend stellt JAPP im Dialog mit SOKEL fest, daß, rein äußerlich gesehen, bei Nietzsche zwar die negativen Urteile über die Moderne stark überwiegen. Eigentlich liege aber ein dialektisches Verhältnis vor, das dazu zwinge, Nietzsches Aussagen aus der poetologischen Sphäre in die philosophische zu übersetzen und umgekehrt.

Mit der Frage F. TROMMLERS, ob der späte Nietzsche nicht im „Schauspieler" Wagner immer noch, wie anfangs, den mythenschaffenden Künstler bewundere, als der er schließlich auch selber gelten möchte, kommt Nietzsches Perspektivismus als Relativismus ganz konkret ins Spiel: Die ambivalente Bewertung Wagners als eines Mythenbildners und Schauspielers – so JAPP – entspreche genau der ambivalenten Haltung Nietzsches zur Moderne.

Zur Forderung des Referats, man müsse als Interpret den Perspektivismus auf Nietzsche selbst anwenden, auch auf seine sogenannte ‚positive Philosophie', ergänzt W. WEISS, daß es dazu „eine Art Pendant in Nietzsches eigenem Denkstil gibt, daß er nämlich selbst verwendet, was er bekämpft. So widerlegt er in den Notizen zum ‚Willen zur Macht' den Satz vom Widerspruch gerade unter Benützung dieses Satzes [KGW VIII, 2, S. 53 ff.] – mit andern Worten, er unterläuft sein eigenes Unternehmen im Ansatz." – Hinsichtlich solcher Selbstwidersprüche in Nietzsches Denken verweist U. JAPP auf Müller-Lauters elegante Formel: Nietzsches ‚Philosophie der Gegensätze und die Gegensätze seiner Philosophie'[1] und fügt hinzu: „Es scheint in der logischen Konsequenz des Perspektivismus zu liegen, daß er sich schließlich noch perspektivisch gegen sich selbst wenden mußte; so eröffnet sich gleichsam eine metaphysische Sandgrube, in der der Philosoph samt seinen Lesern verschwindet."

Zur Geschichte des neuzeitlichen Perspektivismus

W. SOKEL erinnert an die Herkunft des Perspektivismus aus der Renaissance-Malerei. Seine Anregung, jenen Perspektivismus von dem Nietzscheschen möglichst genau zu unterscheiden, wird nicht aufgegriffen [s. u. S. 341f.].

W. WEISS möchte Goethe in den historischen Zusammenhang des neuzeitlichen Perspektivismus einbezogen wissen, besonders seine ‚Geschichte der Farbenlehre', in welcher er sich mit vergangenen Positionen immer wieder unter dem Aspekt der Vorstellungsweisen, von denen die Autoren bestimmt werden, auseinandersetze. In Ergänzung zu den Diskussionen des vorangegangenen Tages schlägt er vor, den Goetheschen Perspektivismus auch bei der ‚Faust'-Interpretation zu berücksichtigen, z. B. bei der Erdentstehungsdiskussion zwischen Faust und Mephisto[2], worin Goethe eigene Standpunkte, die er früher dogmatisch bezogen hat, relativiert. – U. JAPP sieht bei Goethe in der Tat Anklänge an Nietzsches Perspektivismus – so auch in der berühmten Äußerung gegenüber Iken über die „wiederholten Spiegelungen".[3] Aber es fehle hier doch noch die radikale erkenntnistheoretische Bedeutung, die das Phänomen bei Nietzsche erhält.

I. STROHSCHNEIDER-KOHRS fragt nach der besonderen Art dieser Radikalisierung des erkenntnistheoretischen Perspektivismus – der ursprünglich wohl von Leibniz herzuleiten wäre, aus dem jedoch das 18. Jahrhundert noch nicht die Konsequenzen gezogen habe, die ein Jahrhundert später sichtbar seien: „Man ist jetzt nicht mehr mit der Partialität der Erkenntnis einverstanden; man ist nicht mehr mit der Poesie als Organon des Weltverständnisses einverstanden.

[1] Titel einer Nietzsche-Studie von 1971.
[2] Am Beginn des 4. Akts von ‚Faust II'.
[3] Vgl. den gleichnamigen Aufsatz Goethes und seinen Brief an Iken vom 27.9.1827.

Dabei verbindet man die Ablehnung des Christentums mit der Ablehnung der Vernunftorientierung, so daß beide seltsamerweise zugleich von der Kritik getroffen werden. Meine Frage, ganz vereinfacht, lautet: Welche Radikalisierung aufgrund welcher Selbstüberschätzung des Ich hat hier stattgefunden?"

U. Japp weist darauf hin, daß auch das Selbstverständnis Nietzsches dazu anleite, den Perspektivismus weiter in die Vergangenheit zurückzuverfolgen, „da Nietzsche das Nicht-Wahrnehmen der perspektivischen Welt für eine spezifisch moderne Geistestäuschung hält. Was die Selbstüberschätzung des Ich angeht, so gibt es sie nicht ohne das Komplement einer Selbstnegation des Ich. Es scheint mir wichtig für die Geschichtsschreibung des neuzeitlichen Ich unter literarischen und philosophischen Gesichtspunkten, diesen dialektisch zu begreifenden Höhepunkt in der Geschichte des Ich-Begriffs zu sehen. Von Nietzsche her läßt er sich am besten beleuchten. Von ihm aus kann man die Folgen in der einen oder der anderen Hinsicht am ehesten begreifen, was sich vielleicht bei Hofmannsthal, Musil und anderen Autoren noch zeigen wird."

Perspektivismus und die wechselnden Bewertungen von Poesie und Kunst durch Nietzsche

A. Stephens bezweifelt, daß bei Nietzsche während der Periode des Perspektivismus tatsächlich eine „relativ stabile positive Einstellung zur Kunst feststellbar sei". Seine Gegenthese lautet: „Nietzsches Ressentiment gegen die Fiktion als solche hat auf die Kunst übergegriffen, woraus sich ein ungeklärtes Verhältnis zu den ästhetischen Phänomenen ergab, das auch in der Zeit des Perspektivismus als ungelöster Rest erkennbar ist."

U. Japp stellt zunächst klar, daß der Perspektivismus bei Nietzsche kein ausgearbeitetes philosophisches Konzept ist und daß es ihn auch nicht ausschließlich im Nachlaß und den umliegenden Schriften gibt (sondern zum Beispiel auch schon in der ‚Fröhlichen Wissenschaft'). „Aber Nietzsches Fiktionsabneigung äußert sich doch vor allem in seiner mittleren Zeit – in ‚Menschliches, Allzumenschliches' –, in der er, ähnlich wie Hegel, eine geschichtsphilosophische Theorie entwickelt, nach welcher die Kunst an ihr Ende gelangt sei. Es ist also mehr die Wissenschaftsgläubigkeit des mittleren Nietzsche, die seine negative Einstellung zur Kunst inspiriert hat. Das verliert sich danach wieder, und die Kunst gewinnt in späteren Schriften eine größere Bedeutung, analog zu jener in den Frühschriften."

P. H. Neumann schließt seinen Beitrag zum Verhältnis von Perspektivismus und Musik an die ‚Faust'-Diskussion des Vortages an. Mit Beziehung auf die schon erörterte Frage, ob Thomas Manns Faustus eine Künstler- oder nicht vielmehr eine Musikergestalt sei [s. o. S. 151f.], und in Erinnerung an Nietzsches Polemik gegen den „Schauspieler" Wagner und Schopenhauers „Metaphysik der Musik", die auf Nietzsche gewirkt habe, verweist Neumann auf eine der „großen Beunruhigungen" in unserm Nachdenken über Musik. „Das ‚Ich der Musik', ihr Subjekt, ist nicht eigentlich zu erfassen – was auch die Reflexionen der romantischen Dichter zeigen. Die Geschichte der Programmusik mag ein Versuch sein, mit Hilfe literarischer Programme dieses Ichs innerhalb der

Musik habhaft zu werden. Und wenn Wagner von Nietzsche ein Schauspieler genannt wird, läßt sich das vielleicht ebenfalls als ein Versuch betrachten, hier den Perspektivismus einzuführen und das unterstellte Subjekt der Musik in die perspektivische Relativierung zu zwingen. In diesem Lichte wäre auch die polemische Herabsetzung Bizets gegenüber Wagner zu sehen: Obgleich Nietzsche natürlich die Unvergleichbarkeit beider Meister erkannte, gewann er doch so die Möglichkeit, zwei verschiedene Haltungen quasi perspektivisch gegeneinander auszuspielen."

Die Umsetzung des Perspektivismus in poetische Formen

Nach K. Weissenberger hat sich der Perspektivismus ästhetisch vor allem in der aphoristischen Form niedergeschlagen, so in den Aphorismenketten des ‚Ecce homo': „Dort findet der Perspektivismus formal seine erste gültige Realisierung. Später wirkt er sich in dieser Beziehung noch deutlicher bei Benjamin und Benn aus." U. Japp stimmt dem zu, hält aber die Anwendung des Perspektivismus auf die Strukturen größerer literarischer Werke, z. B. von Romanen, für wichtiger.

Daß die Literatur nach Nietzsche teils ihn selbst oder seine Erfahrungen zu ihrem Inhalt macht, teils den Perspektivismus formal übernimmt, war eine These des Vortrages gewesen. H. Kreuzer nennt für beides Beispiele. Zum einen Valérys ‚Mon Faust', wo der „Solitaire" natürlich eine Darstellung Nietzsches sei, so wie auch der Tod Gottes als Inhalt behandelt werde; zum anderen Michel Butors ‚Votre Faust': „ein Opernlibretto, das formal so angelegt ist, daß der Fortgang der Handlung jeweils von den Zuschauern bestimmt werden muß und somit in keiner Aufführung identisch sein kann. Auf diese Weise löst sich natürlich das Werk auf, und man stößt auf eine gewisse Grenze der Kunst – ganz in dem Sinne, wie im Vortrag gesagt wurde, daß mit dem Perspektivismus die Kunst eigentlich überfordert sei. Butor zieht also nur die radikale Konsequenz aus diesem Entwurf."

Eine mögliche andere Konsequenz nennt abschließend U. Japp, indem er die poetischen Umsetzungsschwierigkeiten des Perspektivismus Nietzschescher Provenienz mit Thomas Manns ‚Doktor Faustus'-Problematik in Verbindung bringt: „Thomas Mann deutet, ähnlich wie Nietzsche in seiner Dekadenzkritik, die moderne Kunst als das Phänomen einer Endzeit: Die Frage, wie Kunst in dieser Situation noch möglich sei, stellt im ‚Doktor Faustus' der Teufel an den Komponisten – der Teufel als Herr des Enthusiasmus, der nach antiker Tradition für die Kunstschöpfung zuständig sein soll. Die Lösung, die er anbietet und gleichzeitig verächtlich macht, ist die der Parodie und Ironie. Thomas Mann greift sie in seiner Darstellung auf, und es ist durchaus denkbar, daß Parodie und Ironie Formen des Perspektivismus sind."

Ingrid Strohschneider-Kohrs

Gesten der Selbsterfahrung in Hofmannsthals ‚Der weiße Fächer'

Karl Maurer zum 60. Geburtstag gewidmet

In Hofmannsthals Frühwerk ist in sehr vielen Versionen von der Ich-Erfahrung, von den Fragwürdigkeiten des Selbst- oder Identitätsbewußtseins die Rede; auch die Konfrontationen mit der Pluralität des eigenen Seins finden in einer Reihe von Bildern und Figuren des Frühwerks überaus reiche Spiegelung. Es scheint aber, daß unter allen Frühwerken ‚Der weiße Fächer', dies 1897 in wenigen Tagen nach dem Varese-Aufenthalt niedergeschriebene, im Untertitel als „ Zwischenspiel" bezeichnete Stück[1], nur wenig – oder kaum deutliche Auskunft zu geben vermag auf gerade *diese* Fragen; weniger jedenfalls als diejenigen der frühen Dramen, die – wie ‚Gestern' oder ‚Tor und Tod' oder auch ‚Kaiser und Hexe' – jeweils eine sehr klar beleuchtete Facette der Ich-Thematik an einer ins Zentrum gerückten Problemfigur zu erkennen geben. Dem ‚Weißen Fächer' dagegen wird in manchen Deutungshinweisen nur oder eher eine ins Negative, in die Negation hinüberführende Ich-Problematik attestiert. Das Stück – oder doch ein an pointierter Stelle des dramatischen Vorgangs plazierter Textpassus – spreche von der „Unrettbarkeit des Ich" in einem nicht vagen oder nur weiten Sinne; es werde vielmehr jene „Auflösung des Individuums, seiner Individualität" darin „beschrieben"[2], wie sie bei Ernst Mach aufgewiesen und mit eben dem später von Hermann Bahr zum Schlagwort erhobenen Diktum vom ‚unrettbaren Ich'[3] artikuliert worden sei.

---

[1] Es wird nach folgenden Hofmannsthal-Ausgaben zitiert: Der Text des ‚Weißen Fächer' nach: Sämtliche Werke. Kritische Ausgabe. Bd. III,1. Hg. v. G.E.Hübner, K.-G.Pott, Chr.Michel. Frankfurt/M. 1982, S.151–176. – Es werden unmittelbar an die Zitierung im folgenden stets nur die Seitenzahlen in Klammern angegeben. Aus Hofmannsthals ‚Aufzeichnungen' (A) und Prosa (P I) wird nach: Gesammelte Werke in Einzelausgaben. Hg. v. Herbert Steiner. Frankfurt/M. 1945 ff. (A: Aufl. 1973; P I: Aufl. 1956) zitiert.

[2] Herbert Kollenz, Ironie als Form relativistischer Lebensauffassung. Zu Szondis These einer Ironisierung der Treue in Hofmannsthals ‚Der weiße Fächer'. In: Acta Germanica 11 (1979), S.121.

[3] Hermann Bahr, Zur Überwindung des Naturalismus. Theoretische Schriften 1887–1904. Hg. v. Gotthart Wunberg. Stuttgart 1968, S. 183ff. – Näheres zu dieser ‚Formel' und zum Komplex der Mach-Fragen vgl. unten im *Exkurs*.

Verbindet sich eine solche These und Vorstellung zudem mit den mehrfach, in verstreuten Hinweisen anzutreffenden Deutungen, daß auch die Kompositionsform des ‚Weißen Fächer'-Dramas als eines der typisch „impressionistisch" zu nennenden „Intermezzi", als nur eine Stimmungs- oder Augenblicks-Szenerie, zu charakterisieren sei[4], dann ist der Blick für die thematischen und strukturellen Besonderheiten dieses Werks nicht wenig verstellt.

Sujet und Thematik

Daß eine thematische Entzifferung dieses überaus zarten poetischen Stückes ihre eigenen Schwierigkeiten hat, wird bereits mit dem Titel bemerkbar, der – anders als bei anderen der frühen lyrischen Dramen – weder mit einem Namen noch einem Problemwort ein gedanklich zentrales Thema annonciert.

Wird etwa nur die ‚Fabel' oder das ‚Inhaltliche' des Dramas beachtet, dann mag sich, wie bei den frühesten Kritikern, der Wunsch nach einem „kräftigeren" Geschehen und einem lebhafteren, ‚stärkeren' Schluß einstellen[5]; nach einem solchen Dramenende, das die Begegnung der beiden „jungen Witwer", Fortunio und Miranda, in glücklichem, direktem Verständnis statt einem nur „angedeuteten" gipfeln ließe. Freilich läßt sich kaum verkennen, daß das Stück einer anderen Intention folgt als der, so rasch und direkt wie möglich zu einer happy-end-Lösung zu führen. Auch die Verse des Epilogs sind dazu angetan, auf anderes als nur die glückliche Wendung der ‚Fabel' zu deuten:

was weiter noch geschieht,
Erratet Ihr wohl leicht, doch dieses Spiel
Will sich mit mehr an Inhalt nicht beladen,
Als was ein bunter Augenblick umschließt. (176)

---

[4] Richard Hamann/Jost Hermand, Impressionismus. Berlin ^{2}1966, S.359. – Auf die Form des lyrischen Dramas und die darin erkennbaren impressionistischen Züge weist W. Nehring hin, ohne allerdings auf den ‚Weißen Fächer' einzugehen. Wolfgang Nehring, Hofmannsthal und der Wiener Impressionismus. In: ZfdPh 94 (1975), S.491 ff.

[5] Vgl. folgende Briefäußerungen: Otto Brahm am 4. Nov. 1897: „vor allem käme es darauf an, ein kräftigeres Geschehen zu wählen, eine nicht blos angedeutete, sondern auf der Bühne durchgelebte Schicksalswendung". – Arthur Schnitzler am 16. Nov. 1897: „käme es zwischen Fortunio und Miranda irgendwo, am besten wohl am Schluß, zu einem lebhaften Sichselber und Einanderverstehen – ganz kurz, aber stark, so wäre das Stück etwas vollkommenes". – Beide Briefe im vollen Wortlaut in: Hofmannsthal, Krit. Ausgabe Bd. III,1, S. 658 f.

Wird hier auf die Fiktionalität, das „Spiel" verwiesen, so ist auch den nachfolgenden Versen, die von Glück und Unheil, von „schwer" und „leicht" sprechen, kaum etwas wie eine ,moralité' des strengen, älteren Sinnes zu entnehmen, die aus den Motiven der ,Fabel' eine Mahnung ad spectatores zu transformieren hatte.[6]

Und doch entstammt das Sujet zu Hofmannsthals Drama einer Quelle und literarischen Überlieferung, die sehr eindeutig *moralische* Motive akzentuierte und auch keineswegs auf explizite Moralisationsformen verzichtete.[7] Die altchinesische Novelle, zu der das Motiv vom ,weißen Fächer' gehört, zeigt sowohl in ihrer älteren französischen Version bei Du Halde[8] wie auch in der jüngeren deutschen Übersetzung einen nicht geringfügigen Anteil moralischer Exkurse und Reflexionen. In dieser ausladenden Zauber- und Abenteuergeschichte steht als eine Art von Introduktion die Episode von der Frau, die auf dem Friedhof das Grab ihres Mannes trockenzufächeln sucht; der Verstorbene habe gewünscht, so ihre Auskunft, sie möge nicht eher, als das Grab trocken sei, wieder heiraten. – So lautet diese kurze Exempel-Situation und -Episode, die eine Reihe von überaus drastischen Vorkommnissen und Treue-Proben in der alten Erzählung einleitet. – Die deutsche Übersetzung dieser Novelle ist durch ein seit 1872 mehrfach aufgelegtes Buch des Titels ,Die treulose Witwe'[9] bekannt geworden und steht neben

---

[6] „Nehmts für ein solches Ding, wie mans auf Fächern
Gemalt sieht, nicht für mehr . . . allein bedenkt:
Unheil hat in sich selber viel Gewalt,
Das schwere Schicksal wirft die schweren Schatten,
Doch was Euch Glück erscheint, indes Ihrs lebt,
Ist solch ein buntes Nichts, vom Traum gewebt." (176)

Auf die in diesen Versen erkennbare Shakespeare-Allusion wird unten in Anm. 30 noch verwiesen.

[7] Es gibt mehrere Untersuchungen zu den die ,Quellen' betreffenden Fragen: Ellen Ritter, Die chinesische Quelle von Hofmannsthals Dramolett ,Der weiße Fächer'. In: arcadia 3 (1968), S.299–305; Ingrid Schuster, Die ,chinesische' Quelle des ,Weißen Fächers'. In: Hofmannsthal-Blätter 2 (1971/1974). S.168–172; Heinrich Zimmer, Von einem Weißen Fächer. Ein Beitrag zum Problem der unbewußten Entlehnung. In: Hofmannsthal-Blätter 25 (1982), S.44–65 (= Wiederabdruck aus Dt. Rundschau 50 (1924), S.295–309).

[8] J.B. Du Halde, Déscription géographique, historique, chronologique, politique et physique de l'Empire de la Chine et de la Tartarie chinoise. Paris 1737. Tome III, S. 401–416. – Die Anfangsepisode: S.405 f.

[9] Eduard Grisebach, Die treulose Witwe. Eine orientalische Novelle und ihre Wanderung durch die Weltliteratur. Wien 1872.

anderen in diesem Buch kolportierten Texten und Motivhinweisen auch in der Nachbarschaft zu Petrons ‚Matrone zu Ephesus'.[10]

Es ist nun von Interesse und wirft einiges Licht auf das von Hofmannsthal für den ‚Weißen Fächer' gewählte Sujet, daß er – wie die aus seinem Nachlaß veröffentlichten Materialien zeigen – der chinesischen Novelle „zwei verschiedene dramatische Konzepte abgewonnen" hat[11]: Unabhängig vom ‚Weißen Fächer' gibt es Entwurfsskizzen zu einem Drama, dessen Figuren und Situationen auf dem zweiten, überaus drastischen und stoffreichen Teil der alten Erzählung basieren und das „Monstruose" (so Hofmannsthals Wort in den Entwürfen) des durch „Untreue geknüpften Schicksals"[12] zeigen sollten. Zu diesem Konzept gehört der Titel ‚Die treulose Witwe'. – Das ‚Weiße Fächer'-Drama dagegen bezieht sich ausschließlich auf die Anfangsepisode der chinesischen Novelle. Deutlich genug ist erkennbar, daß es stofflich „zwischen ‚Fächer' und ‚Witwe' keine Überschneidung"[13] gibt. – Damit ist jedoch noch nichts über das mit der Fächer-Episode gegebene Motiv ausgemacht und noch nichts über die Thematik gesagt, die in Hofmannsthals Drama aus diesem Motiv entfaltet worden ist.

Es wäre falsch, einen ‚Sujetzwang' anzunehmen, der mit dem Fächer-Motiv gleichsam unausweichlich das ‚Untreue-Motiv' setzte oder vorgegeben hätte. Wollte man ohne jede Differenzierung nur von ‚Treue' oder ‚Untreue' handeln, so wäre die Dramenthematik nicht angemessen zu benennen – ein Einblick in den inneren Begründungszusammenhang des Stücks wäre nicht möglich. – In Hofmannsthals eigenen Bemerkungen, diesen wenigen oft zitierten oder paraphrasierten Hinweisen aus den späten Aufzeichnungen, wird der Begriff ‚Treue' hin-

---

[10] Auch in der – noch zu erwähnenden (s.u.) – französischen Version von Anatole France wird das ‚Satyricon' des Petron genannt. – Wenn aber in der Deutung von Hofmannsthals ‚Weißem Fächer' Vergleichshinweise auf die ‚Matrone von Ephesus' gegeben werden, liegt eine Fehlakzentuierung der Leitmotive und -gedanken relativ nahe. – Vgl. z.B. Peter Szondis Erwähnung der „Geschichte von der treulos-treuen Witwe von Ephesus" – und die Formulierung, es werde im ‚Weißen Fächer' die ‚Treue' „über Bord geworfen" (Peter Szondi, Hofmannsthals ‚Weißer Fächer'. In: Neue Rundschau 75 (1964), S.82). Es mag somit deutlich sein, wie wichtig die Stoff- und Motivunterscheidungen sind; sie werden durch die Edition der Nachlaß-Dokumente in der Kritischen Ausgabe (zum ‚Weißen Fächer' und zur ‚Treulosen Witwe') zureichend erkennbar.

[11] Christoph Michel in der Kritischen Ausgabe Bd.III,1, S.822.

[12] Krit. Ausgabe Bd.III,1, S.289; der volle Wortlaut dieser Textstelle aus dem Entwurf: „III. er packt sie [...], hält ihr das Ungeheuere, *Monstruose* ihres durch ihre Untreue geknüpften Schicksals vor".

[13] Chr. Michel, a.a.O., S.822.

sichtlich des ‚Weißen Fächers‘ nicht ohne einen bemerkenswerten Zusatz verwendet: „Das Motiv der Treue ironisch im weißen Fächer“; oder: „ironisch behandelt“.[14] Was immer mit diesem Wort ‚ironisch‘ bei Hofmannsthal angedeutet sein mag –, es meint sicher nicht eine ins Beliebige gehende ‚Relativierung‘. Eher verweist es auf etwas, was als eine Dimension besonders gearteter Distanz oder als eine weitere, größere Relation zu denken wäre – und sicherlich wiederum genauerer Kommentierung bedürfte. – Gewiß sollte auch nicht übersehen werden, daß der eine der genannten Hinweise unmittelbar auf die Zitierung des gewichtigen Worts aus ‚Tor und Tod‘ folgt; auf Claudios „Ich will die Treue lernen, die der Halt / Von allem Leben ist“.[15] Dies Wort deutet eine eigene Problematik von ‚Treue‘ an, – deutet auf anderes als die einfachste Form mitmenschlicher Treueversprechen oder das Gattentreue-Motiv. Es deutet auf eine umgreifende Thematik und meint auch *die* Art von „Binden und Gebundenwerden“[16], die – so wäre hier andeutend zu formulieren – ihren Grund in der Intensität der Daseinszuwendung oder der ernstgenommenen Verbindlichkeit von Erfahrungen hat.

Im Text des ‚Weißen Fächers‘ wird gleichwohl in der Figurenrede, im Hinweis einer der Dienerinnen, auf sehr einfache Weise über die Treue zwischen Liebenden gesprochen: Was hat Jugend mit Treue zu tun? (172). Aber *dies* Wort –, jedenfalls dieses Wort *allein* ist nicht geeignet, das „Problem der Hauptfiguren“[17] anzugeben oder gar als Schlüssel zur Thematik des Dramenvorgangs zu gelten. Es erscheint schon in einer bemerkenswerten Gegensätzlichkeit zu dem von Fortunio zu Beginn des Stücks betonten Erklärung: er wolle sein Witwer-Los „mit so großer Treue“ auf sich nehmen, daß er damit das „nichtig Ding“, das Leben, überträfe: „Ich will besser sein / Als dieses Schattenspiel“ (154). Diese beiden Hinweise, die sich in der Ebene der Figuren-

---

[14] „Das Motiv der Treue ironisch im ‚weißen Fächer‘.“ (A, S.217); „(Treue bis über den Tod hinaus im ‚Weißen Fächer‘ aber ironisch behandelt)“ (A, S.221).

[15] A, S.217.

[16] Katharina Mommsen, Treue und Untreue in Hofmannsthals Frühwerk. In: GRM 13 (1963), S.320.

[17] Katharina Mommsen, a.a.O., S.329. – In K. Mommsens Ausführungen, die vornehmlich auf das ‚Märchen der 672. Nacht’ (S.320–328), aber auch andere Frühwerke eingehen, sind die Hinweise auf den ‚Weißen Fächer‘ (S.328f.) relativ knapp gehalten. – Die mehrfach hervorgehobene Wendung „Anteilnahme am Menschen“ (S.320, 328 u.ö.), mit der ein besonderer Aspekt des Treue-Problems verdeutlicht wird, ist nicht mit dem Wort aus dem ‚Weißen Fächer‘: „Anteilnahme am Menschlichen“ (154f.) in Verbindung gebracht oder identifiziert.

rede kontrapunktisch gegenüberstehen, haben ihre eigene Beziehung zu dem, worauf der Prolog des Stücks aufmerksam zu machen die Aufgabe hat:

Daß Jugend gern mit großen Worten ficht
Und doch zu schwach ist, nur dem kleinen Finger
Der Wirklichkeit zu trotzen. (153)

Es gibt in Hofmannsthals Aufzeichnungen einige Hinweise, die den hier annoncierten Themenaspekt zu unterstreichen scheinen. Wiederholt und durchaus auf den ,Weißen Fächer' bezogen ist darin die Rede von den „jungen Leuten" oder „jungen Witwern"; und es wird auf „Jugendfiguren" gewiesen, die mit dem Wort: „Die Schemata der frühen Klugheit" charakterisiert werden.[18] Aus Hofmannsthals Briefen sollte das für diesen Gedankenzusammenhang nicht wenig aufschlußreiche Wort ebenfalls noch angeführt werden: „Man kann auf keine Formel hin leben".[19] – Wenn auch diese Gedanken für eine nähere Bestimmung des Dramenthemas von Belang sein können, mag sich denn – wenn auch vorerst in sehr skizzenhafter Weise – das Problem verdeutlichen, daß die vielen möglichen Nuancen und Aspekte, die gerade für den Begriff der ,Treue' sich herausheben, eine mit diesem Wort vorgreiflich und undifferenziert operierende Bestimmung des Dramenthemas kaum zulassen.

Erst mit Hinweisen darauf, *wie* denn das die Hauptfiguren betreffende „Problem aufgelöst wird"[20], wird etwas von der Thematik des Stücks in prägnanterem Sinne erkennbar. – Etwas Gleichartiges muß auch dann gelten, wenn andere Worte von anscheinend leitthematischem Sinn aus dem Stück aufgerufen werden. So denn auch für einen Worthinweis, dem sicherlich keine geringe Problembewandtnis zukommt, da damit der weitergreifende, umfassende Sinn von ,Treue' – als Intensität der Wirklichkeitshinnahme berührt erscheint: „Anteilnahme / Am Menschlichen" (154f). Auch diese – wie sich zeigen wird – für den Dramenvorgang so gravierende Formulierung wird doch in ihrer eigentlichen Bedeutung erst begreifbar, wenn die Möglichkeiten

[18] A, S.224, 228.

[19] Hofmannsthal am 13.4.1898 an Ria Schmujlow-Classen: „Versuchen Sie mit aller Kraft, die in Ihnen ist, von Ihrem Dasein alle *Worte* fernzuhalten, [. . .] Alle Worte: die fordernden, die entsagenden, die klagenden. Man kann auf keine Formel hin leben. Das ist der lebendige Tod. [. . .] Nicht das Leben unterdrückt ein Wesen, sondern die Gedanken, die nicht eigenen vielen Gedanken [. . .]" (Briefe 1890–1901. Berlin 1935, S.243).

[20] Katharina Mommsen, a.a.O., S.329.

und eigenartigen Wege zutage treten[21], durch die die Hauptfiguren im Stück diese „Anteilnahme“ zu gewinnen lernen oder sie wahrzunehmen vermögen.

Etwas vom Grundelement in Hofmannsthals Sujetgestaltung und Motivakzentuierung beginnt bemerkbar zu werden, wenn man die zeitgenössische französische Version der chinesischen Novelle in den ‚Contes Chinois‘ von Anatole France in einigen Details zum Vergleich heranzieht. Ans Ende der hier mitgeteilten ‚Histoire de la dame à l’éventail blanc‘[22] wird, der Moralisationstendenz der Quelle gemäß, folgende kommentierende Reflexion gerückt:

> La jeunesse est courte; l’aiguillon du désir donne des ailes aux jeunes femmes et aux jeunes hommes.[23]

Es scheint, als könne man dem Hofmannsthalschen Prolog zum ‚Weißen Fächer‘, den oben zitierten Hinweisen auf „große Worte“, auf Vorsätze und Selbstwiderspruch der Jugend so etwas wie eine Gegenmaxime, eine Andersartiges betonende Einsicht ablesen. Deutlicher freilich tritt eine solche Differenz dort hervor, wo vom Fächer-Motiv selber die Rede ist. Über die Dame, die da den Fächer über ihres Mannes Grab unermüdlich bewegt, heißt es bei Anatole France – übrigens durchaus in Übereinstimmung mit der eben erwähnen conclusio über die beflügelnde Kraft der Wünsche –:

> il semblait que son âme eût passé tout entière dans la main qui agitait l’éventail.[24]

Gleiches und Gegensätzliches auch hier. Als hätte die hier nicht ohne ironisches Raffinement artikulierte Deutung der Geste, zu der Hand und Fächer und Seele zusammenwirken, wie ein Inzitament eine mögliche Gegendeutung zu provozieren vermocht, – so völlig anders sind die Vorzeichen und Deutungsworte, unter denen die Geste der Fächerbewegung nun in Hofmannsthals Stück ins Zentrum einer monologisch-dramatischen Szene gerückt erscheint.[25] – Von welch entscheidendem

---

[21] Diese Fragestellung möchte sowohl eine formelhaft enge Relation zur Treue-Thematik vermeiden, sie soll aber auch auf die Bedeutung solcher Beobachtungen aufmerksam machen, die der künstlerisch-dramatischen Struktur des Stücks abzulesen sind.

[22] Anatole France in: ‚La vie littéraire‘, Bd. III von 1891. In: Oeuvres complètes. Paris 1926. Bd. 7, S.91–95.

[23] Anatole France, a.a.O., S.95.

[24] Anatole France, a.a.O., S.93.

[25] Damit vertrete ich eine durchaus andere Auffassung als Ingrid Schuster (vgl. Anm. 7), die die „Lösung des Problems im ‚Weißen Fächer‘ ganz dem Geist der ‚L’Histoire de

Gewicht dabei in beidem: in der epischen wie in der dramatischen Darstellung, die generischen Prädispositionen sind, ist kaum zu verkennen. Daß in Hofmannsthals Drama die Kunstformen der Gattung einen sehr hohen Anteil an der Entfaltung der mit dieser Gestik verbundenen inneren Problematik haben, daß diesen Kunstformen ganz exzeptionelle Möglichkeiten zum Aufweis von Erfahrung und Selbstdeutung der Hauptfigur abgewonnen worden sind, – davon ist genauer zu sprechen nötig.

Struktur und Zeichensprache des Dramas

Das ‚Weiße Fächer'-Drama, dies Stück, das – wie Hofmannsthal mitgeteilt hat – ihm „unterm Schreiben so überzart und schattenhaft geworden" sei[26], zeigt solche Strukturbesonderheiten und eine so genaue, hochsensible adaequatio zwischen Thematik und poetischer Gestalt, daß das Stück mit schematisierenden Begriffen oder Vorstellungen von Gattungsnormen nicht zureichend charakterisierbar ist.

Es ist *kein Proverb,* auch wenn es nach dem Prolog und der anfangs dominierenden Fortunio-Figur so scheinen will und zuweilen in Analogie zu den zentralen Problemfiguren in ‚Gestern' oder ‚Tor und Tod' so gedeutet worden ist.[27] Ist ein Proverb seiner Struktur gemäß dort zu Ende, wo die leitende These oder Anfangsposition in ihr Gegenteil gebracht erscheint, so zeigt sich dies hier an der Figur gerade nicht, die als einzige mit der Prolog-These in Verbindung zu bringen wäre; wenn Fortunio nach dem Mittelteil schon ganz von der Bühnenszene abtritt, ist der Vorgang des Dramas noch keineswegs an sein Ende gelangt. Die

---

la dame à l'éventail blanc'" entsprechen sieht (S. 170). – Ob die Fächer-Szene bei Hofmannsthal auch auf einen Textpassus bei Du Halde ‚antwortet', ist eine nochmals eigene Überlegung wert. Es wird im folgenden darauf noch hinzuweisen sein.

26 Hofmannsthal an Otto Brahm am 6. November 1897; zum vollen Wortlaut vgl. Krit. Ausgabe Bd. III,1, S.659.

27 Es gibt eine ganze Reihe von Deutungshinweisen, die – z.T. unter Rekurs auf Hofmannsthals eigene Äußerungen zum ‚Proverb' (Brief vom 5.8.1892 an Marie Herzfeld) – im ‚Weißen Fächer' dies Form-Muster sehen wollen, Fortunio mit Andrea vergleichen und fast gänzlich in den Mittelpunkt des Interesses rücken. – Es scheint, als folge mancher Interpret damit den kurzen Hinweisen Richard Alewyns (Über Hugo von Hofmannsthal. Göttingen 1958, S.58); z.B.: P.Szondi, a.a.O., S.82; I.Schuster, a.a.O., S.171; R.Kollenz, a.a.O., S.113; Wolfgang Nehring, Hofmannsthals Dramatik. In: Handbuch des deutschen Dramas. Hg. v. W.Hinck. Düsseldorf 1980, S.347. – Unter Hinzunahme einiger Begriffe und Probleme aus Hofmannsthals ‚Ad me ipsum' auch: Rolf Tarot, Hugo von Hofmannsthal. Tübingen 1970, S.270–280.

Mittelszene wiederum, diese Szene der Begegnung zwischen den „jungen Witwern“ Fortunio und Miranda, macht das Stück auch *nicht* zu einem *dialogischen Partner-Handlungsdrama.* Denn wenn Begegnung und Dialog dieser beiden eine bewegende und irritierende Lebenszuwendung wachzurufen beginnt, – wenn Fortunio die zuvor ihm geltenden Ermahnungen der Großmutter fast wörtlich und gleichsinnig an die seit Jahren um ihren Mann „übermäßig“ trauernde Miranda weitergibt[28], so hat doch der dramatische Vorgang darin wiederum weder schon seine Klimax noch auch sein Ende. Was diesem Mittelteil des Stücks noch folgt, ist nicht nur Nachspiel oder ein dekorativer Stimmungsausklang, sondern genau *der* Teil des Geschehnisverlaufes, der nach einer im Mittelteil sorgfältig vorbereitenden und phrasierten Exposition ganz der auf die Miranda-Figur konzentrierten Handlung vorbehalten ist.

Eine dreigliedrige Kompositionsform also, deren Charakteristikum aber erst in einer sehr eigenwilligen Szenen- und Figurenaufteilung einerseits – und einer durchlaufenden thematischen Steigerungslinie anderseits zutagetritt. Es heben sich drei Phasen oder Stufen des Stücks heraus, für die jeweils andere Figuren von tragender Bedeutung sind.

In den Gesprächen der Introduktionsszenen wird das Thema gegeben, – allerdings kontrovers angeschlagen und wie in Kontrapositionen artikuliert: mit Vorsatz und Willensbekundung Fortunios: „Ich will besser sein / Als dieses Schattenspiel“ (154); mit schlichtester Wendung die Gegenstimme der Großmutter: „Geh, geh, du wirst erst lernen es [das Leben] liebhaben“ (159). Zu diesem Wort der Großmutter gehört präludierend und gleichen Sinnes die Mahnung des Freundes Livio, der Fortunio an die „Anteilnahme / Am Menschlichen“ erinnert, die „doch der Anfang / Und Weg zu allem Tun“ (154f.) sei. – Und wenn beide, Livio und die Großmutter, nach der ersten Phase und Szenensequenz aus dem Spiel ausscheiden, so bleibt doch ihr Thema bewahrt und wird zunächst im Mittelteil von Fortunio, zu Miranda gewendet, fortgeführt.

[28] Es ist zunächst an folgende Textstellen zu denken: *Großmutter zu Fortunio:* „Du bist ein Kind, und diese übermäßige Trauer ist in dir so wenig an ihrem rechten Platze“ (158); *Fortunio zu Miranda:* „Du bist ein Kind, Miranda. Diese übermäßige Traurigkeit hängt an dir wie eine ungeheure Liane an einem kleinen Baum“ (169). – Über die wörtliche Resonanz hinaus gibt es aber viele, sehr subtile Rede- und Regie-Details, die das in der ersten Szenensequenz von der Großmutter genannte ‚Lebensverstehen‘ in Fortunios Verhalten anklingen lassen. Auch die neue, um das Wort ‚verwirren‘ kreisende Bewegung (S.161/S.169, 170) und die vielfach nuancierten Hinweise auf das Wort ‚Schatten‘ gehören zur hohen Kunst indirekter Korrespondenzen in diesen Szenen.

„Anteilnahme am Menschlichen" – dieser Hinweis ist es, der das übergreifende Thema anschlägt; und es ist zu beobachten möglich, daß dies als Grundthema im Dramenvorgang von Stufe zu Stufe einen höheren Grad von Intensität und Realisation gewinnt.

Ist es in der ersten Dramenphase die Form expliziter Redemitteilung, in der über Wirklichkeitszuwendung und Lebensteilnahme gesprochen wird, so findet das damit Gemeinte in der nachfolgenden Phase eine erste, unabsichtlich sich vollziehende Verwirklichung; noch – wie es die Dialogszene zeigt – in statu nascendi und in vielfacher, auch undeutlicher, unklarer Irritation der Betroffenen. – Erst die ausschließlich der Miranda-Handlung zugeordnete Szenensequenz der dritten Dramenphase verweist auf einen Intensitätsgrad der Erfahrung, auf eine in monologischer Situation sich vollziehende Wende und Einsicht, die eine sehr reine und umfassende „Anteilnahme am Menschlichen" zu vergegenwärtigen vermag.

Da gleichwohl nicht selten der dialogischen Begegnung im Mittelteil des Dramas die alleinige oder höchste Bedeutung zugesprochen wird[29], sei auch dies gesondert betont: Es ist ja nicht allein auf die Thema und Handlung zur Klimax der Schlußszenen führende Steigerungslinie zu weisen möglich; schließlich wird mit dem *Dramentitel* unüberhörbar klar und deutlich das *Fächer-Motiv* annonciert, das – ganz der Miranda-Handlung zugehörend – erst in der letzten Phase des Dramengeschehens in die gegenwärtig szenische Situation einbezogen wird und hier auf bemerkenswerte Weise akzentuiert ist. Nur skizzenhaft anzumerken wäre noch, daß denn auch der Name Miranda, den die Hauptfigur trägt, nicht gänzlich bedeutungslos ist; der Name, der mit der Erinnerung an des Prospero Tochter nicht wenige der den ‚Weißen Fächer' durchziehenden Worte und Bilder von des Lebens Traum-Schatten

[29] Solche Hinweise folgen konsequent aus der Proverb-Deutung, da sie eine Beachtung von Fortunios ‚Wende' in den Mittelszenen nahelegt. – Unabhängig aber von der Proverb-Deutung gibt es auch sehr viele Hinweise (sie sind hier nicht detailliert anzuführen), die in der ‚Partner-Begegnung' Mitte und Höhepunkt und Sinn des ganzen Stükkes sehen. – Karl Konrad Polheim hat in seiner Auslegung (Bauformen in Hofmannsthals Dramen. In: Sprachkunst 1 (1970), S.90–121) nicht nur die Mittelszenen als „entscheidende Wendung der Handlung" (S.105) und als Hervorhebung der „Begegnung als Idee" (S.105; 106) gedeutet; er sieht im ganzen Stück auch eine „strenge Symmetrie" (S.105 u.ö.) mit dem „Angelpunkt der Mittelszene" (S.107). Daß damit eine andere Einschätzung der Miranda-Figur, vor allem der großen Miranda-Monolog-Szene (als Mirandas „letzte Klage" bezeichnet; S.96 ff.) verbunden ist, als die vorliegende Untersuchung aufzuzeigen sucht, ist offenkundig.

und „Schattenspiel“ auch zu einem eigenen Bedeutungskreis noch zusammenzuordnen scheint.[30]

Da denn mit der Miranda-Figur und -Handlung in der letzten Szenensequenz der dramatische Gesamtvorgang seinen Kulminationspunkt erreicht und auch die Problementfaltung oder -antwort des Stücks hier ihre höchste Intensität gewinnt, ist es begründet genug, daß dieser Handlungsphase eine sehr differenzierte Expositionsvorbereitung vorausgeht.

Zu dieser Exposition gehören zwei Berichte Mirandas über Vorausliegendes. Der eine nennt ihres Mannes Bitte und Worte: sie möge, solange die Erde über seinem Grab nicht trocken sei, an keinen anderen denken. – Der zweite Bericht schildert den Traum, der aus diesen Worten ein ängstigendes Bild entstehen ließ: ihr sei gewesen, als sie ihren weißen Fächer bewegte, um das auf dem Grab sichtbar gewordene, dann schwindende Gesicht ihres Mannes „wieder zu sehen“ (162), – als ob dadurch das Grab getrocknet sei; weinend sei sie darüber erwacht.[31] – Auch ein drittes Moment noch, jetzt in der real-präsenten Szene des Stücks, gehört zu dieser Exposition. Eine Geste der Gegenwehr gegen die Traumangst und -zeichen, als Miranda den weißen Fächer, den ihr

---

[30] Es besteht kein Zweifel, daß der Name Miranda – übrigens während der Reinschrift aus ‚Rosalind‘ geändert (vgl. Krit. Ausgabe III,1, S.640 f.) – als Shakespeare-Allusion zu verstehen ist, – so wie denn auch eine Variante der Epilog-Verse zeigen kann, daß Hofmannsthal Wendungen, die allzu direkt auf die berühmten Verse aus dem ‚Sturm‘ (IV,1, 156 ff.) verwiesen, für die Endfassung abänderte. Die Variante hat folgenden Wortlaut: „ein buntes Nichts, vom Wind zusamm’geweht / und ganz aus solchem Zeug wie Träume sind!“ (Krit. Ausgabe III,1, S.657).

Nicht für ausgeschlossen halte ich, daß das in Mirandas Monolog an gewichtiger Stelle zweimal betonte Wort ‚Schwachheit‘ (174) einen gewissen Nachklang enthält auf wiederum das in Prosperos Versen verwendete Wort ‚Schwachheit‘ („my infirmity“ V. 160).

Hinweise auf die im ‚Weißen Fächer‘ zu beobachtenden „Begriffsfelder“, besonders die „Wortkette: Schatten – Wolken – Sterne“ gibt K.K. Polheim, a.a.O., S. 100 ff.

[31] Diese ‚Vorgeschichts-Berichte‘, auf die näher einzugehen hier leider nicht möglich ist, haben überaus problematische Deutungen erfahren:

P. Szondi, a.a.O., S.83: „Was der Fächer dann in ihrem Traum tat, als beim Wegfegen der verwelkten Blumen (und des Gesichts) [sic!!] der Grabhügel staubtrocken hervortrat, das wiederholt er nun in Wirklichkeit“; I.Schuster, a.a.O., S.171: „der Traum, in dem sie das Grab trockenfächelt, offenbart ihre eigentlichen Wünsche“.

Beide – hier als Beispiele herangezogenen – Deutungen übergehen den genauen ‚Traumverlauf‘ und die Worte, die das Motiv der geträumten Fächerbewegung nennen (um das Gesicht „wieder zu sehen“!); sie verkennen oder übergehen auch die in der Monolog-Szene Mirandas eindeutige Geste, die *nicht* dem Grab, nicht seiner ‚Trocknung‘ gilt. Vgl. dazu Näheres unten.

gegen ausdrücklichen Befehl die Dienerin auf dem Friedhofswege reicht, nicht mehr – wie zunächst – zurückweist: „ich will ihn nur nehmen. Man muß solchen Träumereien gleich im Anfang widerstehen, sonst bekommen sie zu große Gewalt" (163).

Wenn – auf diese Weise vorbereitet – die entscheidende Monolog-Szene der Peripetie eben diesen Fächer und den von ihm bewegten Lufthauch zum Anlaß und Zeichen einer neuen, tiefgreifend verwandelnden Erfahrung und Einsicht werden läßt, so – unter erneuter, jetzt situativer Introduktion – in einer ebenso sinnenfälligen wie gedanklich unmißverständlichen Vergegenwärtigungsform. Im introduzierenden Szenenteil werden die dunklen, schwermütigen, für Miranda erschrekkenden Gegebenheiten nochmals eindringlich betont: Das „feuchte" Grab hat sie wie mit drohendem Vorwurf „verstören" können[32], – so daß im nachfolgenden Geschehen eine dieser Verstörung überlegene, sie überwindende, sie widerlegende Kraft: ein Ereignis von ‚größerer Gewalt' begreifbar werden kann. Ein Geschehen, das mit der einfachen Bemerkung der Dienerin seinen Anfang nimmt: „Es wird kühl, / Und alles ist voll Tau" – Worte, die Miranda „wie in halbem Traum" wiederholt und fortzudenken beginnt:

Voll Tau ist alles!
Und es wird kühl! Die Eintagsfliegen sterben,
Und morgen sind so viele neue da,
Als heute starben. Aufeinander folgen
Die Tage, sind sich aber gar nicht gleich.
Sie fühlt mit den Händen an der Hecke.
Der viele Tau! Die Finger triefen mir,
Hier an der Hecke liegt er, hier am Boden,
Auf allen Gräbern . . . überall . . . wo nicht?
Und die uralten Gräber macht er feucht
Und die von gestern . . . morgen aber kommt

---

[32] Diese Verse lauten:
Feucht war sein Grab und schrie mit stummem Mund
Und schreckt mich mehr als zehn Lebendige,
Die flüsterten und mit dem Finger wiesen
Nach mir." (172 f.)

Diese sehr eindrucksvollen Verse dürfen durchaus so verstanden werden, daß – entgegen Mirandas festem Vorsatz, den ‚Träumereien' zu widerstehen – eben etwas ‚Wirkliches' noch die Sprache der Angst vor vermeintlicher Unrechttat: die Sprache vermeintlicher „böser Zeichen" (vgl. Monolog-Text) spricht. Das ist sehr wohl vorbereitenden Sinnes dafür, daß die nachfolgende *Erfahrung* des Wirklichen durch die eigene Sinneswahrnehmung von überlegener Bedeutung und größerer „Gewalt" sein kann.

Die Sonne, und vor ihr her läuft ein Wind
Und trocknet alles.
Sie weht mit dem Fächer gegen ihre linke Hand.
Trocken sind die Finger!
Welch eine Welt ist dies, wo böse Zeichen
So schnell zu bannen sind? (173)

Wohl ist zu betonen nötig, daß die hier dargestellte, scheinbar so geringfügige Geste, mit der Miranda die Wirkung des Fächerhauches an der eigenen Hand wahrnimmt, absichtslos – nur den Gedanken an den Wechsel von Nacht und Tag, von Sonne und Tau und Wind folgend – *nicht dem Grab* gilt[33], – wie sonst in allen Versionen der alten Fächer-Geschichte erzählt worden ist. Hier in dieser Szene Mirandas ist die Bewegung des Fächers nicht Ausdruck des Wünschens und geheimer Sehnsuchtskräfte, wie bei Anatole France betont wird. Vielmehr – und so macht es die Reihenfolge der Gebärden mit Deutlichkeit erkennbar – sind es die gegenständlich-realen Spuren von Wechsel und Veränderung, die zugleich und gleicherweise dem Gedanken und der

---

[33] Über diesen entscheidenden Punkt gibt es leider Hinweise von nicht zureichend klarer Formulierung oder Beobachtung; z.B. P.Szondi, a.a.O., S.83 (Wortlaut s. oben in Anm.31). – Unklar auch R.Tarot, a.a.O., S.276: der Fächer und „Mirandas entschlossene Haltung [= Abwehr der Traumangst] versinnbildlichen ihre Bereitschaft zum Vergessen, zum Überwinden ihres jetzigen Zustandes“. – Erwin Kobel (Hugo von Hofmannsthal. Berlin 1970) weist nicht auf die genaue Abfolge der Szene und Gebärdendeutung, sondern erwähnt nur, daß die tageszeitliche Veränderung für Miranda Desorientierung bringe: „So dreht sich alles um Miranda“ (S.55). – Es wären andere Deutungshinweise dieser Art anzuführen.

Da der Fächer-Szene und -Geste in Hofmannsthals Drama so hohe Bedeutung zukommt, scheint es mir angezeigt, auf eine bisher nicht wahrgenommene ‚Relation‘ aufmerksam zu machen: In der Überlieferung der chinesischen Novelle bei Du Halde ist *zweimal* von der Geste der Fächer-Bewegung die Rede. Nach der ersten, allein von der Witwe ausgeführten Bewegung heißt es hier (a.a.O., S.406), Tschouang tse habe die Frau angeredet „agréez que je vous aide“, habe von ihr den Fächer genommen und folgendes getan: „Alors Tschouang tse, qui avoit l'art d'évoquer les esprits, les appella à son secours. Il donna quelques coups d'éventail sur le tombeau, & bientôt toute l'humidité disparut“.

Wenn denn in Hofmannsthals ‚Weißem Fächer‘ zunächst im Traumbericht von der Fächerbewegung die Rede ist, dann aber die Monolog-Szene die reale Gebärde vollziehen läßt, so ist nicht gänzlich ausgeschlossen, diese zweite bedeutsame Gebärde und die an sie geknüpfte Erkenntnis als eine bewußt intendierte Umdeutung der alten Version zu sehen. Wo in der archaischen Erzählung von ‚Zauber‘ die Rede ist, hat jetzt, ohne daß die Bewegung dem Grab gelten müßte, die Sinneswahrnehmung ihre eigene luzide Bedeutung und führt in die ‚Teilhabe‘ an Gesetzlichkeiten der Natur und zur Einsicht in Wandel und Vergänglichkeit. – Auch das wäre – zusätzlich zum Respons auf Anatole France – eine durchaus überzeugende ‚Gegendeutung‘ und Innovation, die das alte Motiv in eine neue Dimension hinübernähme.

Sinneswahrnehmung begegnen und sich dem fragenden Erstaunen über den möglichen ‚Sinn' solcher ‚Zeichen' aufdrängen. Es ist die elementare Erfahrung von etwas „so Kleinem" und unausdenkbar „Gewaltigem"[34], wie es die in Wechsel und Veränderung, Wiederkehr und Vergehen sich bekundende *Zeit* oder *Zeitlichkeit* ist; die Erfahrung des *Zeitlichseins* auch der Menschendinge und der in sie gesetzten Vorstellungen und Bedeutungen, der Willentlichkeiten und des Selbstbegreifens.

Daß für Miranda diese Erfahrung, diese so umgreifende Wirklichkeit mehr als nur einen Sinn bei sich trägt, darauf deutet die neueinsetzende, weitergeführte Monologrede in dieser Szene:

> Wer bin denn ich, welch eine Welt ist dies,
> In der so Kleines hat so viel Gewalt!
> Kein Festes nirgends! Droben nur die Wolken,
> Dazwischen, ewig wechselnd, weiche Buchten
> Mit unruhvollen Sternen angefüllt . . .
> Und hier die Erde, angefüllt mit Rauschen
> Der Flüsse, die nichts hält: des Lebens Kronen
> Wie Kugeln rollend, bis ein Mutiger drauf
> Mit beiden Füßen springt; Gelegenheit,
> Das große Wort; wir selber nur der Raum,
> Drin Tausende von Träumen buntes Spiel
> So treiben wie im Springbrunn Myriaden
> Von immer neuen, immer fremden Tropfen;
> All unsre Einheit nur ein bunter Schein,
> Ich selbst mit meinem eignen Selbst von früher,
> Von einer Stunde früher grad so nah,
> Vielmehr so fern verwandt, als mit dem Vogel,
> Der dort hinflattert. (173f.)

Mit Gedanken wie diesen, die der grenzenlosen Bewegung und wechselnden Vielgestalt des Lebendigen nachgehen und unabweislich die Frage nach dem eigenen personalen Sein, nach Bewahrung oder Verlöschen des „eignen Selbst" heraufführen, – mit diesen Gedanken endet hier weder die Miranda-Monolog-Szene noch das Drama als Ganzes. Es folgen noch einige nicht ungewichtige Monologverse und einige wenige, wohl aber überaus bemerkenswerte Handlungsmomente in

[34] Mit diesen – auf Worte der nachfolgenden Verse vorgreifenden – Hinweisen sollte nochmals auch verdeutlicht sein, daß der Fächer nicht schon als ‚Symbol', sondern als der ‚Gegenstand' und das Medium zu verstehen ist, mit denen hier die Erfahrung des Vergänglichen anberaumt erscheint.

dieser letzten Szenensequenz. – Da aber oft – ohne sonderliche Aufmerksamkeit für die in dieser künstlerisch-indirekten Sprache mitgehende Antwort auf die zuvor im Monolog aufgeworfene Frage – die Textdeutung und -zitierung an dieser Stelle abgebrochen wird, da zudem diese Textstelle zum Anlaß einer Erwähnung der – oben bereits genannten – These oder Formel von der ‚Unrettbarkeit des Ich‘ hat werden können, mag es angezeigt sein, an dieser Stelle mit einem kurzen Exkurs auf diesen Zusammenhang einzugehen.

Exkurs

Die Miranda-Szene ist als „Situation einer Erkenntnis- und Bewußtseinskrise“ bezeichnet worden. Mirandas Worte – „Wer bin denn ich [. . .] All unsere Einheit nur ein bunter Schein, ich selbst mit meinem eignen Selbst [. . .] so fern verwandt, als mit dem Vogel, der dort hinflattert“[35] – sind nicht nur als „Klage“ gedeutet worden, in der die „Auflösung des Individuums, seiner Identität“ beschrieben werde, – diese Vorstellung ist auch unter die plakative Formel von der ‚Unrettbarkeit des Ich‘ gerückt und mit Hinweisen auf Ernst Mach verknüpft worden.[36] Mit diesem zuletzt genannten Hinweis scheint hier zunächst nicht viel mehr oder anderes gesagt, als auch sonst von früh an in der einen oder anderen Hofmannsthal-Deutung zu lesen ist, wenn auf den „Zusammenhang Hofmannsthal'scher Gedanken“ mit Ernst Mach[37] –

[35] H.Kollenz, a.a.O., S.121, zitiert die Monologverse verkürzt in genau der Weise, die hier nochmals dargeboten wird.

[36] Es gibt in Hofmannsthals Essay über ‚Englischen Stil‘ von 1896 einen Textpassus von relativ großer Nähe zu bildhaften Wendungen des Miranda-Monologs: „Alles ist in fortwährender Bewegung, ja alles ist so wenig wirklich als der bleibende Strahl des Springbrunnens, dem Myriaden Tropfen unaufhörlich entsinken, Myriaden neuer unaufhörlich zuströmen“ (Prosa I, S.259). – W. Nehring sieht diesen Text als ein Beispiel der „impressionistischen Weltauffassung“, mit der Hofmannsthal sich immer wieder auseinandergesetzt habe. – Nehring erwähnt den ‚Weißen Fächer’ nicht (W. Nehring, a.a.O., S. 489).

[37] So Gotthart Wunberg (S.549) im Kommentar zu einem Aufsatz von Franz Koch, der als einer der ersten – 1930 – auf Ernst Mach hingewiesen habe. In: Hofmannsthal im Urteil seiner Kritiker. Dokumente zur Wirkungsgeschichte. Hg., eingel. u. komment. von Gotthart Wunberg. Frankfurt / M. 1972. – Unter den jüngeren Arbeiten ist es die schon genannte von Wolfgang Nehring (a.a.O.), die ausführlicher auf die Beziehung zu Ernst Mach eingeht.

Die umfangreiche Dissertation: Michael Clark, Hugo von Hofmannsthal's conception of language and reality in his lyric poetry and theoretical writings from 1890 to 1907, and its relationship to Ernst Mach's theory of sensations and Fritz Mauthner's mit ‚Ansichten', wie sie vornehmlich in Machs Buch über die ‚Analyse der Empfindungen' vorliegen[38] – verwiesen wird. – Zu fragen ist aber sicherlich, ob denn mit der einst von Hermann Bahr zum zeitgenössischen Schlagwort erhobenen ‚Ich-Formel'[39] schon der Gedankenkomplex getroffen ist, der möglicherweise für das ‚Weiße Fächer'-Drama von besonderem Interesse ist.

Ganz generell sollten wohl manche der vermeintlichen Mach-Allusionen in der damals zeitgenössischen Literatur nicht überschätzt werden. Was z.B. in den ‚Metaphysischen Vorbemerkungen', der Einleitung zu Machs Buch – und auf sie wird in diesem Zusammenhang zumeist verwiesen –, über allgemeine Probleme zu lesen ist – etwa über die fließenden oder inexistenten Grenzen zwischen Schein und Wirklichkeit, Traum und Wachen, Ding und Erscheinung –, das war um die Jahrhundertwende mit frei vagierenden Topoi oder Formeln älterer oder jüngerer Herkunft gut und leicht zu amalgamieren. Für eine geistesgeschichtliche Ortsbestimmung ist es nur wenig ergiebig. – Aber auch dort, wo in Hofmannsthals frühen Aufzeichnungen bestimmtere Allusionen vorzuliegen scheinen, wäre der Versuch genauerer Zuweisung problematisch. Allerdings werden zuweilen solche Formulierungen aus diesen frühen Aufzeichnungen angeführt, die als Ausweis eines zeitgenössischen „relativistischen Impressionismus"[40] auch große Mach-Nähe zu bekunden scheinen:

---

critique of language. Phil. Diss. East Anglia 1979, behandelt mit Akribie mehrere Phasen der ‚Beziehung' zwischen Machs und Hofmannsthals Schriften. – Die Problematik dieser Arbeit liegt darin, daß einerseits die Fragen nach Parallelen und ‚Einfluß' völlig isoliert und unkritisch genommen werden und anderseits Hofmannsthals theoretische, kritische und poetische ‚Aussagen' ohne methodologische Unterscheidung nebeneinander gestellt werden. – So darf die Ergiebigkeit der Untersuchung als fraglich bezeichnet werden.

[38] Ernst Mach, Die Analyse der Empfindungen und das Verhältnis des Physischen zum Psychischen. Jena ^{4}1903. – Die erste Auflage von 1886 hat den Titel: ‚Beiträge zur Analyse der Empfindungen'.

[39] Hermann Bahr hat in seinem Essay ‚Dialog vom Tragischen' (1904) – im folgenden zitiert nach dem in Anm. 3 genannten Sammelband – einen Abschnitt mit dem Titel ‚Das unrettbare Ich' überschrieben; hier wird auf Gedanken Ernst Machs hingewiesen und in ausführlichen Passagen aus der ‚Analyse der Empfindungen' zitiert. – Im nächsten, ‚Impressionismus' überschriebenen Kapitel wird Mach nochmals als derjenige apostrophiert, der die „Lebensstimmung der neuen Generation auf das größte ausspricht" (S.197). – Es dauere „vielleicht gar nicht lange", so schließt Bahr seine Ausführungen, „und man nennt die Weltanschauung Machs einfach die ‚Philosophie des Impressionismus'" (S.198).

[40] Franz Koch, a.a.O., S.384 (vgl. oben Anm. 37).

> Wir haben kein Bewußtsein über den Augenblick hinaus, weil jede unserer Seelen nur einen Augenblick lebt. Das Gedächtnis gehört nur dem Körper: er reproduziert scheinbar das Vergangene, d.h. er erzeugt ein ähnliches Neues in der Stimmung. Mein Ich von *gestern* geht mich so wenig an wie das Ich Napoleons oder Goethes.[41]

> Wir sind mit unsrem Ich von Vor-zehn-Jahren nicht näher, unmittelbarer *eins* als mit dem *Leib* unserer Mutter. Ewige *physische* Kontinuität.[42]

Selbst hier aber bleibt fraglich, ob Formulierungen wie diese nicht Gedanken umkreisen, die – wie der nähere Kontext dieser Aufzeichnungen zu vermuten erlaubt[43] – solchen Ideen nahe sind, die jenseits von Mach-Problemen dem großen Strom altromantischer Vorstellungen von der ‚Einheit aller Wesen‘ zugehören, so daß selbst vorsichtige Analogie-Hinweise sehr bald in ein absurdes Niemandsland gelangten.

Damit soll gleichwohl bestimmten Hinweisen auf Mach nicht jegliche Bedeutung abgesprochen werden; es bedarf dafür nur eines etwas konkreteren Spezifikums. Anders gewendet: Es gibt bei Mach eine Reihe von besonderen Reflexionen – solche, in denen von der nur „scheinbaren Beständigkeit des Ich“, vom ‚Veränderlichen‘ oder ‚Schwer-Abgrenzbaren‘ für die Ich-Erfahrung und das Ich-Bewußtsein die Rede ist[44] –, Reflexionen, die eine gewisse Bewandtnis auch für die im Miranda-Monolog berührten Fragen haben mögen. Wichtig aber

---

41 A, S.93.

42 A, S.107. Die beiden Hinweise Hofmannsthals (A,S.93 u. 107) werden zurückbezogen auf folgende Formulierung Ernst Machs: „Größere Verschiedenheiten im Ich verschiedener Menschen, als im Laufe der Jahre in *einem* Menschen eintreten, kann es kaum geben“ (E. Mach, a.a.O., S.3). – Vgl. W. Nehring, a.a.O., S.491; M.Clark, a.a.O., S.245.

43 Nach der zitierten Aufzeichnung steht die folgende: „Den Gedanken scharf fassen: wir sind eins mit allem, was ist und was je war, kein Nebending, von *nichts* ausgeschlossen“ (A,S.107). – Daß in diesem Zusammenhang auch an Schopenhauer und die Bedeutung zu erinnern wäre, die er für Hofmannsthal gehabt hat, machen Hinweise deutlich, in denen Ernst Feise vor allem auf Zitate aus Schopenhauers Hauptwerk: Buch IV, § 63 aufmerksam macht (Ernst Feise, Philosophische Motive im Werk des jungen Hofmannsthal. In: E.F., Xenion. Baltimore 1950, S.271).

44 Ernst Mach, a.a.O., S. 3: „Allerdings ist auch das Ich nur von *relativer* Beständigkeit. Die scheinbare Beständigkeit des Ich besteht vorzüglich nur in der Continuität, in der langsamen Änderung“. – S. 19: „Das Ich ist keine unveränderliche, bestimmte, scharf begrenzte Einheit. Nicht auf die *Unveränderlichkeit,* nicht auf die bestimmte *Unterscheidbarkeit* von andern und nicht auf die scharfe Begrenzung kommt es an, denn alle diese Momente variieren schon im individuellen Leben von selbst, und deren Veränderung wird vom Individuum sogar *angestrebt.* Wichtig ist nur die *Continuität*“. – S.20: „Das Ich ist unrettbar“. – S.21: „wie verschiedene Grade kann das Ichbewußtsein haben, und aus wie mannigfaltigen zufälligen Erinnerungen setzt es sich zusammen!“

wäre, dies nicht nur mit Hinweisen auf die Bahr-Machsche Ich-Formel zu kennzeichnen, sondern die Problematik der Ich-Erfahrung in ihrer sehr eigentümlichen *Verbindung* mit den sinnenhaft-momentanen *Empfindungswahrnehmungen* zu sehen, – zu sehen, mit welcher gedanklichen und künstlerischen Genauigkeit Hofmannsthal in der Szenengestaltung auf die *Gesten der Sinneswahrnehmung* die Einsichten in Veränderung und in das ‚Zeitlichsein' folgen und damit zugleich die Ich-Problematik heraufkommen läßt.

Diese Komplexität – oder nochmals genauer: die Akzentuierung der *Sinneswahrnehmung als solcher* könnte als eine auch – oder gar vornehmlich – auf Mach-Anregungen zurückweisende, von den Machschen Gedanken bestärkte Besonderheit gedeutet werden; eine Besonderheit zudem, die mehr wohl als jede nur *global* benannte Ich-Thematik auch für die Geistesgeschichte der dramatisch-theatralischen Darstellungskunst eine gewisse Aufmerksamkeit beanspruchen darf. So ist denn wohl zu sagen möglich, daß Machs sinnesphysiologische Lehren und seine nüchtern mitgeteilten Detailbeobachtungen mitgewirkt haben könnten am Konzept und an der besonderen Ausgestaltung einer der wichtigsten Szenen im ‚Weißen Fächer'-Drama; mitgewirkt dergestalt, daß gerade hier die *stricte von Willensabsichten freie,* genau einzubeziehende Sinneswahrnehmungsgeste in einer als ‚monodramatisch' zu bezeichnenden Szene ihre volle Bedeutung für den Vorgang des Stücks hat gewinnen können. Und doch bleibt dafür auch jetzt nochmals daran zu erinnern: ohne die Prädispositionen des Theaters und ohne Hofmannsthals Kunst sinnenfälligen poetischen Gestaltens ließe sich eine solche – vielleicht auch durch das Sujet und seine Überlieferung herausgeforderte – Akzentuierung subtilster Gestik und streng genauer Gebärdensprache trotz aller Mach-Anregungen schwerlich denken.

Dramenschluß und Problemantwort

Unabhängig von Hinweisen auf Ernst Mach ist die Frage noch zu klären, ob denn die Auskunft zutreffend oder angemessen sei, daß die Miranda-Szene und die im genannten Monolog artikulierte Problematik etwas anzeigten wie eine „impressionistische Auflösung des Ichs"[45]

[45] Diese Formulierung (und viele sehr ähnliche!) – wenn auch nicht auf den ‚Weißen Fächer' bezogen, sondern im Umkreis der stereotyp gewordenen Beschreibungen ‚impressionistischer' Ich-Erfahrung und Weltauffassung – bei William H. Rey, Die

oder einen ‚Verlust‘ der Ich-Identität. Die auf eine kurze Zäsur folgenden letzten Verse des Monologs lauten:

> Weh, in dieser Welt
> Allein zu sein, ist übermaßen furchtbar.
> Dies fühl ich, da ich meine Schwachheit nun
> Erkenne: aber daß ich dieses fühle,
> Ist meiner Schwachheit Wurzel. Unser Denken
> Geht so im Kreis, und das macht uns sehr hilflos. (174)

Nicht unwichtig bereits, daß die Gebärdenregie an dieser Stelle erwähnt: „sie schaudert“. Der in einer Art „innerer Trunkenheit“ anhebende Monologpassus endet demnach nicht in einem „Aufruhr“ der Empfindung oder einer wie immer zu denkenden ekstatischen inneren Bewegung; nicht „in Traum oder Trance“[46], nicht in einem „orgiastischen Sichwegwerfen“[47] oder einem Selbstverlust. Die Verse betonen in mehr als einer Wortwendung vielmehr eine ganz in der Bedingtheit *personalen* Daseins sich abzeichnende Einsamkeitserfahrung. Wenn denn in diesen logisch-poetisch sehr kunstvoll gehandhabten Satz- und Versformen beides: ‚Fühlen‘ und ‚Erkennen‘[48] sehr hörbar akzentuiert erscheint, so wird in nicht weniger deutlicher Betonung auch die bildhafte Schlußwendung hervorgehoben. Sie apostrophiert eine umgreifende Existenzerfahrung: ein in der kreatürlichen *individuatio* erfahrenes *menschliches Sich-Selbstwissen.* – Nicht unbegründet nämlich oder beziehungslos spricht diese Schlußwendung nach der zuvor bekundeten „neuen Offenheit“ für das „Lebendige“[49] und den großen ‚Kreis‘ kosmischer Lebensbewegung jetzt, am Ende dieses Monologs, mit dem Bild des „hilflos“ im eigenen „Kreis“ gehenden menschlichen Denkens.

Spätestens an dieser Stelle der Szene und des Textes mag denn deut-

---

Drohung der Zeit in Hofmannsthals Frühwerk. In: Euphorion 48 (1954), S.285. – Rey geht an keiner Stelle seiner Ausführungen auf den ‚Weißen Fächer‘ ein.

46 A, S.225.

47 P I, S.247.

48 Welch hohe Bedeutung hier dem Wort ‚erkennen‘ zukommt, mag mit folgenden Hinweisen aus Hofmannsthals frühen Essays verdeutlicht sein: „Aber die dumpf empfundene Krankheit ist nicht die schlimmste; erkannt erst wird sie doppelt gefühlt; es entspinnt sich eine furchtbare Wechselwirkung zwischen Objekt und Subjekt des Erkennens, zwischen dem Ich, das leidet, und dem Ich, das leiden zusieht“ (P I, S.33).

49 Dies in Anlehnung an eine Formulierung von Max Kommerell. Er schrieb über den ‚Chandos-Brief‘ an Christiane Zimmer am 24.3.1931: „diese neue, zunächst wortlose, ja am Wort verzweifelnde Offenheit gegen das Lebendige scheint zunächst reines Leiden, ist aber doch Bereitschaft“. In: Max Kommerell, Briefe und Aufzeichnungen 1919–1944. Aus dem Nachlaß hg. v. Inge Jens. Olten 1967, S.210.

lich sein, daß die Problemfrage nicht mit Hinweisen auf Verlust oder Bewahrung der Ich-Identität, Zerstörung oder ‚Rettung' des Selbst beantwortbar ist.

Zunächst mögen am besten die von Hofmannsthal selbst wiederholt verwendeten Problemworte für die hier aufgeworfene Frage eingesetzt werden – zumal es sich nicht nur um sehr allgemeine Problembegriffe handelt, sondern auch um solche, die eine von früh an in Hofmannsthals Schriften bestimmende, zentrale Thematik betreffen. „Grundproblem", so heißt es aufs knappste in den späten Aufzeichnungen, – „Grundproblem: Werden und Sein".[50] Eine andere Umschreibung nennt zusätzlich *den* Begriff, der für die Auslegung der Miranda-Szene schon unumgehbar naheliegen mußte: „Die Unbegreiflichkeit der Zeit: eigentliche Antinomie von Sein und Werden".[51] Überdies scheint es möglich, für den hier angedeuteten antinomischen Grundsinn auch auf das bei Hofmannsthal mehrfach begegnende Wort zu verweisen: „Verknüpfung mit dem Leben = Durchdringen zum Sein".[52] Der Kern des mit diesen Hinweisen Gemeinten, so mag offenkundig sein, ist das von Hofmannsthal immer wieder und sehr betont apostrophierte Phänomen der *Verwandlung*. Und wenn es kaum fraglich sein dürfte, daß eben dies auch in der Miranda-Szene die entscheidende Thematik ist – die auf sehr differenzierte Weise herausgehobene Bedeutung des in dieser Szene aufgezeigten Erfahrungsweges –, so bedarf eine solche Auslegung doch zugleich einer klärenden Ergänzung. – Wohl läßt sich der Weg Mirandas als ein solches „Durchdringen zum Sein" und als eine gesteigerte, höhere, intensivere Weise der Selbsterfahrung kennzeichnen; er ist damit begreifbar auch als „sich verwandeln, [. . .] und dennoch in der Verwandlung sich bewahren".[53] Gerade aber dann, wenn diese Formulierung aus dem berühmt gewordenen Ariadne-Brief Hofmannsthals zitiert wird, ist zu betonen nötig, daß – anders als die Assoziationen zum mythologischen Sujet nahelegen könnten – die Verwandlung Mirandas als „nicht mystisch"[54] erscheint und verstanden werden sollte.

---

[50] A, S.226.
[51] A, S.217.
[52] A, S.225; auch S.220.
[53] Aus Hofmannsthals Brief an Richard Strauss, 1911. – In: Richard Strauss/Hugo von Hofmannsthal, Briefwechsel. Gesamtausgabe. Hg. v. F. u. A. Strauss. Zürich 1952, S.130.
[54] „Der Weg zum Sozialen als Weg zum höheren Selbst: der nicht mystische Weg" (A, S.217).

Ist es schon von Bewandtnis, daß die Miranda-Szene nach dem Monolog ganz in der Realsphäre und -handlung ihre Fortführung findet, so ist es von noch höherem Gewicht, daß Mirandas hier anhebender Weg – ihre Wendung in eine ihr jetzt möglich werdende neue „Anteilnahme am Menschlichen" – sich auf sehr verhaltene Weise in der *Gestik des Sympathetischen* vollzieht und nicht schon, jedenfalls nicht in der dramatisch-präsenten Szene, zu erotischem Begegnungs- und Lösungsmoment geführt wird. Es sind mehrere Zeichen und Gesten dieses sympathetischen Sinnes, die die letzte Szene bis zum Schluß auf bestimmende Weise durchziehen. Mirandas Fragen nach der Art, in der Fortunio fortgegangen sei – ihr Verständnis für seine als „gutes" Omen gedeutete neue Nachdenklichkeit gehört zu diesem neugewonnenen sympathetischen Vermögen ebenso wie die Frage nach Glück und Leid der begleitenden Dienerinnen. In all dies wird zudem durch die Rede- und Bewegungsregie der Szene eine zunehmende Helligkeit eingezeichnet, die sich zu einer geradezu *leuchtenden Grundgeste* der *serenitas* steigert dort, wo Miranda die Möglichkeit des „Lachens" als das „lieblichste Geschenk der Götter" apostrophiert – und als ein Grußzeichen der Umkehr und Lebenswiederkehr: „Für einen, der in Purpurfinsternis / Begraben war und wieder aufwärts taucht" (175).

Worte überdies, die mit ihrem Bildsinn auch Gesten einer Lebensdankbarkeit sind und in großartig zurückgreifender Resonanz das zu Beginn des Stücks von der *Großmutter* mitgeteilte Wissen von dem aus Tod und Schattenkraft sich aufrichtenden Lebensvermögen variierend bestätigen.

Erst in dieser Resonanz und unter der *Signatur der serenitas,* mit der die letzte Szenensequenz an das Ende des Stücks führt, hebt sich heraus, in welcher sehr reinen und doch zugleich überaus intensiven Form das Grundthema des Ganzen hier in der dritten Stufe des Dramenvorgangs verwirklicht erscheint. Auch *erst hier* – wie resümierend jetzt deutlicheren Sinnes gesagt werden kann – zeigt sich in voller Klarheit, welche thematischen und künstlerischen Möglichkeiten im ‚Weißen Fächer'-Drama dem überlieferten Stoff und Sujet abgewonnen werden konnten. Den zuvor relativ starr festgelegten Motiven und der in moralistischer Weise beleuchteten – ja: unüberhörbar moralistisch explizierten – Treue-Thematik ist in Hofmannsthals Drama eine völlig neuartige Differenzierung und *grundlegend andere Problemdimension* gegeben.

Wird doch die in der ersten Phase des Dramas verdeutlichte „Gefahr der Isoliertheit, des selbstischen Erstarrens, der Überhebung"[55] – und *dies* ist die im Stück hervorgehobene Problematik der ins Rigoristische und Willentliche tendierenden ‚Moralität' der jugendlichen „großen Worte" – zurückgelassen und als überwindbar gezeigt. ‚Überwindbar' –: auch das ist eigens zu akzentuieren – in einer *absichtslos,* ja – nachgerade *gegen* den eigenen Vorsatz sich vollziehenden, irritierend-bewegenden Veränderung.

Auch über diese zweite, mittlere Stufe geht der dramatische Vorgang – das Szenisch-Vordergründige der Partner-Handlung *offen* zurücklassend – noch hinaus und fügt in einer bemerkenswert genauen gedanklich-künstlerischen Intention eine weitere, für die gesamte Vorgangs- und Problementfaltung *entscheidende Dimension* hinzu. In erst dieser Dimension vollzieht sich *die* Wendung, die die ‚innere Begründung' und eigentliche, umfassende Thematik des Stücks zu vergegenwärtigen vermag.

Diese monodramatisch als ein *Entscheidungs-Augenblick* in der Erfahrung sich abzeichnende Wende bedeutet für die Hauptfigur – und zwar in einem sensu stricto *begründenden Sinne* – so etwas wie: in sich selber ‚zum Grunde' zu gelangen oder zu gehen. Darin wird ein Weg zu neuer Offenheit und Lebensteilhabe durchschritten; und aus dem Fragwürdigen des bisherigen Selbstverständnisses beginnt hier in neuartiger ‚Lebens-Sympathie' und „Anteilnahme am Menschlichen" eine neue Reifestufe des Personseins und der Selbsterfahrung zu entstehen.

Wenn dann am Ende des Dramas, *erst* also *nach* der aufgewiesenen Wende, deutliche Hinweise noch darauf gegeben werden, daß in diese neue Daseinsstufe aus der noch offengebliebenen Partner-Handlung auch die erotische Begegnung einbeziehbar ist und als glücklich lösbar sich abzeichnet, so steht noch einmal gerade damit die exzeptionell zu nennende Umverwandlung und Neugestaltung des überlieferten Sujets vor Augen. Denn es wird erneut mit diesen Hinweisformen der letzten Szene deutlich, daß die in diesem Drama aufgezeigte und in einer eigenen Dimension innerer Begründung begreifbare Zuwendung zum Wirklichen, – dies ‚Durchdringen zum Sein' *mehr* als das Glück erotischer Begegnung umschließt; aber doch eben *auch dies* umschließt und einbegreift – des Sinnes, daß nun dieser Begegnung eine aus schwermü-

[55] „‚Gestern', ‚Tor und Tod': Gefahr der Isoliertheit, des selbstischen Erstarrens, der Überhebung" (A, S.241).

tiger Einsamkeitserfahrung *vom Grund her neugewonnene* Möglichkeit der Lebensteilhabe und der neuerlernten Lebens-Sympathie zugebracht werden mag. Damit ist – anders als in einer auch denkbaren, direkt und unverzüglich sich glücklich lösenden Partner-Handlung – nicht nur erneut die dem Sujet hinzugewonnene neue Differenzierung gerade dieses Motivkreises deutlich. Vielmehr mag zudem hier die ins *Un-Gemeine* verweisende Sinnerweiterung vor Augen stehen, die die in Hofmannsthals Werken „so charakteristische Verbindung des Untreue-Themas mit dem Motiv der Verwandlung“[56] betrifft.

So läßt denn das aus dem Weißen-Fächer-Sujet hergeleitete Dramenthema mit der darin aufgewiesenen, sehr besonderen Dimension und seinem genauen Begründungszusammenhang eine höchst subtile Problemantwort und einen weiten Gedankenkreis sichtbar werden. – Daß einem Gedankenkreis wie diesem die *Signatur der serenitas* eingezeichnet ist, das gibt diesem „Zwischenspiel“ in Hofmannsthals Gesamtwerk eine nicht wenig ausgezeichnete Stelle und Bedeutung.

[56] Katharina Mommsen, a.a.O., S.319.

Diskussion

Ich-Problematik und Selbsterfahrung?

U. Fülleborn fragt, ob in der Vermeidung der Bezeichnung ‚Ich‘ und der Ersetzung durch den Begriff des ‚Selbst‘, die in dem Vortrag zu beobachten waren, eine bewußte Antithetik gesehen werden sollte – in dem Sinne, daß das subjektive Ich zwar „unrettbar“ (Mach) sei, daß Hofmannsthal ihm aber eine ganz neue Erfahrung personalen Seins entgegenstelle, die das Zwischenmenschliche einbeziehe und sich nur in stummer Gebärde mitteile. – „Meine Frage wäre also konkret die: Wie ist uns nunmehr bei Hofmannsthal das neuzeitliche Ich wiederbegegnet? Ist es verwandelt und aufgehoben in der neuen Erfahrung, oder ist etwas ganz anderes an seine Stelle getreten? Hat Hofmannsthal eine Dimension der Erfahrung erschlossen, die nun auch begrifflich neu gefaßt zu werden verlangt?“

I. Strohschneider-Kohrs: „Ich glaube, wir sind gar nicht so weit weg von dem, was bei Kleist mit dem Wort ‚Wiedergeburt‘ bezeichnet wurde. Das ‚Inhaltliche‘ aber, die Wende, die bei Hofmannsthal zu beobachten ist, wäre anders zu benennen. Wenn die – dramatisch dargestellte – Figur von jener Dialektik spricht: ‚Ich selbst mit meinem eignen Selbst‘ – nicht Einheit mehr wie früher, so wird ein Problem der Pluralität innerer Erfahrung angedeutet. Sie geht von einer Sensibilisierung der Sinneserfahrung aus (mehr jedenfalls als von Fragen nach der Traumvorbewußtheit), so daß hier auf einen Entstehungsgrund gewiesen wird, von dem aus die Wende in der Selbsterfahrung erfolgt. Das bisher an ‚Normativitäten' orientierte, wenn auch nicht gesicherte Ich erfährt, daß weder die Normen der moralischen Vernunft, noch die ‚Brücken' organologischen Denkens – das Mitgetragenwerden in großen Bewegungen des Daseins – genügen. Denn daraus können Verstörungen aufkommen. Der Wille, die eigene moralische Entschlossenheit zur Würde des ‚Treu-Seins' wird in der sinnenhaften Zeiterfahrung widerlegt oder gar absurd. Aus der sinnlichen Wahrnehmung und aus neuer Offenheit durch diese Erfahrung taucht die Frage nach mehr oder anderem als einer personalen Potenz auf; es erfolgt eine Lösung vom willentlich moralischen Selbst. Nicht allerdings so, als folge dies Selbst nun einer Auflösung, als gebe es die Treue preis und sinke damit ins Triebhaft-Tierhafte (wie der spätere Ariadne-Brief andeutet[1]); vielmehr als ein Weg, in dem *über die Ich-Einsamkeit* die Möglichkeit des Sympathetischen auftaucht. Deshalb die mehrfache Betonung der Motivierung im Stück: Sie liegt nicht schon in der Dialogie einer erotischen Momentanerfahrung, sondern wird in der Form einer Isolation der Zentralfigur gezeigt. Deren Einsamkeit ist die Bedingung der Möglichkeit des Weges, der zu einem – *auch* als verstört gezeichneten – Anderen führt. Damit erst wäre der Personenbezug voll ausgeleuchtet, der hier auftaucht: aus den Maximen und dem willentlich übernommenen moralisch Normativen – hinüber zu einer über die Sinneserfahrung wahrgenommenen *Angewiesenheit auf mehr als nur ‚personales' Sein.* Eine Form des Begreifens, die aus Zeit- und Veränderungserfahrungen entsteht und dann erst – wie hier sehr genau und in einer Art von ‚Tenuitas' (dies R. Borchardts Wort über Hofmannsthals Stil[2]) aufgewiesen wird – in die Partnerbegegnung weiterführt."

Zum historischen Ort Hofmannsthals

F. Trommler spricht sich dafür aus, auch den historischen Aspekt bei der Beurteilung der Hofmannsthalschen frühen Dichtung nicht unberücksichtigt zu lassen: „Im Moment scheint es so, als brauchten wir das 19. Jahrhundert für unsere Überlegungen überhaupt nicht, als laufe eine direkte Linie von Hölderlin zu Hofmannsthal. Gerade in den letzten Ausführungen ist nicht genügend erkennbar geworden, daß Hofmannsthal sich gegenüber einer Auffassung absetzt, dank derer man im 19. Jahrhundert ein Ich inszenierte, das in engen Zusammenhang mit der Geschichte, der sozialen Realität oder auch mit bestimmten Mythen gebracht wurde. Gerade in den frühen 90er Jahren hat Hofmannsthal dem sozial inszenierten Ich des 19. Jahrhunderts eine Seinsvorstellung entgegengesetzt, die nicht das personale Ich selbst betrifft, sondern irgendwo daneben steht."

I. Strohschneider-Kohrs: „Auf bestimmte Ich-Inszenierungen aus dem 19. Jahrhundert antworten einige Einzelheiten der allerfrühesten Lyrik, die

[1] S.o.S. 268, Anm. 53.
[2] Vgl. G. Wunberg (s.o.S. 263, Anm. 37), S. 342.

Hofmannsthal selbst nicht veröffentlicht hat. So wird einmal mit deutlicher Verwerfungsgeste und mit einem Nietzsche-Motto erinnert an die ‚Toten' und ‚Gespenster' in uns: an Hamlet und Faust, an Voltaire und Werther – an ‚Gedankenspuk' und Epigonentum.[3] Dagegen dominieren aber in den von Hofmannsthal selbst veröffentlichten Gedichten die Themen, die von Selbsterfahrung und Geschichtlichkeit des Ich in der vollen Komplexität sprechen. Ein Ich, das sich nicht allein aus dem Traum nährt, sondern auch aus reichem Geschichtsgedächtnis – dem möglichen Präsenthalten vergangener Stimmen und der Stimmen des noch nicht Depravierten; es ließe sich sagen, daß die Seele sich darin als Pluralität erfährt.

Eine weitere, ebenfalls ins Überpersonale weisende Ich-Erfahrung ist dem ‚Chandos-Brief' abzulesen, wenn – mit dem Gestus gegen die Renaissance-Rhetorik (Bacon) oder rhetorische Literatur überhaupt – am Ende gefragt wird, was denn für unsere wirklich authentische Erfahrung anderes bleibt als die Sprache der ‚stummen Dinge'. Sicher – eine metaphorische Wendung; aber sie meint doch, es wären die ‚stummen Dinge' als seinsgegeben zu begreifen und einem Ganzheitszusammenhang gemäß sprachlich wiederzugeben. Das könnte möglicherweise auch bedeuten – wenn mit einer gewissen Abweichung nochmals auf Mach hingewiesen werden darf –, in der sehr genauen Ding- und Sinneswahrnehmung eine Fülle kultureller und naturischer Komplexe oder Erinnerungen mitzudenken. In gewisser Nähe zu solchen Vorstellungen spricht z.B. Arno Holz von der im Ich gegenwärtigen Biogenese (das Ich habe *in sich* alle Erscheinungen der Phylogenese und Ontogenese) – wie es denn ähnliche Hinweise auch bei den ‚Pantheisten' und ‚Kosmikern' dieser Literaturepoche gibt: Hinweise auf die Pluralität des Seins in der Überhöhung des Personalen. Das Problem oder eine der Fragen dazu bleibt: Ist das eine Überhöhung um der eigenen Ekstase, um der subjekt-orientierten Allausweitung willen? Vom ‚Mitmenschlichen', und das war eine der Ausgangsfragen, ist dabei kaum die Rede. Sehen wir dann aber bei Hofmannsthal die Einsamkeitserfahrung oder ein Verlorenheitswissen betont und wird dies inmitten der ‚Allbewegung' als Bedingung mitmenschlichen Verstehens und Begegnens gezeigt, so liegt darin eine bedeutsame Gegenwendung. Eine Wendung, die anders ist als die, in der das Subjekt und sein Eros sich selbst die Welt zu erschließen suchen – wie etwa in der Selbst- und Sympathiedeutung der Empfindsamen im 18. Jahrhundert. – Jetzt aber, bei Hofmannsthal, nach dem Durchgang durch die Krisis des modernen Ich, durch Schattenerfahrung, dissonante Empirien, durch Kultur- und Wissensverbrauch u.a., sind es nicht die subjektgebundenen Impressionen, die auf die Frage nach dem Ich übrigbleiben; es gibt vielmehr den Versuch, über das Realsein der Sinneserfahrungen in den ‚Glanz der Dinge' (wie es bei Hofmannsthal auch heißt[4]) zu gelangen. Ein Versuch, in dem so etwas wie eine Ausweitung der Personalität – nun in neuartig verantworteter Form – aufscheint; *seinsbedingte,* nicht subjektbedingte Erschließung von Welt."

---

[3] Im frühen Gedicht ‚Psyche' (1892/93).

[4] ‚Der Kaiser und die Hexe'. In: Sämtl. Werke. Kritische Ausgabe III,1 (s.o.S. 249, Anm. 1), S. 204.

Alberto Destro

Ich und Wirklichkeit in Rilkes Lyrik. Etappen einer wechselvollen Entwicklung[1]

I. *Die Frühen Gedichte*

Auf der Suche nach Originalität ist der junge Lyriker Rainer Maria Rilke als erstes und oft beinahe einziges persönliches Thema auf das des eigenen Ich gestoßen. Und dabei ist er dann sein Leben lang auch geblieben. Wir können den Augenblick mit chronologischer Genauigkeit bestimmen. Nach der jugendlichen und unreifen Sammlung ‚Leben und Lieder' (poetische Übungen Heinescher Observanz, Skizzen, Romanzen, Zigeunerszenen: Entstehung 1891–1893) veröffentlicht er im Dezember 1895 ‚Larenopfer', worin undatierte, aber auf die Jahre 1894–1895 datierbare Gedichte erscheinen: noch nicht völlig gereifte Produkte eines poetischen Handwerkes, das eben erlernt wird, manchmal wirkungsvolle Gebilde, im Ausdruck oft gerührt, öfter zu gerührt. Ein Jahr später, im Dezember 1896, erscheint eine neue Sammlung, ‚Traumgekrönt', die vor allem aus Gedichten aus den Jahren 1895 und 1896, mit ein paar Stücken aus dem Jahr 1894, besteht. Sie stellt die Wendung im subjektivistischen Sinne dar. Thema dieser Gedichte sind nicht mehr die „Laren" (die Prager Altstadt, die böhmische Landschaft, das tschechische Volk, die Lokalgeschichte usw.), sondern das Ich des Dichters, und zwar auf explizite Weise. Eine Zeitlang verlaufen die beiden Motivstränge parallel (1895), dann gewinnt der subjektivistische eindeutig und für immer die Oberhand.

---

[1] Wie der Titel angibt, will mein Beitrag nur etappenweise eine Entwicklung darstellen, die zwar Rilkes gesamtes Oeuvre umfaßt, aber hier nicht in allen Einzelheiten verfolgt werden konnte. Selbst große und wichtige Werke wie das ‚Stunden-Buch', das ‚Buch der Bilder' und die ‚Sonette an Orpheus' bleiben dabei am Rande der Darstellung oder werden überhaupt nicht erwähnt, was nicht heißt, daß sie zur Erhellung der Themen nicht auch hätten herangezogen werden können. Nur: Kürze war hier Gebot, und es galt, bei aller Kürze doch die Hauptpunkte der Entwicklung aufzuzeichnen.

Vorliegender Beitrag übernimmt (zum ersten Mal auf Deutsch) im wesentlichen Partien aus meiner synthetischen, umfassenden Gesamtdarstellung: Invito alla lettura di Rilke. Milano 1979.

Alle Rilke-Zitate erfolgen nach der sechsbändigen, von Ernst Zinn besorgten Ausgabe der ‚Sämtlichen Werke', abgekürzt als SW.

Die touristisch-landschaftlichen Stimmungsbilder, die Spaziergänge unter das Volk (dessen Sprache weitgehend unbekannt ist), die Genrebilder verschwinden in der neuen Sammlung ‚Traumgekrönt' nicht ganz, aber folgendes soll dazu bemerkt werden: erstens – sie erscheinen in einem Zusammenhang, wo auch persönliche Gefühlsausbrüche, Träumereien, Episoden aus dem Liebesleben des lyrischen Ich, augenblickliche Stimmungen usw. ihren Platz haben; und zweitens – sie erscheinen wie verschleiert oder durch das perzipierende Subjekt vermittelt, nicht mehr in der impressionistisch direkten, objektiven Form der früheren Sammlung ‚Larenopfer'. Diese Entscheidung des jungen Rilke für eine höchst subjektive Lyrik steht am Anfang seiner gesamten späteren Entwicklung.

Hier mag es genügen, eine sprachliche Manifestation dieser Grundentscheidung, die besonders auffällt, hervorzuheben. Es handelt sich um das Syntagma „mir ist:" (mit Doppelpunkt) samt den Varianten: „ich denke an:", „Ich weiß nicht, wie mir geschieht", „ihm geschieht:", „Manchmal fühlt sie:", „Und ich ahne:" und weiter mit den normaleren Wendungen „mir ist so, als / ob", „mir ist so traurig" usw. Diese Eingangsformel „mir ist:" leitet in der Regel ein beschreibendes Gedicht ein, meistens eines, das ein Gefühl, eine Stimmung beschreibt und einen objektiven Charakter hat oder haben würde, wenn eben jene Eingangsformel nicht da wäre, die dem Ganzen einen subjektiven Ton verleiht. In den Sammlungen ‚Traumgekrönt', ‚Advent' und ‚Mir zur Feier' (die zusammen mit ‚Larenopfer' den von Rilke anerkannten Kanon seiner frühen Lyrik darstellen) begegnet uns etwa zehnmal die Formel „mir ist:" und ebenso viele Male begegnen deren Varianten. Eine solche Frequenz ist sicher bedeutend und soll uns vor allem als ein sichtbares Zeichen von tiefgreifenden Entscheidungen eines Dichters interessieren, der zunächst auf der Suche nach Poesie als Mittel zur Selbstbehauptung in der Welt, als Erfolgsinstrument in der Gesellschaft ausgezogen war und der paradox genug *nur* zu sich selbst gefunden hatte und dabei im Begriff war, die Welt (die Außenwelt) aus den Augen zu verlieren.

Der entscheidende erste Schritt auf diesem Weg ist gerade mit der anfänglichen Grundentscheidung für eine Poesie des Ich, für eine subjektivistische Poesie gegeben, in der jeder Inhalt und jede Erfahrung ein Inhalt und eine Erfahrung des Ich sind und nur insoweit relevant erscheinen, als sie auf das Ich bezogen werden können. In diesem Zusammenhang fällt es nicht wesentlich ins Gewicht, ob solche Inhalte im Gedicht gelegentlich einem anderen Ich in der dritten oder (wohl seltener) in der zweiten Person zugeordnet sind. Es geht immer darum, daß im perzeptiven-expressiven Prozeß das Subjekt, das lyrische Ich, in den Vordergrund tritt – das Ich, welches ein unermeßliches Empfindungsorgan geworden ist, durch das allein die Wirklichkeit, die das Thema des Gedichtes abgibt, existiert.

Schauen wir uns das Syntagma „mir ist:" näher an. Seine Neuheit und das, was an ihm dem jungen Rilke besonders gefiel und ihn veranlaßte, es bei seinem Versuch, die lyrische Sprache manieristisch zu erneuern, wiederholt in reiner oder veränderter Form zu verwenden, bestand in der Reduktion des syntaktischen Gefüges auf den Grad Null der Interpunktion, den Doppelpunkt. Der Doppelpunkt repräsentiert oder ersetzt den Nexus mit dem Rest des Gedichtes, er ist die sprachliche Gebärde, die den Hauptteil des Gedichtes der Sphäre des Ich subsumiert, und zwar mit einer Unmittelbarkeit, aber auch mit einer Unbestimmtheit, wie sie keine explizite syntaktische Artikulation hätte gestatten können. Er erzeugt eine Aura, die alles umgibt und alles durchtränkt. Aber das Vage und Unbestimmbare dieses subjektiven Fluidums ist paradoxerweise auch das Vage und Unbestimmbare des perzipierenden Ich selbst. Alles wird in das perzipierende Ich hineingenommen, aber dieses Ich existiert auch seinerseits nur in der Perzeption, nur in den Inhalten und den Erfahrungen, die es verzeichnet. Der übermäßigen Ausdehnung des Ich, das zum Filter der gesamten Wirklichkeit wird, entspricht zugleich dessen äußerste Verarmung, dessen Reduktion auf ein bloßes Wahrnehmungsorgan. Das Ich *ist* insoweit, als es Perzeptionsorgan ist. Von daher stammt also der hohe symptomatische Wert des Stilems „mir ist:": Durch dieses wird die ganze Wirklichkeit als Objekt der Perzeptionsfunktion des Ich hingestellt, gleichzeitig aber wird das Ich in eine periphere Stellung gedrängt. Nicht zufällig öffnet unser Syntagma das Gedicht und macht somit das Ich zum Rahmen, der den Gedichtkörper zwar wie ein Bild einschließt, aber auch nur einschließt. Wichtig ist letzten Endes das Bild und nicht der Rahmen. Der Leser nimmt zur Kenntnis, daß es sich um ein Gefühl des lyrischen Ich handelt, aber dann kommt es darauf an, den Inhalt, die selbständige Wirklichkeit, die sich in jenem Gefühl äußert, zu vernehmen. Das Ich wird gleichsam vergessen, geht verloren (bis auf die Fälle, wo es anderswo im Laufe des Gedichtes in expliziter Form wieder auftaucht; aber dies stellt etwas anderes dar als dasjenige, was wir hier zu verstehen versuchen). Statt allumfassender Mittelpunkt der ganzen

Wirklichkeit zu sein, reduziert sich also das Ich auf ein deiktisches Zeichen: ich bin es, der diese Wirklichkeit perzipiert. Aber was wesentlich ist, ist doch die Wirklichkeit.

Schon Ellen Key hat im Jahre 1904 „in der frühen Produktion Rilkes" das Fehlen von starken Gefühlen, von „Kampf, Aufruhr, Zweifel, Haß und Zorn", betont.[2] Dies sind die Gefühle, die einer harten, frontalen Gegenüberstellung zweier Wirklichkeiten entspringen können, des Ich und der Welt. Wenn aber einer dieser beiden Pole verblaßt, bis er nur eine Funktion wird (Perzeption oder Rahmen), wird die Unmöglichkeit jener starken Gefühle völlig verständlich.

II. *Die ‚Neuen Gedichte'*

Das ‚Stunden-Buch' hatte den Versuch dargestellt, die Vielfalt der Wirklichkeit als solche im zyklischen Gefüge der Sammlung und vor allem in der großartigen und unendlich variierten Gott-Metapher mit einer gewissen Einheitlichkeit zum Ausdruck zu bringen. Nun sind die ‚Neuen Gedichte' der Augenblick, wo versucht wird, die Wirklichkeit nicht mehr in ihrer globalen, gleichwohl widersprüchlichen Totalität, sondern in der fragmentarischen Vielzahl der einzelnen Perzeptionen wahrzunehmen. Gesucht wird nicht mehr eine einheitsstiftende Grundlage der Wirklichkeit. Das Wirkliche wird in der unendlichen Vielfalt seiner Offenbarungen gesehen, die jeweils begrenzt und isoliert erscheinen. Die *Dinggedicht*-Poetik stellt nicht den Verzicht auf ein Erfassen der Wirklichkeit, sondern die Annahme ihrer sichtbaren Vielfalt dar, wohl im Bewußtsein, daß es möglich ist, die Wirklichkeit selbst hinter jedem oder durch jedes Einzelding zu vernehmen. Die Einzeldinge der Gedichte sind Einzelstücke der Wirklichkeit, die Gedichte sind realisierte Beispiele von (nur an der Oberfläche fragmentarischer) Perzeption der Wirklichkeit. Das Dinggedicht, weit davon entfernt, bloß ein poetischer, technischer Kniff zu sein, ist ein radikaler Versuch, die Wirklichkeit in ihrer phänomenalen Vielfalt zu erfassen, nachdem der globalisierende Versuch des ‚Stunden-Buchs' sich erschöpft hatte.

Dies geschieht durch eine radikale, symbolistische Verfremdung des Dinges, das zum Thema des Gedichtes gemacht wird. Ist es nämlich richtig, sich an die Vorstellung des Dinggedichtes zu halten, um die Poesie der ‚Neuen Gedichte' zu verstehen, so sollte man aber auch klar hervorheben, daß es oft um Dinge geht, die sich von denen der Alltags-

---

[2] Zit. in Norbert Fuerst, Rilke in seiner Zeit. Frankfurt/M. 1976, S. 22.

erfahrung sehr abheben. Manchmal wird ihr Sinn ins Gegenteil verkehrt (zum Beispiel im Falle von vielen biblischen oder christlichen Bezügen), häufiger werden die Konturen durch die ungewöhnliche Perspektive entstellt. Oft rückt das Bild durch die markante, provokatorische Einseitigkeit des hervorgehobenen Details in ein neues Licht. Manchmal wird das Ding dynamisiert, in einem Bewegungsprozeß gesehen, während eine realistische Perzeption es unbewegt sehen möchte, seltener ist das Gegenteil der Fall. Oft wird nicht das Ding, das einigermaßen realistisch bleibt, sondern das Darstellungsmittel, die Sprache, gewaltsam manipuliert, die hier Spannungen unterworfen wird, die uns erst in den späten Gedichten der Jahre 1923–1925 mit vergleichbarer Radikalität wieder begegnen.

Im Übergang vom wirklichen zum poetischen Ding bleiben in letzterem erkennbare Reste des ersteren erhalten (die Gründlichkeit, mit der sich Rilke in Lexika und Nachschlagewerken über die Dinge informierte, die zum Thema seiner Gedichte werden sollten, ist wohl bekannt). Das wirkliche stellt ein erkennbares Modell des poetischen Dinges dar; was aber auffällt, ist gerade die Differenz zwischen beiden, die Neuheit des poetischen Dinges, die sich einer neuartigen Perzeption verdankt. Gerade weil das Perzeptionsinstrument innovativ ist, erlaubt es eine wahre, tiefe, von der Gewohnheit nicht verflachte Wahrnehmung, während der nicht-poetischen, banalen Perzeption die Außenwelt nur in ihrer objektiven Alltäglichkeit erscheint. Wo zum Beispiel diese normale Sehweise nur eine schöne Rose erblickt, sieht die poetische Perzeption ein komplexes Spiel von Räumen, die zugleich offen und geschlossen sind, ein Spiel, das einen Symbolwert für das Verhältnis zwischen Menscheninnerem und Außenwelt erhält (vgl. ‚Das Rosen-Innere'; SW I, 622 f.). Was gewöhnlich nur ein Kinderspiel mit dem Ball ist, wird zu einer neuen „Tanzfigur" (‚Der Ball'; SW I, 639 f.). Der Engel der Sonnenuhr ist keine Ausschmückung mehr und erst recht kein nützliches Meßinstrument (etwa als Zeitmesser); bei Rilke wird er zum Symbol einer tieferen Zeit, die nichts Gemeinsames hat mit der Uhrzeit und eher den geheimnisvollen Rhythmus darstellt, der Tag und Nacht, Leben und Tod umfaßt (‚L'Ange du Méridien'; SW I, 495).

Aber aus dieser Perspektive gesehen, werfen die ‚Neuen Gedichte' auf radikale und originelle Weise erneut die Frage nach der Einheitlichkeit der Wirklichkeit auf, die nun nicht mehr in einem äußeren, einheitsstiftenden Element (wie es im Grunde genommen die Gott-Metapher des ‚Stunden-Buchs' war), sondern in der wesentlicheren Einheitlichkeit der Perzeptionsart gesucht wird. Trotz der Mannigfaltigkeit der Phänomene ist die Einheitlichkeit durch die symbolistische Perzeption gegeben. Es wird nicht mehr versucht, die Vielfalt zu überwinden und also irgendwie abzuschaffen, sondern sie grundsätzlich zu akzeptieren, wobei freilich die Vielfalt in einem höheren Sinne im einheitlichen Blick des Dichters wieder aufgehoben wird. Wenn die Einheit der Wirklichkeit in der Perzeptionsweise liegt, und nicht etwa in irgendeinem Kunstgriff, der die enorm verschiedenen Dinge auf einen gemeinsamen Nenner bringt, dann kann jedes Einzelding die Gelegenheit zur Verifizierung *dieser* Einheitlichkeit bieten. Aber wenn die Neuheit das Wesentliche in der Perzeption ist und wenn solche Perzeption das vereinheitlichende Element ist, kann uns nicht entgehen, daß hier das substantielle, wesentliche Interesse des Dichters an der Wirklichkeit, an der Welt, an dem Anderen zu verblassen beginnt. Vom Wirklichkeitsbereich, der für den Dichter noch relevant ist, zieht sich das empirische und banale, das alltägliche Wirkliche allmählich zurück. Das, worauf es nunmehr ankommt, ist allein, wie und wieviel davon in der neuen poetischen Perzeption um- und neugestaltet werden kann.

In den ‚Neuen Gedichten' besteht zwar noch weiterhin ein Bezug zum wirklichen Ding (man denke an den Dokumentationseifer des Dichters), aber der eingeschlagene Weg kann zur totalen Emanzipation des Gedicht-Dinges vom Wirklichkeits-Ding führen. Gerade dies ist die Entwicklung, die uns in den späten Gedichten begegnen wird und die kein grundsätzliches Novum im Hinblick auf die Poetik der ‚Neuen Gedichte' darstellt, sondern nur die äußerste Konsequenz jener Voraussetzungen, die schon in den Pariser Jahren vorlagen.

All dies gibt uns das Bild einer Poesie, die stark subjektiv gefärbt ist, aber nicht mehr im noch banalen Sinne der jugendlichen Gedichte und der dort expliziten Allgegenwärtigkeit eines Ich. Man kann vielmehr behaupten, das lyrische Ich fehle in den ‚Neuen Gedichten' ganz. Der Dichter redet nie in erster Person. Gerade die Poetik der ‚Neuen Gedichte' verlangt ein Höchstmaß (ein nach Rilkeschen Maßstäben denkbares Höchstmaß) an Projektion des Ich in die Dinge, an Objektivierung, die durch die äußerst persönliche und unverwechselbare Sensibilität des Dichters gekennzeichnet wird. Die Dinge werden in einem, in *ihrem* Raum perzipiert; in ihm erscheint das lyrische Ich nicht, was aber nicht heißt, daß es nicht anwesend ist. Wenn die symbolistische Perzeption der gewöhnlichen Wahrnehmung eine solche Gewalt antut, wenn sie die Dinge entstellt, um deren am wenigsten bekannte und vorhersehbare Seite hervorzukehren, ist das Subjekt solcher Gewalt doch immer das lyrische Ich, selbst wenn es gleichsam außerhalb der Bildfläche, ungesehen, wirkt. Wenn die Wirklichkeit insofern *ist,* als sie perzipiert wird (so wie das Ich insoweit ist, als es perzipierend ist), hat es letzten Endes keinen Sinn, den Subjektivismus seiner Sehweise zu behaupten, da es a priori selbstverständlich ist, daß es zwischen Ich und Wirklichkeit, zwischen Subjekt und Ding zumindest als Zielvorstellung zu einer Verschmelzung kommen soll. Eines der Mittel einer solchen Begegnung von Innerem und Äußerem ist gerade die umgestaltende Gewalt der Poetik der ‚Neuen Gedichte', die den Stempel des Autors allem, was perzipiert wird, eindrückt, selbst wenn ein explizites Ich nicht vorkommt.

III. *Die Krisenjahre*

Nach der Vollendung des ‚Malte'-Romans 1910 und dem Anfang des Duineser Zyklus 1912 setzt für Rilke eine lange schöpferische Krise ein, an deren Ausgang erst 1922 die ‚Duineser Elegien' ihre endgültige Form finden werden. Wenn wir nun eine Entwicklungslinie dieser Jahre zeichnen wollen, so verläuft sie in Richtung auf die Unmöglichkeit, das Verhältnis zur Wirklichkeit in jener Form weiterhin zu realisieren, die am Anfang des ‚Malte' als „Sehen" chiffriert worden war. (Man kann schon den gesamten ‚Malte' als Beweisführung der Fragwürdigkeit und letztlich der Unmöglichkeit eines solchen Verhältnisses betrachten, auch wenn vom „Sehen" selbst nur auf den ersten Seiten des Romans die Rede ist.) Die ‚Duineser Elegien', und ganz besonders diejenigen unter ihnen oder deren Teile, die bis November 1915 geschrieben wurden, haben als Grundthema die Klage um die Situation des Menschen, um dessen Isolierung und Anderssein der Natur gegenüber, um die Unfähigkeit, zu einer tieferen und dauerhaften Beziehung zur Welt und vor allem zu den Mitmenschen, selbst in der Liebe, zu kommen. Dies ist noch der Augenblick der negativen, elegischen Seite eines Diskurses, aus dem ein positiver Ausgang erst gesucht werden muß. Rilke sieht noch nicht mit Klarheit, wo solch positiver Ausgang liegen könnte, aber er unternimmt diese Suche in der einzigen nach seinen persönlichen, psychologischen wie poetologischen Prämissen möglichen Richtung. Dies ausführlich zu belegen würde eine Interpretation der ‚Elegien' erfordern. Hier mag es genügen, nur zwei Momente dieser Phase des Rilkeschen Schaffens hervorzuheben, die den erreichten

Standpunkt und vor allen Dingen die Richtung, in der gesucht wird, klar genug signalisieren.

Das *erste* ist das sehr bedeutende Gedicht ,Wendung' vom Juni 1914; es zeigt, daß Rilke ohne die gewaltsame Zäsur des Weltkrieges sein Ziel der Vollendung der ,Elegien' vielleicht schnell hätte erreichen können. Thema des Gedichtes ist das „Anschaun", das sich in einer Krise befindet. Jenes Verhältnis zur Welt, das sich in Maltes „Sehen" ausdrückte, gehört nunmehr der Vergangenheit an. Die Kommunikation zwischen Ich und Welt ist unterbrochen. Als Alternative zur Tätigkeit des „Schauens" bietet sich jetzt der Pol des „fühlbaren Herzens", die Konzentrierung auf das Ich im Namen der Liebe – jener Liebe, die, wie wir aus dem ,Malte' wissen, keine Entsprechung im anderen verlangt, sondern sich allein aus den Kräften des Herzens nährt. Die Formel, die den Sinn von Rilkes Suchen in diesen Monaten zusammenfaßt, lautet:

> Werk des Gesichts ist getan,
> tue nun Herz-Werk
> an den Bildern in dir, jenen gefangenen (SW II, 83 f.).

Vor der Schwierigkeit, die Perzeption der Wirklichkeit weiterhin zu verfolgen, taucht die bekannte Grundhaltung Rilkes auf, sich dem Unvermeidlichen zu fügen und innerhalb der gegebenen Umstände sein Heil zu suchen. Nicht mehr also dem „Sehen" muß sein Suchen gelten, sondern einer Selbstgenügsamkeit innerhalb der Grenzen des Herzens. Hat sich ein Verhältnis zur Wirklichkeit als unmöglich erwiesen, so wird der Verzicht eine unabdingbare Notwendigkeit. Was uns begegnet, ist eine Art Rückzug in das Ich als den letzten Raum, der dem Dichter noch gegönnt ist.

Nun zum zweiten Moment. Es mag überraschen, schon kurze Zeit darauf, mitten im Krieg, im November 1915, das „Schauen" oder „Hinschauen" als positiven Ausdruck, als Aufgabe des Dichters in der ,Vierten Duineser Elegie' vorzufinden. Aber es geht hier um anderes, ja in gewisser Hinsicht um etwas, das zum alten „Sehen" oder „Anschauen" geradezu im Gegensatz steht. Das „Anschaun" in der ,Wendung' ist noch die Perzeption einer Wirklichkeit, die außerhalb des Ich liegt, das „Hinschauen" in der ,Vierten Elegie' (SW I, 698) ist hingegen eine Handlung, eine Tat, ein aktives Eingreifen, aber nicht in die Welt außerhalb des Ich, sondern in eine Szene, die im Theater des Herzens spielt. Dieses „Hinschauen" ist also eine nochmalige Bestätigung der Unterbrechung der Kommunikation zwischen Ich und Wirklichkeit und der Konzentrierung auf das Ich als den letzten Spielraum, der dem Ich selbst gegeben ist.

IV. *Ansätze eines Neubeginns*

Nach Kriegsende geht Rilke in die Schweiz, in das einzige Land Europas, das vom Krieg unberührt geblieben ist und wo er fern von den Unruhen und den Spannungen der Nachkriegszeit die Sammlung zu finden hofft, die es ihm gestatten soll, an die Meditation, die 1914 abgebrochen worden war, wieder anzuknüpfen.

Rilke bemüht sich in den Jahren 1920–1921, mit seinem um Jahre zurückliegenden Ich wieder Kontakt aufzunehmen, die Kontinuität mit einer poetischen Phase wiederherzustellen, die die äußere Gewalt des Krieges unterbrochen hatte. Er will den Duineser Zyklus zu Ende führen. Dies ist nun sein Lebenszweck. Wir können Rilkes Bemühungen bei der Verdrängung des Krieges und seiner Folgen bis in seine Suche nach passenden Umwelt- und Lebensbedingungen hinein verfolgen: er bedarf der vom Krieg verschonten Schweiz, alter aristokratischer Residenzen, der Einsamkeit nach dem rasch abgeebbten demokratischen Enthusiasmus in München im Winter 1918–1919.

Als sich aber eine schöpferische Ader im November 1920 und dann im Frühjahr 1921 öffnet, ist, was sich ihm präsentiert, eine neue Art Poesie, die auf keine der bekannten vergangenen Werkstufen zurückgeführt werden kann, die aber auch nicht derart ist, daß sie einen Anfang der Vollendung der ‚Elegien‘ darzustellen vermag (was in dieser Hinsicht fehlt, ist vor allem die großartige konstruktive Spannung sowie die reflexive und elegische Haltung). Die Ratlosigkeit des Dichters vor den beiden Gruppen von Gedichten, die in diesen Monaten entstanden, war so groß, daß er zwischen sich und diesen seinen Texten die Schirmwand eines erfundenen Grafen C. W. aufstellte, der der wahre Verfasser sein sollte. Rilke selbst erschien nur als ihr Herausgeber. In der Tat stellen diese beiden Zyklen ‚Aus dem Nachlaß des Grafen C. W.‘ eher als die vom Dichter erhoffte Wiederanknüpfung an alte Pläne den Anfang von etwas Neuem dar, von einer Art Poesie, die sich in die Zukunft projiziert, und zwar mit Unsicherheiten und Ambiguitäten, die zur Genüge Rilkes Zurückhaltung, sie als Autor zu verantworten, rechtfertigen können. Es ist dies eine Poesie, die ganz im Zeichen des „Herz-Werks“ steht und sich vom „Werk des Gesichts“ weit entfernt hat: Impulsen und Motiven wird nachgegangen, wie sie spontan in der scheinbar ziellosen Innerlichkeit entstehen und sich entwickeln, nach einer Grammatik des Herzens, deren unbekannten Regeln gemäß sich Phantasie, Erinnerung, Traum artikulieren. Der Dichter, der in der fernen Zeit der ‚Neuen Gedichte' sich die Aufgabe gestellt hatte, die Dinge in der Dichtung zu objektivieren, hat sich nun völlig in die magische Sphäre seines Ich zurückgezogen, und zwar mit einer Radikalität, die seine bewußte Autorschaft der Texte in Frage zu stellen scheint. Aber nicht die Grundposition, die Poetik, die diese Verse regiert, ist neu: neu ist nur die Anwendung, die Realisierung, die radikal genug ist, den Autor selbst zu befremden. Die Gedichte des vermeintlichen Grafen C. W. stellen den Übergang zu der neuen poetischen „Jahreszeit" Rilkes dar, an deren Anfang die Vollendung der ‚Duineser Elegien' steht.

V. *Die ‚Duineser Elegien'*

Hier muß von jedem Kommentar – wie kurz auch immer – zu den ‚Duineser Elegien' selbstverständlich Abstand genommen werden. Nur einen Punkt, besser: ein Wort will ich aus dem unverwechselbaren Wortschatz der ‚Elegien' aufgreifen, um eine Art Endstation in der langen und wechselvollen Entwicklung der Rilkeschen Gestaltung der Ich-Welt-Beziehungen zu beschreiben.

Die Aufgabe, die die ‚Siebente Elegie' dem Menschen stellt, besteht darin, die Dinge der Wirklichkeit „innerlich"zu „baun" (V.62), denn „Nirgends [. . .] wird Welt sein, als innen" (V.50). In der ‚Neunten Elegie' findet diese Aufgabe ihre endgültige Formulierung in der Chiffre des „Sagens" (SW I, 718). Das „Sagen" ist die neue Form, die das Verhältnis zur Wirklichkeit am Ende der langen Krise annimmt. Wenn man die Entwicklung in der Krisenzeit wahrnehmen will, muß man die Distanz abmessen, die die beiden Ausdrücke trennt, die wir vor ihrem Beginn und nach ihrem Ende finden: auf der einen Seite das symbolistische „Sehen" als letzten Versuch einer positiven Lösung des Ich-Wirklichkeit-Verhältnisses und auf der anderen Seite das „Sagen", das im wesentlichen die Liquidierung eines solchen Verhältnisses (im engeren Sinne verstanden als beiderseitige, dialogische, bipolare Beziehung) darstellt. Das „Sehen" ist in bezug auf das Ich eine zentripetale Bewegung, ein Erfassen der „Dinge" der Welt durch eine poetische Sensibilität, die sie zwar deformiert und manipuliert, aber ohne eine semantische Beziehung zu ihnen in Frage zu stellen. Das „Sagen" ist hingegen eine zentrifugale, ausströmende Bewegung, die ihren Ursprung im Ich hat und sich auf die Dinge projiziert: freilich um sie zu verinnerlichen, aber bei klarem Bewußtsein, daß das logische Prius nun das Ich ist. Nuancen sind das, wenn man will, aber solche, die eine wesentliche Umkehrung der Perspektive bedeuten, eine Verschiebung von der Suche nach einem tatsächlichen Verhältnis zum Nicht-Ich zum Verzicht auf dieses Verhältnis. Dabei ist keine Spur von Frustrierung wegen der Unmöglichkeit dieses Verhältnisses zu merken (und dies zeigt den Ausgang aus der Krise an); vielmehr ist hier die Freude der Entdeckung zu spüren, daß das Verhältnis zur Wirklichkeit durch eine autonome Tätigkeit des Ich ersetzt werden kann (oder vielleicht stets ersetzt worden ist?), für die die Dinge kaum mehr als Vorwände oder Anlässe zur Betätigung einer emotionellen Kraft sind, die nur im Ich ihren Ursprung hat.

Es stimmt zwar, daß die letzten Verse der ‚Neunten Elegie' von „Verwandlung" reden: „Verwandlung" der Dinge (oder der „Erde"), so daß sie „unsichtbar in uns" werden (SW I, 720), und daß dieses Wort die Existenz zweier Pole, die aufeinander bezogen sind (eben die Dinge und das sie verwandelnde Ich), voraussetzt, aber kein Zweifel darf darüber bestehen, daß der Grundimperativ, der alles in Bewegung bringt, die monologische Reduktion auf die alleinige Dimension des Ich ist, und ferner, daß die nunmehr „unsichtbaren", dem Strom der Wirklichkeit entrückten Dinge erst in ihm, im Ich, wahr sind.

VI. *Die Spätzeit*

In der lyrischen Produktion der letzten Lebensjahre, und besonders in derjenigen in deutscher Sprache, macht sich eine Tendenz bemerkbar, die eine neue Wendung in Rilkes Schaffen vorbereiten könnte. Uns ist es nur möglich, die Tendenzen zu erkennen, weil die tatsächliche Entwicklung durch den Tod unterbrochen wurde.

Drei Symptome gestatten es, das, was Rilkes neue Phase hätte werden können, in den Hauptzügen zu erkennen. *Das erste* ist durch eine wachsende Abstraktion, durch eine verstärkte Reduktion der sinnlichen Bildlichkeit, die nur noch schematisiert vorhanden ist, dargestellt. Oft wird nur noch eine Art Diagramm, die Grundstruktur, der Mechanismus allein des thematisierten Dinges angeboten, und nicht das konkrete, individuelle Bild des Einzeldinges. Zu diesem Abstraktionsprozeß gesellt sich oft, *als zweites Symptom,* eine gewisse darstellerische

Dürre, ein Verzicht nicht nur auf Verzierungen und bildliche Redundanzen, sondern auch auf jegliche individuelle Adjektivierung. Spricht der Dichter von einer Rose, verwandelt sich gleich der Diskurs in einen Diskurs über *die* Rose überhaupt. Das Thema des Fensters ist eben das Thema *des* Fensters, jeglichen Fensters: Rose oder Fenster tendieren dazu, jeden Bezug auf eine besondere Blüte, auf ein besonderes architektonisches Element einzubüßen und zu „Figuren" zu werden, die erst in der komplexen und immer chiffrierten persönlichen symbolischen Welt Rilkes ihren Sinn haben. Man versteht also, warum jede Individualisierung des dargestellten Dinges überflüssig wird. Es genügt dem Dichter, die Rose nur zu nennen, um in den Besitz des Schemas zu kommen, an das seine Reflexion anknüpfen kann. Die darstellerische Dürre wird zu einer Notwendigkeit dieser späten Poetik. Und schließlich *das dritte Symptom:* die Wahl der Themen. Sie sind oft seltsam peripher in bezug sowohl auf die Walliser Welt, die vor allem in den französischen Gedichten vorkommt, wie auch auf das sonstige bisherige Bilderrepertoire von Rilkes Dichtung. Ich meine hier zum Beispiel Themen wie das des Gongs mit seinem dichten vibrierenden Ton und seiner Form, die einem riesigen Ohr ähnelt (SW II, 186 f.), oder das – so unlyrische – der allgegenwärtigen Schwerkraft (SW II, 179) oder das des Handinneren (SW II, 178), das wie eine unbekannte Fußsohle neuartige Wege geht, oder noch das des exotischen Shawls (SW II, 476 f. und 488 f.) oder des Flugs eines Balls, der hinaufgeworfen und wieder aufgefangen wird (SW II, 172 f.). Die Ungewöhnlichkeit solcher Themen, gepaart mit der symbolistischen Verfremdung ihrer Behandlung, hat eine grundsätzliche Abwertung der Bedeutung des Themas selbst zur Folge, das zu einer Art Vorwand für eine zwecklose, in sich begründete poetische Übung wird, eine Übung, die den letzten zwei Strophen der ‚Zehnten Elegie' gemäß vor allem auf die Darstellung von abstrakten Figuren hinzielt, in denen gegensätzliche Spannungen sich reziprok vernehmbar machen, neue und unerwartete Paare von Spiegelbildern miteinander konfrontiert werden, die Absenz präsent wird.

Kein Zweifel besteht darüber, daß die Poesie, die sich in dieser letzten Lebenszeit in Ansätzen meldet, stark hermetischen Charakters ist. Die poetische Kommunikation verschließt sich mehr und mehr in einem Dickicht von Symbolen und Chiffren, die in der Regel (aber dies auch nicht immer) erst durch eine Synopse vieler Textstellen geklärt werden können. Rilkes paradoxer Kampf um die Darstellung des Geheimen, um das Sagen des Unsagbaren, um das Aussprechen der

Absenz, wird in eine Sphäre geführt, zu welcher der Zugang extrem schwierig ist, obwohl diese Schwierigkeit in keinem poetologischen Programm steht. Die Stille und das Schweigen, die die äußerste Grenze der menschlichen Erfahrung markieren, können nur auf dem „Grund von Gegenteil" eines unermüdlichen Greifens nach immer entlegeneren und ausgetrockneteren Bildern verstanden werden; der geistige Ausnahmezustand läßt den Dichter im persönlichsten Vorrat an Bildern (und mehr noch an Assoziationen und Variationen) die tiefsten, von den oberflächlichen und also kommunizierbaren Erfahrungsebenen entferntesten Darstellungsmaterialien ausgraben. Von daher der tendenziell monologische Charakter, die kommunikative Verschlossenheit dieser Gedichte, die nicht mitteilen, nicht überzeugen, nicht auffordern, sondern nur aussagen. Der Aussageakt realisiert schon das unmögliche Paradoxon, oder das, was uns von ihm zu realisieren gegönnt ist. Das Sagen des Unsäglichen, die Behauptung der Absenz ist das Höchste, was wir noch erreichen können auf dem Wege der menschlichen Erfahrung, der an einer unüberwindlichen Grenze endet.

Die Feststellung der Getrenntheit des Ich von der Wirklichkeit, die im Dichter in Jahrzehnten bitterer Erfahrung gereift ist, hat also als einzigen noch denkbaren Ausweg die Erprobung der inneren Dimensionen des Ich, die Konfrontation mit dem Quantum oder Quentchen Wirklichkeit, das im Ich selbst gegeben ist. Und es handelt sich um eine Wirklichkeit, die stets dazu tendiert, in ihr Gegenteil umzuschlagen, oder besser: mit ihrem Gegenteil zu koexistieren – eine Wirklichkeit, die sich höchstens als eine Seite eines Blattes zeigt, auf dessen anderer Seite (von der ersten unabtrennbar) „der andere Bezug", „das Offene", die „Stille" beginnt, worin unser letztes Los besteht.

All dies bleibt wahr, wenn auch jeglicher doktrinäre Aufwand (der in den ‚Duineser Elegien' besonders fühlbar war) verschwunden ist und die Reflexion, die unablässig um den Versuch kreist, an eine letzte Grenze vorzudringen, sich Themen zuwendet, die Ich-extern sind, die nichts mit Psychologie zu tun haben und eher zur Welt der Dinge gehören: die aber auch in ihrem peripheren Wesen „voller Vorwand" sind, also verfügbare bildliche Materialien für eine poetische Übung darstellen, die an der Grenze der Semantizität steht, indem sie neben jedem wirklichkeitsbezogenen Sinn gleichzeitig auch dessen Gegenteil, dessen Entsprechung im Absenz-Raum zu erfassen bemüht ist. Was jenseits der thematischen Vielfalt relevant ist, ist nun gerade diese Konstante, sind diese unermüdlichen Versuche, die Grenze des menschlichen (poetischen) Erfahrungsbereichs vernehmbar zu machen und im Paradoxon irgendwie zu durchbrechen.

Das ist also eine Poesie der Koinzidenz von Wirklichkeit (vom Rest Wirklichkeit, der noch zugänglich ist) und Ich. Aber es wird deutlich geworden sein, daß es sich hier nicht um einen Subjektivismus nach Art der frühen Lyrik handelt, daß wir im Gegenteil Texte vor uns haben, die überaus stark ihre Selbständigkeit gegenüber der privaten Subjektivität des Autors behaupten, gleichsam Erfahrungsstücke, die zwar von einem Subjekt (dem Autor) erfahren wurden, die aber nun nur sich selbst mitteilen wollen, vom Subjekt völlig verselbständigt sind und nichts von der menschlichen Person des Autors kommunizieren wollen (was natürlich als eine Tendenz, ein Grenzwert verstanden werden soll, auf den Rilkes Entwicklung hinstrebt, ohne daß er je völlig erreicht werden kann).

Mit diesem Prozeß der tendenziellen Verselbständigung der Gedichte als lyrischer Depots, in denen sich Erfahrungsfragmente niederschlagen, die möglichst autonom, von psychologischen, biographischen usw. Schlacken befreit, ja vom Autor selbst emanzipiert sein wollen, ist ein anderer verbunden, den ich hier nur nennen möchte, ohne ihn weiter zu besprechen. Ich meine die Entwicklungslinie, die sich mehr und mehr auf die Asemantizität hin bewegt, auf die Abwertung der signifikanten Tragweite dieser letzten Gedichte zugunsten der Wahrnehmung ihres Bestehens als sprachliche Gebilde allein, als Spiele abstrakter formaler Strukturen. Kein Zweifel kann darüber herrschen, daß Rilke nie asemantisch ist (etwa so, wie andere poetische Erfahrungen unseres Jahrhunderts, wie Dadaismus oder Surrealismus, es sein werden). Was hier durchschimmert, ist nur eine Tendenzlinie, die zu nennen wichtig war, denn sie stellt den letzten Schritt von Rilkes Werdegang in Richtung auf eine immer rigorosere Abgeschlossenheit von der Wirklichkeit, eine monologische Konzentrierung auf das „Herz" dar. In unserer wie auch immer kurzen schematischen Rekonstruktion einiger wesentlicher Etappen dieses wechselvollen, komplexen Verhältnisses von Ich und Welt bei Rilke durfte auch dieser letzte, kaum versuchte, eher nur angedeutete Schritt nicht unerwähnt bleiben.

Diskussion

Zwei Ansätze zur Differenzierung

W. Sokel eröffnet die Diskussion mit zwei Hinweisen, die die Hauptthese des Vortrags problematisieren, nach der in Rilkes Entwicklung das Subjekt immer mehr das Objekt verdränge. Zum einen versucht er, Destros Ansatz mit Käte Hamburgers bekannter Deutung der ‚Neuen Gedichte' zu vermitteln[1]: Rilke schaffe hier zwar scheinbar das Ich ab, setze aber in Wirklichkeit das nach Wesensschau der Dinge strebende „phänomenologische Ich" an dessen Stelle. Zum anderen sei – besonders im ‚Stunden-Buch' – das Rilkesche Ich im Sinne von William Butler Yeats' „Poetologie der Maske" zu verstehen, also als bewußt gewähltes, mit dem Autoren-Ich nicht identisches Rollen-Ich. – Beide Ansätze zur Differenzierung des Subjekt-Objekt-Schemas werden im folgenden ebenso aufgegriffen wie A. Destros grundsätzlich zustimmende Antwort, in der er sich jedoch von der seiner Meinung nach „zu viel mit philosophischen Etiketten" arbeitenden bisherigen Rilke-Forschung distanziert und beansprucht, eine „im engeren Sinne literaturwissenschaftliche Interpretation von Rilke" vorgetragen zu haben.

Zur Subjekt-Objekt-Relation bei Rilke: Dialektik statt Polarität

U. Fülleborn konzediert für Rilkes frühe Lyrik ein Überwiegen des Subjekts, das historisch aus der für den Anfang der modernen Dichtung charakteristischen Wendung gegen den Naturalismus und dessen Objektivismus zu erklären sei. Für Rilkes weitere Entwicklung entwirft er jedoch das Modell einer komplexen Subjekt-Objekt-Dialektik, in der mal der eine, mal der andere Pol stärker betont wird, nie aber reine Subjektivität oder reine Objektivität angestrebt ist. „Man muß bei Rilke auch den experimentellen Charakter dieser Entwicklungsstufen sehen: Er entwirft – Selbstinszenierung! – sozusagen sich selbst und seine Dichtung immer wieder neu, verbraucht dann alle Möglichkeiten, die in einem solchen Entwurf stecken bis zum Extrem, bricht ab und betont in einem neuen Ansatz nun den anderen Pol. Das Ganze wäre dann ein schwebendes Gleichgewicht zwischen den Polen, mit dem gemeinsamen Akzent auf Wirklichkeit. Nur daß diese nie anders als durch das Bewußtsein gespiegelt und perspektiviert dargestellt werden kann."

Ergänzend verweist U. Fülleborn auf die Forschungsergebnisse von Anthony Stephens, der gezeigt hat, daß es die von Destro für die Werkstufe der ‚Elegien' konstatierte Reduktion der Wirklichkeit auf den Status eines bloßen „Vorwands" als ausgearbeitete poetische Theorie wie als dichterische Praxis bereits um 1900 gibt. Immer bleibe bei Rilke das Unsagbare der eigentliche, nur mittel-

[1] K. Hamburger, Die phänomenologische Struktur der Dichtung Rilkes. In: K. H., Philosophie der Dichter. Stuttgart 1966, S. 179–275.

bar erfaßbare Aussagegegenstand, immer gehe es ihm um die gemeinsame Tiefendimension von Ich und Welt.[2]

A. Destro insistiert demgegenüber auf einer deutlichen Entwicklungslinie und veranschaulicht diese durch eine Metapher: „Immer wird bei Rilke die Wirklichkeit durch eine Brille – das Ich – gesehen. Aber mit der Zeit nimmt die Bedeutung dieser Brille immer mehr zu."

Rilkes ‚lyrisches Ich'

W. Wittkowski versucht, Parallelen und Unterschiede zwischen den Ich-Konzepten von Schiller einerseits, Hofmannsthal und Rilke andererseits herauszuarbeiten: „Bei Schiller kommt es darauf an, daß der Mensch erfüllt wird von Empfindungen, Gedanken, die sich dann fruchtbringend auswirken auf die Mitwelt, auf das Ganze. Bei Hofmannsthal und Rilke bleibt dagegen das Ich selber im Mittelpunkt, und die Außenwelt scheint mehr das bloße Material zu sein, das vom Ich empfunden wird und an dem es sich konstituiert. Der Durchbruch zum Mitmenschen ist hier nun ein Unternehmen für sich, das bei Hofmannsthal nur mit großer Anstrengung durch Sympathie, nicht aber durch Handlung gelingt, bei Rilke aber überhaupt nicht mehr."

W. Weiss fordert demgegenüber, stärker zwischen dem noch ganz dem 18. Jahrhundert zugehörigen Empfindungsbegriff Schillers einerseits und dem von Hofmannsthal und Rilke andererseits zu unterscheiden. Für die beiden letzteren sei Ernst Machs Empiriokritizismus [s. o. S. 263 ff.] durchaus mit im Hintergrund zu sehen, wenn auch ohne die geistesgeschichtliche Pathetik, mit der Germanisten gewöhnlich dessen Satz „Das Ich ist unrettbar" überbewerten.

P. H. Neumann bezweifelt, daß es in Rilkes Dichtung überhaupt ein durchgängiges und einheitliches Ich gebe. Er führt als Beispiel so offensichtliche Fälle von Selbstinszenierung und Rollenwechsel an wie die ‚Mädchenlieder', das ‚Stunden-Buch', die Gedichtsammlung ‚Aus dem Nachlaß des Grafen C. W.' – U. Fülleborn nennt ergänzend auch noch den „Engel" der ‚Elegien' und den „Orpheus" der ‚Sonette' als „höchste Ich-Projektionen". – Bei dieser Häufung ständig wechselnder Selbstentwürfe – so P. H. Neumann weiter – erscheine ihm Destros unmittelbare Identifizierung des lyrischen mit dem empirischen Ich äußerst problematisch. – A. Destro will demgegenüber hinter all den wechselnden Masken doch eine deutliche Kontinuität des lyrischen Ich ausmachen.

Käte Hamburgers Rilke-Deutung

H. Kreuzer nimmt Bezug auf Destros Kritik an einer zu philosophischen Rilke-Interpretation, die er als Kritik an Käte Hamburger versteht. Er verdeutlicht die Berechtigung von Hamburgers Ansatz an drei Beispielen:

---

[2] Vgl. z.B. A. Stephens, Ästhetik und Existenzentwurf beim frühen Rilke. In: Rilke heute. Bd. II. Frankfurt/M. 1976, S. 95–115.

1. Das ‚Schauen' in den ‚Neuen Gedichten': Damit hat K. Hamburger[3] genau das gleiche „unauflösliche Verhältnis von perzipierendem Ich und perzipierter Wirklichkeit" beschrieben wie Destro – und zwar nicht als literarische Umsetzung von Husserls Philosophie, sondern als historische Parallele dazu. Sie prägte für Rilkes Lyrik ja bekanntlich die Formel: „Eine Dichtung statt einer Philosophie".

2. Das ‚Rühmen'[4]: Auch hier sind Ich und Wirklichkeit verknüpft, freilich mit „Präponderanz des Ich, des Rühmenden".

3. K. Hamburgers Bestimmung der Lyrik[5]: Im Unterschied zu den fiktionalen Gattungen des Er-Romans oder des Dramas definiert Hamburger die Lyrik gerade durch „ihr Subjekt-Objekt-Verhältnis mit Varianz zwischen einer relativen Objekt-Nähe und einer relativen Subjekt-Nähe". Anders als in der philosophischen Erkenntnistheorie geht es in der Lyrik freilich um die „Objekt-Erfahrung des lyrischen Ich". – Kreuzer verwendet diese Gattungsbestimmung dann zu einer Grobschematisierung der modernen Lyrik. Danach entspricht der Dominanz des Objekt-Pols der Naturalismus, der Dominanz des Subjekt-Pols die hermetische und dunkle Lyrik (etwa Celans), in der Hugo Friedrich die eigentlich „moderne" Dichtung sieht[6] und bei der das Objekt kaum noch auszumachen ist. Rilkes ‚Neue Gedichte' stünden in diesem Modell für die vollkommene Balance von Subjekt- und Objekt-Pol.

A. Destro stellt klar, daß er keine Kritik an K. Hamburger implizieren wollte und jede Gemeinsamkeit zwischen seiner und ihrer Rilke-Deutung als Kompliment empfinde.

Rilkes ästhetische und poetologische Selbstreflexionen

A. Stephens kritisiert am Vortrag vor allem die Vernachlässigung von Rilkes eigener Ästhetik, die weit differenzierter sei als Destros Entwicklungsmodell. „Zur angeblichen Subjektivität des Spätwerks gibt es etwa bei Rilke selbstkritische Überlegungen anhand des Themas der Magie. Rilke gestaltet häufig in seinen spätesten Gedichten das Thema der Erschaffung des magischen Kreises und dann des Heraustretens aus diesem. Ich glaube, da ist alles, was Sie unter der Rubrik ‚Brille' zusammengefaßt haben, wesentlich komplizierter und expressis verbis von Rilke selbst ausgearbeitet." – A. Destro stimmt grundsätzlich zu, beharrt aber auf seiner These, daß es trotz aller Veränderungen und Differenzierungen in der Entwicklung von Rilkes Dichtung wie Poetik die beschriebene lineare Grundtendenz gebe.

---

3 S.o. Anm. 1.
4 Vgl. K. Hamburger, Rilke. Eine Einführung. Stuttgart 1976.
5 Vgl. K. Hamburger, Die Logik der Dichtung. Stuttgart 1957.
6 H. Friedrich, Die Struktur der modernen Lyrik. Hamburg 1956.

Rilkes Spätwerk

B. Böschenstein sieht in Rilkes französischem Rosenzyklus eine extreme Auflösung der Subjekt-Objekt-Spannung: „Das Ich dankt ab, indem es sich zum Kommentator der Rosenszenen macht. Aber jede dieser Rosen ist nichts anderes als eine Summe von ‚Vorwänden'; jedes einzelne Blatt im Rosenganzen ist eine Wand, die abgebaut wird. Es bleibt dann einfach das Nichts übrig, das zu inszenieren ist. Dies ist darum so aufregend, weil es in einer Sprache geschieht, die es überhaupt nicht gibt – weder ist es Deutsch noch Französisch, sondern ‚Rilkisch'. Das heißt, jeder Satz ist eine Abweichung vom Französischen, und damit wird nun dieses immer angestrebte Unsagbare, nach der doppelten Annihilation des Ich und der ‚Vorwände', sozusagen als das Nicht-Aussagbare selbst sprechend."

U. Fülleborn ergänzt die Poetik des Rilkeschen Spätwerkes durch einen Hinweis auf die ‚Sonette an Orpheus'. In deren „Poetik des Hörens" sieht er ein Konzept, das mit der Metapher der ‚Brille' überhaupt nicht mehr zu erfassen sei. An die Stelle des bisherigen Redens, Sagens und Schauens, in dem die Wirklichkeit vergewaltigt worden sei, trete nun das folgende lyrische Modell: „Auf der einen Seite: Orpheus, der singende Gott – auf der anderen: das Ich (wenn man es noch so nennen will) als Adept, als Hörender, der dessen Stimme auslegt."

Walter H. Sokel

‚Der Mann ohne Eigenschaften' und das achtzehnte Jahrhundert

Einen der Themenkreise dieser Zusammenkunft habe ich verstanden als ein In-Beziehung-Setzen der Literatur des 20. zu der des 18. Jahrhunderts. Wenn 18. und 20. Jahrhundert konfrontiert werden sollen, muß aber selbstverständlich das Ausgeklammerte, das 19. Jahrhundert, auch eine entscheidende Rolle spielen. Mit dem folgenden Beitrag suche ich zwei Thesen in die Diskussion zu bringen: 1) Die Romanform von Robert Musils ‚Mann ohne Eigenschaften' kann als Rückgriff auf die herrschende Romanform des 18. Jahrhunderts und damit zugleich als Reaktion auf den realistischen Roman des 19. betrachtet werden. 2) Der Begriff „Mann *ohne* Eigenschaften " kann als Gegenentwurf zu Lessings Begriff des Charakters, wie er in der ‚Hamburgischen Dramaturgie' entwickelt wird, gesehen werden, wobei die poetologische Differenz zwischen Charakter und Eigenschaftslosigkeit auszuloten wäre. Die eng beschnittenen Zeitgrenzen gestatten es nicht, diese Thesen zu erhärten und die Beweisführung mit jener Detailfülle zu versehen, die wünschenswert wäre. Ich werde mich im wesentlichen auf behauptende Aussagen beschränken müssen und hoffe, daß die Diskussion einen Teil des Fehlenden nachbringen kann.

Ich gehe von der Behauptung aus, daß der ‚Mann ohne Eigenschaften' sich zu der ihm vorangehenden Romanform des europäischen Realismus so verhält wie der ‚Don Quixote', der in Form und Intention einen großen Teil der Romane des frühen bis mittleren 18. Jahrhunderts prägte, sich zu der ihm vorangehenden des Ritterromans verhielt – nämlich das Genre ironisierend und parodierend. Der Roman als Selbstparodie des Romans wird im 18. Jahrhundert durch Fieldings Parodie des sentimentalen Briefromans Samuel Richardsons fortgesetzt. Musils Hauptwerk vollbringt Ähnliches gegenüber dem Prinzip des realistischen Romans des 19. Jahrhunderts.

Die Titel des ersten Teils und des ersten Kapitels des ‚Manns ohne Eigenschaften', ‚Eine Art Einleitung' und ‚Woraus bemerkenswerter Weise nichts hervorgeht', bedeuten eine programmatische Ironisierung realistischen Erzählens. Ziel des realistischen Romans ist es ja, Information zu erstatten über die Welt in Form von erzählten Handlungsabfolgen fiktiver, aber mimetisch wahrscheinlicher Personen. Da der erzählende Autor – wir wählen Flaubert als den bewußtesten Vertreter dieses Romantyps – immer mehr hinter dem Erzählten zurücktritt und im Erzählten aufzugehen trachtet – jedenfalls den Schein dessen zu erwekken versucht –, wird das Erzählte alleiniger Informationswert (im Gegensatz zu direkten Aussagen des Erzählers). Erzähltes ist also per definitionem das, woraus etwas hervorgeht – nämlich die den Leser betreffende Information über den Zustand der Welt, in der, gemäß des mimetischen Prinzips, er selbst ja auch lebt. Das heißt, die Welt, die im Roman erzählt wird, wird mit der Welt des Lesers in eins gesetzt.

‚Der Mann ohne Eigenschaften' parodiert solches Erzählen. Er prägt aber nicht, wie der vom Futurismus ausgehende Experimentalroman des 20. Jahrhunderts, wie er durch Joyce, Dos Passos, Döblin etc. vertreten wird, eine ganz neue, der Moderne entsprechende Form des Epischen, sondern er greift auf eine vor-realistische Form des Erzählens zurück, die als Selbstironisierung und Selbstparodie des Genres angesehen werden kann. Inhaltlich geht Musil zwar von den Problemstellungen des 20. Jahrhunderts aus, aber deren spezifische, formale Konsequenzen zieht er nicht.

Eigenschaftslosigkeit ist Synonym für Problematik der Identität, des Charakterbegriffs. Charakter wird hier natürlich nicht im moralischen Sinne verstanden, sondern im Sinne immer auch des Individuums oder Ichs als essentieller und konstanter Substanz. Ernst Mach folgend, stellt der Mann ohne Eigenschaften die Formel dar für „Eigenschaften ohne Mann", genauer ausgedrückt, für emotionale Zustände ohne ein sie vereinheitlichendes Ich. Musil, der sich in seiner Dissertation kritisch mit Mach auseinandergesetzt hatte, nähert sich ihm im ‚Mann ohne Eigenschaften'. Die Problematisierung des Ichbegriffs führt aber über und durch Mach hindurch zurück zum 18. Jahrhundert. Denn der Empirismus Machs läßt sich als radikale Weiterführung des Empirismus David Humes verstehen. Demgemäß hat auch die Eigenschaftslosigkeit des Mannes ohne Eigenschaften ihren genau entsprechenden Vorläufer in dem Roman, den man als die epische Verkörperung des britischen Empirismus bezeichnet hat – nämlich in Laurence Sternes ‚Tristram Shandy' (1759–1767).

Die Ichlosigkeit des Empirismus bedeutet, daß an die Stelle des substanzhaften Charakters oder Ichs wechselnde Kombinationen von ‚Elementen' treten. Es gehen aber in den Begriff eines „Mannes ohne Eigenschaften", wie er uns im ersten Buch des Romans entgegentritt, noch

weitere Bestimmungen ein, die mit der Machschen Auflösung des Ichs als Unterklasse der Substanzidee nur ganz lose zusammenhängen. Ich möchte hier vier weitere ideengeschichtliche Bestimmungen anführen:
1. Ein rigoros historisierender bzw. soziologisierender Blick, der die totale Vergesellschaftung des Individuums bloßlegt, so daß für den altmodischen Begriff „Seele“ nur „das große Loch“ übrigbleibt, „das man Seele nennt“.
2. Die Verdrängung des Interesses an der Mimesis handelnder Personen durch das Interesse an Problem- und Fragestellungen. Angestrebt wird also die Ablösung der emotionalen Identifikation des Lesers mit fiktiven Personen und deren Schicksalen durch den intellektuellen Drang nach Erkenntnisgewinn.
3. Die Aufwertung der außerfiktiven Wirklichkeit als eines Aufmarschgebietes von Möglichkeiten menschlichen Daseins gegenüber der traditionell gepflegten Lust an jener Illusion, die Fiktion als Wirklichkeit zu erleben hilft.
4. Das einheitsstiftende Element dieser Prosa ist nicht mehr die Handlung, sondern der Stil in der Form des Witzes. Witz ist hier in der Bedeutung zu verstehen, die das Wort im 17. und 18. Jahrhundert besaß, wobei es mit geistreichem Vergleich, mit dem Geist provozierender Analogie fast identisch war. Daß Witz in diesem Sinne bei Musil zur mystischen Liebe, dem In-eins-setzen des Getrennten – dem Grundthema des zweiten Buches des ‚Mannes ohne Eigenschaften' – hinüberführt, wollen wir hier als unser Thema überschreitend außer acht lassen. Nur soviel sei gesagt: Während der Witz im ersten Buch das formale Einheitsprinzip darstellt, wird im zweiten Buch die Geschwisterliebe zum thematischen Einheitsprinzip. Wenden wir uns nun zunächst Punkt 1 zu.

Musils historisierend-soziologischer Blick legt die totale Vergesellschaftung des Individuums bloß. Doch wird das gesellschaftlich Rückbezogene an den Personen noch weiter zurückgeführt auf die chemisch-physikalische Natur des menschlichen Körpers. Weder die Sicht des Menschen als historisch-gesellschaftliches Wesen noch als Teil der außermenschlichen Natur läßt Seele als Eigenständiges, Autodeterminiertes und Einzigartiges zu. Die fiktiven Personen bestehen aus unpersönlichen Determinanten. Die kurzen sozialpsychologischen Biographien, mit denen Musil gewöhnlich seine Figuren einführt, dienen als deren Erklärungen. Ulrichs Vater z.B. ist zu begreifen als ehemaliger Hauslehrer bei Familien des Hochadels, Diotima als die ambitionierte

Tochter eines vermögenslosen Mittelschullehrers, die, mit sehr gutem Schulgedächtnis ausgestattet, konventionelles Bildungsgut geschickt verwertet. Der Frauenmörder Moosbrugger war zu arm, um je die Gunst einer Frau zu gewinnen, Ulrichs Jugendfreund Walter flüchtet zu Wagners Musik, um das Scheitern seines gesellschaftlich hochgezüchteten Genietraums zu verdrängen, und Walters Frau Clarisse befindet sich in Dauerrebellion gegen einen Vater, dessen künstlerischer Erfolg die Makartzeit repräsentierte. Musils Figuren sind zusammengesetzt aus Elementen ihrer Zeit, ihrer gesellschaftlichen Stellung, ihrer Familienkonflikte, speziell ihrer Kindheits- und Jugendkonflikte, und ihrer Körper und Nervensysteme. Sie bestehen aus Zitaten, d.h. sie sind Montagen aus historischen Elementen und somit determiniert als Teile sich historisch wandelnder Öffentlichkeit. Ihre Eigenschaften sind gesellschaftliche Größen. Von dem Geheimnis einmaliger Individualität scheint also nichts übrigzubleiben. Die Charaktere hängen völlig von den Bezugssystemen ab, in denen sie funktionieren, so daß „ein Landesbewohner" nicht *einen,* sondern mindestens *neun* Charaktere hat:

> einen Berufs-, einen National-, einen Staats-, einen Klassen-, einen geographischen, einen Geschlechts-, einen bewußten, einen unbewußten und vielleicht auch noch einen privaten Charakter; er vereinigt sie in sich, aber sie lösen ihn auf, und er ist eigentlich nichts als eine kleine, von diesen vielen Rinnsalen ausgewaschene Mulde, in die sie hineinsickern und aus der sie wieder austreten, um mit andern Bächlein eine andre Mulde zu füllen.[1]

Jeder Mensch besteht also aus mehreren Identitäten (wobei allerdings der „private Charakter" vielleicht so etwas wie eine existentielle Dimension einführt), je nach der Rolle, die er in einem bestimmten sozialen, psychischen und biologischen Zusammenhang spielt, je nach der Funktion also, die er in einer bestimmten überpersönlichen oder unpersönlichen Konstellation innehat. Der Charakter kann daher niemals eine Einheit sein und auch nie wie in Lessings ‚Hamburgischer Dramaturgie' die letzte Quelle des Schicksals, ja das Schicksal selbst sein. Musils „zehnter", phantastischer Charakter, der nur eine andere Formulierung der Aufhebung des Charakterbegriffs darstellt, bildet also das exakte Gegenteil zu einem Aspekt des 18. Jahrhunderts, den Lessing repräsentiert.

---

[1] Robert Musil, Der Mann ohne Eigenschaften. Roman. Gesammelte Werke. Hg. von Adolf Frisé. Reinbek 1978, Bd. I, S. 34; im folgenden zitiert als: MoE.

Nun ist aber der Lessingsche Begriff des Charakters eine durch die Erfahrung Shakespeares zugespitzte Fassung des dem Epos wie dem Drama zugrunde liegenden aristotelischen Mythosbegriffs – des Mythos als der Mimesis handelnder Personen. Er dient aber bei Lessing hauptsächlich der emotionalen Identifikation des Zuschauers bzw. Lesers mit den dargestellten Personen. Durch Erzeugung von Mitleiden wirkt Tragödie erzieherisch. Sie bildet das eigentlich Menschliche am Menschen aus. Die Doktrin von der emotionalen Erziehung des Rezipienten durch den aristotelischen Mythos läßt sich ohne Schwierigkeit vom Drama auf das erzählerische Kunstwerk übertragen. Diese Übertragung hat der europäische Roman des 19. Jahrhunderts vollführt. Lessings Dramaturgie des Mitleids erstrebt nämlich gesteigerten Illusionismus und setzt ihn für die gewünschte Wirkung voraus. Dieser Illusionismus ist aber eben das wesentlichste Kennzeichen des Realismus, wie ihn der europäische Roman des 19. Jahrhunderts entwickelt hat. Bei Lessing zeigt sich der Realismus – im Sinne des 19. Jahrhunderts – bereits in der egalitären Wendung an, die Lessing der aristotelischen Poetik gegeben hat. Es ist nicht mehr der Sturz des Königs, der uns erschauern macht, sondern es sind die Leiden des Menschen im König, die auch die des bürgerlichen Theaterbesuchers sein könnten. Nur weil sie die Leiden eines Menschen sind, können uns ja nach Lessing die Leiden des dramatischen Helden ergreifen. Ein solcher demokratischer Illusionismus beherrscht auch die Romantheorien des Realismus. Er liegt der Aufhebung der Distanz zwischen dem Leser und der dargestellten Welt zugrunde, wie sie durch die immer radikalere Ausschaltung des auktorialen Erzählers von Flaubert und Spielhagen bis zu Henry James und Percy Lubbock gefordert und praktiziert wird. Mit der Ausschaltung eines persönlichen Erzählers vollzieht ja der Roman des Realismus auch die Annäherung an das Drama.

Dagegen geht nun Musil ganz entschieden auf die vorrealistische Form des Romans zurück. Musil greift zurück auf jenes ironische Erzählen, das den Leser von der dargestellten Welt distanziert und statt auf emotionale Identifikation auf intellektuelle Reflexion und kritische Erkenntnis hinarbeitet. Die Abwertung des gegebenen Charakters, die in der Formel „Mann ohne Eigenschaften" beschlossen liegt, beruht letzten Endes auf der Abwertung des mimetisch-erzählerischen oder vielmehr des episch-dramatischen Prinzips der Identifikation. Als Ziel des Schreibens wird Mimesis ersetzt durch Erkenntnis. Musil und das frühere 18. Jahrhundert teilen eine Lessings Illusionismus entgegengesetzte Auffassung von der Funktion der Literatur. Ist es nach Lessing Funktion der Tragödie im engeren und der Literatur im weiteren Sinne, den Rezipienten durch Identifikation mit der Figur so zu engagieren, daß er ein anderer, d. h. menschlicherer Mensch wird, also die Potenz des Menschen, die in seiner Gefühlsfähigkeit gesehen wird, zu verwirklichen, so ist es Musil wie den Ironikern und Satirikern der frühen Aufklärung darum zu tun, den Leser durch Distanzierung zum kritischen Denken, zum Überdenken und Hinterfragen der Wirklichkeit anzuregen. Individuelle Identität und deren Mimesis im literarischen Werk erscheinen unwichtig im Verhältnis zum Problem menschlicher Dummheit, die es zu besiegen gilt. Bei Lessing hingegen, dem Vorkämpfer der Empfindsamkeit als humanistischer Tugend, ist es der harte und gefühllose, der mitleidslose Mensch, der als Unmensch zu überwinden und zu bekehren ist, dessen hartgefrorene Kruste unempathetischer Selbstgenügsamkeit es durch Erzeugung von Tränenströmen zu schmelzen gilt. Für Musil andrerseits wie für die vor-Lessingsche und vor-Rousseausche Aufklärung ist es der in traditionellen Denkgewohnheiten festgefahrene Dummkopf, den es mit ungewohnten Perspektiven und Formulierungen aufzurütteln, zu schockieren und zu konfrontieren gilt.

In der Terminologie des kanadischen Literaturtheoretikers Northrop Frye[2] könnte man Lessing dem mimetischen Modus von Literatur, Musil aber, wie das frühe 18. Jahrhundert, dem ironischen Modus zuordnen. Der mimetische Modus beruht nach Frye auf emotionaler Identifikation des Rezipienten mit den Gestalten des Werks. Der ironische Modus beruht auf der distanzierten Überlegenheit des Rezipienten über die im Werk dargestellte Welt. Im Fall der Mimesis tendiert die dargestellte Welt dahin, eine Welt der Leiden, im Fall des ironischen Modus eine Welt der Dummheit zu sein. Der ironische Literaturmodus regt den Leser an, die dargestellte Dummheit als die Dummheit seiner eigenen Welt zu erkennen und somit zu überdenken und zu versuchen, sie zu transzendieren. Es wird dem Leser nahegelegt, sich intelligenter zu verhalten als die Figuren.

Einer solchen Auffassung von Literatur ist der Begriff eines Charakters als einer gegebenen Individualität hinderlich. Charakter stellt ja der Möglichkeit, es anders zu versuchen, die Determiniertheit des Unabän-

[2] Vgl. N. Frye, Anatomy of Criticism. Four Essays. Princeton 1957. Deutsche Übertragung von E. Lohner u. H. Clewing unter dem Titel: Analyse der Literaturkritik. Stuttgart 1964.

derlich-Gegebenen entgegen. Für Lessings Zweck der Humanisierung des Gemüts ist andererseits der Begriff eines festen, schicksalhaften Charakters wesentlich, da nur mittels eines solchen die mitleidende Identifikation ihre höchstmögliche Steigerung erfahren kann. Es wird also von Lessing ein Mann *mit* Eigenschaften gesucht, da Eigenschaften die Ursachen sind, die jenes tragische Schicksal bestimmen, das es dem Zuschauer ermöglicht, die unabwendbaren Leiden der Gestalt gewissermaßen an seinem eigenen Leib und in seiner eigenen Seele nachzuerleben. Bei Frye wird der Begriff Mimesis nicht so sehr als nachahmende Darstellung, sondern als Ermöglichung der Identifikation mit den dargestellten Gestalten des Werks gesehen. Ohne Lessing zu erwähnen, folgt Frye im Grunde Lessings eigenwillig empfindsamer Aristoteles-Rezeption. Literatursoziologisch gesehen stellt die als Gefühlsidentifikation verstandene Mimesis die demokratische Verbürgerlichung der mythischen Literatur dar, die den Zuhörer bzw. Zuschauer oder Leser zu den göttlichen und heroisch-halbgöttlichen Akteuren steil hinaufblicken ließ. Mythische Literatur schließt also Identifikation noch aus. In der auf sie folgenden mimetischen Literatur sieht und empfindet der Rezipient die Gestalten der Dichtung als ihm selbst gleichend. Er sieht sich ihnen ebenbürtig. Sie könnten im Grunde mit ihm selbst identisch sein. Mimetische Literatur gehört also der bürgerlichen Phase der Literaturgeschichte an.

Nach Frye wird aber die mimetisch-bürgerliche Phase in der Moderne abgelöst durch die ironische, wobei Musil als eklatantester Repräsentant gelten könnte, obgleich Frye sicher nicht an Musil, sondern an Joyce, T. S. Eliot etc. gedacht hat. Frye unterläßt es aber, klarzumachen, daß bereits eine ältere, typisch ironische Phase der Literatur in jener Frühmoderne lag, die sich von der Renaissance Rabelais' und Cervantes' über Molière zu den Erzählwerken Swifts, Voltaires, Fieldings, Sternes und Wielands erstreckt. In der Gattungsgeschichte des Romans führt also ein Bogen von Renaissance zu Aufklärung, den man als den Bogen frühmoderner Ironie bezeichnen könnte und der auf den ironischen Roman Musils vorausweist. In der Geschichte der dramatischen Gattung gehört Brecht als Parallelfall Musils in die ironische Spätphase moderner Literatur, die schließlich in der Totalironie Becketts, Pinters, Pynchons usw. kulminiert.

Wenn man nun die Einsichten Lucien Goldmanns[3] auf Northrop

[3] Vgl. L. Goldmann, Pour une sociologie du roman. Paris 1964. Deutsche Übertragung

Fryes Schema der Literaturgeschichte anwendete, würde man die mimetische zur ironischen Phase in folgender Beziehung sehen: Während die mimetische Phase dem Selbstbewußtsein einer aufsteigenden Gesellschaftsklasse und eines vom Fortschritt überzeugten Zeitalters entspricht, repräsentiert die ironische Phase eine Kritik an absteigenden Gesellschaftsklassen und drückt das akute Krisenbewußtsein einer Epoche aus. Nur in einer sich ihrer Möglichkeiten des Aufstiegs sehr bewußten Gesellschaftsschicht kann sich der Mut zur Identifikation mit tragischen Königen und Herrschern manifestieren und kann auch der Mensch als Einzelner als wichtig genug betrachtet werden, um an die Mitleidsfähigkeit des Zuschauers bzw. Lesers appellieren zu können. Die mimetische Einstellung drückt die Würde und Bedeutsamkeit der Person aus. Der Einzelne und sein Tun sind gewichtig genug, um als Charakter zur Quelle eines Flusses von Geschehnissen zu werden, die das bilden, was Lessing als Handlung bezeichnet, deren unbedingte Einheit er als wahre Kennzeichen tragisch bewegender Dichtung fordert. In ihrer Einheit zeigt sich die Bedeutsamkeit der Handlungskette, die wieder die Bedeutsamkeit des Individuums, seines Charakters, seiner Taten, spiegelt.

Demgegenüber dient der ironische Modus der Relativierung der Wichtigkeit von Handlungen und Charakteren. Diese sind es ja gerade, die er ironisiert und in ihrer Fragwürdigkeit bloßstellt. Immer ist es dem ironischen Modus um ein In-Frage-Stellen der Werte jener Gesellschaftsschicht zu tun, die zur Zeit oder bis vor kurzem die herrschende gewesen ist. Cervantes verspottet den Feudalismus in Form seiner Literatur, Swift die Herrschaft der Whigs, Fielding die bürgerliche Low-Church-Leserschaft der sentimental-tugendhaften Romane Richardsons, und Voltaire verhöhnt im ‚Candide' jene Philosophie – die Leibnizsche –, die in der um Gott gruppierten Monadenhierarchie den Hofstaat des Absolutismus verherrlicht. Und so parodiert Musil im ‚Mann ohne Eigenschaften' die Ideologien des untergehenden Bildungsbürgertums, indem er den „Faden der Erzählung" (MoE 650), die Mimesis von Handlungsketten, die von Charakteren mit Eigenschaften inszeniert werden, parodiert und einen Roman schreibt, der darin besteht, daß „die Geschichte, die in ihm erzählt werden soll, nicht erzählt wird" (MoE 1937).

Die Überschätzung von erzählerischer Handlung ist die Überschät-

---

von Ingeborg Fleischhauer unter dem Titel: Soziologie des Romans. Darmstadt 1979 (Luchterhand Soziologische Texte 61).

zung des Individuell-Einmaligen. Für Musil kann der Einzelne als der Kreuzungs- und Durchgangspunkt so vieler überpersönlicher Kräfte und Bezüge durch sein Tun nichts mehr entscheiden. Überpersönliches entscheidet für ihn. In der modernen Welt ist die einfache, epische Linie, der erklärende Faden des „als", „ehe" und „nachdem", der die Illusion eines sinnvollen Lebenslaufs suggeriert, von der unendlichen „Fläche" unüberschaubar verwobener, multideterminierter und determinierender Zusammenhänge abgelöst worden (MoE 650). Der Mensch ist immer ein anderer je nach dem Zusammenhang, in dem er sich befindet. Charakter-Substanz als Selbstidentität weicht der Frage nach möglichen Zusammenhängen.

Mit der Kontrastierung von flächenhafter Allverwobenheit und episch erzählbarem Lebensfaden steht Ulrich-Musil auf einem Standpunkt, den er mit den von Futurismus und extremem Naturalismus ausgehenden Experimentalerzählern Joyce und vor allem Dos Passos und Döblin teilt. Die Übereinstimmung liegt in dem Wunsch, der unendlichen Verflechtung menschlichen Daseins darstellungsmäßig gerecht zu werden und die Form zu finden für das moderne Erleben des Über- und Unpersönlichen als das den Lebenslauf Entscheidenden. Aber Musil wählt dennoch nicht den typischen Weg des 20. Jahrhunderts. In seiner Reaktion gegen den Realismus schreitet er nicht mit den Erben des Futurismus vorwärts ins 20., sondern greift zurück auf das Gestaltungsprinzip des 18. Jahrhunderts – Ironie, Satire, Parodie. Er verspottet mimetisches Erzählen, indem er überall zum Erzählen ansetzt und keinen einzigen der Ansätze zu Ende führt, überall mögliche Handlungsstränge beginnt und keinen einzigen von ihnen verwirklicht. Die Parallelaktion, die ja für den Leser von 1930 eine Parodie der Aktion bleiben muß, die zu sein sie sich einbildet – denn wie der Leser weiß, wird ja der Gegenstand ihrer Feier, der kakanische Kaiser-König, im Jahr, in dem er gefeiert werden soll, gar nicht mehr existieren – diese Aktion, die als unmöglich, als Illusion ausgewiesen wird, ist ja nur das hervorragendste Beispiel all der Aktionen und Entwicklungen, deren Nichtverwirklichung den Inhalt des Romans bildet. Dieses Nichtverwirklichen des Erzählens ist es, was Musils Roman darstellt. Wie Cervantes den Mythos des mittelalterlichen Feudalismus ad absurdum führt, indem er die Aktionen des Ritterromans als Illusionen zeichnet, so zeigt Musil die Absurdität dessen, worauf das von Lessing zu schöner Glorie erhobene Bildungsbürgertum sich gestützt hatte – den durch sein Handeln sich sein Schicksal bestimmenden und erfüllenden Charakter.

Musils Ironisierung dieser Tradition läßt ihn in zweifacher Hinsicht an Erzähltraditionen der ersten Hälfte des 18. Jahrhunderts anknüpfen – durch Selbstparodie des Genres und durch die witzig-kommentierende, auktoriale Erzählweise, die den Leser von emotional-mimetischer Identifikation mit der dargestellten Welt durch ironische Distanzierung abhält, aber gleichzeitig die Problematik der Figuren als die eigenste Problematik des Lebens erkennen läßt, dem auch Leser und Erzähler eminent ausgeliefert sind. „Ironie" ist für Musil „nicht eine Geste der Überlegenheit, sondern eine Form des Kampfes".[4] Wie bei den Reisen Gullivers führt Ironie nicht zu Selbstgerechtigkeit, sondern zur durch satirische Verfremdung gewonnenen Erkenntnis einer historischen Problematik, der sich Leser *und* Erzähler zu stellen haben.

[4] Robert Musil, Gesammelte Werke II: Kleine Prosa, Aphorismen, Autobiographisches, S. 941.

Diskussion

Musils Rückgriff auf Erzählformen des 18. Jahrhunderts als Kritik am Realismus des 19. Jahrhunderts?

G. Schulz formuliert grundsätzliche Einwände gegen das von Sokel verwendete Epochenschema. Zum einen seien Jahrhunderte kalendarische Einheiten, keine literarischen Epochen. Zum anderen lasse sich ironisches Erzählen nicht pauschal dem 18. Jahrhundert, realistisches Erzählen nicht pauschal dem 19. Jahrhundert zuordnen. „Die Tradition ironischen Erzählens reicht im 18. Jahrhundert zurück bis zu Fieldings ‚Tom Jones' [1749] und Sternes ‚Tristram Shandy' [1759–67], setzt sich fort mit Diderots ‚Jacques le Fataliste'[1] und dann quer durch das 19. Jahrhundert mit Hoffmanns ‚Kater Murr' [1819/21], mit Friedrich Schlegel, Poe, Raabe, Tschechow – um nur einige Beispiele zu nennen. Musil mußte also keineswegs auf das 18. Jahrhundert zurückgreifen. Umgekehrt beginnt das realistische Erzählen doch nicht erst im 19. Jahrhundert. Die Traditionslinie realistischen Erzählens reicht als ebenso ungebrochene Kette mindestens zurück bis zu Richardson, Fielding und Goldsmith, bis zu Jane Austen und den Brontë-Schwestern."

W. Sokel verteidigt sein Epochenmodell, indem er sich zum einen auf die jeweils gesamteuropäisch dominierenden Tendenzen beruft. Komparatistisch betrachtet, sei das 19. Jahrhundert das Jahrhundert des realistischen Romans.

[1] Entstanden 1773–75; allgemein zugänglich aber erst 1792 in deutscher Übersetzung und 1796 im französischen Original.

Frühestens mit Goethes ‚Wahlverwandtschaften' [1809] und dem Romanwerk Jane Austens [1775–1817], deutlich dann mit Stendhal und Balzac gebe es einen „ganz neuen Ton, eine ganz neue Sehweise". Demgegenüber weise das 18. Jahrhundert keine solche Einheit auf: „Lessings Charakterbegriff ist 19. Jahrhundert – oder zumindest ein anderes 18. Jahrhundert als das Swifts". Zum anderen besteht er darauf, daß die Tradition ironischen Erzählens wenigstens im deutschen Sprachraum ganz eindeutig mit Schlegel ende.

U. Japp nennt als weiteres Beispiel für Rückgriffe Musils auf das 18. Jahrhundert die Parallelen zum Enzyklopädie-Projekt. „‚Der Mann ohne Eigenschaften' ist zwar kein enzyklopädischer Roman, aber er hat einen enzyklopädischen Impuls, und zwar ex negativo. Die Protagonisten probieren gewissermaßen alle Weltbereiche aus – von Wirtschaft, Kunst, Wissenschaften bis in den Intimbereich –, gehen aber aus all diesen Experimenten unbefriedigt hervor und werden dadurch in Grenzbereiche wie das Verbrechen, den Inzest und den Wahnsinn getrieben." Er äußert sich jedoch skeptisch zu Sokels Versuch, das ironische Erzählen zum Epochenkriterium zu erheben. Zum einen gebe es in Aufklärung, Romantik und Moderne sehr verschiedenartige Formen der Ironie; zum anderen sei wohl kaum je ein Werk als Ganzes ironisch, geschweige denn eine ganze Epoche.

W. Sokel insistiert demgegenüber darauf, daß mindestens graduell die von ihm definierte ironische Form – als Überlegenheit des Erzählers wie Lesers gegenüber der dargestellten Welt und als Distanzierung von dieser – im 18. und 20. Jahrhundert häufiger auftrete und prägender sei als im 19. Jahrhundert.

‚Ironie' und ‚Mimesis' als eindeutige Oppositionsbegriffe?

G. Schulz weitet seinen literarhistorischen Einwand ins Poetologische aus: Besteht überhaupt eine zwingende Opposition zwischen Ironie und Satire einerseits, Mimesis andererseits? – B. Böschenstein unterstützt dies durch den Hinweis auf die Verbindung von Realismus und Ironie bei dem wichtigsten deutschsprachigen Erzähler des 19. Jahrhunderts, bei Gottfried Keller.

W. Sokel besteht dagegen auf der prinzipiellen Unterscheidung, die sich aus seiner Definition ergebe: Ironie führe zur Distanzierung des Rezipienten, Mimesis zu seiner höchstmöglichen Identifikation mit der Romanwelt.

‚Parodie' und ‚Humor' als Begriffsalternativen

U. Fülleborn weist darauf hin, daß Sokel den ‚Mann ohne Eigenschaften' ja eigentlich weniger als ironisches Werk, sondern eher als Parodie beschrieben habe. Er versucht dies so zu vermitteln, daß die ironische Haltung durchgängig sei, Parodie dagegen den ganz konkreten Bezug auf eine Folie voraussetze, der hier nur in bestimmten Fällen gegeben sei.

W. Sokel sieht im ‚Mann ohne Eigenschaften' als Ganzes eine Parodie realistischen Erzählens als der Biographie von Charakteren und der kausalen Verknüpfung von Handlungsketten. Darin liege aber natürlich nur ein Aspekt des Romans.

B. Böschenstein bezweifelt, daß der ‚Mann ohne Eigenschaften' den realistischen Roman im gleichen Sinne parodistisch aufhebe wie etwa der ‚Don Quijote' den Ritterroman. In Parenthese fügt er hinzu, die bleibende Wirkung von Cervantes' Roman bestehe ja nicht zuletzt darin, daß es ihm nicht gelungen sei, seinen Helden lächerlich zu machen: „Die ironische Distanzierung verwandelt sich für den Leser schnell in Liebe und Identifikation. Solche auch unabhängig vom Text weiterexistierenden Identifikationsfiguren wie Don Quijote und Sancho Pansa gibt es allerdings bei Musil nicht."

W. Sokel will diese Identifikation des Lesers nur für die späteren Passagen des ‚Don Quijote' gelten lassen, die so den realistischen Roman gewissermaßen vorwegnehmen, nicht aber für den Beginn des Romans, wo wir uns nur vom Helden distanzieren, ihn verlachen sollen.

B. Böschenstein sieht den entscheidenden Ansatz zur Bestimmung von Musils Romanform nicht in der ironischen, sondern in der humoristischen Erzähltradition: „Es ist meines Erachtens nicht nur eine Epochenfrage, sondern auch eine Gattungsfrage, daß es von der zweiten Hälfte des 19. Jahrhunderts bis heute im ernsten realistischen Roman keinen auktorialen Erzähler mehr gibt. Behauptet hat er sich jedoch im humoristischen Roman. Th. Mann konnte selbstverständlich den auktorialen Erzähler beibehalten, ohne dadurch hinter Friedrich Spielhagens Forderungen zurückzufallen."[2] Da sich diese Vereinigung von Witz, Humor und Ironie bei Th. Mann und Musil finde, könne man überlegen, ob Musil nicht eher die humoristische Gattung aufgreift, statt sich aufs 18. Jahrhundert zurückzubeziehen.

W. Sokel will demgegenüber auch im Rückgriff des späten Th. Mann auf eine humoristische und satirische Form eine bewußte Absage an die realistische Tradition sehen. Er verweist dazu auf die ja auch Th. Mann gut bekannten Arbeiten des mit diesem befreundeten Erich Kahler zur Krise des realistischen Romans.[3]

Realismus als die Kunstform aufsteigender Klassen (L. Goldmann)?

G. Schulz äußert Zweifel an der Verbindung zwischen mimetischem Erzählen und dem Selbstbewußtsein einer aufsteigenden Gesellschaftsklasse, die Sokel von Lucien Goldmann übernommen hatte. – H. Kreuzer unterstützt ihn darin mit der Frage: „Was ist denn die realistische Literatur des aufsteigenden Adels im Mittelalter?"

W. Sokel gesteht zu, daß es hier natürlich keinen Realismus im üblichen Sinne gebe. Für seine Definition mimetischen Erzählens sei jedoch die intendierte Identifikation des Rezipienten das entscheidende Moment. Und um sol-

---

[2] Vgl. dessen Aufsatzsammlungen: Beiträge zur Theorie und Technik des Romans. Leipzig 1883, und Neue Beiträge zur Theorie und Technik der Epik und Dramatik. Leipzig 1898.

[3] Vgl. etwa den Aufsatz ‚Untergang und Übergang der epischen Kunstform' von 1952.

che Identifikation der Zuhörerschaft gehe es in der Literatur des Hochmittelalters zweifellos.

Ironisches Erzählen auch im zweiten Buch des ‚Mann ohne Eigenschaften'?

B. Böschenstein bestreitet die Anwendbarkeit von Sokels Kategorien Ironie/Parodie/Satire und Liquidation des einmaligen Individuums auf das zweite Buch des ‚Mann ohne Eigenschaften'.

W. Sokel gibt das insoweit zu, als er in Musils Werk zwei Hauptphasen unterscheidet: „Die eine Textgruppe kreist um das Problem der Vereinigung, der Ineinssetzung des Verschiedenen; ihre zentrale poetische Kategorie ist das ‚Gleichnis'. Dazu gehören etwa der ‚Törleß', die ‚Vereinigungen', die ‚Drei Frauen'. Das zweite Buch des ‚Mann ohne Eigenschaften' knüpft dann wieder an diese Tradition an. Demgegenüber bildet das erste Buch sozusagen eine Gruppe sui generis. Das Dominieren von ironischen, satirischen und parodistischen Elementen in diesem Teil erklärt sich aus der Entstehungsgeschichte des Romans. Musil hat – nicht zuletzt im Zusammenhang mit der österreichischen Pseudorevolution von 1918 und dem Kreis um Robert Müller – eine Reihe satirischer Romanprojekte konzipiert, z. T. als Vorstufe zum ‚Mann ohne Eigenschaften'. Insgesamt ist das Verhältnis von erstem und zweitem Romanteil wohl folgendermaßen zu sehen: Das erste Buch zeigt die Problematik und Hoffnungslosigkeit von Ulrichs rein ironischem Dasein und führt so zu den Experimenten mit dem ‚anderen Zustand' im zweiten Buch."

W. Weiss relativiert den Gegensatz zwischen den beiden Romanteilen. Einerseits gebe es im ersten Buch bereits verschiedene Vorgriffe auf die „aZ-Thematik" – etwa die „vergessene, überaus wichtige Geschichte mit der Frau Major" [Kapitel I, 32]. Andererseits folge auch im zweiten Buch auf Darstellungen des „aZ" immer die ironische Analyse: „Mit anderen Worten: Es gibt keine scharfe Zweiteilung, sondern nur die Frage nach dem jeweils dominierenden Strang."

Walter Weiss

Schwierigkeiten mit der Dichotomie ‚Literatur des Ist' versus ‚Literatur des Ich', angewendet auf die österreichische Literatur des 20. Jahrhunderts

1. Literatur des Ich, Literatur des Ist

Ulrich Fülleborn hat ein Modell für die moderne österreichische Literatur herausgearbeitet, das er mit Bezug auf Walter Jens als ‚Literatur des Ist' bestimmt und von einer spezifisch deutschen ‚Literatur des Ich' unterscheidet, gegen die sich die Literatur des Ist „in Opposition" „konstituiert hat". Mit dieser Dichotomie verbindet Fülleborn zwei verschiedene geistesgeschichtliche Traditionen: „Wie die moderne deutsche Literatur des Ich Ergebnis eines Säkularisierungsprozesses ist, der im 18. Jahrhundert das protestantische Christentum ergriffen hat" und den Fülleborn auch noch in der „neoaufklärerischen Literatur" nach dem Zweiten Weltkrieg wiederfindet, „auch dort, wo ein soziologisches Interesse vorherrscht", „so resultiert die moderne österreichische Literatur des ‚Ist' aus einer mit dem Josephinismus einsetzenden Säkularisierung des Katholizismus".[1]

Den ersten modellprägenden Vertreter der österreichischen Literatur des Ist – abstrakt gesprochen, die erste weiterwirkende Bewährung der Theorie – sieht Fülleborn in Franz Grillparzer.[2] Den Kern der Literatur des Ist bildet ihr Antisubjektivismus, ihre Reserve bis Polemik gegen die Herleitung der Welt aus dem Ich, gegen die Absolutsetzung des Ich, von der Autonomie bis zur Autarkie, bis zum weltlos solipsistischen Ich.

2. Verbindung mit anderen Thesen zur österreichischen Literatur und Philosophie

Fülleborns Thesen schließen sich ohne Bruch an die Roger Bauers an, der die österreichische katholische Aufklärung als Fortsetzung und

---

[1] Ulrich Fülleborn, Zur Frage der Identität von österreichischer und moderner Literatur. In: Literatur aus Österreich. Österreichische Literatur. Ein Bonner Symposion. Hg. von Karl Konrad Polheim. Bonn 1981, S. 47–72; zitierte Stelle(n): S. 70/71.

[2] Ebenda, S. 48 ff.

Ernüchterung barocker Weltkonzepte deutet, der den Topos der „Wirklichkeit als Reich Gottes" in der österreichischen Dichtung und Philosophie vom 18. ins 20. Jahrhundert verfolgt, von der „ontotheologischen" Deutung als „Reich Gottes" bis zu völlig säkularisierten Formen des Empirismus, des Positivismus.[3] Sie entsprechen auch Versuchen zu spezifischen Traditionen österreichischer Philosophie, von Bolzano über Brentano bis zur Wiener Schule der analytischen Philosophie, bis Wittgenstein und Popper, wie sie außer Roger Bauer selbst und auch kritisch gegen ihn eine Grazer Philosophengruppe um Rudolf Haller[4] und neuerdings auch eine Salzburger Gruppe um den Philosophen Edgar Morscher[5] vorgetragen haben und noch ausarbeiten. Ich selbst habe mich mit Versuchen über die ‚Thematisierung der Ordnung in der österreichischen Literatur' und ‚Zum Deutschen in der österreichischen Literatur' an dieser Traditions-Modell-Diskussion beteiligt.[6]

3. Überprüfung an Hermann Broch und Robert Musil

Aber das, was sich da so stimmig zu fügen scheint, ist – nicht zuletzt im Sinne der österreichischen Tradition, auf die man sich beruft, im Sinne Poppers etwa – kritisch zu prüfen. Den Anstoß dazu haben für mich eigene Untersuchungen und Untersuchungen in meinem Umkreis zu zwei Autoren gegeben[7], die für Fülleborn eine mehr als nur marginale

---

[3] Roger Bauer, La réalité, royaume de Dieu. Études sur l'originalité du théâtre viennois dans la premìere moitié du XIXe siecle. München 1965; Der Idealismus und seine Gegner in Österreich. Heidelberg 1966 (= Beihefte zum Euphorion 3).

[4] Rudolf Haller, Studien zur österreichischen Philosophie. Amsterdam 1979.

[5] Edgar Morscher, Wissenschaftliche Philosophie und Wissenschaftsphilosophie in Österreich. Grundzüge ihrer Genese und ihrer Gegenwartsrelevanz (Projekt-Veröffentlichungen stehen unmittelbar bevor).

[6] Thematisierung der „Ordnung" in der österreichischen Literatur. In: Dauer im Wandel. Aspekte österreichischer Kulturentwicklung. Wien/Freiburg/Basel 1975, S. 19–44. Revidierte Fassung: Noch einmal „Ordnung" in der österreichischen Literatur. In: German Studies in India, Indo-German 5 (1981), S. 16–31. Zum Deutschen in der österreichischen Literatur. In: Tradition und Entwicklung. Festschrift Eugen Thurnher zum 60. Geburtstag. Innsbruck 1982 (= Innsbrucker Beiträge zur Kulturwissenschaft. Germanistische Reihe, Band 14), S. 47–58.

[7] Zu Hermann Broch:
Manfred Walser, Die Erfassung der Wirklichkeit in den theoretischen Schriften Hermann Brochs. Hausarbeit aus Deutsch. Univ. Salzburg 1985; Stephan Schmid, Hermann Brochs Romantheorie. Hausarbeit aus Deutsch. Univ. Salzburg 1985.
Zu Robert Musil:
Walter Weiss, „Eindeutigkeit und Gleichnis". Geistige Beiträge zur Bewältigung der (modernen) Welt. In: Literatur und Kritik 149/150 (1980), S. 570–578; „Ausklang der

Bedeutung haben. Ich meine Hermann Broch und Robert Musil.[8]

Da ergaben sich Unstimmigkeiten, die die Anwendung des Modells ‚Literatur des Ist' versus ‚Literatur des Ich', wenn schon nicht verhindern, so doch erschweren. Ich möchte sie hier skizzieren, ohne daß ich bereits eine schlüssige Alternativlösung anbieten könnte, allenfalls ein paar Vorschläge. Ich erhoffe mir weiterführende Anregungen durch die folgende Diskussion. Im Interesse dieser Diskussion fasse ich mich (möglichst) kurz.

3.1 Hermann Broch

Ich stelle an den Beginn einige nicht marginale, sondern eher zentrale Zitate aus Brochs Schriften zu Philosophie und Literatur:

> „Einheit als Grundwert": „Jegliches Ding der Welt und jeglicher Begriff, die Einheit des Begriffs und die Einheit des Dinges [...] sind [...] mittelbare Setzungen des Ichs" (‚Logik einer zerfallenden Welt', Phil. Schr. 2, 161).[9]
>
> „Autonomie und Absolutheit des Wertes": „Die Absolutheit, die von jedem Wert und jedem Wertsystem gefordert wird, ist eine Projektion des autonomen Ichs" (‚Das Böse im Wertsystem der Kunst', Schr.z.Lit.2, 129).
>
> „Das Religiöse ist das Ergebnis der Einheit stiftenden platonischen Haltung, die das Ich der Welt gegenüber einnimmt: die Welt soll von der Einheit des Ichs aus begriffen werden" (‚Neue religiöse Dichtung?', Schr.z.Lit.2, 54).
>
> „Die Ich-Unendlichkeit muß sich im allgemeinen die Welt-Unendlichkeit selber schaffen, damit sich das Ich an ihr erweitern kann" (‚Werttheoretische Bemerkungen zur Psychoanalyse', Phil.Schr.2, 194).
>
> „Aufbau des ‚Wertmodells'": „Die Wirklichkeitsbestandteile, aus denen das Modell gebaut wird, sind [...] in erster Linie das ‚ideale Ich' und eine ‚ideale

---

Utopien. Das ist aber noch nicht alles." Von Musil zur österreichischen Gegenwartsliteratur. In: Literatur und Kritik 160(1981), S. 580–591. Auch in: Musil-Forum 7 (1981), S. 41–52; Zur Metaphorik Thomas Manns und Robert Musils. Text und Kontext. In: Jahrbuch für Internationale Germanistik 17 (1985) H. 1, S. 58–76.

[8] Ulrich Fülleborn, Zur Frage der Identität von österreichischer und moderner Literatur (vgl. Anm. 1): „Wenn man, von Grillparzer kommend, den Blick auf die wichtigsten österreichischen Dichter der Jahrhundertwende und des ersten Drittels unseres Jahrhunderts richtet, fühlt man sich nicht auf unbekanntem Terrain. So wird es denn auch kaum befremden, daß ich gleich an den Anfang meiner Bemerkungen zu den allgemein als Klassiker der Moderne geltenden Autoren Rilke, Trakl, Kafka, *Musil und Broch* die These stelle, daß auf deren poetische Welten unser hauptsächlich aus Grillparzers Dichtung gewonnenes Modell noch weitgehend zutrifft" (S. 58; Hervorhebung von mir).

[9] Alle folgenden Broch-Zitate beziehen sich auf: Hermann Broch, Kommentierte Werkausgabe. Hg. von Paul Michael Lützeler (= suhrkamp taschenbücher).

Außenwelt' (ein Fichtesches Non-Ich); sie sind ferner in der ,idealen Zeitlosigkeit des Ich' und in der ,Zeitbedingtheit der Außenwelt' (zu der auch der sterbliche Mensch gehört) gegeben [. . .] Bemühungen des Ich, die ,zeitverfallene' Außenwelt in die eigene ,Zeitlosigkeit' einzuverwandeln [. . .] [wobei] jeder Wertzuwachs [. . .] als Ich-Erweiterung, hingegen jeder Wertverlust als Ich-Verengung empfunden wird" (,Autobiographie als Arbeitsprogramm', Phil.Schr.2, 200/201).

Es erübrigt sich eigentlich, ausdrücklich darauf hinzuweisen, daß diese Zitate den Standpunkt der Ich-Philosophie, der Ich-Literatur in äußerster Zuspitzung zeigen. Man kann hier einwenden, daß Broch immer wieder vom „logischen Ich" spricht und sich damit mehr an Kant als an dem von ihm selbst bemühten Fichte orientiere, doch konnte man nachweisen, daß Broch dieses Ich ontologisiert und damit dem nachkantischen „dialektischen Idealismus" näher steht als dem kritischen Kants.[10] Dazu eine zusammenfassende Formulierung Brochs zum Gang der Geistesgeschichte:

Aber als vor dreitausend Jahren der all-umfassende Satz „Gott schuf den Menschen nach seinem Ebenbilde" gedacht und niedergeschrieben wurde, da war für den ungeheueren Geist, der dies tat, die Entwicklung zur absoluten Einsamkeit des Ich bereits vollendet, denn dieser Satz, der die gesamte idealistische Philosophie des Abendlandes von Plato bis zu Descartes und bis zu Kant vorwegnahm, ist eben in der Autonomie des Bewußtseins begründet, in der Autonomie eines Denkens, das über sein eigenes strenggebundenes Sein erstaunt und zugleich auch weiß, daß es in seiner unbrechbaren Abgeschiedenheit bestimmt ist, alles Sein in sich aufzunehmen: das Gefäß der Welt, ihr schöpferischer Spiegel, ohne den sie dem Menschen nicht vorhanden wäre, die Erkenntnis, in der die Welt immer wieder zum ersten Mal ersteht. Indem Gott den Menschen in seinem Ebenbild erschaffen hat, läßt er ihn die Weltenschöpfung unaufhörlich wiederholen, hat er der Erkenntnis diese Schöpfungspflicht für ewig aufgetragen, vereinigt er des Menschen Erkenntnis mit seiner eigenen (,Massenwahntheorie', Menschenrecht und Irdisch-Absolutes. Das Ungeheuerliche der menschlichen Freiheit, 461).

Man könnte nun wieder einwenden, daß Broch in dem Essay über den Zerfall der Werte, den er in die ,Schlafwandler'-Trilogie eingebaut hat, doch die mittelalterliche Einheit in Gott als oberstem Zentrum der hierarchisch geeinigten Welt garantiert sieht und dem modernen Zerfall bzw. Auseinanderfall, dem modernen Subjektivismus-Egoismus und Relativismus gegenüberstellt, doch macht gerade das eben gebrachte

---

[10] Vgl. dazu Manfred Walser, Die Erfassung der Wirklichkeit in den theoretischen Schriften Hermann Brochs (Anm. 7), S. 87–95; Stichwort „Ontologisierung des transzendenten Ansatzes".

Zitat klar, daß dies nicht auf „Nicht ich, nur Gott" hinausläuft, eher auf das Gegenteil.[11]

Dem entspricht, daß Broch keinen Traditionszusammenhang zwischen der Schöpfungsontologie, der Schöpfungslogik, dem logisch-ethischen Objektivismus der katholischen Aufklärung und dem Empirismus (Positivismus) der österreichischen Philosophie herstellt, wie Roger Bauer und Rudolf Haller, sondern den Positivismus eines Mach, eines Boltzmann, eines Wittgenstein bekämpft.[12] Für ihn gilt also gerade nicht, was Fülleborn zum Abschluß seines Beitrags ‚Zur Frage der Identität von österreichischer und moderner Literatur' hervorhebt, daß beim „säkularisierten Weltbild [. . .] auf katholischer Grundlage [. . .] die Grundstruktur der Wirklichkeit nicht davon abhängt, ob sie in onto-theologischer Sprache vermittelt erscheint (‚Nicht ich, nur Gott') oder als Erfahrungswirklichkeit verstanden wird (‚das Factum, die Welt')".[13]

3.2 Robert Musil

Ulrich Fülleborn bezieht sich in dem eben erwähnten Beitrag für Musil auf das Kapitel 39 des 1. Buchs des ‚Mann ohne Eigenschaften', mit dem Titel ‚Ein Mann ohne Eigenschaften besteht aus Eigenschaften ohne Mann'. Er zitiert daraus Stellen, die dem konstitutiven Antisubjektivismus des Ich zugeordnet werden können, z. B. Ulrichs Überlegung im Zusammenhang mit dem titelgebenden Thema des Kapitels: „Wahrscheinlich ist die Auflösung des anthropozentrischen Verhaltens, das den Menschen so lange Zeit für den Mittelpunkt des Weltalls gehalten hat, aber nun schon seit Jahrhunderten im Schwinden ist, endlich beim Ich selbst angelangt".[14]

Allerdings gerät dieses eindeutige Zitat im letzten Satz des Kapitels – also an ausgezeichneter Stelle und nicht zufällig – ins Zweideutige,

---

[11] Vgl. U. Fülleborn zu Grillparzer, dem Modellpräger: „Der Dichter maßt sich nicht an, ein zweiter Schöpfer zu sein" (Zur Frage der Identität von österreichischer und moderner Literatur, S. 54).

[12] Autobiographie als Arbeitsprogramm. In: Philosophische Schriften 2, S. 195–203; Das Unmittelbare in Philosophie und Dichtung, und: Theologie, Positivismus und Dichtung. In: Philosophische Schriften 1, S. 167–238 (dort zu Wittgenstein S. 170/171, 202/203).

[13] Ulrich Fülleborn, Zur Frage der Identität von österreichischer und moderner Literatur, S. 72.

[14] Robert Musil, Der Mann ohne Eigenschaften. Hg. von Adolf Frisé. Hamburg 1970, S. 150

Ambivalente: „Und mit einemmal mußte Ulrich sich angesichts dieser Bedenken lächelnd eingestehen, daß er mit alledem ja doch ein Charakter sei, auch ohne einen zu haben."[15]

Das Kapitel 8 des 1. Teils, ‚Kakanien', gehört zu den prominenten, vielzitierten Kapiteln des Romans, in denen die Bedingungen für den Mann ohne Eigenschaften im Weltzustand und Ulrichs in Kakanien, aufgefaßt als Modell der Weltsituation, entwickelt werden. Es zeigt Parallelen, Teilidentitäten mit Kapitel 39 und erweitert die Beobachtungsbasis für unsere Problemstellung.

An drei ausgezeichneten Stellen des Kapitels wird das moderne Ich zum Thema: Am Ende des 1. Absatzes, der die „überamerikanische Stadt" als Projektion in die Zukunft weisender Tendenzen der Gegenwart skizziert, steht der Satz: „Außerdem lehrt die Zoologie, daß aus einer Summe von reduzierten Individuen sehr wohl ein geniales Ganzes bestehen kann." Am Ende des 3. Absatzes, in dem in einem nostalgischen Blick zurück Kakanien als Ort eines seither verlorenen Maßes, einer seither verlorenen Balance erscheint, wird es mit seiner vorbildlichen, gärtnerhaft weise beschneidenden Bürokratie als ungünstiger Boden für das Genie erklärt: „sie empfand Genie und geniale Unternehmungssucht [. . .] als vorlautes Benehmen und Anmaßung. [. . .] Und in Kakanien wurde überdies immer nur ein Genie für einen Lümmel gehalten, aber niemals, wie es anderswo vorkam, schon der Lümmel für ein Genie."[16] Am Ende des Kapitels zeigt sich dann – im Widerspruch dazu – Kakanien „doch" als „ein Land für Genies".

Wie ist das zu verstehen? – Die drei Thematisierungen des Ich haben mit drei verschiedenen Perspektiven zu tun, die alle konstitutiv zu Musils Roman und zu seiner Weltsicht gehören. Sie lassen sich also nicht ohne Schaden auseinanderdividieren. Die erste Perspektive bezieht sich auf die Krise des Ich im Zusammenhang mit den modernen technisch-gesellschaftlichen Entwicklungen. Die zweite Perspektive entspricht genau der von Fülleborn und anderen georteten österreichischen Tradition des Antisubjektivismus, als Grundlage für eine Literatur des Ist. Die dritte Perspektive allerdings fügt sich diesem Modell weniger gut. Sie wird entwickelt aus Überlegungen zum „Charakter" bzw. zu den „Charakteren" „des Landesbewohners", allgemein und

[15] Ebenda.
[16] Robert Musil, Der Mann ohne Eigenschaften, S. 33.

besonders in Kakanien. Daß dieser Landesbewohner „mindestens neun Charaktere" „hat", „einen Berufs-, einen National-, einen Staats-, einen Klassen-, einen geographischen, einen Geschlechts-, einen bewußten, einen unbewußten und vielleicht auch einen privaten Charakter", die er „in sich" „vereinigt", die ihn „aber" „auflösen", läßt sich auf die soziologisch-statistische wie auf die von Nietzsche und von dem österreichischen Philosophen Mach psychologisch vorangetriebene Auflösung der Einheit des modernen Ich beziehen. Der hinzugefügte zehnte Charakter, zuerst negativ bestimmt „als die passive Phantasie unausgefüllter Räume", als „leerer, unsichtbarer Raum", erhält dann Bestimmungen, die ihn dem im 4. Kapitel entwickelten „Möglichkeitssinn", in Opposition und als Ergänzung zu einem reduzierten „Wirklichkeitssinn", bis zur Ununterscheidbarkeit (Identität) nähern. Die besonders weit fortgeschrittene Auflösung, „Schwäche des österreichischen Charakters", des österreichischen Staates, stellt sich als negative Bedingung für eine besonders starke Entwicklung des Möglichkeitssinns, „der großen Phantasie des Nichtgeschehenen oder doch nicht unwiderruflich Geschehenen", und für das Hervortreten eines Möglichkeitsmenschen (negativ bestimmt als „Mann ohne Eigenschaften") heraus, der imstande ist, eine verfestigte und verfestigende Wirklichkeit zu überschreiten, was z.B. im ,Kakanien'-Kapitel durch innovatorische Vergleiche geschieht. Unter dieser Voraussetzung wird Kakanien „doch ein Land für Genies", zur Geburtsstätte Ulrichs und seines Schöpfers.[17]

Paßt das noch bruchlos zur Dichotomie Literatur, Philosophie des Ist versus Literatur, Philosophie des Ich? Zweifel daran sind nicht nur gestattet, sondern wohl geboten.

---

[17] An dieser Stelle hole ich einen aus Zeitgründen ausgefallenen Diskussionsbeitrag zum Vortrag Sokel nach:
Sokel hat im Zusammenhang mit Charakter und Charakterlosigkeit im 18. und 20. Jahrhundert, mit seiner Herstellung von Zusammenhängen zwischen Musils MoE und dem 18. Jahrhundert die Stelle über 9 Charaktere, die der Landesbewohner vereinigt, die ihn aber auflösen, zitiert, dann aber die Fortsetzung zum 10. Charakter weggelassen [s.u.S. 296]. Nimmt man den 10. Charakter dazu, dann ergibt sich das Modell einer Balance von Möglichkeit(ssinn) und Wirklichkeit(ssinn), großer Phantasie des Nichtgeschehenen oder doch nicht unwiderruflich Geschehenen und Wirklichkeitsanalyse, Eindeutigkeit und Gleichnis (Vergleich, Metapher). Und dazu benötigt man in den historischen Voraussetzungen neben der Ironie des 18. Jahrhunderts die Poetik Friedrich Schlegels, vor allem die Romanpoetik. Auch für Musils „konstruktive Ironie" gilt das.

4. Teilidentitäten und Differenzen zwischen Broch und Musil

Ich versuche nun zusammenzufassen und Folgerungen zu ziehen.

Hermann Broch und Robert Musil diagnostizieren übereinstimmend die Auflösung des einheitlichen Ich und der einheitlichen Gesellschaft als ‚Zug der Zeit'. Sie stimmen weiter darin überein, daß Österreich darin besonders fortgeschritten war und so zu einem Modell der ‚Weltsituation' wurde, zu einer ‚Versuchsstätte', wenn nicht des Weltuntergangs, so doch der modernen Weltkrise.

Der Unterschied zwischen den zwei Autoren stellt sich dort ein, wo Broch diese Krise vor allem negativ als „Zerfall", als Auseinanderfall der Ich-, Welt-Einheit, der Hierarchie der Werte auffaßt und für seine Überwindung auf eine Erneuerung des Platonismus im Zeichen der Einheit, des Absoluten, des absoluten Ich und des damit verbundenen Deduktionsweges setzt.

Musil dagegen sieht die Krise ambivalent, sowohl als Auflösung („man war negativ frei darin") wie auch als Bedingung für neue Möglichkeiten, für eine Öffnung im Zeichen einer Balance zwischen Möglichkeit(ssinn) und Wirklichkeit(ssinn), die auf jede Verabsolutierung verzichtet und die später im Roman als „induktive Gesinnung", als „induktive Moral" erscheint, die Induktion und Deduktion miteinander verbindet, ähnlich der Wissenschaftslogik Poppers.

5. Ergebnis

Kommen wir zurück auf den Ausgangspunkt, die Dichotomie zwischen Literatur des Ist und Literatur des Ich.

Sie erweist sich bei Broch und Musil nur begrenzt brauchbar (anwendbar).

Wir haben bei Broch eine Fortführung, Übersteigerung bis Verabsolutierung des Ich-Modells gefunden, für die er sich selbst auf den deutschen Idealismus („dialektischer Idealismus") gegen die theologisch-ontologisch-empirische Tradition der österreichischen Philosophie beruft.

Wir haben bei Musil eine Ambivalenz des Ich gefunden – erinnern wir uns an die drei Perspektiven im ‚Kakanien'-Kapitel –, die es nahelegt, eher von einem Überschreiten oder auch einer Relativierung der Dichotomie Literatur des Ist versus Literatur des Ich zu sprechen.

Jedenfalls müßte dieses ‚Strukturmodell' so umgebaut werden, daß es den hier vorgestellten Gegeninstanzen gerecht werden kann.

Diskussion

Gegenthesen Ulrich Fülleborns

Da sich W. Weiss unmittelbar auf U. Fülleborns Aufsatz ‚Zur Frage der Identität von österreichischer und moderner Literatur'[1] bezogen hat, präzisiert und verteidigt dieser seine Position mit vier Thesen:

1. Hermann Broch ist in der Tat der ‚Literatur des Ich' zuzuordnen – allerdings nur in dem Sinne, daß er den Akzent auf diesen Pol legt. Besonders der ‚Tod des Vergil' zeigt, daß auch bei Broch das Ich sich mit den Tiefendimensionen des ‚Ist' auseinanderzusetzen hat, sie integrieren muß.[2]
2. Dies gilt in noch deutlicherem Maße für Robert Musil – deutlicher insofern, als hier die beiden Bereiche noch gleichgewichtiger, komplementärer nebeneinandergesetzt werden. Musil steht in diesem Sinne für eine gelungene Synthese von protestantisch-rationaler und katholisch-ontologischer Tradition.[3]
3. Die Bestimmung der österreichischen Literatur als ‚Literatur des Ist' meint natürlich keineswegs, daß es hier eine ‚Literatur des Ich' überhaupt nicht gebe, sondern nur, daß diese weder dominiere noch das spezifisch ‚Österreichische' ausmache. Österreichische Autoren der Moderne, an denen sich der dominierende Traditionsstrang wesentlich deutlicher und ‚reiner' aufzeigen läßt als an Broch und Musil, wären etwa Hofmannsthal, Rilke oder Kafka.[4]
4. Daß es in Musils sehr komplexem Charakterbegriff auch um das ‚Ist' geht, zeigt sich gerade an dem von W. Weiss zitierten Schlußsatz des Kapitels I, 39 im ‚Mann ohne Eigenschaften' [s.o.S. 312], in dem sich Ulrich eingesteht, ein Charakter zu *sein,* ohne einen zu *haben.* Sein vs. Haben – das ist ja eine zentrale Formel der Kritik am neuzeitlichen Ich.[5]

‚Charakter': Überlegungen zur Wortgeschichte

An U. Fülleborns 4. These und an das von W. Weiss herangezogene ‚Kakanien'-Kapitel[6] anknüpfend, erinnert H. J. Kreutzer an die ältere Bedeutung des Wortes ‚Charakter', die sich noch um 1920 nachweisen lasse: Charakter als dienstliche oder soziale Stellung, Rolle: „In diesem Sinne waren Wendungen möglich wie: jemand befindet sich im ‚Charakter' eines Majors, für: er hat keine Planstelle dieser Art und wird nicht entsprechend besoldet. Diese ältere Bedeutung ist ja auch wohl für Lessings Charakterbegriff anzusetzen – da schwingt sehr deutlich noch der Wortsinn der ‚Charaktēres'[7] des Theophrast mit: Der

---

1 S.o.S. 307, Anm. 1.
2 A.a.O., S. 62.
3 A.a.O., S. 61 f.
4 A.a.O., S. 58 f.
5 A.a.O., S. 66 f.
6 ‚Mann ohne Eigenschaften', I, 8.
7 Sammlung typisierter Charakterskizzen vom Ende des 4. Jhds. v. Chr.

,Geizige', der ,Schwätzer', der ,Abergläubische' usw. sind ja nicht charakterologische Definitionen, sondern ,formalisierte Rollen'."

W. SOKEL gesteht für Lessing zwar das Mitschwingen der älteren Wortbedeutung zu, sieht das entscheidend Neue jedoch gerade in der Aufhebung bloßer Rollenhaftigkeit. Er begründet dies zum einen über das Mitleidspostulat: „Das auf Einfühlung, Identifikation gründende Mitleid setzt voraus, daß die Dramenfigur nicht bloßer Rollenträger ist. Zum anderen kann man Lessings Bestimmung der Handlung als Reihe kausal begründeter Wirkungen unmittelbar ableiten aus der neuen, die Rollenhaftigkeit hinter sich lassenden individuellen Einheit des Charakters."

P. H. NEUMANN widerspricht dem letzten Punkt. In Lessings Bestimmung der Handlung als „einer Folge von Veränderungen, die zusammen ein Ganzes ausmachen"[8], sei zwar kausale Verknüpfung, nicht aber die Ableitung aus dem Charakter bedacht.

Auch H. KREUZER sieht bei Lessing den Schritt vom Typus zum Individuum vollzogen – etwa bei Tellheim, Minna oder Nathan. Für die begriffsgeschichtliche Trennung von Typus und Individualität verweist er auf Friedrich von Blanckenburgs ,Versuch über den Roman' [1774]. Im Gegensatz zum Epos, das sich mit „Handlungen des Bürgers", „öffentlichen Thaten und Begebenheiten" beschäftigte, soll sich der Roman nach Blanckenburg auf „das Innre des Menschen", seine „Handlungen und Empfindungen"[9] konzentrieren. Damit sei gemeint, daß nicht der Hofmann interessiert, sondern das, was übrigbleibt, wenn man alle gesellschaftlichen Rollen abzieht. So illusionär eine solche Trennung von Mensch und Rolle auch sein mag – damals sei dies eine progressive Anregung gewesen, habe selbstverständlich die Auffassung des ,Werther' mit geprägt und den Bildungsroman möglich gemacht.

,Charakter' und ,Genie' bei Robert Musil

Vor diesem Begriffshintergrund präzisiert W. WEISS noch einmal seinen Einwand gegen U. Fülleborns Deutung des Musilschen Charakterbegriffs: „Acht der im ,Kakanien'-Kapitel aufgelisteten Charaktere sind Rollen im oben beschriebenen Sinne, Klassifizierungen, die Individualität auf den Kreuzungspunkt mehrerer allgemeiner Merkmale reduzieren. Denen wird als problematische Größe (,vielleicht') der ,private Charakter' gegenübergestellt. Entscheidend ist aber der zehnte Charakter (,nichts als die passive Phantasie unausgefüllter Räume'), denn der meint – als freigesetzter ,Möglichkeitssinn' – das neue Genie. Dies überspielt die Dichotomie von ,Literatur des Ist' und ,Literatur des Ich'. Oder anders gesagt: Wir können von Genie in einem neuen Sinne sprechen, der den Vorwurf gegen die Anmaßung des Ich aus der österreichischen antisubjektivistischen Tradition aufgreift, aber relativiert."

---

[8] ,Abhandlungen über die Fabel'.
[9] Versuch über den Roman, I,1.

U. Fülleborn moniert, daß mit dieser Bestimmung des Charakters, die Musil stärker auf die Seite des ‚Ich' stellen wolle, der den ‚Ist'-Pol betonende „andere Zustand" unberücksichtigt bleibe.

W. Weiss setzt dem entgegen, daß der zum Genie gehörende „Möglichkeitssinn" ganz eng mit dem „anderen Zustand" zusammengedacht werden müsse. Auf jenen verweise auch die Metaphorik der in eine „Mulde" „hineinsickernden Rinnsale".

W. Sokel deutet diese „Mulde" ebenfalls als geheimnisvolles Etwas, mit dem das Ich irgendwie zusammenhänge, als „Schloß der Möglichkeiten" im Sinne der Eckhartschen Mystik.

U. Fülleborn wendet ein, daß im zentralen Kapitel I, 116 „Möglichkeitssinn" und „anderer Zustand" ausdrücklich getrennt würden. „‚Möglichkeitssinn' und ‚Genie' implizieren eine Annäherung an den Pol des ‚Ist' – aber eben vom Pol des ‚Ich' her durch potenzierte Reflexivität und ironische Distanzierung, durch ‚hypothetisches Leben' [I, 62]; beide bleiben aber immer nur komplementär zum ‚anderen Zustand' und erreichen diesen nie, wie Ulrichs Verhalten im zweiten Teil des Romans zeigt."

W. Sokel und W. Weiss stimmen dem insoweit zu, als die Überschätzung des Genies in Sturm und Drang wie Romantik bei Musil als Anachronismus ironisiert werde. W. Weiss insistiert jedoch darauf, daß Musils davon abgehobener neuer, positiver Geniebegriff über die Auflösung des Ich deutlich hinausweise.

Die österreichische Literatur als ‚Literatur des Ist'

W. Sokel verdeutlicht die Schwierigkeit klarer Abgrenzungen am Beispiel Heimito von Doderers als eines dezidierten Vertreters der ‚Literatur des Ist'. Dieser kritisiere den Österreicher Musil in einem Zug mit dem norddeutschen Protestanten Thomas Mann als intellektuellen Verderber des reinen Erzählens der von Gott geschaffenen Wirklichkeit – Doderer berufe sich ja auch sehr häufig auf Thomas von Aquin.[10]

H. Kreuzer nimmt kritisch Stellung zu den Thesen Roger Bauers [s.o.S. 307f. und Anmerkung 3], der ebenfalls den aufklärerischen Josephinismus für die österreichische Tradition des ‚Ist' reklamiert. Leslie Bodis Studie ‚Tauwetter in Wien'[11] zeige deutlich, daß eine derartig einseitige Festlegung nicht möglich sei. Spätestens mit den 30er Jahren des 20. Jahrhunderts verliere die Tradition des ‚Ist' dann die bei Grillparzer noch vorhandene Rückbindung ans Humane und werde offen reaktionär. Von daher sei der Aufstand der ‚Literatur des Ich' gegen die Vertreter des Ständestaats dringend notwendig gewesen.

U. Fülleborn ergänzt, daß auch er bei Grillparzer – in dessen Kant-Rezeption etwa – immer die Verbindung von Aufklärung und Ontologie betont habe. Gerade darin bestehe die österreichische Tradition im besten Sinne.

---

[10] Die genannten Äußerungen Doderers entstammen einem Gespräch, das dieser im Sommer 1957 mit Walter Sokel geführt hatte.

[11] Zur Prosa der österreichischen Aufklärung 1781–1795. Frankfurt/Main 1977.

H. J. KREUTZER knüpft an H. Kreuzers Kritik der Thesen Roger Bauers an, die sich auch auf die Friedrich Sengles[12] ausdehnen ließe: „Wird hier nicht zu einseitig von der offiziellen Literaturpolitik ausgegangen, statt von der Literatur selbst? Immer wieder greift Bauer auf die offiziösen Wiener ‚Jahrbücher der Literatur' zurück. Silvester Lechner hat dagegen in seiner Studie[13] gezeigt, daß schätzungsweise 95% der gesamten Auflage ungelesen in den Regalen standen. Auch die akademischen Lehrer, die als zweite Institution die angebliche österreichische Tradition vertreten, sind – ihrer Herkunft nach meist Theologen – keineswegs repräsentativ. Steht dem nicht unter Umständen ein ganz anderes literarisches Leben gegenüber?" Kreutzer konkretisiert das an einem Beispiel aus seiner eigenen Forschung[14]: „Die jungen Leute aus dem Schubertschen Freundeskreis in Wien gehören zwar einer sozial nicht eindeutig definierbaren Gruppe zu, eindeutig ist aber, daß sie nicht das lesen wollen, was die Wiener ‚Jahrbücher' ihnen verkünden. Die Inklinationen dieser spätbiedermeierlichen Intelligenzia Wiens gehen eben doch in die sonst so verteufelte Richtung des deutschen Idealismus."

W. WEISS stimmt diesen Ausführungen voll zu und unterstützt sie durch den Verweis auf eine Studie von Werner Sauer zur Kant-Rezeption in Österreich.[15] „Am Beispiel von Stifter und Grillparzer läßt sich außerdem zeigen, daß es eine Kant-Rezeption gibt, die keineswegs im Gegensatz zu den katholisch-theologischen Traditionen steht. Der österreichische Philosoph Bernhard Bolzano [1781–1848] etwa hat den kategorischen Imperativ Kants so umdefiniert, daß ihn Grillparzer hätte übernehmen können.[16] Und am Beispiel Bolzanos wie auch dem Franz Brentanos [1838–1917] zeigt sich, daß der Übergang vom Theologen zum analytischen Philosophen sehr wohl möglich ist."

[12] Vgl. F. Sengle, Biedermeierzeit. 3 Bde. Stuttgart 1971–1980; bes. Bd. I, S. 110–117.

[13] Gelehrte Kritik und Restauration. Metternichs Wissenschafts- u. Pressepolitik und die Wiener ‚Jahrbücher der Literatur' (1818–1849). Tübingen 1977 (Studien zur deutschen Literatur Bd. 49).

[14] H. J. Kreutzer, Schubert und die literarische Situation seiner Zeit. In: Franz Schubert. Jahre der Krise. 1818–1823. Arnold Feil zum 60. Geburtstag. Hg. von Werner Aderhold u.a. Kassel 1985, S. 29–38.

[15] Österreichische Philosophie zwischen Aufklärung und Restauration. Würzburg/Amsterdam 1982.

[16] Vgl. Bolzano: „Wähle von allen dir möglichen Handlungen diejenige, die, alle Folgen erwogen, das Wohl des Ganzen, gleichviel zu welchen Teilen, am meisten befördert" (zitiert bei: Roger Bauer, Der Idealismus und seine Gegner in Österreich. Heidelberg 1966, S. 48).

Frank Trommler

Die Authentizität des verlorenen Ich
Entwicklungen im 20. Jahrhundert

Schon die Zeitgenossen mokierten sich über die Angewohnheit der Expressionisten, das traditionelle Ich für obsolet zu erklären, in ihren künstlerischen Angelegenheiten aber lebendigsten Egoismus zu praktizieren. Einerseits hörte man von den jungen Dichtern, das bürgerliche Individuum sei nur noch eine Konvention wie Pflicht, Moral und Familie und müsse mit der verrotteten Gesellschaft untergehen, andererseits wurde man Zeuge einer publizistischen Selbstverklärung, in der sich Dichtung und Ich-Exhibitionismus kaum mehr trennen ließen. Nur zögernd erkannten die Expressionisten solche Widersprüche an, nicht anders als spätere Autoren, die das Ich zu einer Mythe erklärten, für ihre dichterische Karriere das eigene Ich aber keineswegs verkleinert sehen wollten. Die Feststellung vom Untergang des autonomen Ich in den anonymen Massenprozessen der modernen Welt war eine Sache, die öffentliche Selbstausstellung des Künstlerindividuums als Spiegel und Katalysator brennender Gegenwartsprobleme eine andere.

Es gehört zu den seltener gewürdigten Verdiensten der Expressionisten, dieses Phänomen der Öffentlichkeit voll sichtbar gemacht zu haben. Gewiß war bereits die vorhergehende Dichtergeneration um 1900 zu beunruhigenden Aussagen über das Verschwinden des Ich vorgedrungen, und gewiß hatten Psychologen und Naturwissenschaftler die Autonomie des Ich seit langem bestritten. Im Essay ‚Das unrettbare Ich', dessen Motto aus Ernst Machs ‚Analyse der Empfindungen' stammt, war Hermann Bahr zu der trotzigen Schlußformulierung über die Dichotomie von Ichverlust und künstlerischem Ichbekenntnis gelangt:

> Das Ich ist unrettbar. Die Vernunft hat die alten Götter umgestürzt und unsere Erde entthront. Nun droht sie, auch uns zu vernichten. Da werden wir erkennen, daß das Element unseres Lebens nicht die Wahrheit ist, sondern die Illusion. Für mich gilt, nicht was wahr ist, sondern was ich brauche, und so geht die Sonne dennoch auf, die Erde ist wirklich und Ich bin Ich.[1]

---

[1] Hermann Bahr, Zur Überwindung des Naturalismus. Theoretische Schriften 1887–1904. Hg. von Gotthart Wunberg. Stuttgart 1968, S. 192.

Anders als das unrettbare ‚generelle' Ich also würde das illusionierte Künstler-Ich überstehen, weil man es brauchte, weil es als Katalysator künstlerischer Gegenwartserfahrung und -analyse Identität schuf.

Doch war es erst dem polemischen Ansturm der Expressionisten gegen das selbstzufriedene Bürgertum zuzuschreiben, wenn die Attacke gegen die Vorstellung vom autonomen Ich breitere Aufmerksamkeit fand, mit entsprechender Kritik des exaltierten Künstleregoismus. Der Schock wirkte um so stärker, als in Deutschland das Ideal der Entfaltung des repräsentativen Individuums nationale Identifikation gewährte; im sorgfältig arrangierten Rembrandt-Dämmer verschmolzen Wilhelm Meister und Faust häufig zu einer Gestalt. Noch um 1900 stellte der faustisch angereicherte Bildungsroman für viele deutschsprachige Autoren, Leser und Lehrer eine Antwort auf die Herausforderungen des modernen Zeitalters dar. Was sich gegen das auf den Gymnasien verkündete klassisch-humanistische Persönlichkeitsideal richtete, galt als Zersetzung deutscher Kultur. Angesichts dieser geradezu weltanschaulichen Ausrichtung verwundert es nicht, mit welcher Intensität, ja Besessenheit expressionistische Autoren wie Georg Heym, Jakob van Hoddis oder Johannes R. Becher ihren Angriff gegen die wilhelminische Bürgerwelt als einen Angriff gegen das scheinbar so sichere Bürger-Ich führten. Sie trugen entscheidend dazu bei, daß die Infragestellung des Ich zu einem Thema wurde, dem man eine gewisse Stellvertretung für die aktuellen Umwälzungen zubilligte. So gewann angesichts der schwer zu durchschauenden politisch-gesellschaftlichen Erschütterungen der Weltkriegsperiode die Sohn-Vater-Konfrontation einen weit über die Psychologie hinausreichenden Stellenwert, so sorgte die Rhetorik vom untergehenden Ich für schockierend neue Ausdrucksmuster, so fand die Beschwörung des neuen Menschen ein keineswegs nur literarisches Interesse. In den bis heute erhaltenen Wiedergeburtsphantasien – ‚ein neues Ich werden' – hallen noch die Postulate der Expressionisten nach.

Ebenso lassen sich im Hinblick auf die publizistische Selbstausstellung, die die Expressionisten weit über die von Nietzsche und George geprägten Muster hinaus entwickelten, Brücken zur Gegenwart schlagen. Was Franz Blei 1918 darüber sagte, daß die Selbstausstellung der Dichter heute vor ihr Werk trete, mutet vertraut an: „Gab es früher ein Werk und gar keine sichtbare Person, so gibt es heute eine Person im Licht von Scheinwerfern und statt eines Werkes Bücher, die bestenfalls gelungene Skizzen darstellen, Ansätze, Versuche".[2] Hier ist Bahrs Illusionierung des Künstler-Ich – „für mich gilt, nicht was wahr ist, sondern was ich brauche" – längst zum öffentlichen Vorgang geworden; Künstler oder Dichter vollziehen ‚sich' nach Maßgabe jeweiliger Produktionsbedingungen als ästhetisches Ereignis. Das Ich ist nicht nur eine Perspektive, wie es Nietzsche formulierte, sondern eine Funktion öffentlicher Kommunikation.

Die Tatsache, daß die Expressionisten von Georg Kaiser und Oskar Kokoschka bis zu Arnolt Bronnen damit selbst für solche Zeitgenossen exemplarisch wurden, die ihre ästhetischen Produkte ignorierten oder verabscheuten, bezeugt nicht unbedingt ihre künstlerische Überzeugungskraft; mindestens ebenso bedeutsam ist die Offenheit der Weltkriegsperiode, in der so viele ideologisch-moralische Überzeugungen zusammenbrachen, für Artikulationsmuster, in deren Typisierungen private Erfahrungen eingebracht werden konnten. Als Mitte der zwanziger Jahre ein nüchternerer Wind wehte, verloren auch die psychoanalytisch angereicherten Typisierungsmuster – vom Sohn-Vater-Modell bis zur Prophetie vom neuen bzw. ‚ganzen' Menschen – ihre Aussagekraft, und andere Artikulationsmuster schoben sich nach vorn. Diese berühren sich darin, daß in ihnen der prekäre Stellenwert des Individuums in der modernen Sachwelt selbst zum Thema der Selbstinszenierung von Künstlern und Intellektuellen wurde: öffentliche Ich-Reflexion als Interessenpolitik der Intelligenz auf dem Marktplatz der modernen kapitalistischen Gesellschaft. Gerade die verabscheute Kommerzialisierung aller Werte schien dem Geist eine letzte Kommunikationsfunktion jenseits ökonomischer und politischer Interessen zuzuweisen. Die von Alfred Weber und Karl Mannheim in den zwanziger Jahren kritisch umrissene Vorstellung der freischwebenden Intelligenz als gesellschaftspolitischer Faktor läßt sich als eine soziologisch basierte, politisch argumentierte kollektive Selbstinszenierung der Intelligenz verstehen. Ihre Faszination hat sich noch nicht völlig verloren, auch wenn die Begriffe gewechselt haben. Sie reicht bis in Helmut Schelskys Globalattacken auf die „Priesterherrschaft der Intellektuellen" (‚Die Arbeit tun die anderen', 1975) hinein.

Was den Niederschlag des intellektuellen Repräsentantentums in der Literatur angeht, so kann man geradezu von einer Kontinuität der Ich-Inszenierung sprechen. Dabei ist die Psychoanalyse mit ihrer Wissen-

[2] Franz Blei, Fragmente zur Literatur. In: Summa 3 (1918), S. 134.

schaftstendenz und der fallweisen Reduzierung von Geschichte auf Privaterfahrung eine Art Legitimationsreservoir geworden. Sie liefert, wenn nötig, die verallgemeinernde Begrifflichkeit für die Neubildung der Person bzw. des Ich, und wer in seinem künstlerischen Vorgehen nicht aufpaßt, verliert in ihrem Sog den ästhetischen Treibsatz, der dem völligen Verlust des Subjekts an das Allgemeine entgegenwirken soll. Die Kontinuität läßt sich bis in die gegenwärtigen Tendenzen der Prosaliteratur erkennen. Autoren wie Günter Grass, Thomas Bernhard, Peter Handke oder Christa Wolf legen ihre Inszenierung des erzählten Ich längst so stark auf Transparenz hin an, daß deren Künstlichkeit bereits wieder als Analogiespiel zum intendierten Erzählgeschehen fesselt.[3] Jenseits von den Schocks und Erschütterungen früherer Dezennien über den Verlust individueller Erfahrung modellieren zeitgenössische Autoren auf der ästhetischen Töpferscheibe Schicht um Schicht, Figur um Figur, und der Leser entdeckt sich im sachverständigen Staunen über das, was in dieser Kreisbewegung alles Gestalt gewinnt.

Es sind aber jene Schocks und Erschütterungen früherer Jahrzehnte, die erst ein volles Resümee der Entwicklung im 20. Jahrhundert erlauben. Auch wenn das Transparentmachen der Ich-Inszenierung ein selbstverständliches Element intellektueller und künstlerischer Reflexion geworden ist, sollte darüber die andere Seite der Dekonstruktion des Ich in unserem Jahrhundert nicht aus dem Blickfeld rücken: ihr Umschlag von einer Intellektuellenerfahrung zur Massenerfahrung. Nur im Automatismus der Intellektuellenreflexion konnte Jürgen Habermas bei seinen Erörterungen zum Ende des Individuums darüber hinweggehen, was mit dem Ersten Weltkrieg Unzähligen zum bestürzenden Alltag wurde und was in den Verfolgungen und Exekutionen der dreißiger Jahre jeglichen Maßstab verlor; anders läßt sich seine Feststellung nicht verstehen: „Bisher ist es nicht gelungen, die These vom Ende des Individuums aus dem Bereich der Malaise und der Selbsterfahrung von Intellektuellen herauszuholen und empirischer Prüfung zugänglich zu machen".[4] Der Automatismus der Intellektuellenreflexion verstellt offensichtlich den Blick darauf, was verdeutlicht werden soll. Gerade die Tatsache, daß die Erfahrungen von Millionen gemacht wurden, entzieht sie der gewohnten Argumentation. Was Leo

[3] Manfred Jurgensen, Erzählformen des fiktionalen Ich. Beiträge zum deutschen Gegenwartsroman. Bern und München 1980.

[4] Jürgen Habermas, Legitimationsprobleme im Spätkapitalismus. Frankfurt/M. 1973 (edition suhrkamp 623), S. 176.

Löwenthal 1945 in unmittelbarer Reaktion auf die faschistische Entmenschlichung des Einzelnen in der Studie ‚Individuum und Terror' festhielt, nimmt spätestens im Ersten Weltkrieg seinen Ausgang („Das Leben wird zu einer Kette erwarteter, vermiedener oder erlittener Schocks, und diese fragmentierten Erfahrungen führen zur Fragmentierung des Individuums") und mündet in die Professionalisierung der Ich-Zerstörung: „In einer terroristischen Gesellschaft, wo alles aufs sorgfältigste geplant ist, besteht der Plan für das Individuum darin, daß es keinen gibt; somit wird es zum bloßen Objekt, zum Bündel bedingter Reflexe, mit denen es auf unzählige manipulierte und kalkulierte Schocks reagiert."[5] Für die Opfer geschrieben, bezieht diese Analyse doch auch ihre Verfolger mit ein. Es ist die Empirie einer ganzen Geschichtsperiode geworden.

Bevor auf diese Massenerfahrung und ihre Rückwirkung auf die Literatur eingegangen wird, sei der Blick jedoch noch einmal auf die Erscheinungsformen des Ich als symbolischer Struktur gelenkt. Ihre Attraktivität für Literatur und Kunst hat sich über die historischen Umwälzungen hinweg erhalten. Wie der schnellaufende Film, der eigentlich aus abgehackten Einzelbildern besteht, kontinuierliche Identifikationen herzustellen vermag, so vermag die fiktionale Qualität des Ich-Modells die entmutigende Auflösung des Ich den Augen des Zuschauers oder Lesers immer wieder zu entziehen. Oder in den Worten von Max Frisch: „Es gibt keine wahren Geschichten, dennoch ein Verlangen nach Geschichten, weil Erfahrung, die sich nicht abbildet, kaum auszuhalten ist".[6] Damit ist neben der Selbstausstellung des Autors und der ästhetisch vermittelten Symbolstruktur des Ich als aktiver Partner der Leser bzw. der Zuschauer genannt. Die heilige Trias Autor – Werk – Leser: hier läßt sie sich einmal mehr beispielhaft beobachten.

Frisch hat auf den Variationen der Ich-Inszenierung geradezu seine schriftstellerische Karriere aufgebaut. Nicht weniger gilt das für Hermann Hesse, auch wenn der Erzähler im Vorspruch zum ‚Demian' (1919) behauptet, es gehe gerade nicht um eine erfundene, sondern um seine wirkliche Geschichte. Nach den Erschütterungen des Ersten Weltkrieges traf Hesse mit dieser Authentizitätsbehauptung genauer den Nerv einer ratlos gewordenen Bürgerjugend. In ‚Demian' zeichnet Hesse, der zuvor – sogar erfolgreich – eine Psychotherapie durchge-

[5] Leo Löwenthal, Schriften Bd. 3. Hg. von Helmut Dubiel. Frankfurt/M. 1982, S. 165.
[6] Max Frisch, Ich schreibe für Leser. In: M. F., Gesammelte Werke, Bd. 5. Hg. von Hans Mayer. Frankfurt/M. 1976, S. 332.

macht hatte, den Individuationsprozeß eines Einzelgängers. Aus dem von neurotischen Ängsten beherrschten Kinder-Es des Emil Sinclair wird unter Demians kritischer Führung ein junges Ich, das, wie es heißt, zu sich findet. Was geschieht, ist erfolgreich im Sinne von Freuds Formel „Wo Es war, soll Ich werden".

Natürlich ist die Ich-Werdung ein in jeder Generation neu mit alten Argumenten bestrittenes Thema. Gerade das macht sich Hesse zunutze, wenn er daran zugleich die Legitimation seines Schreibens aufhängt. Der Weg des Jünglings zu seinem wirklichen Ich ist hier auch der Weg des Dichters zur Authentizität seines Tuns. Die Utopie vom authentischen Ich gewinnt noch einmal Gestalt. So heißt es im Vorwort zu ‚Demian':

> Meine Geschichte aber ist mir wichtiger als irgendeinem Dichter die seinige; denn sie ist meine eigene, und sie ist die Geschichte eines Menschen – nicht eines erfundenen, eines möglichen, eines idealen oder sonstwie nicht vorhandenen, sondern eines wirklichen, einmaligen, lebenden Menschen. Was das ist, ein wirklich lebender Mensch, das weiß man heute allerdings weniger als jemals, und man schießt denn auch die Menschen, deren jeder ein kostbarer, einmaliger Versuch der Natur ist, zu Mengen tot. Wären wir nicht noch mehr als einmalige Menschen, könnte man jeden von uns wirklich mit einer Flintenkugel ganz und gar aus der Welt schaffen, so hätte es keinen Sinn mehr, Geschichten zu erzählen. Jeder Mensch aber ist nicht nur er selber, er ist auch der einmalige, ganz besondere, in jedem Fall wichtige und merkwürdige Punkt, wo die Erscheinungen der Welt sich kreuzen, nur einmal so und nie wieder. Darum ist jedes Menschen Geschichte wichtig, ewig, göttlich, darum ist jeder Mensch, solange er irgend lebt und den Willen der Natur erfüllt, wunderbar und jeder Aufmerksamkeit würdig. In jedem ist der Geist Gestalt geworden, in jedem leidet die Kreatur, in jedem wird ein Erlöser gekreuzigt.[7]

Daß Hesse viel Gefolgschaft fand, leuchtet bei diesen Worten ein. Er propagiert das authentische Ich, den wirklichen, einmaligen Menschen, der sich von den geläufigen Erzählfiktionen abhebt und zugleich für die Gewehrkugeln unerreichbar ist. Darüber hinaus soll dieses Ich für das Zeitalter exemplarisch stehen. Man merkt die Anstrengung, mit der Einzelner und Allgemeines zusammengezwungen werden, obwohl das Allgemeine den Einzelnen gar nicht mehr anerkennt. Aber Hesse betont: nun erst recht. Unverkennbar richtet sich der Trotz, mit dem hier die Authentizität des Ich begründet wird, gegen die Todesmaschine des Weltkrieges und ihre Anonymisierung des Ich. Dieser Trotz war und blieb bei vielen populär, diente als Regulativ in der erzähleri-

[7] Hermann Hesse, Gesammelte Werke, Bd. 5. Frankfurt/M. 1970, S. 7 f.

schen Inszenierung des Ich nach 1918, ließ sich beschwören, wenn Autoren an ihrer schriftstellerischen Legitimation unsicher wurden.

Eine genauere Analyse von Erzählstrukturen bekannterer Autoren dieser Periode würde zeigen, wie dieser Trotzeffekt in die Neubegründung des Ich als symbolische Struktur einging: das Ich als Phönix, dessen Flug so lange glaubhaft ist, als die Asche, aus der er sich erhoben hat, sichtbar bleibt. Wenn Thomas Mann Hans Castorp am Ende des ‚Zauberberg' in der Anonymität des Soldatseins verschwinden läßt, so wirft das ein neues Licht auf die von ihm zuvor so sorgfältig als mittlerer Held zugeschnittene Hauptgestalt und hebt das Prekäre ihrer Autonomie hervor. Wenn demgegenüber in den Romanen und Theaterstücken des sozialistischen Realismus zehn Jahre später die symbolische Struktur des Ich auf die Repräsentation des Allgemeinen zugeschnitten wird, ohne daß auch nur ein Körnchen jener Asche sichtbar wird, ist die Künstlichkeit der Hauptgestalten unrettbar. Dagegen betreibt Alfred Döblin in ‚Berlin Alexanderplatz' die Fragmentierung des Ich bis zu einem so unerträglichen Tiefpunkt, daß sich daraus ein eigener Trotzeffekt ergibt, der den neuen Franz Biberkopf (fast) glaubhaft macht. Obwohl Bertolt Brecht in dieser Zeit Döblin nahestand, schlug er in diesen Fragen einen anderen Weg ein und betrieb die Auflösung des Individuums bis zum Ende, gestaltete sie in ‚Mann ist Mann' als Komödie. Die tragischen Assoziationen, die die Dekonstruktion des fühlenden, mitfühlenden Ich begleiteten, konnte aber auch Brecht nicht völlig ausschalten, wie die Reaktion auf ‚Die Maßnahme' 1930 zeigt.

Wenn, wie in Robert Musils ‚Der Mann ohne Eigenschaften', Wirklichkeit und Möglichkeiten individuellen Lebensentwurfs nebeneinandergestellt werden, verlieren traditionelle Gattungsmuster schließlich ihre Bedeutung. Das Experiment Ich ersetzt vorgegebene Gattungsmuster, das heißt, es kann auf eine Bereitschaft des Lesers zum Mitexperimentieren innerhalb einer jeweils neu entworfenen fiktionalen Struktur rechnen. Musils Maxime ist nicht mehr romanspezifisch, läßt nichts mehr von Georg Lukács' nostalgischer Reflexion über die „transzendentale Obdachlosigkeit" des modernen Subjekts spüren: „Die Aufgabe ist: immer neue Lösungen, Zusammenhänge, Konstellationen, Variable zu entdecken, Prototypen von Geschehensabläufen hinzustellen, lockende Vorbilder, wie man Mensch sein kann, den inneren Menschen erfinden".[8]

---

[8] Robert Musil, Tagebücher, Aphorismen, Essays und Reden. Hg. von Adolf Frisé. Hamburg 1955. Zit. nach C.A.M. Noble, Spielbewußtsein. Essays zur deutschen Literatur und Sprache. Bern, Frankfurt/M., Las Vegas 1981, S. 14 f.

Von so viel Selbstermunterung fällt der Sprung zu den Werken der erwähnten zeitgenössischen Autoren nicht schwer, einschließlich jenes Romans, dessen absichtsvoll künstliches Erzähler-Ich vom Publikum geradezu stürmisch umarmt wurde und das sich mit den vielzitierten Worten einführt:

> Auch habe ich mir sagen lassen, daß es sich gut und bescheiden ausnimmt, wenn man anfangs beteuert: Es gibt keine Romanhelden mehr, weil es keine Individualisten mehr gibt, weil die Individualität verloren gegangen, weil der Mensch einsam, jeder Mensch gleich einsam, ohne Recht auf individuelle Einsamkeit ist und eine namen- und heldenlos einsame Masse bildet. Das mag alles so sein und seine Richtigkeit haben. Für mich, Oskar, und meinen Pfleger Bruno möchte ich jedoch feststellen: Wir beide sind Helden, ganz verschiedene Helden, er hinter dem Guckloch, ich vor dem Guckloch; und wenn er die Tür aufmacht, sind wir beide, bei aller Freundschaft und Einsamkeit, noch immer keine namen- und heldenlose Masse.[9]

Je künstlicher die Konstruktion in Grass' ‚Blechtrommel' erscheint – und Oskar Matzerath ist trotz des Schlöndorff-Films eine Kunstfigur –, um so überzeugender entfaltet sich das Spiel mit der poetischen Authentizität dieses Ich, mit seiner Gegen-Repräsentanz für die historische Periode.

Aber das ist, wie gesagt, nur die eine Seite der Entwicklung in unserem Jahrhundert. Ohnehin ist sie nicht von diesem Jahrhundert allein her zu erschließen, wenn man sich einmal nicht auf die überlieferte Geltung und Herausforderung des autonomen Ich verläßt, sondern bereits in seiner Begründung im 18. Jahrhundert die Gegenkräfte mitverfolgt. Dazu hat Niklas Luhmann in sarkastischer Kürze festgestellt, „daß die Figur des seine Identität konstituierenden und reflektierenden Individuums durchgespielt – und aufgegeben worden ist. Die Variable ‚Individuum' im Theoriespiel der Klassik bleibt ohne Realitätskorrelat. Das Individuum bleibt in seiner Individualität das, was es schon immer war: notwendig und unsichtbar".[10] Luhmanns Sarkasmus gilt nicht der Literatur, sondern der Soziologie, die dieses Phänomen nicht wahrgenommen haben soll. Sein Postulat der „Rückführung der Individualität auf Selbstreferenz" und sein Konzept „eines sich selbst kontinuierlich reproduzierenden autopoietistischen Systems"[11] klingen im literarischen Bereich in der Tat nicht ungewöhnlich. Schon bei Kleist und

9 Günter Grass, Die Blechtrommel. Frankfurt/M. 1966 (Fischer Taschenbuch 47314), S. 11.
10 Niklas Luhmann, Individuum und Gesellschaft. In: Universitas 39 (1984), S. 8.
11 Ebd.

Büchner, vollends dann bei Nietzsche lassen sich genügend Anzeichen für die Variabilität der Individualitätsmuster erkennen sowie zunehmend Hinweise darauf, daß das Ich nicht definierbar, sondern nur als Perspektive zu fassen ist. Wer genau hinsieht, erkennt ohnehin, daß die geistesgeschichtliche Vermengung der Literatur der Goethezeit mit der idealistischen Philosophie jenes autonome Ich gepanzerter erscheinen läßt, als es in den literarischen Werken tatsächlich auftritt.

Kann man überhaupt den literarischen Begriff des Ich mit dem philosophisch-soziologischen Begriff des Individuums so nahe zusammenstellen, wie es in diesem Essay geschieht? Die Frage ist berechtigt. Andererseits sollte man wohl nicht von einem „undurchdachten Trivialbegriff von Individualität" (Luhmann) sprechen, wenn man zugleich das konkrete historische Erleben, das zur jeweiligen Füllung eines solchen Begriffes geführt hat, übergeht. Die Selbsteinschätzung der sozial Abhängigen von Technisierung, Industrialisierung und Entfremdung im Produktionsprozeß läßt sich nun einmal nicht beiseiteschieben, wenn vom Individuum die Rede ist, ganz zu schweigen vom Ausgeliefertsein an ein so überwältigendes Geschehen wie den Krieg, dessen Schocks die Selbsterfahrung als Gegenwartserfahrung fragmentarisierten. Haben nicht die zwanziger Jahre eine so intensive Beschäftigung mit dem Konzept Individuum gebracht, daß dessen Schicksale seither nicht ohne diese ‚Vergesellschaftung' gewertet werden können?

Wie immer man die Erschütterung durch den Ersten Weltkrieg einordnen mag, – es dürfte kein Zweifel daran bestehen, daß der Krieg die Erfahrung der Ich-Zerstörung zu einem gesellschaftlichen, ja politischen Thema machte, das von einem gewichtigen Prozentsatz nicht nur bürgerlicher Schichten als ein Schlüssel zum gestörten Gegenwartsverhältnis angesehen wurde. Plötzlich war die Selbstdefinition vom Massendasein her – die unterm sozialistischen Vorzeichen auch positiv sein konnte – nicht mehr nur eine Gegenvision bürgerlicher Untergangspropheten. Die Perspektivumkehrung im Hinblick auf die Massen berührte auch die Literatur. Wurde die Repräsentanz der Ich-Erfahrung bei Schriftstellern wie Hesse trotzig bestätigt, geriet sie bei anderen an den Rand der Gegenwartsanalyse. Das machte Brecht 1927 am Beispiel der lyrischen Ich-Verinnerlichung mit nicht geringem Spott deutlich.[12] Im folgenden Jahr schließlich löste Erich Maria Remarque

---

[12] Bertolt Brecht, Kurzer Bericht über 400 (vierhundert) junge Lyriker, In: B.B., Gesammelte Werke, Bd. 18. Frankfurt/M. 1967, S. 54–56.

mit dem Weltkriegsroman ‚Im Westen nichts Neues' und seiner individuell im Schicksal des Paul Bäumer begründeten, das unverwechselbare Ich jedoch aufhebenden Darstellung eine Sturzflut ähnlicher Kriegsschilderungen aus. Die Repräsentanz des Einzelnen wurde dabei im *Verlust* des Ich-Erlebens aufgewiesen – was die Rechte bekanntermaßen schnell als Übergang zur kämpferischen Volksgemeinschaft interpretativ besetzte. Ernst Jünger, der dieses Terrain seit langem rekognoszierte, gewann nicht nur eine enorme Reputation als Vorkämpfer dieses Denkens, sondern in der Tat erstaunliche Einsichten in das Syndrom politisch-psychologischer Selbstunterwerfung.

Was hier geschah, kam selbst für Remarque überraschend. In seinen Ursprüngen hatte es wenig mit dem wieder wachsenden Militarismus zu tun. Eher äußerte sich in der Flut von Kriegsliteratur zunächst eine unerhörte existentielle Therapie, bei der Literatur als Medium der erneuten und nun endgültigen Wahrnehmung fungierte, der Wahrnehmung einer äußerst intensiv erfahrenen Lebenssituation, die man lange Jahre erst einmal verdrängt hatte. Nun fand die Tatsache ästhetischen Niederschlag, daß mit diesem Krieg die etablierten, sozial verfügbaren Denkformen plötzlich ganz der Erfahrung einer inkommensurablen Gegenwärtigkeit gewichen waren. Der Krieg erschien als das Ereignis schlechthin, das zu messen der Begriff des Ich nur anekdotisch ausreichte. „Mit dem Weltkrieg begann ein Vorgang offenkundig zu werden, der seither nicht zum Stillstand gekommen ist", bemerkte Walter Benjamin 1930 im Essay ‚Der Erzähler'.

> Hatte man nicht bei Kriegsende bemerkt, daß die Leute verstummt aus dem Felde kamen? nicht reicher – ärmer an unmittelbarer Erfahrung. Was sich dann zehn Jahre später in der Flut der Kriegsbücher ergossen hatte, war alles andere als Erfahrung gewesen, die von Mund zu Mund geht. Und das war nicht merkwürdig. Denn nie sind Erfahrungen gründlicher Lügen gestraft worden als die strategischen durch den Stellungskrieg, die wirtschaftlichen durch die Inflation, die körperlichen durch die Materialschlacht, die sittlichen durch die Machthaber.[13]

Allerdings wurde dieser Vorgang nicht nur als Verlust erfahren. Zugleich schienen Fassaden eingestürzt zu sein, die die Etablierung einer neuen Gemeinschaft oder Gesellschaft aufgehalten hatten. Wo das Bürgertum mit der Inflation verarmte und sich die Klassengegensätze zu verwischen begannen, richtete sich die Aufmerksamkeit zuneh-

[13] Walter Benjamin, Illuminationen. In: W.B., Ausgewählte Schriften I. Frankfurt/M. 1961, S. 410.

mend auf das Gegenüber des Prinzips Individuum zu den Prinzipien Gemeinschaft, Kollektiv oder Proletariat. In der zweiten Hälfte der zwanziger Jahre wurde der Begriff Individuum sehr direkt als Ausdrucksform des Bürgertums, der Begriff Individualismus als Verfallsform des Liberalismus in die politische Auseinandersetzung hineingetragen. Das geschah sowohl auf der Linken (der man vorwarf, sie wolle das Individuum vernichten), als auch auf der Rechten, die das Prinzip Gemeinschaft den verunsicherten Massen als Rettung anbot, bis hin zu der von Klaus Theweleit herausgestellten „Ganzheitsmaschine Truppe", in der das Kleinbürger-Ich, zumindest das männliche, einen Panzer fand, der es vor dem Zerfließen bewahrte.[14]

Wie weit diese Ideologisierung tatsächlich ging, läßt sich an einem konservativ-revolutionären Denker wie Edgar Jung verfolgen, der in dem berühmt-berüchtigten Buch ‚Die Herrschaft der Minderwertigen' (1927) die Polarität Individuum-Gemeinschaft sogar als epochenbestimmenden Wechsel zum Geschichtsprinzip stilisiert. „Die Zeit der Ichbetonung, die mit stürmischem Schritte alle weißen Völker des Erdballs eroberte, geht zur Neige", heißt es bei Jung.

> Es wird immer Zeitalter geben, welche die eigentliche Wirklichkeit kosmischer Gebundenheit, die sich gesellschaftlich im Gemeinschaftsgeiste ausprägt, dem Machttriebe des losgelösten, vereinzelten Individuums unterordnen, und dieses zum Gott erheben; und es wird Zeitabschnitte geben, die den Einzelnen hinter die überpersönlichen Ganzheiten: Weltall, Leben, Gattung und Gemeinschaft, zurücktreten lassen. Beide haben ihre Bedeutung für die Entwicklung der Menschheit.[15]

Ähnlich Ortega y Gasset und Oswald Spengler attackiert Jung das Dasein der modernen Gesellschaft als eine „im Kampfe aller gegen alle liegenden Masse", als bloße „Summe gleichberechtigter Einzelmenschen": „Ohne den Geist wahrer Gemeinschaft, ohne innere Verbundenheit leben sie in stummer Gehässigkeit nebeneinander her".[16] Gemäß der immens antiliberalistischen und antidemokratischen Strömungen um 1930 wird – nicht nur in der Weimarer Republik – Individuum mit Individualismus ineinsgesetzt, Individualismus mit Liberalismus, Liberalismus mit Materialismus – und das Ganze gehört auf den Kehrichthaufen der Geschichte.

---

[14] Klaus Theweleit, Männerphantasien, Bd. 2: Männerkörper – Zur Psychoanalyse des weißen Terrors. Reinbeck 1980, S. 154.

[15] Edgar J. Jung, Die Herrschaft der Minderwertigen. Ihr Zerfall und ihre Ablösung durch ein Neues Reich. Berlin ^{3}1930, S. 72 f.

[16] Ebd., S. 160.

Jenes Verstummen, auf das Benjamin hinweist, muß eben zugleich auch mit dem Mangel an demokratischer Selbstdarstellung in Deutschland zusammengesehen werden, oder genauer: dem Mangel an demokratischer Selbstinszenierung der Gesellschaft, in der die individuelle Stellvertretung nach wie vor eine öffentlich kontrollierte Funktion behauptet. Dieser Mangel trug dazu bei, daß Hitler eine Vielzahl von Deutschen in seine Ich-Erweiterung hineinziehen konnte, bis er gar nicht mehr unbedingt persönlich gehört oder gesehen werden mußte, sondern als eine symbolische Struktur wirkte: als ein ins Gigantische inszeniertes Ich. Was dorthin führte, wo Löwenthal seine Analyse von ‚Individuum und Terror' ansetzt:

> An die Stelle des Über-Ichs – der Instanz des Gewissens – tritt das Hitler-Ich, wie ich es nennen möchte, in dem die vom Gewissen erzeugten Handlungseinschränkungen durch Hemmungen und Antriebe ersetzt werden, welche durch bloße mechanische Reaktionen und Imitationen produziert werden. Weder der Terrorisierte noch der Terrorist bleiben eine Persönlichkeit im traditionellen Sinne des Wortes. Sie sind letzten Endes bloßes Material, das sich an Situationen anpaßt, die von einer von ihnen gänzlich losgelösten Macht geschaffen werden.[17]

Hieran ließen sich zahlreiche Überlegungen zur politischen Wirklichkeit des Konzepts Individuum im 20. Jahrhundert anschließen. Unabdingbar wäre vor allem die Untersuchung des Existentialismus als Kontrafakturphilosophie dieser Periode, die sich bis in bestimmte faschistische Denkbahnen hinein verästelte. Doch liegt der Blickpunkt nun einmal bei der Literatur, sowohl bei den von ihr ausgelösten wie den auf sie einwirkenden Elementen individueller Erfahrung von Gegenwärtigkeit. Die Einwirkungen dürften um 1930 ein besonders prekäres Stadium erreicht haben, insofern sich zahlreiche Autoren gedrängt fühlten, dem Publikum spezifische Identifikationsmodelle anzubieten. Von ihnen seien abschließend drei Muster herausgehoben, die man als tragisches, als biographisches und als existentielles Modell bezeichnen könnte.

Zunächst wäre die auffallende Wendung zum Tragischen in diesen Jahren zu nennen, in fiktionalen nicht weniger als in essayistischen Werken. Mit ihr gewinnt der Einzelne zumindest im Scheitern und Verschwinden Authentizität. Gattungsmäßig nicht notwendig fixiert, sorgt das Modell für dramatische Zuspitzung und ermöglicht volltönende

---

[17] Löwenthal, a.a.O., S. 165.

Abschlüsse, wo sonst nur der graue Vorhang der alltäglichen Misere fiele. Ein bevorzugtes Modell bürgerlicher Leser, wird es zunehmend auch von Nationalsozialisten in Anspruch genommen, die damit in propagandistischer Aufplusterung ihre Version vom heldischen Einzelnen als Fundament der Volksgemeinschaft attraktiv zu machen versuchen.[18]

Andere Wege weist das Modell der Biographie, das, unter Einschluß autobiographischer Formen, vor allem des Tagebuchs, ebenfalls Gattungszuordnungen sprengt. Es erlangte zu dieser Zeit eine unerhörte Resonanz beim Publikum. Siegfried Kracauer führte das weniger auf die jeweiligen Helden als auf die Authentizität des Stoffes zurück. Der Autor ist nicht, so stellte Kracauer 1930 in ‚Die Biographie als bürgerliche Kunstform' fest, auf ein individuelles Schema angewiesen; er erhalte eines frei ins Haus. „Denn die Biographie macht dem Roman heute nur darum Konkurrenz, weil sie im Unterschied von diesem, der frei schwebt, Stoffe verarbeitet, die ihre Form bedingen. Die Moral der Biographie ist: daß sie im Chaos der gegenwärtigen Kunstübungen die einzige notwendige Prosaform darstellt".[19]

Daneben prägt die Ontologisierung von Erfahrungen und Situationen eine neue Form von Beschreibungsliteratur, für die Hans Fallada 1932 Hemingway mit den Worten als Vorbild hinstellte: „Es ist komisch bei ihm. Der Autor verschwindet ganz hinter seinen Geschichten, er redet nie von sich und seinen Gefühlen. Er ist überhaupt nicht da. Und doch denkt man immerzu an ihn".[20] Bei den direkt existentiell argumentierenden Autoren zielt die Objektivierung subjektiven Bewußtseins auf die Partizipation an einem anonymen Sein. Bezeichnend, daß Ernst Jünger die Formulierung einer, wie es nun allerorten

---

[18] Die Tendenz reicht von den angelsächsischen Ländern, wo Joseph Wood Krutchs Aufsatz von 1930, ‚The Tragic Fallacy' (in: J.W.K., The modern temper. New York ^{2}1956, S. 79–97), als repräsentativ verstanden wurde, bis zur Wiederaufnahme klassischer Tragödien bei Giraudoux, Anouilh, Sartre und anderen französischen Schriftstellern und den offiziellen Bemühungen nationalsozialistischer Autoren wie etwa Rainer Schlösser (‚Unsterbliches Gespräch über das Tragische', 1937) und Curt Langenbeck (‚Alexander', ‚Heinrich VI.', ‚Der Hochverräter'). Vgl. Frank Trommler, Tragik und Drama im Umkreis des Zweiten Weltkrieges. In: Drama und Theater im 20. Jahrhundert. Festschrift für Walter Hinck. Hg. von Hans Dietrich Irmscher/Werner Keller. Göttingen 1983, S. 281–293.

[19] Siegfried Kracauer, Das Ornament der Masse. Frankfurt/M. 1977 (suhrkamp taschenbuch 371), S. 77. – Auch diese Tendenz war international, wie Kracauer betont. Er nennt selbst nur Emil Ludwig als Vertreter; zu dieser Zeit galten besonders Stefan Zweig und André Maurois als Vorbilder für die Kunst der Biographie.

[20] Hans Fallada, Gespräch zwischen Ihr und Ihm über Ernest Hemingway: ‚In unserer Zeit'. In: Die Literatur 35 (1932/33), S. 22.

heißt, unbedingten Haltung aus der Kriegserfahrung destilliert und auf alles anwendet, was ihn interessiert. So schreibt er im Vorwort zu dem 1930 erschienenen Sammelband ‚Krieg und Krieger' von dieser Haltung des heroischen Realismus: Es sei „zugleich eine symbolistische, insofern sie jede Tat, jeden Gedanken und jedes Gefühl als das Symbol eines einheitlichen und unveränderlichen Seins begreift, dem es unmöglich ist, sich seiner eigenen Gesetzmäßigkeit zu entziehen".[21] So verwaschen es klingt, wenn dem Ich nur noch ein anonymes Sein als gesetzhafte Identitätserfahrung gegenübergestellt wird, so wenig sollte man doch übersehen, daß sich dieser Ansatz zugleich im Gegenüber zu einer zunehmend grausamen und maßlosen Geschichtsperiode verstand und von zahlreichen Schriftstellern variiert wurde, wobei die besten Werke eher im Ausland erschienen.

Alle drei literarischen Identifikationsmodelle behielten ihre Geltung noch lange nach 1945. Sie besetzten einen von der klassischen Gattungspoetik nicht mehr überzeugend faßbaren Erfahrungs- und Mitteilungsbereich.

[21] Krieg und Krieger. Hg. von Ernst Jünger (Vorwort). Berlin 1930. – Jüngers enormer Einfluß auf die westdeutsche Nachkriegsliteratur ist neben dem von Hemingway erst seit neuerem voll gewürdigt worden. Wichtig dürfte in diesem Zusammenhang die Tatsache sein, daß für diese Wirkung, wie Alfred Andersch im Hinblick auf Jünger sagte, die Weichen um 1930 gestellt wurden (vgl. Klaus Scherpe, „Schützt Humanismus denn vor gar nichts?" Alfred Andersch im Kontext. In: Nachkriegsliteratur in Westdeutschland, Bd. 2. Hg. von Jost Hermand, Helmut Peitsch, Klaus Scherpe. Berlin 1983, S. 6–27).

Diskussion

Die Ich-Konzepte des 20. Jahrhunderts und der ‚Diskurs der Moderne'

An die Studie von Jürgen Habermas zum ‚Diskurs der Moderne'[1] anknüpfend, fragt U. Fülleborn, wie sich die von F. Trommler beschriebenen Tendenzen zur Tradition des neuzeitlichen Ich verhielten: „Die mit Hegel einsetzende Selbstkritik der Moderne geht ja von der These aus, daß – als Kehrseite des emanzipatorischen Entwurfs der Aufklärung – gerade das Konzept eines isolierten, weltlosen, sich absolut setzenden Ich für gesellschaftliche wie individuelle Spaltungen und Entfremdungserscheinungen verantwortlich sei. Daher dann die im

[1] Frankfurt/M. 1985.

20. Jahrhundert unternommenen Versuche, eine positive, andersartige individuelle Authentizität wiederzugewinnen, deren gemeinsamen Nenner die Aufsprengung einer geschlossenen, sich autonom fühlenden Subjektivität bildet. Darin liegt zugleich ein Bewertungskriterium, mit dem sich entscheiden läßt, ob die Neubetonung des Ich einen Rückfall in die verhängnisvolle Tradition bedeutet oder neue Möglichkeiten eröffnet." Ein solcher Neuansatz habe sich in den Vorträgen und Diskussionen zu Rilke, Hofmannsthal und Musil gezeigt. Hier führe die Dialektik von Selbstzerstörung und Wiedergeburt ja in der Tat zu einem neuen Eigensein, einer neuen authentischen Individualität auf der gemeinsamen Grundlage der ins Ich aufgenommenen Erfahrungen des Elementaren und der Vergänglichkeit und in der dialogischen Herausbildung und Vermittlung von Identität.

F. Trommler bejaht die Tendenz zu solchen Neuansätzen. „Anders als die modernen Medien der Massenkultur bietet gerade die Literatur die Möglichkeit, ganz existentielle und persönliche Erfahrungen auszusprechen. So kann jedes Werk – auch und gerade im Bruch mit Gattungskonventionen – zum Ort eines ganz konkreten Versuches werden, die Gewinnung einer neuen Identität zu inszenieren – was vom Leser dann ebenso konkret und unmittelbar nachvollzogen werden kann und soll." – U. Fülleborn sieht in solchen „therapeutisch gemeinten Angeboten zur Identifizierung und damit auch zur Selbstfindung" eine positive Alternative zur Hybris bisheriger globaler Entwürfe und Gegenentwürfe. Jedes Werk mache ein neues Identifikationsangebot, das immer wieder Leser findet, die ihm folgen.

Massenerfahrung und das Ende des autonomen Subjekts?

Demgegenüber bezweifelt P. H. Neumann, daß die Aufarbeitung der neuen Erfahrungen des 20. Jahrhunderts sich noch als Modifikation des im 18. Jahrhundert herausgebildeten Subjektivitätsentwurfs begreifen lasse. „ Zum einen steht dem Ich nun die Masse von Menschen gegenüber, die sich nicht mehr als Individuen artikulieren und vom Einzelnen als Bedrohung erfahren werden; zum anderen gibt es die neuen Dimensionen des Massensterbens – dies schon im Ersten Weltkrieg, besonders dann aber durch die Atombombe. Die Frage nach der Möglichkeit eines ‚eigenen Todes', die Rilke in seinem Roman ‚Die Aufzeichnungen des Malte Laurids Brigge' stellt, ist in der Literatur, die den Ersten Weltkrieg oder gar Hiroshima zu bewältigen versucht, schon gar kein Thema mehr." In den Darstellungen moderner und postmoderner Subjektivität aus den letzten Jahren – für die es vielleicht noch gar keine Begriffe gebe – scheine schließlich eine neue Qualität des Ich-Problems erreicht: einerseits diffuse, irritierende Erschütterung und Melancholie, andererseits die bewußte Auseinandersetzung mit der menschheitlichen Bedrohung.

Ich-Ideal vs. Gemeinschaft: Versuch eines Entwicklungsmodells

H. Kreuzer versucht, die Antinomie von neuen Erfahrungen und altem Ich-Ideal in einem dialektischen Entwicklungsmodell zu vermitteln. Er stellt dazu drei Thesen auf:
1. Die Massenerfahrungen in und nach dem Ersten Weltkrieg bis hin zur Massenarbeitslosigkeit der Weltwirtschaftskrise haben zur Einsicht in die Bedeutungslosigkeit des Individuums geführt. Darauf reagierte man mit verschiedenen „Idealisierungen der Ichlosigkeit" (z. B. Brecht in der ‚Maßnahme', Kracauer mit seiner Absage an die Biographie, auch Ernst Jünger) – bis hin zu extremen Ausprägungen im Dritten Reich und in der kommunistischen Bewegung.
2. In der Nachkriegszeit haben sich die Tendenzen zur sozialen, statistischen, ja sogar genetischen Liquidierung von Individualität eher noch verschärft – man denke an das ‚Klonen' als Möglichkeit einer genetischen Identitätsverdoppelung; die Reaktion fällt jedoch jetzt ganz anders aus. Nach einer 1945 einsetzenden Inkubationszeit ist in den 60er und 70er Jahren ein ‚neues 'Ich zum Massenidol der Jugend geworden. Literarisch drückt sich diese neue Ich-Erfahrung in der Aktualität von Biographie und Tagebuch aus.
3. Dies würde es rechtfertigen, im Hinblick auf die Ich-Problematik zwei Epochengrenzen anzusetzen: die eine nach 1918, die andere um 1960. Damit stünde zwei in natürlich sehr verschiedener Weise am Ich orientierten Phasen eine der bewußten Absage an das Ich mit positiver Bewertung von Kollektivität gegenüber.

F. Trommler kritisiert an diesem Entwicklungsmodell die scheinbare Eigendynamik der Pendelbewegung von Ich-Modell zu Gemeinschafts-Modell und zurück. Damit verliere man die jeweilige konkrete Reaktion auf die jeweiligen gesellschaftlich-geschichtlichen Verhältnisse aus den Augen. Auch er sieht jedoch im Ersten Weltkrieg das „Ende einer Epoche" und in den 20er Jahren eine „Umbruchsphase". Der Epocheneinschnitt von 1945 sei vielleicht auch als Reaktion auf die „Übersteigerung des Kollektiv-Modells im Nationalsozialismus" zu deuten, der die Einsamkeitserfahrungen der Zeit vor 1933 eher noch verstärkt habe.

Neue Authentizität in der Nachkriegsliteratur: Bachmann – Böll – Wolf

Auf eine Frage von W. Weiss hin wird eine nähere Bestimmung der Neubetonung von ‚Authentizität' bei Autoren der Nachkriegsliteratur versucht. Für Ingeborg Bachmann steuert Weiss selbst einen Erklärungsversuch bei: „Die neue Forderung nach Authentizität wird vielleicht bevorzugt da erhoben, wo das Ich in eine Art Spannung zu seiner Umwelt kommt. So sind gerade in Österreich nach 1945 die Traditionen noch ungebrochener gewesen als anderswo."

Für Heinrich Böll stellt F. Trommler die entscheidende Bedeutung des ‚Einsamkeitsmodells' heraus: „Böll, der zum einzelnen Leser spricht, artikuliert auch die Erfahrungen des Einzelnen nach 1945, seine Versuche einer Aufarbeitung der Vergangenheit und sein Handeln in der Gegenwart. Der Generationsprotest nimmt dann aber bald ganz andere Formen an."

H. KREUZER wendet ein, daß Böll als „zärtlicher Anarchist"[2] aktuell geblieben sei, weil er – ästhetisch von den Literaturkritikern abgetan – mit seinem „Kampf gegen Institutionen" dem Geist der neuen Jugend entspreche.

A. STEPHENS versucht, den Begriff der Authentizität bei Christa Wolf als „Assoziationskomplex" auszudifferenzieren. „Erstens ist Authentizität hier zunächst einmal ein persönliches Ziel, das man sich im Leben setzt und auf das man hinarbeitet. Zweitens ist Authentizität für Christa Wolf etwas, was man ‚erschreiben' kann: die Möglichkeit einer Integration von Schriftstellerei und Leben. Drittens hat Authentizität als Losungswort vermutlich eine bestimmte Funktion gegenüber der Literaturpolitik der DDR. Wenn man daraus das Fazit zieht, gewinnt man den Eindruck, daß sich Christa Wolf über die subjektive Authentizität nur einen Raum schaffen will, in dem sie als Schriftstellerin eine gewisse Bewegungsfreiheit hat. So verflüchtigt sich bei ihr die ‚harte Begrifflichkeit' der ‚persönlichen Authentizität'."

F. TROMMLER fast zusammen, daß der gemeinsame Bezug auf bekämpfte politische und gesellschaftliche Zustände dem Begriff ‚Authentizität' mehr Gewicht verleiht – früher sei er viel eher kunstimmanent zur Abgrenzung gegenüber ästhetischen Regeln und normativen Kunstauffassungen verwendet worden.

Neue Authentizität in der Nach-68er-Generation

H. KREUZER versucht, die neuen Ich-Erfahrungen der unmittelbaren Gegenwart zu bestimmen: Das neuzeitliche, autonome Ich – wie auch sein liberalistisches ‚Analogon': die Unternehmer-Persönlichkeit – seien am Ende. „Niemand, der heute für Authentizität plädiert, glaubt – im Zeitalter der Atombombe – noch an ein autonomes Ich. Jetzt meldet sich ein ganz anderes Ich zu Wort: eines das zwar nach Selbsterfahrung strebt, diese aber auch mit anderen teilt. Gemeinschaft – nicht mehr im emphatischen Sinn früherer Begriffsverwendung – ist nunmehr Wohngemeinschaft, Demo-Gemeinschaft, Disko-Gemeinschaft. Das sind andere Gemeinschaftsformen als die des Dritten Reiches oder die der ‚konservativen Revolution' oder auch die des Kommunismus.

Ferner: Das Werk ist passé. Wir haben in der zweiten Hälfte des 20. Jahrhunderts kein Kunstwerk mehr, das in irgendeinem Sinne mit denen der ersten Jahrhunderthälfte konkurrieren könnte. Die neuen Texte über den Tod, die Liebe, das Leben liest man nicht mehr unter ästhetischem Anspruch, sondern z.T. als Unterhaltung – wie etwa Umberto Ecos ‚Der Name der Rose' – oder eben als Verständigungstexte einer Authentizitäts- und Selbsterfahrungsgemeinschaft."

Junge Leute identifizierten sich heute zwar mit schnell wechselnden Kultfiguren und fühlten so ihr Ich bestätigt. Aber das stehe in keinem Zusammenhang mehr mit dem alten Ideal der Persönlichkeit. All die schnell wechselnden Moden, alle Pendelschläge zwischen Individualität und Kollektivität von den 68er Jahren bis heute hätten nichts zu tun mit einer Rückkehr zum autonomen Ich als dem traditionellen Ideal seit dem 18. Jahrhundert. „Was man in jener

[2] Vgl. Bernd Balzer, Heinrich Bölls Werke. Anarchie und Zärtlichkeit. Köln 1977.

früheren Literatur neu entdeckt, ist zum Beispiel der ‚Anton Reiser' [1785–1790] von Karl Philipp Moritz. Denn dort kann man die eigene Labilität, die eigenen Neurosen und dergleichen wiederfinden – nicht aber Ich-Stabilität."

Gestaltung vs. bloße Thematisierung von Ich-Krisen

U. Japp weist darauf hin, daß es gerade in der gegenwärtigen Erfahrungsliteratur meist um „Versprachlichungen einer Ich-Problematik, aber nicht um das Ich, das in der Sprache selbst zum Problem wird", gehe. Für letzteres nennt er als Beispiele zum einen Hofmannsthals ‚Chandos-Brief' – mit der Einschränkung, daß auch hier „noch nicht die Worte fehlen, das Fehlen von Worten zu beklagen" – und vor allem Rimbaud mit der für seine ‚Voyant'-Poetik zentralen Grundformel: „Je est un autre": „Hier ist der Dichter nicht Hervorbringer, sondern Seher, und er bezieht sein Sprachmaterial aus einer Sphäre, die nicht in seinem Ich verbürgt ist. Hier wird das Ich nicht beklagt, sondern beiseite geschoben. Das begründet eine ganze Tradition der modernen Literatur: den Dadaismus, den Surrealismus und andere Avantgarde-Bewegungen im engeren Sinne. Auch in Arno Schmidts ‚Zettels Traum' [1970] – einem der letzten ‚großen Werke' – findet sich in manierierter Form mit der ‚Etym-Theorie' ein solcher Versuch, nicht das Ich sprechen zu lassen, sondern das ins Schriftbild einzubringen, was das Ich nicht sagen will, mit seiner Sprache aber doch evoziert. Auch hier ist das Ich ein ‚Anderer'."

B. Böschenstein wendet ein, daß Rimbauds Position als reine Ich-Auslöschung zu einseitig beschrieben sei. „Denn das Programm ‚Je est un autre' geht gleichzeitig einher mit seinem Gegenteil: der Mythisierung des Ich in der ‚Saison en enfer' [1873], wo Biographie und Völkermythen verschmelzen und ein neues, sozusagen vom empirischen Ich abgetrenntes Groß-Ich entsteht. Eine ganz ähnliche Konstruktion findet sich in Adolf Muschgs ‚Das Licht und der Schlüssel. Erziehungsroman eines Vampirs' [1984], wo plötzlich eine gigantische Materialsammlung und ein Ich-Gefühl von überdimensioniertem Ausmaß in eins gebracht werden."

I. Strohschneider-Kohrs sieht im Übergang von „Ich-Inhaltlichkeiten zur Artikulationsproblematik" eine gerade auch in der Gegenwart hochaktuelle Tendenz. „Die Neulegitimierung der Kunst scheint auf einer neuen Ding- und Alltagserfahrung zu beruhen, aus der dann Sprach- und nicht Ich-Authentizität hervorgeht. So konnte in der langsamen Eröffnung neuer Artikulationsmöglichkeiten auch das für eine ganze Generation geltende Verdikt Adornos außer Kraft gesetzt werden, nach Auschwitz sei Lyrik nicht mehr möglich."

Schlußdiskussion

Bewußtseins- statt Literaturgeschichte?

H. J. Kreutzer kritisiert, daß bei dem bewußtseinsgeschichtlichen Schwerpunkt der Themen, Vorträge und Diskussionen der im engeren Sinne literaturwissenschaftliche und literarhistorische Aspekt zu kurz gekommen sei. Er erläutert dies am Beispiel des ‚Empedokles': „Dort hätte es sich etwa angeboten, nach der Auswirkung von Hölderlins Zeitauffassung auf die Dramenform zu fragen – auch und gerade im Kontrast zu anderen neuzeitlichen und vor-neuzeitlichen (z. B. heilsgeschichtlichen) Zeitauffassungen und deren poetologischen Konsequenzen."

U. Japp erinnert demgegenüber im Detail daran, wie solche Vermittlungen von Bewußtseinsgeschichte und Poetologie u. a. in den Referaten von H. J. Kreutzer, W. Wittkowski, I. Strohschneider-Kohrs, W. Sokel und ihm selbst sowie in zahlreichen Diskussionsbeiträgen durchaus vollzogen worden seien.

U. Fülleborn bezweifelt die Berechtigung einer Opposition von Bewußtseinsgeschichte und Geschichte der literarischen Formen. Beides zusammen mache eben die Literaturgeschichte aus, und jede Trennung sei ebenso künstlich wie eine Trennung von Inhalt und Form. Freilich seien einseitige Akzentsetzungen ein durch die Zeitbeschränkung eines Symposions erzwungenes notwendiges Übel.

Neuzeit und neuzeitliches Ich

Ein zweiter Einwand H. J. Kreutzers betrifft das Fehlen einer expliziten Definition des Begriffes ‚Neuzeit'. „Besonders für die frühe Neuzeit sind wir doch in einer allzu einfachen Weise mit einem sehr blassen und verwässerten Jacob Burckhardt[1] ausgekommen". – W. Sokel unterstützt dies mit der Frage nach dem vor-neuzeitlichen, etwa dem christlichen, dem antiken, dem jüdischen Ich. „Gibt es hier wirklich klare Abgrenzungskriterien, zumal die traditionelle Einteilung der Geschichte in Altertum, Mittelalter und Neuzeit ja ohnehin ein überholtes und stark vereinfachtes Schema darstellt?"

U. Fülleborn vertritt demgegenüber den Standpunkt, daß das ‚neuzeitliche Ich' eine durchaus definable Größe sei. „Zum einen schon rein sprach-pragmatisch: Man würde nie im gleichen emphatischen Sinne von einem ‚mittelalterlichen Ich' oder einem ‚antiken Ich' sprechen. Zum anderen aber auch im Sinne einer eingeführten philosophischen Terminologie: Bestimmungsmerkmale des ‚neuzeitlichen Ich' sind hier etwa sein Autonomie- und Absolutheitsanspruch, seine Opposition zum Nicht-Ich (d. i. Objekt). Das so definierte Ich prägt die Neuzeit einerseits als positives Ideal – in Konzepten der Aufklärung oder der Transzendentalphilosophie, gipfelnd in Fichte –, andererseits als der gemein-

[1] Vgl. dessen ‚Die Kultur der Renaissance in Italien' von 1859.

same Bezugspunkt von Gegenentwürfen – etwa im Sturm und Drang, in Klassik und Romantik oder in der Moderne des 20. Jahrhunderts bis hin zu den aktuellen Tendenzen des Poststrukturalismus."

W. Weiss schließt die Frage nach der Berechtigung der Kategorie der ‚Dialektik' im Untertitel des Symposions an: „Gehört diese nicht ganz und gar der Subjektphilosophie zu und verfällt deshalb zusammen mit dem neuzeitlichen Subjekt zunehmend der Kritik?"

U. Fülleborn verweist auf den mehrfachen Bedeutungsgehalt des Begriffs: „Nicht Dialektik im Sinne eines idealistischen Fortschreitens von der These über die Antithese zur Synthese war gemeint, sondern der dialektische Prozeß der Neuzeit – im Sinne einer ‚Dialektik der Aufklärung' (Adorno/Horkheimer) – der sich aus der problematischen Verschränkung von Freiheit und Emanzipation mit dem Subjekt-Objekt-Gegensatz ergibt; ein ständiges Umschlagen des Beherrschens in Beherrscht-Werden, des Besitzens in Besessen-Sein, dessen kritische Selbstreflexion den ‚Diskurs der Moderne' (Habermas) konstituiert."

W. Wittkowski erinnert an die traditionelle Bestimmung der Neuzeit, die noch vor 25–30 Jahren gängig und allgemein akzeptiert gewesen, in diesem Symposion aber noch nicht aufgegriffen worden sei: „Danach hat der Verlust des christlichen Glaubens als eines verbindlichen Orientierungsrahmens einen Konflikt ausgelöst zwischen dem sich immer mehr auf seine ganz persönlichen, individuellen Ansprüche und Bedürfnisse berufenden Ich einerseits und neu zu findenden Verbindlichkeiten und Normen andererseits. Die Suche nach einer Vermittlung dieser beiden Pole bestimmt den Entwicklungsprozeß der Neuzeit; in unserem Jahrhundert mündet dieser schließlich in die fragwürdige Alternative zwischen dem Chaos völliger Befreiung und lokal und temporal begrenzten Normsetzungen."

U. Fülleborn bezweifelt dagegen bei allem Verständnis für die Wichtigkeit von Säkularisationsprozessen, daß ethisches Verhalten nur auf der Basis transzendentell abgesicherter Werte möglich ist.

Ein letzter Versuch zur Abgrenzung des neuzeitlichen Ich kommt von W. Sokel. Er schlägt vor, dieses an die Kategorie des ‚Organismus' zu binden, und zwar in folgendem Sinne: „Das Bewußtsein, daß wir als Organismus separat auf die Welt kommen und separat aus der Welt gehen, begründet zugleich die persönliche Identität wie die Entwicklungsidee, das Wissen vom Ich als etwas, das eine Geschichte hat."

W. Wittkowski sieht demgegenüber im Organismusmodell gerade einen Gegenentwurf zum Cartesianischen Subjekt. Als Versuch zur Überwindung des mit Descartes radikalisierten Dualismus stehe es in einer Traditionslinie mit Ansätzen von Leibniz und Schiller. – U. Fülleborn schlägt vor, das Ich des organologischen Modells als ‚Individuum' terminologisch vom Cartesianischen ‚Subjekt' abzugrenzen [vgl. auch S. 10].

Ich-Konzeptionen und Dualismus: Geist vs. Sinnlichkeit, Kultur vs. Natur

G. Neumanns Frage nach der Berechtigung einer Aussparung des 19. Jahrhunderts im Themenspektrum des Symposions bestimmt den Rest der Diskussion. Es wird dabei versucht, sowohl die Kontinuität neuzeitlicher Ich-Problematik wie die Gemeinsamkeiten und Unterschiede der Gegenentwürfe herauszuarbeiten, die in Klassik/Romantik wie in Jahrhundertwende/Moderne entwickelt wurden.

G. NEUMANN verweist auf die Kontinuität dualistischer Oppositionen und ihre Bedeutung für den jeweiligen Subjektivitätsentwurf. Er erinnert an M. Riedels Eröffnungsvortrag über das Cartesianische Ich, das sich aus Denkakten konstituiert hat, und an seinen eigenen Beitrag zur Physiognomik des 18. Jahrhunderts, in dessen Mittelpunkt die Lesbarkeit von Körperzeichen stand. Als weiteres Beispiel führt er die Dialektik von Selbstgeburtsphantasien und Phantasien der Ich-Aufhebung an: „Der locus classicus für die erste Gruppe findet sich – außer in den ‚Metamorphoses' von Lucius Apuleius [um 175] – in dem ‚Zwiegespräch der Hunde' [1613] des Cervantes. In dem Dialog der beiden Hunde Berganza und Cipión wird ausdrücklich der Übergang vom Tier zum Menschen, die Geburt des Ich aus dem Sprechen, der Sprache thematisiert. Beispiele für die zweite Gruppe finden sich etwa in Kafkas ‚Verwandlung' [1915] oder in seiner späten Erzählung ‚Josefine, die Sängerin oder Das Volk der Mäuse' [1924], wo das Ich immer mehr seine Konturen verliert und im Volksganzen verschwindet. Geist und Körper, Natur und Kultur, Intimität und Öffentlichkeit – jeweils verbunden mit der Sprachproblematik – seien die Pole, deren Dialektik den neuzeitlichen Subjektivitätsentwurf bestimmt.[2]

P. H. NEUMANN konkretisiert diese Dialektik für eine bestimmte historische Phase. „Gegen Ende des 18. Jahrhunderts werden die Begriffe ‚Untermensch' und ‚Übermensch' virulent – wobei den Untermenschen etwa der Affe vertritt, den Übermenschen das ins Hybride gesteigerte Ich, so zum Beispiel bei Jean Paul. Zwischen Cherub und Wurm, zwischen Engel und Tier liegt dann das, was als ‚Ich' anzusehen wäre, und die eigentliche sittliche Aufgabe auch der Pädagogik besteht darin, dieses zu definieren und zu festigen." – G. NEUMANN ergänzt dies durch einen Hinweis auf die häufigen literarischen Gestaltungen des Affen-Motivs in diesem Zusammenhang: etwa in E.T.A. Hoffmanns ‚Nachricht von einem gebildeten, jungen Mann' [1814], in Wilhelm Hauffs ‚Der junge Engländer' [1825] und natürlich in Franz Kafkas ‚Bericht für eine Akademie' [1918]. – P. H. NEUMANN fügt dieser Liste noch Wilhelm Raabes ‚Die Akten des Vogelsangs' [1896] hinzu.[3]

Auch A. STEPHENS geht von der konkreten Situation um 1800 aus. Selbstgeburtsphantasien – so knüpft er an die Thesen seines Vortrags an – hätten dort eine ganz klar umrissene Funktion: „Sie sind eine Alternative zur aufklärerischen Vorstellung vom Ich als einem Rohstoff, den man erfolgreich bearbeiten und formen kann. Ihr Auftauchen beweist, daß das aufklärerische Subjekt-Konzept brüchig geworden ist. Literarisch gestaltet wird dies als Dramatisierung eines gespaltenen Ich – bei Jean Paul, bei den Romantikern. Die gleiche Gespaltenheit des Ich findet man später bei Rilke wieder – in dessen ‚Puppen'-

2 Näher ausgeführt in der erweiterten Vortragsfassung, s. o. bes. S. 101ff.

3 Vgl. dazu: P.H. Neumann, Generalstreiklektüre. Über Wilhelm Raabes literarischen Rang und Nachruhm. In: Jb. der Raabe-Gesellschaft 1982, S. 40–55, bes. S. 47.

Aufsatz etwa oder in der 4. ‚Duineser Elegie'. Zwischen diesen historischen Extremen gibt es eine durchgängige Tradition solcher Dramatisierungen der Gespaltenheit des Ich. Der in Deutschland weniger als in England und Amerika bekannte Psychologe Ronald D. Laing hat in seinem Buch ‚The divided self' [1960] in der Ich-Spaltung ein zentrales Phänomen der modernen Psyche zu erkennen gemeint. Und was wir in den letzten Tagen diskutiert haben, ist eben ein Panorama der Dramatisierungen der Gespaltenheit – vielleicht der Gespaltenheiten – des Ich."

Pluralität und Komplementarität: Ansätze zur Überwindung des Dualismus um 1800 und 1900

U. Fülleborn knüpft an die Ausführungen zu Dualismus und Gespaltenheit des Ich um 1800 an mit dem Hinweis, daß demgegenüber die von Naumann und Stephens in ihren Referaten beschriebenen ‚Wiedergeburten' als „punktuelle Wiedervereinigungen aus der Gespaltenheit heraus" zu verstehen seien.

Auch I. Strohschneider-Kohrs sieht die Entwicklung als bloße „Dramatisierung von Gespaltenheit" zu einseitig und zu negativ beschrieben und schlägt vor, statt dessen von einer ‚Pluralität des Ich' zu sprechen. Sie skizziert für den historischen Prozeß das folgende Phasenmodell:

1. In der Fortentwicklung von Ansätzen, die wohl in der italienischen Renaissance zu suchen sind, entwirft das 18. Jahrhundert das Ich als geschlossene weltlose Monade mit der Fähigkeit zur Perfektibilität.
2. Gegen diese aufklärerische Dichotomie von Körper und Seele setzt die Romantik dann das Gegenmodell einer „Einheit aller Wesen". Damit ist eine Idee von Kreatürlichkeit formuliert, die die aufklärerischen Ideale der Ratio nicht abstößt, sondern sie in sich zu integrieren sucht. Diese Synthese von Kreatürlichkeit und Ratio schlägt sich etwa in der romantischen Zeichenlehre, der Auffassung von der „Lesbarkeit der Welt" nieder. Jeder Existenzform wird die Möglichkeit zugesprochen, „Welt in ihrer Pluralität zu repräsentieren".
3. Nachdem der Einbruch des Empirismus und bestimmter soziologischer Großprobleme diese Einheitserklärung aller Wesen verdrängt hatte, ist sie in der Jahrhundertwende wieder aufgegriffen worden, wie für Hofmannsthal, Rilke und Musil deutlich geworden sein dürfte. Und genau wie die Einheit der Romantik nicht mit der empirischen Einheit der französischen Materialisten identisch ist, so ist auch die der Jahrhundertwende eine „ideelle Einheit" und nicht die empirische des Machschen Empiriokritizismus.

Den Übergang von der ersten zur zweiten Phase verdeutlicht I. Strohschneider-Kohrs an der Gegenüberstellung der Hogarthschen bzw. Lichtenbergschen ‚Punschgesellschaft'[4] mit E.T.A. Hoffmanns ‚Goldnem Topf' [1814]: dort die Vertierung des Menschen, der „Kloaken-Topf" – hier „die Wendung ins golden Poetische und die Spiegelung der Einheit aller Wesen als Kontrafaktur zu jenem aufklärerischen Satirebild der Gesellschaft". Auch die von G. Neumann angesprochenen „Verschwindephantasien" des Ich – etwa das in

[4] Vgl. den Vortrag von G. Neumann.

Kafkas ‚Verwandlung' „im Insekt neugeborene Menschentier" – sei nur auf dem Hintergrund der romantischen Einheitsdeklaration zu verstehen.

Die somit für die Zeit um 1800 wie die um 1900 charakteristische „Öffnung des menschlichen Ich ins Plurale" sei ja im Verlauf des Symposions mehrfach thematisiert worden: als „Beobachtung punktueller Entstehungskomplexe" in den Geburtsphantasien; als „Wiederholungschance im Wiedergeborensein"; als Lesbarkeit von Körperzeichen; als Anspruch des Rilkeschen Ich, in seiner gespaltenen Subjektivität Welt darzustellen; schließlich – wie bereits erwähnt – an Hofmannsthals und Musils Ich-Konzepten.

All diese Phänomene einer Pluralisierung des Ich seien ambivalent. „Einerseits bedeuten sie die Chance, mehr als ein individual festgelegtes monadisches Ganzes zu sein, eine Öffnung zur Teilnahme – im kommunikatorischen wie in einem Repräsentationssinn". Andererseits bedeute diese Öffnung zum Kreatürlichen und Elementaren natürlich auch eine enorme Gefährdung; immer neu stelle sich die Frage, ob nach Aufgabe der monadischen Geschlossenheit sich aus dem Pluralen noch ein „Ich-Bezug" retten lasse.

A. Stephens hat keine Einwände, den Begriff der ‚Pluralität' neben den der ‚Gespaltenheit' zu stellen. „Mir scheint, daß wir von Modalitäten des gleichen sprechen. Am Beispiel Rilke erläutert, wo eben neben dem Modus der ‚Klage' der der ‚Rühmung' steht: Die Erkenntnis ‚wir sind nicht einig' aus der 4. ‚Duineser Elegie' kann zur Klage über die Gespaltenheit des Ich führen – aber ebenso zur Rühmung der großen Auffächerung der Identifikationsmöglichkeiten, die sich aus solcher Pluralität ergeben."

W. Weiss verweist ergänzend auf den von ihm bei Musil ins Spiel gebrachten Begriff der ‚Balance', der sich mit dem des ‚Pluralen' aufs engste berühre. Auch hier ließen sich historische Rückbezüge herstellen – etwa zu Kant: „Denn für diesen ist das Ich an sich genauso ein Grenzbegriff wie das Ding an sich. Und wir haben uns vernünftigerweise auf den Bereich zu beschränken, wo wir empirische Begegnungen vollziehen. Das heißt, bei Kant ist das hybride, die Balance verletzende Ich noch nicht da, das dann bei Fichte auftaucht."

U. Fülleborn bringt als dritte Kategorie die der ‚Komplementarität' ein: als Gleichwertigkeit der – pluralen – Elemente und Teile, die nicht in einer Synthese aufzuheben sind, sondern in einem produktiven Spannungsverhältnis nebeneinander bestehen.

In einem kurzen Schlußwort hält U. Fülleborn noch einmal die leitenden Begriffe fest, die während des Symposions zur Beschreibung der Erscheinungsformen des Ich in der neueren Literatur erarbeitet wurden, zuerst ‚Pluralität' und ‚Perspektivismus'. „Mit beiden Begriffen wird eine radikale Auflösung der Einheit und Geschlossenheit des Ich erfaßt, aber unter zwei sehr verschiedenen Gesichtspunkten: Der Perspektivismus bringt die Pluralität des Ich auf einen subjektivistischen Begriff. Insofern ist der von Nietzsche propagierte Perspektivismus eben doch auf die Renaissance-Malerei zurückzuführen. Aber während dort für jedes Bild immer nur *eine* Perspektive konstruiert wurde, in die das Betrachter-Ich einzutreten gezwungen war – woraus sich die Illusion einer objektiven Kunst ergab –, produziert das moderne Ich bei Nietzsche und in dessen Nachfolge als je einzelnes eine Unzahl von Perspektiven, wodurch die Illusion einer objektiven Kunst und Weltkenntnis durchschaubar wird und sich ein fluktuierendes und sehr weites, doch immer noch subjektivistisches Ich ergibt.

Zur aperspektivischen, nicht als Subjektivität gedachten Pluralität dagegen gehört der Begriff des ‚Elementaren', der sich ebenfalls als zentral erwies. Denn ohne Rückbezug auf das Elementare, das bei den postmodernen Autoren, besonders bei Bataille und seinen Nachfolgern, das ‚Heterogene' heißt, gibt es nach neueren Auffassungen keine Selbstwerdung. Gerade von Frankreich her wird erkennbar, daß diese Ausweitung der Ich-Konzeption, die hier wie schon bei Nietzsche bis zur bewußten Preisgabe des Begriffs der Individualität und des Ich führt, eine Reaktion auf den neuzeitlichen Rationalismus, also auf das Subjekt von Descartes, darstellt.

Auf der andern Seite ist der Begriff der ‚Selbstinszenierung', den das Schiller-Referat eingeführt hat und der sich als Beschreibungskategorie bis in die Gegenwart hinein als nützlich erwies, wieder viel stärker am Konzept des alten subjektivistischen Ich orientiert. Wenn allerdings bei der modernen Literatur des 20. Jahrhunderts von Selbstinszenierung die Rede war, so trat der experimentelle und spielerische Aspekt dieses Phänomens hier viel deutlicher in Erscheinung als bei Schiller. Das heißt, das alte Modell erwies sich zwar noch als brauchbar, aber gerade an ihm zeigten sich jene Veränderungen des Ich, die sich auch mit Hilfe des Perspektivismusbegriffs beobachten ließen. Wir müssen also feststellen, daß in diesem Symposion der Begriff des ‚neuzeitlichen Ich' zwar von vielen Seiten und auf verschiedenen Wegen differenziert worden ist, daß wir ihn aber nicht wie Nietzsche und die Poststrukturalisten gestrichen haben. Es erwies sich so als möglich, die tiefgreifenden Veränderungen im Selbstverständnis des modernen Menschen anhand literarischer Texte zu beschreiben, ohne aus der Vernunftordnung der Neuzeit auszutreten."

Die Teilnehmer des Symposions

MARIA ENRICA D'AGOSTINI: Geb. 1945. Promotion Universität Bocconi 1967. Seit 1968 Professur für deutsche Sprache und Literatur an der Universität Parma. *Veröffentlichungen:* Faustbuch. Analisi comparata delle fonti inglesi e tedesche del Faust dal Volksbuch a Marlowe (1978); Il Paese altro (1983). Zahlreiche Übersetzungen aus dem Deutschen ins Italienische, u.a. von F. Schlegels ‚Lucinde'. Herausgeberin eines Sammelbandes über Canetti; Veranstalterin und Herausgeberin der folgenden Symposien: Teatro austriaco moderno e contemporaneo (1979), Diffusione e insegnamento della lingua tedesca in Emilia Romagna (1980), Mitteleuropa. Storiografie e scritture (1985), Reiseliteratur. Storia e prospettive attuali di un genere letterario (1986).

BERNHARD BÖSCHENSTEIN: Geb. 1931 in Berlin. Promotion Universität Zürich 1959. Assistent an den Universitäten Berlin (1958–1960) und Göttingen (1960–1964). Gastdozent an der Harvard University (1964). Seit 1965 Ordinarius für deutsche Sprache und Literatur an der Universität Genf. *Veröffentlichungen:* u.a. Hölderlins Rheinhymne (1959; ^{2}1968); Konkordanz zu Hölderlins Gedichten nach 1800 (1964); Studien zur Dichtung des Absoluten (1968); Leuchttürme. Von Hölderlin zu Celan (1977; ^{2}1982).

ALBERTO DESTRO: Geb. 1939 in Verona. Studium an der Universität Rom. Lektorat für Italienisch an der Universität Wien. Assistent an der Universität Bari (1969–1971). Ab 1971 Lehrauftrag für deutsche Sprache und Literatur an der Universität Salerno, dort ab 1976 o. Professor. Seit 1979 o. Professor an der Universität Bologna. *Veröffentlichungen:* Le ‚Duineser Elegien' e la poesia di R.M.Rilke (1970); L'intelligenza come struttura drammatica. Saggio sul teatro di J. Nestroy (1972); Invito alla lettura di Rilke (1979). Mitarbeiter an der Düsseldorfer Heine-Ausgabe, zuständig für Bd. III: ‚Romanzero' und späte Gedichte. Aufsätze bes. zu Rilke, Heine und zur Österreichischen Literatur.

WALTER GEBHARD: Geb. 1936 in Altomünster. Studium an der Akademie der Bildenden Künste in München und Meisterklasse für Violine am Konservatorium Augsburg (Koeckert); Studium der Germanistik, Geschichte, Erdkunde und Philosophie an der Universität München. Promotion 1968. 1967 Studienrat und Lehrbeauftragter an der Universität München, seit 1971 dort Assistent. Habilitation 1979. Seit 1980 Professor für Neuere deutsche Literaturwissenschaft und Didaktik der deutschen Sprache und Literatur an der Universität Bayreuth. *Veröffentlichungen:* Oskar Loerkes Poetologie (1968); Nietzsches Totalismus. Philosophie der Natur zwischen Verklärung und Verhängnis (1983); „Der Zusammenhang der Dinge". Weltgleichnis und Naturverklärung im Totalitätsbewußtsein des 19. Jhds. (1984). Herausgeber von Nietzsche, Sämtliche Werke (Kröners Taschenausgabe; 1986ff.); Veranstalter und Herausgeber der Bayreuther Nietzsche-Kolloquien: Perspektivität und Tiefe (1982), Strukturen der Negativität (1984). Aufsätze u. a. zu Goethe, Hildesheimer, Kafka, Loerke und Nietzsche, zu Fabel, Hermeneutik und zur Naturlyrik.

UWE JAPP: Geb. 1948. Studium der Germanistik, Philosophie und Soziologie. Promotion 1974. Habilitation 1979. Privatdozent für Neuere deutsche Philologie an der Universität Frankfurt/M., seit 1987 dort Honorarprofessor. *Veröffentlichungen:* u.a. Hermeneutik (1977); Beziehungssinn. Ein Konzept der Literaturgeschichte (1980); Theorie der Ironie (1983); Literatur und Modernität (1987).

HANS JOACHIM KREUTZER: Geb. 1935. Studium der Deutschen und Lateinischen Philologie sowie der Musikwissenschaft in Hamburg, München und Zürich. Referent der Studienstiftung des deutschen Volkes in Bad Godesberg. Assistent in Hamburg, Münster, Göttingen. Promotion in Hamburg 1964. Habilitation in Göttingen 1975. Seit 1977 o. Professor für Deutsche Philologie an der Universität Regensburg. Seit 1978 Präsident der Kleist-Gesellschaft. *Veröffentlichungen:* Die dichterische Entwicklung Heinrichs von Kleist (1968); Überlieferung und Edition (1976); Der Mythos vom Volksbuch (1977). Herausgeber des Kleist-Jahrbuchs (seit 1980) sowie von: Robert Prutz. Geschichte des deutschen Journalismus (1971); Werke Kleists auf dem modernen Musiktheater (1977). Aufsätze u.a. zu Kleist, Wilhelm Busch, Hölderlin, Mozart, Wilhelm Müller und Schubert sowie zum Buchmarkt in der Frühdruckzeit.

HELMUT KREUZER: Geb. 1927 in Feldstetten/Württemberg. Studium in Freiburg i. Br., Basel, Göttingen, Tübingen. Promotion 1956. Habilitation in Stuttgart 1965. Germanistische Professuren an den Universitäten in Saarbrücken (1967–1970), Bonn (1970–1972) und Siegen (seit 1972). Seit 1976 zugleich an der University of Houston. Gastprofessuren in den USA (Rice University; Washington University; Stanford University; University of Wisconsin u. a. m.) und anderen Ländern. *Veröffentlichungen:* u.a. Die Boheme (1968; 1972); Veränderungen des Literaturbegriffs (1975). Herausgeber bzw. Mitherausgeber von u. a. Hebbel in neuer Sicht (1963; ^{2}1969); Mathematik und Dichtung (1965; ^{4}1971); Literarische und naturwissenschaftliche Intelligenz (1969); Fernsehsendungen und ihre Formen (1979); Über Hermann Lenz (1981); Sachwörterbuch des Fernsehens (1982). Außerdem Herausgeber der ‚Zeitschrift für Literaturwissenschaft und Linguistik' (LiLi) und mehrerer Buchreihen.

KENZO MIYASHITA: Geb. 1930 in Otaru/Japan. Promotion 1955. Ab 1957 Dozent für Germanistik an der Hokkaido Universität. Forschungsaufenthalt in Bonn und in München (1961–1963). Ab 1965 ao. Professor an der Kanazawa Universität. Ab 1970 ao. Professor für deutsche Literatur an der Universität Utsunomiya, seit 1975 dort o. Professor für deutsche Literatur. *Veröffentlichungen:*

Mörikes Verhältnis zu seinen Zeitgenossen (1971); Mein Deutschland. Deutschland im Spiegel Japans (jap.; 1978); Mörike-Studien (jap.; 1981); München im Fin de siècle. Quellen der modernen Kunstbewegungen (jap.; 1985). Herausgeber und Mitautor von: Überschau und Probleme der deutschen Literatur des 19. Jhds. (jap.). Zahlreiche Übersetzungen aus dem Deutschen ins Japanische, u. a. von Mörike, Goes und Spyri. Aufsätze u. a. zu Hofmannsthal, Schnitzler, Stifter und zur deutsch-japanischen Komparatistik.

WALTER NAUMANN: Geb. 1910 in Aussig/Böhmen. Studium vor allem der Romanischen Philologie in Marburg, München, Dijon und Bonn. Promotion 1935 in Bonn. Deutscher Lektor an der Universität Toulouse und am Lycée Condorcet in Paris. Seit 1939 in den Vereinigten Staaten, zuerst als Sprachlehrer an div. Colleges, dann in verschiedenen Stellungen für Neuere deutsche Literaturgeschichte an den Universitäten von Chicago, Wisconsin und Ohio. Habilitation in Marburg 1956. Ab 1957 Ordinarius an der Ohio State University. Seit 1963 o. Professor für Vergleichende Literaturwissenschaft an der Technischen Hochschule Darmstadt. Dort 1979 emeritiert. *Veröffentlichungen:* Der Sprachgebrauch Mallarmés (1936; ²1970); Grillparzer. Das dichterische Werk (1956; ²1967); Traum und Tradition in der deutschen Lyrik (1966); Die Dramen Shakespeares (1978). Übersetzungen von M. Scève, E. Dickinson und von Dantes ‚Commedia'. Aufsätze u. a. zu Goethe, Hebbel, Hesse, R. A. Schröder, Stifter, Properz, Quevedo, Valéry Larbaud, Ed. Estaunié, Charles Du Bos, zum frz. Prosagedicht und zum Innenraum mittelalterlicher Kirchen.

GERHARD NEUMANN: Geb. 1934 in Brünn/Mähren. Studium der Germanistik und Romanistik in Freiburg i. Br., Wien und Paris. Promotion in Freiburg i. Br. 1963. Sprachlehrer am Goethe-Institut in Paris, Übersetzertätigkeit (1963–1964). Assistent an der Universität Freiburg i. Br. (ab 1964), Verwalter des Freiburger Schnitzler-Archivs. Habilitation 1972. Wissenschaftlicher Rat und Ordinarius in Bonn (1974); Ordinarius für Neuere deutsche Literaturgeschichte in Erlangen (1975–1979), Freiburg i. Br. (1979–1986) und München (seit 1986). *Veröffentlichungen:* Konfiguration. Studien zu Goethes ‚Torquato Tasso' (1965); Der Nachlaß Arthur Schnitzlers (in Zusammenarbeit mit J. Müller; 1969); „Ideenparadiese". Untersuchungen zur Aphoristik von Lichtenberg, Novalis, F. Schlegel und Goethe (1976); Franz Kafka, ‚Das Urteil' (1981). Herausgeber von: Der Aphorismus (1976) und Mitherausgeber der kritischen Kafka-Ausgabe. Aufsätze u.a. zu Borchardt, Canetti, Dürrenmatt, E.T.A. Hoffmann, Kafka, H.v.Kleist, Lenau, Loerke, Mallarmé, Offenbach, Chr. Wolf, R. Barthes, zum deutschen Epigramm, der „absoluten" Metapher, dem Opernlibretto, zum Verhältnis von Lyrik und Mimesis und zum Realismus-Begriff.

PETER HORST NEUMANN: Geb. 1936 in Neiße/Oberschlesien. Studierte an der Musikhochschule Leipzig Gesang und Tonsatz, danach Germanistik, Philosophie, Kunst- und Musikwissenschaft in Leipzig, Berlin (West) und Göttingen.

Assistent in Erlangen (1965–1968). O. Professor für Neuere deutsche Literaturwissenschaft in Freiburg/Schweiz (1968–1980), dann in Gießen, seit 1983 in Erlangen. *Veröffentlichungen:* Jean Pauls ‚Flegeljahre' (1966); Zur Lyrik Paul Celans (1968); Der Weise und der Elefant. Zwei Brechtstudien (1970); Der Preis der Mündigkeit. Über Lessings Dramen mit einem Anhang über ‚Fanny Hill' (1977); Die Rettung der Poesie im Unsinn. Der Anarchist Günter Eich (1981). Aufsätze und Essays zur Literatur des 18.–20. Jhds. und über Probleme der Text-Vertonung. Radio-Arbeit und Zeitungsrezensionen.

Manfred Riedel: Geb. 1936. Studium der Philosophie, Geschichte und Germanistik in Leipzig (1954–1957) und Heidelberg (1957–1960). Assistent an den Universitäten Heidelberg (1961–1964) und Marburg (1964–1968). Privatdozent in Heidelberg (1968–1970) und Saarbrücken (1969). Seit 1971 Professor für Philosophie an der Universität Erlangen-Nürnberg. Lehrtätigkeit an den Universitäten Oxford (1976) und Belgrad (1977). Theodor-Heuss-Professor an der New School for Social Research (1980/81). Gastprofessuren an den Universitäten Turin (1983) und Rom (1984). *Veröffentlichungen:* u.a. Theorie und Praxis im Denken Hegels (1965; ^{2}1975); Zwischen Tradition und Revolution (1969; ^{3}1982); Metaphysik und Metapolitik (1975); Verstehen oder Erklären? Zur Theorie und Geschichte der hermeneutischen Wissenschaften (1978); Norm und Werturteil. Grundprobleme der Ethik (1979); Etica comunicativa (1982); Logisches Sprechen und Hören. Vom zweifachen Anfang der Philosophie (1988).

Gerhard Schulz: Geb. 1928. Promotion 1958 in Leipzig. Seit 1959 in Australien, Lehrtätigkeit an den Universitäten von Melbourne und Adelaide. Professor of German an der University of Western Australia (1965–1969). Seit 1969 Professor of Germanic Studies an der University of Melbourne. *Veröffentlichungen:* u.a. Novalis in Selbstzeugnissen und Bilddokumenten (1969); Arno Holz. Dilemma eines bürgerlichen Dichterlebens (1974); Die deutsche Literatur zwischen Französischer Revolution und Restauration. Bd. 1: 1789–1806 (1983). Herausgeber u.a. von: Novalis, Werke (1969); Mitherausgeber der historisch-kritischen Novalis-Ausgabe (1960 ff.).

Walter H. Sokel: Geb. 1917 in Wien. Emigrierte als Student nach den USA. Promotion 1953 an der Columbia University. Seit 1973 Ordinarius und Commonwealth Professor für moderne deutsche und komparatistische Literatur an der University of Virginia. Lehrte auch an den Universitäten: Columbia, Stanford, Harvard, Hamburg, Freiburg und Graz. *Veröffentlichungen:* The writer in extremis (1959), dt.: Der literarische Expressionismus (1960); Franz Kafka. Tragik und Ironie (1964 u.ö.); Franz Kafka (1966). Aufsätze u.a. zu Böll, Brecht, Broch, Canetti, Kafka, Kierkegaard, Kleist, Th. und H. Mann, Musil, Nietzsche, Raabe, Rilke, Wohmann.

ANTHONY STEPHENS: Geb. 1941 in Sydney. Studium der Germanistik, Anglistik und Romanistik in Sydney (1956–1963), der Germanistik und Philosophie in München (1964–1965). Promotion in Sydney 1968. Lehrtätigkeit dort (1966–1973), zuletzt als Senior Lecturer. Reader in German in Adelaide (seit 1973), dort auch Dekan der Philosophischen Fakultät (1975–1976). Seit 1980 „Personal Chair“ in Neuerer deutscher Literatur in Adelaide. Forschungsaufenthalte u.a. in Berlin, Erlangen und Freiburg. *Veröffentlichungen:* R.M.Rilke's ‚Gedichte an die Nacht‘ (1972); Rilkes ‚Malte Laurids Brigge‘ (1974); Nacht, Mensch und Engel. Rilkes ‚Gedichte an die Nacht‘ (1978). Mitherausgeber der ‚Festschrift for Ralph Farrell‘ (1977). Aufsätze u.a. zu Rilke, Kafka, Nietzsche und H. von Kleist, Apollinaire, K. Blixen, Celan und Chr. Wolf, zum lyrischen Ich und zur literarischen Utopie.

INGRID STROHSCHNEIDER-KOHRS: Geb. 1922 in Hamburg. Studium der Literaturwissenschaft, Philosophie, Geschichte und Geographie in Hamburg und Tübingen. 1948 Promotion in Hamburg. Nach einer Assistententätigkeit und 1953 abgelegtem Assessorexamen mehrjährige Forschungszeit dank eines Stipendiums der DFG. 1958 Habilitation in München. Dozentur an der Universität München (1959–1964). Seit 1964 o. Professur für Neuere deutsche Literaturgeschichte an der Universität Bochum. Dort 1984 emeritiert. Seit 1975 Mitglied des wissenschaftlichen Senats der Lessing-Akademie in Wolfenbüttel. *Veröffentlichungen:* Die romantische Ironie in Theorie und Gestaltung (1960; [2]1977); Vom Prinzip des Maßes in Lessings Kritik (1969); Literarische Struktur und geschichtlicher Wandel (1971). Mitherausgeberin der Zeitschrift ‚Poetica‘ (1967–1975). Aufsätze zu Goethe, Grillparzer, Holz, Kafka, Klopstock, Lessing, Rousseau und Trakl.

FRANK TROMMLER: Geb. 1939. Studium der Literaturwissenschaft und Kunstgeschichte in Berlin, Wien und München. Promotion 1964. Professor für Neuere deutsche Literatur an der University of Pennsylvania in Philadelphia. *Veröffentlichungen:* u.a. Roman und Wirklichkeit (1966); Sozialistische Literatur in Deutschland. Ein historischer Überblick (1976); Die Kultur der Weimarer Republik (zusammen mit Jost Hermand; 1978); Herausgeber bzw. Mitherausgeber von: Jahrhundertwende. Vom Naturalismus zum Expressionismus. Deutsche Literatur. Eine Sozialgeschichte. Bd. 8. (1982); „Mit uns zieht die neue Zeit“. Der Mythos Jugend (1985); America and the Germans. An assessment of a three-hundred-year history (1985); Amerika und die Deutschen. Bestandsaufnahme einer 300jährigen Geschichte (1986).

WALTER WEISS: Geb. 1927 in Landsberg am Lech. Studium der Deutschen Philologie, Geschichte und Philosophie in Innsbruck. 1949 Lehramtsprüfung für Deutsch und Geschichte. Lehrer an Tiroler Höheren Schulen (1949–1954). Promotion 1953. Lektor an der Universität Catania (1954–1958). Mitarbeiter am Germanistischen Institut der Universität Innsbruck, Forschungsauftrag der

DFG zur deutschen Gegenwartssprache. 1961 Assistent. 1962 Habilitation für das Fach Neuere deutsche Sprache und Literatur. Seit 1965 o. Universitätsprofessor an der Universität Salzburg. *Veröffentlichungen:* Goethes Mephisto. Entwicklung und Wesen vom ‚Faust II' aus gesehen. (1952); Deutsch ist nicht so schwer. Kleine Sprachlehre für Ausländer (1957; ^{3}1964); Enttäuschter Pantheismus. Zur Weltgestaltung der Dichtung in der Restaurationszeit (1962); Th. Manns Kunst der sprachlichen und thematischen Integration (1964); Mitautor von: Gegenwartsliteratur. Zugänge zu ihrem Verständnis (1973; ^{2}1977). Mitherausgeber von: Zwischenbilanz. Eine Anthologie österreichischer Gegenwartsliteratur (1976); Salzburger Trakl-Symposion (1978); Literatur und Sprache im Österreich der Zwischenkriegszeit (1985). Zahlreiche Aufsätze zu literatur- und sprachwissenschaftlichen Themen, u. a. zu Goethe, Lenau, Th. Mann, Musil, Stifter, Trakl und zur Österreichischen Literatur.

KLAUS WEISSENBERGER: Geb. 1939 in Sydney. Studium in Hamburg. Promotion an der University of Southern California 1967. Assistant Professor dort (1967–1971). Seit 1971 Associate und Full Professor an der Rice University in Houston/Texas. *Veröffentlichungen:* Formen der Elegie von Goethe bis Celan (1969); Die Elegie bei Paul Celan (1969); Zwischen Stein und Stern. Mystische Formgebung in der Dichtung von Else Lasker-Schüler, Nelly Sachs und Paul Celan (1976). Herausgeber von: Die deutsche Lyrik von 1945 bis 1975. Zwischen Botschaft und Spiel (1981); Prosakunst ohne Erzählen. Die Gattungen der nicht-fiktionalen Kunstprosa (1985); Mitarbeiter an der Lehmann Werkausgabe, Edition von Bd. 4: ‚Der Provinzlärm' (1986). Aufsätze zur Literaturkritik und -methodologie, zur Literatur des 20. Jhds., speziell der Exilliteratur, zur Lyrik im allgemeinen und zu einzelnen Dichtern wie Celan, Lasker-Schüler, Trakl.

WOLFGANG WITTKOWSKI: Geb. 1925. Studium der Germanistik, Philosophie und Leibeserziehung an den Universitäten Göttingen und Frankfurt. Promotion 1953. Studienassessor, Studien- und Oberstudienrat am Gymnasium Bad Nauheim (1956–1963). 1963 Associate Professor, 1966 Professor of German an der Ohio State University. Seit 1977 Full Professor an der State University of New York in Albany. *Veröffentlichungen:* Der junge Hebbel (1955; ^{2}1969); Georg Büchner (1978); H. v. Kleists ‚Amphitryon'. Materialien zur Rezeption und Interpretation (1978). Editionen: Schiller, ‚Demetrius' (1963), ‚Maria Stuart' (1974). Veranstalter und Herausgeber der folgenden Symposien: Friedrich Schiller. Kunst, Humanität und Politik in der späten Aufklärung (1982); Goethe im Kontext (1984); Verlorene Klassik? (1986). Zahlreiche Abhandlungen, Beiträge und Aufsätze vor allem zu Goethe, Schiller, Kleist, Hebbel, Büchner; ferner zu Lessing, Lenz, F. Schlegel, E. T. A. Hoffmann, Grillparzer, Mörike, Stifter, v. Droste-Hülshoff, Keller, Fontane, Raabe, S. Kirsch; zu Molière und Hemingway; zur Rezeptionstheorie und zur Rezeption der Klassik, bes. durch Brecht, M. Walser und das Regietheater.